Annales
Histoire, Sciences Sociales

78ᵉ année
nº 4 octobre-décembre 2023

Histoire contemporaine et méthodes interdisciplinaires

Karine Le Bail et Julien Randon-Furling 657
L'épuration professionnelle du monde du spectacle à la Libération
Histoire et sciences mathématiques

Paul Pasquali 699
Quand Bourdieu découvrait Panofsky
La fabrique éditoriale d'*Architecture gothique et pensée scolastique*
(Paris-Princeton, 1966-1967)

Captivité et esclavage

Guillaume Calafat 735
Enfermement et graffiti
Des palimpsestes de prison aux archives murales (note critique)

Thomas Glesener et Daniel Hershenzon 761
« Dans les rues, on ne voit que des musulmans ! »
Esclavage délié et appartenance urbaine en Méditerranée espagnole
aux XVIIᵉ et XVIIIᵉ siècles

Race et esclavage (comptes rendus) 797

Résumés / Abstracts I

Tables annuelles 2023 VII

Sommaire

Informations éditoriales :
http://annales.ehess.fr

Rédaction des *Annales*
EHESS
2 cours des Humanités
93300 Aubervilliers (France)
Tél. : +33 (0)1 88 12 05 62
Courriel : annales@ehess.fr

Maquette : Michel Rohmer
Mise en pages et édition :
Malika Combes
et Clémence Peyran

© École des hautes études
en sciences sociales,
Paris, 2024

ISSN (édition française) :
0395-2649 (version imprimée)
1953-8146 (version numérique)

L'édition française des *Annales* est consultable
en accès libre sur les portails suivants :
- Cairn, depuis 2001, avec un délai de quatre ans
  (www.cairn.info/revue-annales.htm)
- Gallica, 1929 à 1938 (www.gallica.bnf.fr)
- Persée, 1929-1932, 1939-1941, 1943-2002
  (www.persee.fr/collection/ahess)

Et sur abonnement sur les portails suivants :
- Cambridge Core, depuis 1929
  (www.cambridge.org/annales)
- JSTOR, depuis 1929, avec un délai de cinq ans
  (www.jstor.org/journal/annahistscisoc)

L'édition anglaise des *Annales* est consultable
en texte intégral sur les portails suivants :
- Cairn international, 2012 à 2016
  (www.cairn-int.info/journal-annales.htm)
- Cambridge Core, depuis 2012
  (www.cambridge.org/annales-in-English)
- Revues.org, 2012 à 2016
  (www.revues.org/annales-english-edition)

Depuis 2017, la revue des *Annales* est publiée en version
imprimée et en ligne par les Éditions de l'EHESS
en partenariat avec Cambridge University Press.

Les abonnements peuvent être achetés auprès de votre
agence d'abonnement habituelle ou directement auprès
de Cambridge University Press :
  Cambridge University Press (Journals)
  University Printing House
  Shaftesbury Road
  Cambridge CB2 8BS (Royaume-Uni)
  journals@cambridge.org

Les abonnements débutent au premier numéro de l'année ;
tarifs et bulletin d'abonnement se trouvent en fin
de numéro et à l'adresse :
  www.cambridge.org/annales/subscribe-fr

Vente au numéro (France, Belgique, Suisse) : 25 €
Diffusion en librairie / Distribution :
  Harmonia Mundi Livre
  Le Mas de Vert
  13200 Arles (France)

Vente au numéro pour le reste du monde :
veuillez contacter Cambridge University Press

Annales
Histoire, Sciences Sociales

Fondateurs: Marc Bloch et Lucien Febvre
Ancien directeur: Fernand Braudel

Revue trimestrielle publiée depuis 1929,
éditée par l'École des hautes études
en sciences sociales en partenariat avec
Cambridge University Press

Directeur de la rédaction
Vincent Azoulay

Comité de rédaction
Étienne Anheim, Guillaume Calafat, Vanessa Caru, Masha Cerovic, Marie Favereau, Jean-Yves Grenier, Camille Lefebvre, Naveen Kanalu, Catherine König-Pralong, Antoine Lilti, Catherine Rideau-Kikuchi, Antonella Romano, Romy Sanchez, Anne Simonin, Will Slauter, Michael Werner

Responsables de la version anglaise
Nicolas Barreyre, Stephen W. Sawyer

Rédaction
Malika Combes, Chloe Morgan, Clémence Peyran

Comité scientifique
Mary Beard, Romain Bertrand, Jane Burbank, André Burguière, Sandro Carocci, Jocelyne Dakhlia, Lorraine Daston, François Hartog, Christian Lamouroux, Emmanuel Le Roy Ladurie†, André Orléan, Jacques Poloni-Simard, Jacques Revel, Pierre-François Souyri, Sanjay Subrahmanyam, Laurent Thévenot, Lucette Valensi

Histoire contemporaine et méthodes interdisciplinaires

Dossier

L'épuration professionnelle du monde du spectacle à la Libération
Histoire et sciences mathématiques

Karine Le Bail et Julien Randon-Furling

On trouve dans leurs dossiers d'épuration des photoreportages réalisés sur le quai d'une gare ou dans un camp de prisonniers français, quelque part en Allemagne, ou encore dans l'un des nombreux lieux du « Gai Paris », si apprécié des soldats allemands. Les vedettes y affichent d'éclatants sourires, les unes confiant aux journalistes leur joie de revenir en France après un si charmant voyage outre-Rhin, les autres louant l'accueil chaleureux qu'elles y ont reçu, certaines se risquant même à des considérations politiques sur la nécessaire collaboration avec les vainqueurs. Pêle-mêle, d'autres articles de presse tout aussi soigneusement découpés montrent les mêmes beaux visages, mais les commentaires ont « changé de camp » : après avoir été encensés par les journaux collaborationnistes pour leur contribution à l'entente franco-allemande, les grands noms de la scène française incarnent désormais, dans la presse de la Libération, une forme d'idéal-type du déshonneur[1]. Toutes ces figures remarquables – chanteurs populaires, stars de cinéma, danseurs étoiles ou virtuoses de la musique classique – n'avaient-elles pas vécu durant quatre ans « très loin, très au-dessus des mortels, dans une sorte de système ostensible et éclatant[2] » ?

A-t-on pour autant jugé plus sévèrement les vedettes, à l'instar de l'écrivain Robert Brasillach, condamné à mort, que le général de Gaulle refusa de gracier

---

1. « [L]es personnes célèbres sont le support de jugements moraux nourrissant un procès continu d'identification/distinction », écrivent aussi Myriam Juan et Nicolas Picard dans « Célébrité, gloire, renommée. Introduction à l'étude historique du fait d'"être connu de ceux que l'on ne connaît pas' », *Hypothèses*, 15-1, 2012, p. 87-96, ici p. 95.
2. Edgar Morin, « Les stars », *Esprit*, 244-11, 1956, p. 674-687, ici p. 676.

en 1945 au motif que, « dans les lettres, comme en tout, le talent est un titre de responsabilité[3] » ? Leurs propos tendancieux étalés dans la presse collaborationniste ont-ils constitué, aux yeux de la justice, des témoignages aussi accablants que les écrits des écrivains et des journalistes, dont le garde des Sceaux Pierre-Henri Teitgen rappelait, en 1946, que « [l]a preuve de leur trahison, ils l'avaient écrite et signée[4] » ? Dans un espace public saturé de prises de position passionnées autour de la question de la responsabilité et du devoir d'engagement des écrivains et des intellectuels[5], la justice politique fit peu cas des arts de la scène, hormis pour de rares personnalités emblématiques. On compta bien quelques artistes (majoritairement des femmes) condamnés à des peines de dégradation nationale, mais, dans l'écrasante majorité des cas, les acquittements prévalurent. Plus encore, les archives judiciaires montrent que les procédures de classement avant instruction – une prérogative du ministère public, donc du pouvoir politique – bénéficièrent à plusieurs célébrités qui furent ainsi littéralement soustraites à la justice politique[6].

C'est donc à un autre échelon qu'il faut porter l'enquête, si l'on veut saisir le phénomène social massif qu'a bien représenté l'épuration pour la scène française : celui de l'épuration dite « professionnelle ». Certes moins spectaculaire que l'épuration judiciaire, avec ses juridictions d'exception jugeant les actes les plus tangibles de collaboration et passibles des plus lourdes peines (Haute Cour, cours de justice, chambres civiques), cette épuration de caractère disciplinaire, reposant ici sur le « jugement des pairs », s'est attachée dès la fin de l'été 1944 à interdire de scène de nombreux artistes compromis durant l'Occupation. Sa conduite chaotique ainsi que les retards pris dans ses jugements ont sérieusement affecté de nombreuses carrières, allant pour certains artistes jusqu'à des mises au ban définitives. Elle a par ailleurs laissé dans les mémoires collectives un même goût amer de « loterie nationale » que les jugements parfois erratiques des cours de justice dénoncés par François Mauriac dans les colonnes du *Figaro*[7], d'autant que le milieu artistique fut soucieux d'assurer le retour rapide des vedettes sur les scènes et les écrans français, cédant à « la logique tranquillisante de l'oubli sélectif et de la déculpabilisation[8] ».

Tous ces « procès en injustice » n'ont en définitive jamais fait l'objet d'une instruction historique rigoureuse, fondée sur un examen systématique des dossiers individuels, des instances, des jugements et des peines. Engageant l'enquête, cet article entend verser à l'historiographie de l'épuration des analyses renouvelées

---

3. Charles DE GAULLE, *Mémoires de guerre*, vol. 3, *Le Salut, 1944-1946*, Paris, Plon, 1959, p. 136.
4. Conférence prononcée le 5 avril 1946 au théâtre Marigny sous les auspices de la Conférences des ambassadeurs : Pierre-Henri TEITGEN, *Les cours de justice*, Paris, Éd. du Mail, 1946, p. 36.
5. Sur cette question, voir Gisèle SAPIRO, *La responsabilité de l'écrivain. Littérature, droit et morale en France, XIXe-XXIe siècle*, Paris, Éd. du Seuil, 2011.
6. Sur cette question, voir Karine LE BAIL, « La musique épurée », *in La musique au pas. Être musicien sous l'Occupation*, Paris, CNRS Éditions, 2016, p. 207-271.
7. François MAURIAC, « La loterie », *Le Figaro*, 27 déc. 1944, repris dans *id.*, *Le bâillon dénoué. Après quatre ans de silence*, Paris, Grasset, 1945, p. 205.
8. Pierre LABORIE, « De l'opinion publique à l'imaginaire social », *Vingtième Siècle. Revue d'histoire*, 18, 1988, p. 101-117, ici p. 113.

en venant éclairer d'un jour neuf les mécanismes d'une épuration par les pairs et, partant, très singulière par rapport à l'épuration politique, afin de compléter un ensemble d'études sectorielles sur les arts de la scène[9]. Mais cette contribution rédigée par une historienne et un spécialiste de modélisation mathématique se présente avant tout comme un essai d'épistémologie critique visant à démontrer combien la recherche historique, dans certaines situations – en l'occurrence des procédures de jugement qui soulèvent notamment des problématiques de discrimination –, gagne à se déplacer dans un cadre interdisciplinaire croisant les méthodes de l'histoire et celles des sciences mathématiques.

Il est probable qu'un tel axiome suscitera chez certains quelques réserves méthodologiques, car depuis longtemps « la science mathématique entretient des liens controversés avec les sciences de l'homme et de la société[10] ». Marc Bloch écrivait ainsi :

> *Les faits humains sont, par essence, des phénomènes très délicats, dont beaucoup échappent à la mesure mathématique. Pour bien les traduire, par suite pour bien les pénétrer (car comprend-on jamais parfaitement ce qu'on ne sait dire ?), une grande finesse de langage, une juste couleur dans le ton verbal sont nécessaires*[11].

S'il n'est guère surprenant que, dans les années 1940, la communauté historienne pût être sujette, par méconnaissance, à réduire les mathématiques à la mesure chiffrée et aux calculs statistiques, une telle appréhension n'a plus de raison d'être aujourd'hui. L'idée selon laquelle les sciences humaines et sociales seraient essentiellement qualitatives, tandis qu'il n'y aurait de mathématique que quantitative, est évidemment fausse[12]. Sans compter la persistance absurde des débats opposant approches quantitative et qualitative en histoire[13]. Leibniz, déjà, l'énonçait : la mathématique est

---

9. Celle-ci a fait l'objet de plusieurs études sectorielles : Jean-Pierre BERTIN-MAGHIT, « Chronique d'une épuration », *in Le cinéma sous l'Occupation. Le monde du cinéma français de 1940 à 1946*, Paris, Olivier Orban, 1989, p. 191-216 ; Serge ADDED, « Épilogue : douce épuration », *in Le théâtre dans les années Vichy, 1940-1944*, Paris, Ramsay, 1992, p. 311-328 ; Claude SINGER, « Les contradictions de l'épuration du cinéma français (1944-1948) », *Raison présente*, 137, 2001, p. 3-37 ; Emmanuelle LOYER, « Le théâtre et l'épuration », *in* M. O. BARUCH (dir.), *Une poignée de misérables. L'épuration de la société française après la Seconde Guerre mondiale*, Paris, Fayard, 2003, p. 286-300 ; Yannick SIMON, *Composer sous Vichy*, Lyon, Symétrie, 2009 ; G. SAPIRO, *La responsabilité de l'écrivain, op. cit.* ; K. LE BAIL, *La musique au pas, op. cit.*

10. Voir Olivier MARTIN, « Mathématiques et sciences sociales au XXe siècle », O. MARTIN (dir.), n° spécial « Mathématiques et sciences sociales au cours du XXe siècle », *Revue d'histoire des sciences humaines*, 6, 2002, p. 3-13, ici p. 3.

11. Marc BLOCH, « Apologie pour l'histoire ou Métier d'historien » [1949], *L'Histoire, la Guerre, la Résistance*, éd. par A. Becker et É. Bloch, Paris, Gallimard, 2006, p. 843-985, ici p. 867.

12. Il suffit de citer la géométrie euclidienne, la théorie des ensembles ou celle des groupes.

13. Sur ce sujet, voir Claire LEMERCIER et Carine OLLIVIER, « Décrire et compter. Du bricolage à l'innovation : questions de méthodes », *Terrains & Travaux*, 19-2, 2011, p. 5-16 ; Claire LEMERCIER et Claire ZALC, « Le sens de la mesure : l'histoire et les nouveaux usages de la quantification », *in* C. GRANGER (dir.), *À quoi pensent les historiens ? Faire de l'histoire au XXIe siècle*, Paris, Autrement, 2013, p. 135-164.

avant tout un *langage*, précisément à même de saisir la « délicatesse des phénomènes humains » décrite par M. Bloch. Grâce au travail interdisciplinaire, il s'agit de concevoir des modèles dotés d'une « finesse de langage » et d'« une juste couleur », qu'ils relèvent de la mesure et du calcul statistique ou d'une abstraction plus formelle.

On peut du reste citer plusieurs exemples fameux de recherches en sciences humaines et sociales qui ont très tôt tiré avantage des recherches les plus récentes en mathématiques. Dès le début des années 1920, le mathématicien probabiliste Maurice Fréchet et le sociologue Maurice Halbwachs donnèrent à Strasbourg un cours commun sur la théorie des probabilités[14]. Dans les années 1940, la rencontre entre Claude Lévi-Strauss et le mathématicien André Weil fut décisive pour l'affirmation de l'anthropologie dans le champ des sciences sociales. En mobilisant une mathématique des relations (la théorie des groupes), A. Weil permit de saisir la complexité des règles du mariage de la tribu des Murngin en Australie et donna une assise formelle à l'approche structuraliste de C. Lévi-Strauss, contribuant à l'audience et au prestige des *Structures élémentaires de la parenté*[15]. On pense aussi à la collaboration en 1971 entre le statisticien Christian Rosenzveig et l'historien Antoine Prost, où l'utilisation de la toute jeune technique d'analyse factorielle des correspondances permit de dégager une typologie objective des familles politiques de la Chambre des députés en 1881[16]. Rappelons que cette enquête pionnière avait été lancée à l'initiative de Louis Girard, fondateur et directeur du Centre d'histoire du XIXe siècle, et de Jean-Paul Benzécri, directeur du laboratoire de statistique mathématique de la faculté des sciences de Paris et père fondateur de l'analyse factorielle des correspondances. Les échanges de Jean-Paul Benzécri avec Pierre Bourdieu auront ensuite des incidences majeures sur « l'affinité élective entre la théorie des champs et l'analyse géométrique des données[17] ».

C'est également dans une démarche *concrètement* interdisciplinaire que nous inscrivons cette étude. Son cadre heuristique s'apparente à celui défini par Fernand Braudel en 1958 lorsqu'il répondait au plaidoyer de C. Lévi-Strauss en faveur de la mathématisation des sciences de l'homme[18]. L'historien insistait avec justesse sur le fait que si la science mathématique se pose dans certaines situations comme une

---

14. Maurice Fréchet et Maurice Halbwachs, *Le calcul des probabilités à la portée de tous*, éd. par É. Brian, H. Lavenant et L. Mazliak, Strasbourg, Presses universitaires de Strasbourg, [1924] 2019.
15. André Weil, « Sur l'étude algébrique de certains types de lois du mariage (Système Murngin) », in C. Lévi-Strauss, *Les structures élémentaires de la parenté*, Paris, PUF, 1949, p. 278-285.
16. Antoine Prost et Christian Rosenzveig, « La Chambre des députés (1881-1885). Analyse factorielle des scrutins », *Revue française de science politique*, 21-1, 1971, p. 5-50.
17. Frédéric Lebaron et Brigitte Le Roux, « Géométrie du champ », *Actes de la recherche en sciences sociales*, 200-5, 2013, p. 106-109, ici p. 106. On pourrait encore citer les travaux sur l'histoire de l'alphabétisation et du recours à l'analyse factorielle de leurs données de François Furet et Jacques Ozouf (dir.), *Lire et écrire. L'alphabétisation des Français, de Calvin à Jules Ferry*, Paris, Éd. de Minuit, 1977.
18. Claude Lévi-Strauss, « Les mathématiques de l'homme », *Esprit*, 243-10, 1956, p. 525-538. Cet article avait précédemment été publié dans le *Bulletin international des sciences sociales*, 6-4, 1954, p. 643-653.

subtile herméneutique du social, ce dernier n'en demeure pas moins « un gibier autrement rusé[19] » : le social résistera aux entreprises de modélisation qui ne sont pas en capacité d'appréhender « le jeu multiple de la vie, tous ses mouvements, toutes ses durées, toutes ses ruptures, toutes ses variations[20] ». Aussi convient-il de toujours « préparer la besogne de cette machine qui n'avale ni ne triture toutes les nourritures[21] », ce qui vaut du reste pour bien d'autres sciences, comme celles de la nature. Notre analyse des données tirées de l'épuration professionnelle du monde de la scène entend donc tirer avantage de recherches contemporaines en sciences mathématiques – notamment du développement des statistiques computationnelles et de l'apprentissage algorithmique – tout en les adaptant au terrain accidenté des sciences humaines[22].

Dans un numéro spécial du *Journal de la Société française de statistique* consacré, en 2017, aux « Humanités et Statistiques », le mathématicien Fabrice Rossi et l'historien Stéphane Lamassé insistent sur les perspectives offertes par cette interdisciplinarité. Bien que les statistiques computationnelles et leurs capacités de visualisation, de modélisation et d'analyse fassent désormais partie de la boîte à outils des chercheurs en sciences humaines et sociales, il n'en reste pas moins que les « données des humanités appellent des modèles en général complexes et récents », écrivent-ils. « Dans les premières phases de leur développement, ces modèles ne peuvent être conçus et mis au point que dans des collaborations interdisciplinaires[23]. »

On voit bien ici l'intérêt de collaborations qui profitent aux « deux parties », avec des enjeux importants à la fois pour les chercheurs en sciences mathématiques ou computationnelles et pour les chercheurs des sciences de l'homme et de la société. Il va sans dire qu'une telle démarche suppose un « coût d'entrée » non négligeable, et pas seulement du côté de l'historien qui doit se colleter avec le langage et les concepts mathématiques. Revenant sur son travail avec C. Lévi-Strauss, A. Weil notait ainsi que « le plus difficile pour le mathématicien, lorsqu'il s'agit de mathématique appliquée, est souvent de comprendre de quoi il s'agit et de traduire dans son propre langage les données de la question[24] ». Ces efforts sont toutefois payants, car seul le cadre interdisciplinaire permet de concevoir, « en temps réel » en quelque sorte, de nouvelles méthodes mises à la disposition des chercheurs des sciences de l'homme et de la société. Dans le meilleur des cas, cela peut même aller

---

19. Fernand Braudel, « Histoire et sciences sociales. La longue durée », *Annales ESC*, 13-4, 1958, p. 725-753, ici p. 737.
20. *Ibid.*, p. 748.
21. *Ibid.*, p. 743.
22. R. Michael Alvarez (dir.), *Computational Social Science: Discovery and Prediction*, New York, Cambridge University Press, 2016 ; Matthew J. Salganik, *Bit by Bit: Social Research in the Digital Age*, Princeton, Princeton University Press, 2019.
23. Stéphane Lamassé et Fabrice Rossi, « Éditorial », S. Lamassé et F. Rossi (dir.), n° spécial « Humanités et Statistiques », *Journal de la Société française de statistique*, 158-2, 2017, p. 1-6, ici p. 6.
24. André Weil, *Œuvres scientifiques/Collected Works*, vol. 1, New York, Springer-Verlag, 1979, p. 568 (cité par Claude Lavoie, « Claude Lévi-Strauss et les mathématiques », https://archimede.mat.ulaval.ca/amq/bulletins/mai12/Article_Levi-Strauss.pdf, p. 9).

jusqu'à « la production de logiciels relativement faciles d'accès[25] » utilisables en autonomie. Au contraire, l'absence de collaboration interdisciplinaire induit nécessairement un « effet retard » sur les outils mobilisés, le plus souvent sans même pouvoir les modifier, ni sur le plan formel ni sur le plan logiciel. Il suffit pour s'en convaincre de comparer les articles du récent numéro des *Annales* sur l'histoire quantitative coordonné par Karine Karila-Cohen, Claire Lemercier, Isabelle Rosé et Claire Zalc, qui ont recours à des méthodes ou outils déjà existants[26], et ceux du numéro spécial « Humanités et Statistiques » de F. Rossi et S. Lamassé.

En ce sens, notre article prolonge le numéro des *Annales* paru en 2018 de deux manières : d'une part, en insistant sur la nécessité de considérer les méthodes statistiques ou mathématiques comme partie intégrante du travail de recherche, d'autant plus qu'elles font en soi, et pour elles-mêmes, l'objet d'évolutions, de mises à jour, de réfutations ou de raffinements ; d'autre part, en soulignant qu'aujourd'hui la frontière entre statistiques ou mathématiques dites « appliquées » et mathématiques fondamentales (que d'aucuns appellent « pures ») n'est plus si évidente à tracer. Nous parlerons donc ici d'« approches mathématiques », ou de « sciences mathématiques », au sens de démarches scientifiques mobilisant des outils mathématiques, que ceux-ci soient formels et algébriques ou statistiques et analytiques. Enfin, cette démarche se fera toujours, comme l'écrivait F. Braudel : « [dans l'ordre] de la réalité sociale au modèle, puis de celui-ci à celle-là et ainsi de suite, par une suite de retouches, de voyages patiemment renouvelés. Le modèle est ainsi, tour à tour, essai d'explication de la structure, instrument de contrôle, de comparaison, vérification de la solidité et de la vie même d'une structure donnée[27] ». Démarche qui n'a d'ailleurs rien de spécifique aux sciences sociales, les allers-retours entre réalité et modèle caractérisant toute science.

La première partie de notre article consistera à exposer la nature chaotique de l'épuration professionnelle du monde du spectacle et, partant, la difficulté à abstraire un jeu de données relativement stabilisé. Nous nous arrêterons sur quelques situations communes d'interprétation de données qui nécessitent des outils statistiques élémentaires d'administration de la preuve. Ceux-ci, déjà anciens et rendus aisément disponibles grâce, notamment, aux travaux de C. Lemercier et C. Zalc[28] et au Pôle informatique de recherche et d'enseignement en histoire (PIREH)[29] de l'université Paris 1 Panthéon-Sorbonne, sont encore bien trop ignorés (ou dédaignés ?) par les historiens et les historiennes, comme s'ils étaient optionnels. Or, à

---

25. S. Lamassé et F. Rossi, « Éditorial », art. cit., p. 6.
26. Karine Karila-Cohen *et al.* (dir.), n° spécial « Histoire quantitative », *Annales HSS*, 73-4, 2018.
27. F. Braudel, « Histoire et sciences sociales », art. cit., p. 746.
28. Jacques Cellier et Martine Cocaud, *Traiter des données historiques. Méthodes statistiques/ techniques informatiques*, Rennes, PUR, 2001 ; Claire Lemercier et Claire Zalc, *Méthodes quantitatives pour l'historien*, Paris, La Découverte, 2008.
29. L'interface de traitement de données pour les étudiants et les chercheurs en sciences humaines et sociales, AnalyseSHS, développée par le PIREH à l'université Paris 1 Panthéon-Sorbonne, permet de mettre en œuvre des statistiques descriptives et multidimensionnelles.

observer certaines analyses statistiques provenant de l'historiographie de l'épuration, le risque est grand de ne commenter en définitive que de simples artefacts statistiques[30], et surtout de commettre des erreurs – quelle que soit « l'intime conviction de l'historien », forgée avec sérieux dans l'examen des archives et des sources en prenant appui sur un haut degré d'expertise.

En outre, parce qu'elle a impliqué une multiplicité d'individus, d'instances, de faits reprochés et de peines prononcées, l'épuration artistique ne peut être abordée efficacement en s'en tenant aux seules statistiques descriptives. Ce processus complexe doit être appréhendé non seulement à travers les peines, mais surtout à partir des incriminations mises en relation avec les peines. Ainsi, une même combinaison d'incriminations a-t-elle toujours conduit à une même peine, ou des peines plus sévères ont-elles été prononcées à l'encontre de certains groupes d'individus ? Le cas échéant, ces peines apparaissent-elles justifiées ou, au contraire, semblent-elles correspondre à des biais dans les jugements ? Pour le dire autrement, des individus ou groupes d'individus spécifiques se trouvèrent-ils discriminés au cours de ce processus d'épuration ? Cette question, loin d'être simple, fait l'objet d'une abondante littérature dans de nombreuses disciplines, notamment en droit et en sciences politiques comme en algorithmique. Nous verrons que seule une analyse statistique et mathématique est à même d'établir rigoureusement la réalité d'une absence de structure discriminatoire décelable, ou au contraire l'existence de biais à l'égard de tel ou tel groupe d'individus. Chemin faisant, nous serons conduits à mobiliser des méthodes d'analyse et des objets mathématiques de plus en plus complexes, dépassant les outils statistiques habituellement utilisés en sciences humaines et sociales, pour saisir les éventuelles différences de traitement entre artistes et, au-delà, la façon dont on peut corréler les caractéristiques individuelles et les peines prononcées, en dégageant d'éventuelles logiques jurisprudentielles. Plus encore, nous serons amenés à explorer des méthodes statistiques nouvelles, voire expérimentales, pour *établir* rigoureusement – et non simplement *postuler* – l'existence de certaines discriminations, comme celles envers les artistes femmes.

L'exigence méthodologique impliquant de ne jamais laisser les outils mathématiques à l'état de complètes « boîtes noires », cet article ne présumera d'aucune connaissance préalable en statistique, assumant dans son écriture même un fort caractère didactique. Cependant, nous avertissons les lecteurs et lectrices de sciences humaines et sociales : l'entrelacs inédit entre récit historique, explicitation détaillée des outils mathématiques et mises au point épistémologiques n'a rien d'évident et peut rebuter. Il en va de même pour un lecteur de sciences mathématiques, qui sera assurément déstabilisé par le renoncement à l'efficacité et à la concision du langage formel.

---

30. Nous entendons « artefact statistique » dans une acception large, proche du deuxième sens d'« artefact » donné dans le CNRTL : « P. métaph., 'Peut se dire de tout ce qui, provenant d'autre chose, peut camoufler ou surcharger les manifestations qu'on observe.' (Lafon 1963) » – l'idée étant ici qu'une telle surcharge puisse venir d'une fluctuation aléatoire dans l'échantillon observé.

Processus, traces, représentations

Le choix d'étudier le processus de l'épuration dans les « arts du spectacle » constitue une nouveauté dans les recherches sur les professions artistiques, et plus encore dans celles consacrées au monde de l'art durant la Seconde Guerre mondiale. Cette catégorie d'analyse s'affranchit de la traditionnelle séparation entre les arts – visuels, dramatiques, musicaux, chorégraphiques –, avec ses partitions plus fines visant à saisir, à l'intérieur de ces champs, l'extrême variété des formes d'expression (peinture, cinéma, théâtre, musique, cirque, etc.) ou encore des genres esthétiques (savant/populaire, classique/variétés, etc.), pour insister sur une autre distinction : celle opérée par le philosophe Nelson Goodman entre « *performing arts* » ou arts du spectacle, dont le « fonctionnement » se produit seulement lorsqu'ils sont joués (*performed*), et la peinture ou la littérature par exemple, où l'œuvre *existe* dès qu'elle est achevée[31]. Cette distinction permet de singulariser des professions dont le rapport de dépendance à la représentation – scène ou écran – fonde un *ethos* professionnel singulier fait d'une tension permanente entre un impératif de visibilité, la course pour l'accès aux places et l'inquiétude face à un horizon toujours incertain. Cette dépendance objective eut des implications majeures dans la conduite de l'épuration, tout comme les interdictions de scène résultant de cette dernière furent redoutables pour les carrières de certains artistes. En effet, pour un monde social reposant essentiellement sur la réputation, quelques mois d'interdiction professionnelle suffirent parfois à entraîner des mises au ban définitives.

La question générale que nous posons est celle des motifs et des biais éventuels avec lesquels de telles peines d'interdiction furent prononcées. Dans cette première partie, nous verrons comment une réponse rigoureuse à cette interrogation implique de constituer, à travers le passage des archives aux données, quelque chose comme un « système » en physique, très bien décrit par F. Braudel, soit « une unité restreinte d'observation, [...] où l'on puisse presque tout examiner et toucher directement du doigt [et] établir ensuite entre les éléments distingués toutes les relations, tous les jeux possibles[32] ».

---

31. Nelson Goodman distingue le temps de la réalisation de l'œuvre (*execution*) et tout ce qui contribue à la faire fonctionner, soit le rendement social de l'œuvre, qu'il désigne par le terme d'implémentation. Pour les arts d'exécution (*performing arts*), il avance que « les processus de réalisation (*execution*) et d'implémentation sont temporellement entrelacés ; car le premier fonctionnement d'une pièce se produit lorsqu'elle est jouée (*performed*) devant un public ». Nelson Goodman, « L'implémentation dans les arts », in *L'art en théorie et en action*, trad. par J.-P. Cometti et R. Pouivet, Paris, Gallimard, [1984] 2013, p. 63-68, ici p. 65.
32. F. Braudel, « Histoire et sciences sociales », art. cit., p. 743-744.

Le processus chaotique de l'épuration professionnelle du monde du spectacle

À la Libération, des dizaines de textes législatifs se sont employés à encadrer les nombreux domaines d'activités professionnelles que les épurations judiciaires ou administratives « n'atteign[aient] pas ou mal en raison de leurs compétences trop restrictives, de leurs sanctions inadaptées ou de leurs procédures inadéquates[33] ». Si cette « extension de l'État[34] » inédite dans la gestion de professions jusqu'alors indépendantes s'est effectuée de manière relativement rationnelle dans le monde de l'économie ou des professions libérales, le monde de l'art a mis en crise ce dispositif. Plus encore, à l'intérieur de cette catégorie, les arts du spectacle ont constitué un cas limite, provoquant une instabilité juridictionnelle qui ne connaît pas d'équivalent dans l'épuration professionnelle. Très vite en effet, les législateurs ont buté sur l'hétérogénéité radicale d'un monde social traversé par une inégalité maximisée des niveaux d'engagements, entre la vedette consacrée du cinéma, du music-hall ou de la musique classique et l'anonyme précaire se maintenant difficilement à la lisière du monde professionnel. Il faut ajouter à cela une multitude de régimes d'emploi, entre l'artiste entrepreneur[35] soumis à l'obligation d'une « démultiplication de soi[36] » et l'artiste salarié, parfois même assimilé fonctionnaire dans les théâtres nationaux – c'est le cas des troupes de chanteurs lyriques ou de comédiens, des orchestres et des corps de ballet. Enfin, les arts du spectacle, et plus largement les professions artistiques, se distinguent par la multi-activité, et il est courant qu'un même interprète émerge à plusieurs régimes d'emploi. Une telle complexité a fait écrire à Eliot Freidson que « de tous les états professionnels reconnus de la société […], ceux qui sont liés aux arts sont les plus ambigus et constituent le plus redoutable défi à l'analyse théorique des métiers et du travail[37] ».

L'ambiguïté que relevait E. Freidson constitua à la Libération un terrible écueil pour l'acte de juger et, partant, a rendu d'autant plus complexe le travail d'identification des sources et leur abstraction en données, car la succession désordonnée d'instances d'épuration visant à embrasser les arts du spectacle a exigé de dépouiller les archives de trois commissions successives : celles tout d'abord issues d'une première « commission consultative d'épuration des industries du spectacle »

---

33. Alain BANCAUD, « La construction de l'appareil juridique », *in* M. O. BARUCH (dir.), *Une poignée de misérables, op. cit.*, p. 61-97, ici p. 69-70.
34. *Ibid.*, p. 64.
35. Sur la figure de l'artiste entrepreneur, voir Pierre BOURDIEU, « Le marché des biens symboliques », *L'année sociologique*, 22-3, 1971, p. 49-126, ici p. 53-54 ; *id.*, « Bref impromptu sur Beethoven, artiste entrepreneur », *Sociétés & représentations*, 11-1, 2001, p. 13-18, ici p. 15-18.
36. Pierre-Michel MENGER, « La profession de comédien. Formations, activités et carrières dans la démultiplication de soi », Paris, Ministère de la Culture et de la Communication, 1997.
37. Eliot FREIDSON, « Les professions artistiques comme défi à l'analyse sociologique », *Revue Française de Sociologie*, 27-3, 1986, p. 431-443, ici p. 431.

fondée en septembre 1944, en parallèle des premières instructions de l'épuration judiciaire, et dont les jugements furent particulièrement marqués par l'ordonnance du 26 août 1944 instituant l'indignité nationale, qui s'imposait alors comme le grand texte normatif de l'épuration intellectuelle et artistique. Un autre jeu de données a été abstrait des archives d'une deuxième « commission gouvernementale d'épuration du spectacle » (CGES) fondée un mois plus tard, en octobre 1944. Un troisième jeu de données a enfin été extrait des archives d'une dernière instance créée le 17 février 1945, le « comité national d'épuration des professions d'artistes dramatiques, lyriques et de musiciens exécutants » (CNE), censée faire taire les nombreuses polémiques liées au processus de l'épuration artistique.

Les premières mesures d'épuration à la Libération

À la fin de l'été 1944, l'épuration de la scène française suscite un vif intérêt dans l'opinion publique. Les arrestations d'immenses vedettes comme Sacha Guitry, Mireille Balin, Alice Cocéa, Pierre Fresnay, Josseline Gaël, Ginette Leclerc, Mary Marquet, Albert Préjean, Viviane Romance ou encore Tino Rossi font les gros titres des journaux. « Chez les artistes, il y a une émulation remarquable. C'est à qui rejoindra Sacha Guitry », raille le journal *Ce soir* le 28 septembre 1944[38]. Décrivant l'arrestation de l'actrice Dita Parlo, la journaliste Madeleine Jacob se montre toute aussi mordante : « Les arrestations de personnalités parisiennes, 'ça rend', comme on dit en jargon commercial. Alors, vous pensez, une vedette de cinéma[39]. » La réouverture programmée des théâtres fait redouter des incidents publics, car un certain nombre d'artistes ont déjà été suspendus par diverses commissions provisoires d'épuration rattachées à des théâtres, à des syndicats ou aux sociétés de droits d'auteur. Dans ce contexte, le monde du spectacle fait l'objet des toutes premières mesures gouvernementales liées à l'épuration professionnelle. Dès le 15 septembre, une première « commission consultative d'épuration des industries du spectacle » se réunit 7 rue de la Paix dans l'ancien siège du Comité d'organisation des entreprises de spectacles[40]. Présidée par l'homme de théâtre Pierre Renoir et rattachée à l'administration des Beaux-Arts qui dépend du ministère de l'Éducation nationale, elle est composée de seize membres, tous masculins, choisis pour la plupart au sein des mouvements de résistance et représentant toutes les activités de la profession. Cette participation des « différents membres de la famille du spectacle » est censée garantir « l'impartialité des débats et la sérénité des sentences »[41].

---

38. « L'Épuration. Mireille Balin et Albertini mais pas encore de Monzie ! », *Ce soir*, 28 sept. 1944, p. 2.
39. Article sur l'Affaire de la rue Lauriston de Madeleine Jacob, « Dita Parlo 'dans le bain'… et pas un mot à la reine-mère ! », *Franc-Tireur*, 14 sept. 1944, p. 1-2.
40. Créé le 7 juillet 1941, le Comité d'organisation des entreprises de spectacles (COES) fut un organisme central de la vie culturelle sous l'Occupation, en relation avec la Propaganda-Abteilung Frankreich. Il fut dissous en 1946.
41. Paris, Archives nationales (ci-après AN), F/21/8102, Rapport du Congrès de l'Union du Spectacle, « 17-2-45 ».

Recouvrant l'ensemble de l'industrie du spectacle à Paris et en région parisienne – aussi bien les théâtres subventionnés et les théâtres dramatiques et lyriques que les cabarets, music-halls, cirques et tournées partant de la capitale[42] –, la nouvelle instance, qui croule sous les dossiers, prononce des suspensions professionnelles allant de 1 à 12 mois d'activité. Il apparaît rapidement que ces interdictions manquent de base juridique, si bien qu'une nouvelle « Commission gouvernementale d'épuration du spectacle » (CGES) est instituée le 13 octobre 1944 par une ordonnance du ministre de l'Éducation nationale René Capitant, en charge des Beaux-Arts[43]. Désormais présidée par un magistrat, la CGES n'a plus juridiction sur les personnels artistiques des établissements subventionnés – la Comédie-Française, la Réunion des théâtres lyriques nationaux (qui rassemble l'Opéra Garnier et l'Opéra-Comique) et les théâtres de l'Odéon et du palais de Chaillot –, passibles de la seule épuration administrative à travers des commissions *ad hoc*. Malgré ce resserrement, la nouvelle commission embrasse toujours un trop grand nombre de professions aux statuts hétérogènes, allant des différents artistes de scène (musiciens, comédiens, danseurs, artistes de music-halls, etc.) jusqu'aux décorateurs et aux machinistes, en passant par les metteurs en scène et directeurs de spectacles, ou encore les entrepreneurs de tournées. Elle peine à instruire les centaines de dossiers qui lui parviennent et suscite l'impatience des directeurs de théâtre, soucieux de connaître le sort des artistes qu'ils souhaitent engager. En outre, la CGES est contestée jusque dans ses décisions : les suspensions de travail qu'elle prononce ne sont pas irrévocables, car elles doivent d'abord être ratifiées par un arrêté du ministre de l'Éducation nationale.

Surtout, ses jugements sont entachés d'arbitraire. Ainsi la CGES, considérant que la moitié du personnel des spectacles serait susceptible d'être sanctionnée du fait de sa collaboration massive aux émissions artistiques de la radio allemande d'occupation, décide-t-elle de ne juger que les artistes ayant perçu plus de cent cachets à Radio-Paris. Cette clémence douteuse fait écho à une autre décision encore plus lourde de conséquences : celle du Comité de libération du cinéma français (CLCF). Celui-ci, pourtant très actif dans l'épuration des personnels techniques, décide très tôt de ne pas verser à l'instruction de la CGES les noms des acteurs qui ont tourné pour la Continental Film. Or cette filiale française de l'UFA allemande a été la principale société de cinéma en France durant l'Occupation, avec à son actif une trentaine de films qui ont « fait travailler au moins un tiers des professionnels du cinéma en France[44] ». Le CLCF ne transmet pas davantage les fiches de post-synchronisation recensant les doublures des films de propagande allemands[45]. Une telle iniquité est dénoncée par le « comité du spectacle » d'un

---

42. Les troupes fixes des villes de province et les tournées régionales échappent à sa juridiction.
43. L'ordonnance du 13 octobre 1944 instituant une interdiction professionnelle dans l'industrie des spectacles s'inscrivait dans le cadre de l'ordonnance du 22 juin 1944 relative aux organismes dits « comités d'organisation », modifiée par l'ordonnance du 7 octobre 1944.
44. C. Singer, « Les contradictions de l'épuration du cinéma français (1944-1948) », art. cit., p. 10.
45. AN, F/21/8102, Rapport du Congrès de l'Union du Spectacle, « 17-2-45 ».

certain « Club Saint Just » composé d'écrivains et d'artistes : « Car enfin, cette indulgence est si anormale qu'elle en devient blessante. Le comédien est-il un outil verbal, une machine parlante qui émet des mots dont il ignore le sens[46] ? »

Le comité national d'épuration des professions d'artistes dramatiques, lyriques et de musiciens exécutants

Pour faire taire les polémiques et tenter de mieux ajuster la législation à ce monde social complexe, le gouvernement se voit contraint de procéder à de nouvelles subdivisions et institue, par l'ordonnance du 17 février 1945, un « comité national d'épuration des professions d'artistes dramatiques, lyriques et de musiciens exécutants » (CNE). Les artistes exerçant « leur art directement devant le public ou par l'intermédiaire du cinématographe ou de la radiodiffusion[47] » sont donc désormais distingués des personnels techniques et des personnels de direction des entreprises de spectacles[48]. Siégeant 3 rue de Valois au siège de l'administration des Beaux-Arts, le CNE est présidé par l'avocat général Côme et bénéficie d'une structure juridique qui faisait défaut aux deux instances précédentes : ne requérant plus la signature du ministre, ses décisions sont souveraines et sans appel.

Le nouveau comité ne commence pourtant ses travaux qu'à partir du 23 juillet 1945, soit cinq mois après sa création, et ce alors qu'il est tenu d'instruire des centaines de dossiers, dont ceux des commissions précédentes, très nombreux, qui n'ont pas encore fait l'objet d'un arbitrage ministériel. Il reprend aussi plusieurs dossiers d'artistes classés sans suite par la justice politique tout comme ceux jugés en cour de justice ou en chambres civiques mais ayant bénéficié d'un non-lieu. De fait, les comités chargés de l'épuration professionnelle n'avaient pas à se ranger à l'autorité de la chose jugée, ce qui, du reste, n'était pas prévu dans les textes de loi[49]. Le CNE ne remet donc l'essentiel de ses avis qu'à la fin de l'année 1946[50]. La presse résistante dénonce cette épuration tardive qui vient parfois suspendre brutalement des comédiens en pleine représentation : « L'épuration du spectacle ne doit pas être une vulgaire séance de Guignol[51] », condamne *France Libre*.

---

46. AN, F/21/8102, courrier du « Club Saint Just » adressé à Édouard Bourdet, « 6-01-1945 ».
47. Ordonnance n° 45252 du 17 février 1945 relative à l'épuration des professions d'artistes dramatiques et lyriques et de musiciens exécutants, *Journal Officiel* du 18 février 1945, p. 851.
48. Ces derniers seront jugés dans le cadre de l'ordonnance du 16 octobre 1944 relative à l'épuration dans les entreprises.
49. C'est le cas de l'immense star du cinéma français Ginette Leclerc. Arrêtée le 8 septembre 1944 et écrouée avec onze agents de la Gestapo sous le chef d'inculpation d'intelligence avec l'ennemi, elle est remise en liberté provisoire 5 mois plus tard sur l'autorisation du commissaire du gouvernement Anglade, qui classera l'affaire le 5 octobre 1946. Le 3 janvier 1946, pour les incriminations de « relations avec l'ennemi » et de tournages pour la « Continental », le CNE lui inflige quand même une peine de 6 mois d'interdiction. AN, Z/6/NL/316, cour de justice du département de la Seine, dossier 757, Geneviève Menut dite « Ginette Leclerc », et AN, F/21/8110, dossier d'épuration de Ginette Leclerc.
50. Il ne sera officiellement suspendu qu'en 1949.
51. *France Libre*, 31 août 1945, p. 1-2, ici p. 2.

Données et premières représentations

Distinctes par leur composition, leurs régimes juridiques ou encore leurs champs de compétences, trois instances successives se sont donc employées, entre 1944 et 1946, à statuer sur la responsabilité des artistes de scène. L'étude de l'épuration doit ainsi affronter un double écueil. La première difficulté est liée à la discontinuité, la confusion et parfois l'incohérence du processus d'épuration, en l'absence d'une commission centrale censée garantir une relative homogénéité des décisions, mais aussi leurs critères et leurs attendus[52]. En outre, les archives de l'épuration professionnelle des arts du spectacle sont extrêmement disparates, en plus d'être parcellaires. Seul le CNE, mieux structuré et plus pérenne que les deux premières instances, a produit des archives relativement systématisées, avec des dossiers individuels qui recèlent de précieuses informations sur la conduite des prévenus durant l'Occupation – photographies, articles de presse, extraits de correspondances, comptes rendus d'interrogatoires, témoignages à charge et à décharge, etc. La seconde difficulté réside dans la complexité à appréhender un corps social extrêmement hétérogène. Les artistes se situant souvent à l'intersection de plusieurs sous-ensembles correspondant à autant de statuts d'emploi, de niveaux de reconnaissance, etc., il n'est pas rare de les retrouver dans deux, trois, voire quatre instances distinctes. Comment suivre dès lors le « parcours d'épuration » d'un comédien sociétaire de la Comédie-Française accusé tout à la fois d'avoir tourné dans un film de propagande, travaillé sur les ondes de Radio-Paris et enfin tenu des propos anti-nationaux ? Cette trajectoire rend un tel artiste passible de trois instances distinctes : la commission de la Comédie-Française, au titre de l'épuration administrative ; le comité d'épuration du spectacle au titre de l'épuration professionnelle ; et, enfin, la commission d'épuration mise en place par la Radiodiffusion française – cette dernière s'illustrant par une extrême sévérité[53].

Nous sommes toutefois parvenus à identifier au moins 51 artistes jugés par la première commission consultative d'épuration des industries du spectacle. La deuxième commission (CGES) a, quant à elle, jugé au moins 204 artistes en l'espace de neuf mois. Enfin, le CNE a statué sur au moins 239 individus[54]. Afin de retracer le « parcours d'épuration » des artistes de scène – certains « disparaissant » d'une commission à une autre, quand d'autres ont vu leurs dossiers instruits par les trois instances –, il a fallu procéder à de nombreux recoupements entre les fiches manuscrites recensant les faits reprochés, des listes d'arrêtés ministériels, les minutes de

---

52. À l'instar de la Commission centrale d'épuration pour les Communications ou du Conseil supérieur d'enquête pour l'Éducation nationale. François ROUQUET, *Une épuration ordinaire, 1944-1949. Petits et grands collaborateurs de l'administration française*, Paris, CNRS Éditions, [1993] 2011, p. 90, n. 3.
53. Karine LE BAIL, « La radio, tribunal des musiciens français ? », *in La musique au pas, op. cit.*, p. 249-271.
54. Étant donné le caractère parcellaire des archives liées à l'épuration, tout bilan du nombre d'individus passés en commission ne peut être considéré comme définitif, d'où la mention « au moins ».

séances mentionnant les incriminations et les peines prononcées, et, enfin, plusieurs listes récapitulatives établies tout au long du processus. Nous avons ainsi pu établir un corpus relativement stabilisé mentionnant les incriminations et les peines des artistes épurés[55].

Nous aboutissons à un tableau de 378 individus qui prend en compte les artistes passés devant une, deux ou trois commissions. Or ce résultat ne concorde pas avec la « liste complète des artistes sanctionnés » par le CNE, faisant pour sa part état en 1949 de 328 individus jugés[56]. Cette liste sur laquelle se fondent la plupart des statistiques de l'épuration professionnelle est donc incomplète, puisqu'elle n'inclut pas systématiquement les artistes jugés dans les deux commissions précédentes et dont les peines, si elles se trouvaient purgées au moment de l'instruction du CNE, n'en ont pas moins été effectives. C'est le cas du sociétaire de la Comédie-Française Georges Chamarat, que la liste en question mentionne comme « classé », alors qu'il a en réalité été condamné à 3 mois d'interdiction par la commission provisoire le 9 octobre 1944, peine ramenée à 1 mois par la CGES le 27 octobre 1944. Notons toutefois que s'il fait état des passages devant les trois commissions, notre corpus n'est pas pour autant exhaustif, puisqu'il ne rend compte que des sanctions prononcées depuis Paris.

Caractéristiques des individus

Le tableau des individus comporte donc 378 lignes et se divise en 6 colonnes correspondant à autant de caractéristiques individuelles. Quatre premières variables concernent les mentions « nom », « date de naissance », « sexe », « profession ». Cette dernière variable est déclinée en douze modalités : comédiens, acteurs, artistes lyriques, musiciens d'orchestre, chefs d'orchestre, choristes, solistes classiques, chansonniers, danseurs, acrobates, circassiens, humoristes. Une cinquième variable distingue les familles artistiques (musique classique, variétés, music-hall, cinéma, théâtre classique, théâtre de boulevard, cirque). À ces cinq variables nous en avons ajouté une sixième, le « degré de notoriété ». Si les taxinomies selon les modes d'expression (théâtre/cinéma/musique) ou les genres esthétiques (savant/populaire ou classique/variétés) sont relativement classiques, cette attention au degré de notoriété (vedettes/anonymes) est moins attendue. Cette prise en compte est pourtant cruciale dans l'étude de l'épuration, dès lors que s'est posée, et ce à tous les échelons du processus – judiciaire, administratif, professionnel –, la question de la responsabilité des élites. La Résistance avait pensé cette échelle

---

55. Relevant de l'administration des Beaux-Arts, rattachés depuis 1870 au ministère de l'Éducation nationale, les archives de l'épuration administrative font partie de la sous-série F/21. F/21/8102 à 8126 : Direction des spectacles et de la musique, Épuration, 1941-1949. F/21/8102 : Épuration du personnel des spectacles ; F/21/8102-8103 : Commission gouvernementale d'épuration des entreprises de spectacles ; F/21/8105-8113 : Comité national d'épuration des professions d'artistes dramatiques, lyriques et de musiciens exécutants.
56. « Liste complète au 14 février 1949 des Artistes sanctionnés par le comité d'épuration », citée par J.-P. BERTIN-MAGHIT, *Le cinéma sous l'Occupation, op. cit.*, Annexe XXI.

de responsabilité : « L'ennemi ne doit plus pouvoir valoriser ses émissions et films distractifs par un seul nom de vedette française [alors qu'un] comédien pauvre peut jouer dans les films – de la Continental Films – s'il peut prouver, par la suite, qu'il a fait ce qu'il a pu pour gagner autrement sa vie[57]. »

Or, devant les commissions, la notoriété semble plutôt avoir agi en faveur des inculpés. Le cas de Tino Rossi est à cet égard significatif. Accusé d'intelligence avec l'ennemi dans le cadre de l'affaire de la Gestapo française de la rue Lauriston, il est écroué 3 mois à Fresnes. La célébrité est remise en liberté provisoire le 4 janvier 1945 et voit son dossier classé sans suite en novembre 1946[58]. Entre-temps, le CNE instruit son dossier durant l'automne 1945 et établit une liste éloquente de galas en faveur de la collaboration, tels ceux des 6 et 7 juin 1941 en marge de l'exposition « La France européenne » au Grand Palais, ou encore le concert du 1er mai 1942 au théâtre de l'Empire devant les légionnaires de la Légion des volontaires français contre le bolchévisme, dans le cadre de l'exposition internationale « Le bolchevisme contre l'Europe ». Comparaissant le 15 décembre 1945, Tino Rossi n'est pourtant condamné qu'à 4 mois d'interdiction, qui plus est rétroactivement, à compter du 15 septembre 1944... Il en va de même de Maurice Chevalier. Également arrêté à la Libération, le chansonnier a pu compter sur la protection active de Louis Aragon pour échapper à l'épuration judiciaire, puis s'est racheté une conduite en chantant dans les nombreux galas donnés par le parti communiste à la Libération. Ainsi « blanchi » par le premier parti de France, Chevalier est relaxé par le CNE, lequel conclut le 30 novembre 1945 à l'absence de sanctions. Le dossier d'instruction conservé aux Archives nationales est pourtant à charge. On y trouve là aussi une liste manuscrite recensant moult galas, des interviews dans divers journaux, notamment le *Pariser Zeitung* en novembre 1942, ou encore la mention d'une « propagande inlassable pour Pétain en 1941-1942 sur les scènes de la zone non occupée et à la radio[59] ».

Le facteur de la notoriété semble dès lors appeler un examen rigoureux, mais comment formaliser la catégorie de la « vedette » (ou de la « star ») en une variable statistique ? La célébrité – ou la notoriété – n'est-elle pas une construction sociale particulièrement instable, dont les schèmes de perception jusqu'aux systèmes de valeurs varient selon les mondes sociaux, et, à l'intérieur de ces derniers, selon les instances d'expertise ? Nous nous sommes toutefois résolus à appréhender la notoriété comme une « sorte de quantité sociale[60] », en attribuant à chaque artiste de notre corpus un « indice » échelonné de 0 à 2. On pourrait arguer du fait

---

57. Institut Mémoires de l'édition contemporaine (IMEC), archives Pierre Schaeffer, 199/1381. Document adressé aux comédiens, artistes lyriques, artistes de music-hall, émanant de la Fédération du spectacle, l'Union des syndicats du film, le comité de Front national du théâtre et le comité de Front national du cinéma, s. d.
58. AN, cour de justice du département de la Seine, dossiers d'affaires jugées (1944-1951), Z/6/NL/316, dossier 7576, Constantin Rossi.
59. AN, F/21/8110, dossier d'épuration de Maurice Chevalier.
60. Gabriel Tarde, *Psychologie économique*, vol. 1, Paris, Alcan, 1902, p. 70. Cité par Alain Chenu, « Des sentiers de la gloire aux boulevards de la célébrité. Sociologie des couvertures de *Paris Match*, 1949-2005 », *Revue française de sociologie*, 49-1, 2008, p. 3-52, ici p. 6, n. 2.

qu'un tel codage recèle une part problématique d'arbitraire et d'approximation, notamment parce qu'il prend le risque d'effets de seuil, de même qu'il ne parvient pas à saisir la variable « temps ». Cela posé, si la notoriété n'est pas un indice constant ni même monotone, puisque pouvant tour à tour croître ou décliner dans le temps, elle a valeur de curseur relativement fiable pour appréhender le phénomène de l'épuration, immédiatement consécutif à l'Occupation et se déroulant dans une durée relativement courte. Plus encore, si la célébrité a joué dans les jugements, une catégorisation simple suffit à en déceler la trace, car il est peu probable que les commissions aient, consciemment ou non, été influencées par une mesure excessivement fine du degré de célébrité, d'autant que l'indice extrême de « 2 » distingue uniquement les personnalités à l'époque consacrées dans leur champ respectif – virtuose classique renommé, star du grand écran, vedette de la chanson, etc. –, étant entendu qu'une chanteuse lyrique aussi admirée que la cantatrice Germaine Lubin n'a jamais accédé à la « célébrité superlative[61] » d'une Arletty. L'indice « 0 » renvoie quant à lui au grade des anonymes, des « sans noms » sur les affiches, dans les colonnes de la presse ou dans les annonces radiophoniques. Enfin, l'indice « 1 » identifie une catégorie intermédiaire d'artistes qui, sans appartenir à l'olympe des « idoles », n'en ont pas moins un nom. C'est sans surprise la catégorie la plus fournie, où l'on retrouve aussi bien les actrices Charlotte Lysès et Corinne Luchaire que le chanteur lyrique René Hérent ou le pianiste Jean Hubeau.

Des incriminations

Outre les caractéristiques des individus, nous avons travaillé sur deux types de données factuelles : les faits reprochés et les peines prononcées. À partir de deux types de sources (listes récapitulatives et procès-verbaux des séances des trois instances d'épuration), nous avons abstrait 25 grands types d'incriminations (tabl. 1) – étant entendu qu'un même individu a pu s'en voir reprocher plusieurs. Toutes les qualifications sont explicitement mentionnées dans les archives ou induites de mentions concordantes dans les dossiers d'épuration : ainsi de la mention « relations avec l'occupant », que l'on a classée en « relations sexuelles » uniquement lorsqu'elle cohabitait avec la qualification de « maîtresse » ou d'« amant ». Puisque nous nous concentrons sur les liens entre incriminations et peines, il a fallu écarter 27 individus dont l'étude des dossiers n'a pas permis d'identifier les faits reprochés – ce qui ramène notre corpus d'analyse de 378 à 351 individus. Puis, étant donné qu'il y a eu parfois plusieurs délibérations sur un même individu dans une même instance, nous n'avons conservé que la dernière, faisant apparaître les incriminations finalement retenues.

---

61. Alain Chenu parle de « labels de célébrité superlative » (A. Chenu, « Des sentiers de la gloire aux boulevards de la célébrité. Sociologie des couvertures de *Paris Match*, 1949-2005 », art. cit., p. 11).

Tableau 1 – Incriminations, par ordre décroissant d'individus concernés

	Incrimination	Acronyme	Nombre d'individus
1	Émissions artistiques de Radio-Paris	RPA	141
2	Émissions de propagande de Radio-Paris	RPP	72
3	Galas de propagande	GAL	64
4	Travail en Allemagne	TAL	60
5	Propos « anti-nationaux » – contre les Alliés, en faveur de l'Allemagne ou de la collaboration	PRO	37
6	Relations avec l'occupant	REL	28
7	Attitude pro-allemande	ATT	19
8	Adhésions à des organismes de collaboration (Légion des volontaires français, Milice, Rassemblement national populaire, Parti populaire français, Parti franciste, Groupe collaboration, etc.)	COL	18
9	Relations sexuelles avec l'occupant	SEX	16
10	Films de propagande	FPR	13
11	Voyages en Allemagne organisés par l'occupant	VAL	11
12	Dénonciation	DEN	10
13	Collaboration notoire	CNT	9
14	Tournages pour la Continental	CON	8
15	Synchronisation/doublage pour des films de propagande	SYN	7
16	Bénéfices et avantages divers tirés des relations avec l'occupant	BEN	5
17	Propos antisémites	ANT	5
18	Travail pour des établissements contrôlés par les Allemands	TEA	4
19	Concerts organisés par/pour les Allemands	COC	4
20	Télévision allemande	TVA	3
21	Collaboration à la radio allemande de Radio-Stuttgart	RSS	3
22	Participation à des pièces de théâtre de propagande	TPR	2
23	Textes en faveur de la collaboration	TXO	2
24	Commerce illicite/marché noir	CIL	1
25	Port de la francisque	FRA	1

L'épuration professionnelle du monde du spectacle ne retient quasiment aucune charge pour « vichysme » : c'est essentiellement la collusion avec l'occupant qui est stigmatisée, reprenant en cela les différentes « listes de critères » rédigées durant l'Occupation et vraisemblablement mises à disposition des commissions d'épuration[62]. Il n'est pas étonnant non plus que le « jugement des pairs », inévitablement moins normatif qu'un relevé de greffe des cours de justice, offre une grande granularité dans les faits de collaboration reprochés, entre les « voyages en Allemagne organisés par l'occupant » et le « travail en Allemagne » distincts à dessein du travail « pour des établissements contrôlés par les Allemands », de la collaboration à Radio-Paris ou encore des « concerts organisés par/pour les Allemands ».

Si les incriminations sont variées[63], elles se concentrent toutefois sur trois grands faits de collaboration : le travail à Radio-Paris, les galas de propagande et, enfin, le travail en Allemagne. L'incrimination Radio-Paris s'explique bien sûr par le caractère massif du travail artistique pour la radio allemande, mais aussi par le fait qu'il a constitué, pour les épurateurs, une faute immédiatement objectivable. En effet, l'important fichier du poste, abandonné par l'occupant dans sa fuite et transmis à la justice, a permis de préciser pour chaque artiste le nombre exact de cachets perçus, avec la mention des montants, des titres et des dates des émissions concernées. C'est du reste ainsi qu'a pu être distinguée dans notre corpus la collaboration aux émissions artistiques (RPA) de celle aux émissions de propagande (RPP). Cette surreprésentation des faits de collaboration à Radio-Paris fait ressortir en retour la quasi-inexistence de l'incrimination pour la collaboration aux tournages de la Continental (CON) : elle n'est mentionnée que dans les dossiers de 8 prévenus, et encore, au milieu d'autres incriminations[64]. Ainsi de l'actrice Ginette Leclerc[65] et des deux vedettes Danielle Darrieux et Suzy Delair, à qui l'on reproche le fameux voyage de propagande en Allemagne et en Autriche effectué en mars 1942. Jamais étudiée en tant que telle, l'existence d'un régime de clémence officieux du CLCF à l'endroit des acteurs et actrices de la Continental se trouve objectivée par notre examen systématique de l'ensemble du processus d'épuration des arts du spectacle.

Modélisation et visualisation des données

Il est bien sûr tentant de modéliser les 25 incriminations identifiées dans les données en s'appuyant sur les techniques factorielles éprouvées (analyse en composantes principales [ACP], analyse des correspondances multiples [ACM]) qui permettent d'analyser et, dans une moindre mesure, de visualiser les correspondances entre des variables et

---

62. Les analyses de Serge Added, Laurence Bertrand Dorléac ou encore Jean-Pierre Bertin-Maghit vont dans le même sens.
63. Ainsi, 90 % du panel n'a qu'une ou deux incriminations, et plus de la moitié de celles-ci concerne moins de 9 individus.
64. Il s'agit des dossiers de Georges Chamarat, Suzy Delair, Tania Fedor, Danielle Darrieux, Fernandel, André Gabriello, Ginette Leclerc, Jean Servais. On relève une même sous-représentation de l'incrimination liée au doublage de films de propagande allemands (SYN), avec seulement 7 individus.
65. Voir *supra* note 49.

Figure 1 – Représentation des individus et des incriminations sous la forme d'un graphe biparti

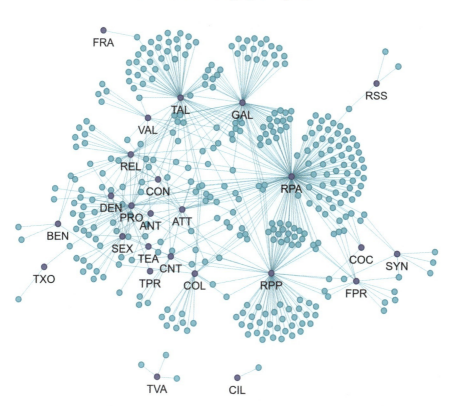

Note : Cette modélisation, présentée ici en capture d'écran, est en réalité interactive (disponible sur https://julienrf.shinyapps.io/StatEp/) ; on peut ainsi naviguer dans l'espace des incriminations.

des individus[66]. Toutefois, lorsque les modalités (soit les valeurs possibles pour toutes les variables) sont nombreuses et les disparités d'effectifs importantes, des effets de distorsion non négligeables peuvent apparaître, au risque de masquer certaines correspondances et d'en surreprésenter d'autres. Nous choisissons plutôt ici de modéliser l'espace des incriminations sous la forme d'un graphe[67] biparti (fig. 1), soit un réseau

---

66. Les historiens se sont très tôt emparés de ces outils d'analyse géométrique des données, si l'on songe à Antoine Prost et, plus largement, à la dynamique lancée dans les années 1970 à l'université Paris 1 Panthéon-Sorbonne : Léo Dumont, Octave Julien et Stéphane Lamassé, « Articuler histoire et informatique, enseignement et recherche : le PIREH de l'université Panthéon-Sorbonne », *Humanités numériques*, 1, 2020, https://doi.org/10.4000/revuehn.284.

67. Mathématiquement, un graphe G est un couple de deux ensembles, $G = (V, E)$, tel que les éléments du deuxième ensemble, E, sont des couples d'éléments du premier ensemble, V. Ainsi, on peut interpréter E comme un ensemble de liens – d'arêtes – entre les éléments de V interprétés quant à eux comme des sommets ou des nœuds. Un graphe est également l'objet mathématique utilisé pour modéliser un réseau.

dont les nœuds sont de deux types (en l'occurrence les incriminations et les individus) et dans lequel les arêtes relient obligatoirement des nœuds de types différents (ici, une arête relie un individu à une incrimination si celle-ci est présente dans son dossier). Cette cartographie relationnelle et dynamique donne à voir simultanément et immédiatement les individus reliés à une seule incrimination ainsi que les groupes d'interaction : elle conduit naturellement à une visualisation efficace des individus présentant conjointement deux incriminations (ou plus) et permet ainsi de circuler dans ces données avec beaucoup d'aisance, facilitant de fait la réflexion et, partant, l'analyse.

Une épuration discriminatoire ?

Le lien entre peines et combinaisons d'incriminations paraît-il relativement indépendant des individus concernés ou se fait-il, au contraire, selon une géométrie variable ? La question sous-jacente, plus générale et fondamentale, est celle de la discrimination d'individus ou de groupes d'individus, que ce soit dans un parcours de justice ou dans d'autres types de processus (sélection ou recommandation, par exemple). Elle est bien sûr loin d'être simple. Rappelons ainsi l'étude sur l'admission des femmes à la *Graduate School* de Berkeley en 1973, un « classique » en sciences sociales et en statistique[68]. Leur taux d'admission global, bien plus faible que celui des hommes, pouvait laisser supposer l'existence d'une discrimination. Or, calculé par département, le taux d'admission des femmes était nettement supérieur à celui des hommes… Cette apparente contradiction (le fameux « paradoxe de Simpson ») résultait du fait que les femmes candidataient davantage à des départements ayant de plus faibles taux d'admission.

Pour raisonner formellement, repartons de la définition de ce qui constituerait une discrimination dans le processus de l'épuration, à savoir une différence de traitement systématique vis-à-vis d'un groupe d'individus. Soit deux sous-ensembles A et B, déterminés ici selon un caractère (sexe, âge, famille professionnelle, etc.). La démarche consistant à comparer des indicateurs statistiques élémentaires – pourcentages, moyennes, médianes, valeurs typiques, etc. – calculés pour les groupes A et B ne permet pas à elle seule d'établir des résultats. Par exemple, il n'est pas rigoureux d'avancer que A et B reçoivent des traitements différents à partir de la seule observation d'une peine moyenne différente entre ces deux groupes : si net soit-il, cet écart peut très bien être le simple fruit du hasard de l'échantillonnage, et seuls des tests statistiques d'hypothèse permettraient d'écarter une telle possibilité. Cet écueil statistique classique, à savoir que des différences d'indicateurs calculés sur des sous-échantillons d'une population ne sont pas forcément significatives, reste encore trop peu enseigné dans les cursus universitaires d'histoire, alors qu'il l'est en sociologie. Il conduit pourtant à des erreurs manifestes. On peut ici citer l'article de Fabien Lostec sur l'épuration

---

68. Peter J. BICKEL, Eugene A. HAMMEL et J. William O'CONNELL, « Sex Bias in Graduate Admissions: Data from Berkeley », *Science*, 187-4175, 1975, p. 398-404.

féminine en Loire inférieure, qui repose entièrement sur l'analyse des écarts de proportions hommes/femmes dans les jugements. L'historien y affirme, parmi d'autres conclusions erronées, que « les femmes ne sont pas sur-représentées parmi les individus acquittés puisque le pourcentage est de parité[69] », soit 50 % d'acquittés femmes pour 50 % d'hommes. Ce raisonnement est de toute évidence faux, puisque dans l'échantillon analysé, les femmes représentent 27 % des individus jugés, si bien qu'elles apparaissent au contraire surreprésentées parmi les acquittés, 50 % étant supérieur à 27 %… Encore faut-il vérifier que cet écart n'est pas le fruit du hasard de l'échantillonnage, ce dont un appareil statistique élémentaire (que nous détaillons plus bas) permet de s'assurer, aboutissant à un résultat qui se trouve être exactement l'inverse de ce qu'affirme F. Lostec.

Encore une fois, insistons sur la différence entre hypothèse et résultat : l'intime conviction de l'historien, bien que forgée avec le plus grand sérieux dans l'examen des archives et des sources, ne suffit pas, sans appareil statistique, à établir des résultats. Dit autrement, un travail « qualitatif » ne peut que suggérer ou postuler, et non établir – sauf ici à trouver un document attestant une règle discriminatoire dans les peines. Il suffit de se déplacer en sciences expérimentales pour saisir l'évidence : qui ferait confiance à la seule conviction d'un chercheur en médecine quant à l'efficacité d'une molécule pour soigner une maladie ou un virus ? Pour en *établir* l'efficacité et, partant, en autoriser la mise sur le marché, il faut au préalable tester statistiquement les observations afin d'évaluer la probabilité de la solidité du résultat : il faut se prémunir autant que possible contre le risque d'une fluctuation aléatoire ou d'un biais dans l'échantillon des malades observés. Revenons à l'articulation formelle entre différence de traitement et discrimination. Dans le cas où il serait établi que deux groupes A et B reçoivent effectivement des traitements distincts, cette différence n'est pas forcément discriminatoire : elle peut s'expliquer par des comportements jugés plus ou moins répréhensibles. Ainsi, certaines incriminations ont pu être retenues plus systématiquement (voire exclusivement) pour l'un des groupes ; auquel cas, la distribution des individus dans l'espace des incriminations ne sera pas indépendante de leur appartenance au groupe A ou B. De la même façon, les peines prononcées, y compris pour des incriminations similaires, peuvent avoir été systématiquement moins clémentes pour l'un des groupes, ce qui tendrait à indiquer une discrimination. Auquel cas, la relation entre la position des individus dans l'espace des incriminations et leur peine ne sera pas indépendante de leur appartenance au groupe A ou B. Pour vérifier cette hypothèse, il est nécessaire de recourir à des techniques statistiques plus avancées que de simples comparaisons, notamment des techniques de régression. Avant de mobiliser celles-ci, nous allons d'abord isoler l'étude de l'espace des incriminations de l'étude des peines.

---

69. Fabien Lostec, « Les collaboratrices face aux tribunaux de l'épuration : le cas de la Loire inférieure », *Annales de Bretagne et des Pays de l'Ouest*, 127-2, 2020, p. 125-153, ici p. 150.

Étude des peines

Une première démarche exploratoire consiste à examiner les différences de peines entre les vedettes et les anonymes jugés par la CGES, soit 17 vedettes, 57 anonymes et 130 artistes de notoriété intermédiaire. Les peines moyennes semblent diminuer très sensiblement avec le degré de notoriété : les « anonymes » écopent d'une peine moyenne de 7 mois, tandis que les célébrités ne sont sanctionnées en moyenne que de 4 mois et demi d'interdiction. À partir de cette observation, d'aucuns seraient tentés de conclure immédiatement que la commission s'est montrée plus clémente à l'endroit des vedettes. Or, nous le disions plus haut, il convient d'abord de s'assurer que l'effet observé est réel et ne relève pas du hasard de l'échantillonnage. On peut donner l'exemple du jeu de pile ou face : observer une séquence de 2 « pile » d'affilée ne suffit absolument pas à conclure que la pièce avec laquelle on joue est faussée, car une telle séquence peut tout à fait se produire par hasard sans la moindre tricherie – elle se produit même en moyenne 1 fois sur 4 (donc dans 25 % des cas) avec une pièce non faussée. Commenter le fait d'avoir obtenu 2 « pile » plutôt que 1 « pile » et 1 « face » revient à commenter un pur *artefact statistique*, autrement dit du *bruit*.

L'usage des tests de significativité

La distinction entre effet réel et artefact statistique, posée dès le XVIIIe siècle par le médecin et mathématicien John Arbuthnot puis par Pierre-Simon de Laplace, est au cœur de la question de la significativité en statistique. Systématiquement mobilisés dans les sciences expérimentales à partir du début du XXe siècle, les tests de significativité demeurent d'un usage encore trop sporadique en histoire. Ces tests consistent à mesurer la compatibilité entre une hypothèse et les données recueillies en calculant la probabilité (appelée valeur-p) d'observer ces données-ci sous cette hypothèse-là. Plus la valeur-p est faible, plus les données plaident contre l'hypothèse – jusqu'à atteindre $p = 0$ lorsque les données observées sont incompatibles avec l'hypothèse. À l'inverse, plus la valeur-p est élevée, plus il est probable d'observer les données en question. La démarche statistique classique, dite « fréquentiste », consiste à rejeter une hypothèse lorsque la valeur-p est très faible. Encore faut-il être capable de calculer la valeur-p, ce qui n'est pas toujours possible. Pour le comprendre, donnons encore ici l'exemple d'un jeu de « pile ou face » : l'hypothèse « la pièce n'est pas faussée » permet de calculer des valeurs-p, car elle implique que chaque lancer donne le résultat « pile » avec une probabilité de 1/2. Sous cette hypothèse, observer 2 « pile » d'affilée correspond à une valeur-p de 1/2 x 1/2 = 1/4, soit 25 %. En revanche, l'hypothèse « la pièce est faussée » ne permet pas à elle seule de calculer la probabilité d'obtenir 2 « pile » d'affilée ; il faut ajouter une hypothèse précisant le biais de la pièce, par exemple « la pièce tombe 2 fois plus souvent sur 'pile' que sur 'face' ». Sous ce jeu d'hypothèses, la valeur-p des données « 2 'pile' d'affilée » serait égale à 2/3 x 2/3 = 4/9, soit 44,4 %.

Dans le cas qui nous intéresse, l'hypothèse d'un traitement moins sévère pour les grandes vedettes ne définit pas un cadre probabiliste suffisant : pour calculer une valeur-p sous cette hypothèse, il faudrait en ajouter d'autres qui préciseraient le biais de sévérité de la commission à l'encontre des anonymes, par exemple en supputant un nombre précis de mois d'interdiction supplémentaires. Pour éviter ce type de spéculations, on a alors recours à une stratégie qui consiste à tester une hypothèse de référence neutre (H_o) équivalente à « la pièce n'est pas faussée », en l'occurrence donc celle d'un traitement non différencié entre vedettes et anonymes. Si la valeur-p des données sous l'hypothèse neutre est très faible, on pourra être amené à conclure que les données plaident contre l'hypothèse neutre – et donc, dans notre cas, qu'il est difficile, étant donné les observations, de soutenir qu'il n'y aurait pas eu de traitement différencié des vedettes. Ici, sous l'hypothèse neutre, la probabilité d'observer une peine moyenne inférieure d'environ 2 mois et demi pour les grandes vedettes par rapport aux anonymes est de $p = 3\%$. Comment interpréter ce chiffre ? Les sciences expérimentales ont longtemps retenu comme seuil critique des valeurs-p inférieures à 5 % pour s'autoriser à rejeter l'hypothèse de référence d'un test – on qualifie alors de significatif le résultat étayé par les observations. De prime abord, ce seuil de 5 % pourrait paraître faible, mais il traduit en réalité une prudence dans l'inférence. Ce choix s'apparente en quelque sorte au principe de présomption d'innocence qui prévaut dans les tribunaux : en cas de doute sur la culpabilité d'une personne, il ne peut y avoir de condamnation ; le juge ou les jurés doivent être convaincus de la culpabilité au-delà de tout doute raisonnable. Suivant cette règle, nous pourrions conclure, à partir de nos seules observations, à l'existence d'une mesure de clémence envers les grandes vedettes. Mais avec quelle force peut-on l'affirmer ; autrement dit, quel poids donne à notre conclusion une valeur-p de 3 % ? Car en termes statistiques, la valeur-p n'exprime rien d'autre que la probabilité d'observer les données sous l'hypothèse de référence, ce qui n'équivaut absolument pas à la probabilité que l'hypothèse de référence soit vraie étant donné les observations recueillies. Il faut donc trouver une manière de saisir le « sens » de la valeur-p, sans tomber dans le travers de l'utilisation d'un seuil dichotomique illusoire entre résultat significatif et absence de résultat[70].

De la « significativité » à la valeur-s

Des réflexions récentes en statistique fournissent de nouveaux dispositifs cognitifs pour mieux appréhender le « contenu de probabilité » d'une valeur-p. L'un d'entre eux, selon nous particulièrement opérant, consiste à déplacer comme nous l'avons fait plus haut la valeur-p dans un problème empirique très simple : on cherche à déterminer si une pièce est faussée ou non à partir des seuls résultats d'un jeu de pile ou face. Une valeur-p de 50 % correspond à l'observation d'un « pile » sur un lancer et une valeur-p de 25 % à l'observation de deux « pile » sur deux lancers, nous l'avons vu. L'information contenue dans la valeur-p peut dès lors être communiquée directement par le nombre s de « pile » auquel elle correspond.

---

70. Sur les usages et mésusages de la valeur-p, voir Regina Nuzzo, « Scientific Method: Statistical Errors », *Nature*, 506, 2014, p. 150-152 ; Ronald L. Wasserstein, Allen L. Schirm et Nicole A. Lazar, « Moving to a World Beyond '$p < 0.05$' », *The American Statistician*, 73, supplément 1, 2019, p. 1-19.

Mathématiquement, cela revient à remplacer la valeur-p par une transformée appelée valeur-s[71] : $s = 1$ correspond à une valeur-p de 50 %, $s = 2$ correspond à une valeur-p de 25 %, etc. Une faible valeur-p équivaut donc à une grande valeur-s, c'est-à-dire à une grande série de « pile » obtenus dans des lancers consécutifs, ce qui invite à remettre en cause l'hypothèse de référence : « la pièce n'est pas faussée ». Cette transformation de la valeur-p en résultats d'un jeu de pile ou face nous semble extrêmement bien adaptée aux traitements statistiques dans les sciences humaines et sociales : en fournissant un dispositif cognitif relativement simple pour appréhender le contenu de probabilité d'une valeur-p, elle évite bien des biais d'interprétation et permet d'adopter aisément une logique formelle d'administration de la preuve.

Si l'on reprend le cas des vedettes, la valeur-p de 3 % calculée sur la base de nos observations correspond à $s = 5$. Autrement dit, nous sommes dans la même situation que si nous avions observé 5 « pile » sur 5 lancers : nous commencerions à sérieusement douter du caractère non faussé de la pièce[72]. Ce résultat vient-il pour autant invalider définitivement notre hypothèse de référence d'une plus grande sévérité à l'endroit des vedettes ? Certes, on peut raisonnablement affirmer que les peines observées chez les vedettes sont effectivement moindres que celles appliquées aux autres artistes (dans la même mesure que 5 « pile » d'affilée est un résultat suspect). Mais peut-on pour autant en déduire que la notoriété a joué comme un facteur de réduction des peines ? Une telle conclusion serait trop hâtive, car elle négligerait encore la question de l'homogénéité des incriminations : si les vedettes ont été moins sévèrement condamnées, c'est peut-être tout simplement qu'elles se sont moins compromises ! Il s'agit maintenant de distinguer l'influence de différents facteurs (ici les incriminations, l'appartenance à tel ou tel groupe, etc.) sur une variable (ici la peine). Ce problème est évidemment bien connu dans l'ensemble des sciences, et se traite notamment avec des techniques dites de régression, introduites au tout début du XIXe siècle. D'où la nécessité à présent de se déplacer dans l'espace des incriminations, soit l'ensemble des individus positionnés relativement aux faits apparaissant dans leurs dossiers d'épuration[73]. Nous allons d'abord étudier cet espace pour lui-même, comme nous l'avons fait pour les peines, avant de mettre en œuvre une généralisation des techniques de régression (appelée modèle linéaire généralisé, soit GLM pour *Generalized Linear Model*[74]) dans un cadre contemporain d'inférence algorithmique multimodèle.

---

71. Définie comme $s = -\log_2 p$, où $\log_2$ désigne le logarithme en base 2 ; « s » faisant référence au mathématicien américain Claude Shannon, un des fondateurs de la théorie de l'information. Voir Sander GREENLAND, « Valid *P*-Values Behave Exactly as They Should: Some Misleading Criticisms of *P*-Values and Their Resolution with *S*-Values », *The American Statistician*, 73, supplément 1, 2019, p. 106-114.
72. Signalons que dans l'exemple tiré de l'article de F. LOSTEC, « Les collaboratrices face aux tribunaux de l'épuration », art. cit, p. 676-677, la valeur-s est égale à 10, si bien que l'on pouvait clairement rejeter ses conclusions.
73. Tel que visualisé dans la figure 1.
74. John A. NELDER et Robert W. M. WEDDERBURN, « Generalized Linear Model », *Journal of the Royal Statistical Society. Series A (General)*, 135-3, 1972, p. 370-384.

L'espace des incriminations

Les questions sont ici nombreuses. Vedettes et anonymes se voient-ils reprocher les mêmes faits et, plus largement, les incriminations se distribuent-elles uniformément sur l'ensemble du corps social des artistes, quelle que soit la partition retenue – artistes salariés/artistes au cachet; femmes/hommes, etc.? Certaines incriminations ont-elles tendance à être corrélées – c'est-à-dire à être présentes conjointement dans les dossiers – et/ou à apparaître plus souvent pour les groupes pré-identifiés? L'analyse des faits reprochés fait-elle émerger de nouveaux groupes d'individus et, le cas échéant, existe-t-il des corrélations entre ces derniers et les groupes pré-identifiés?

Tester mais pas trop

Si nous travaillons toujours sur un échantillon de 351 individus, dans l'espace des incriminations, le nombre de variables à mettre en regard des caractéristiques individuelles augmente considérablement, puisqu'il passe de 1 (la peine) à 25 (les incriminations). Tout en étant très loin du traitement de données massives (*Big Data*), on pourrait facilement sombrer dans un océan de chiffres. Certes, la mise à disposition des données constitue en soi une bonne pratique de recherche, mais leur présentation exhaustive est souvent rébarbative. Un procédé courant consiste alors à ne présenter que les chiffres pour lesquels on dispose d'hypothèses d'interprétation, au risque de manquer de rigueur. En effet, cette démarche exploratoire n'échappe pas à deux biais. Le premier est commun à toute analyse *post hoc*, soit un examen d'hypothèses suggérées *a posteriori* par un seul jeu de données et qui ne peuvent pas être testées sur un jeu de données indépendant. Il faut également garder à l'esprit que la simple multiplication des tests augmente la probabilité de trouver un résultat significatif: pour donner un exemple, si une procédure de test présente un taux d'erreur de 5 % (soit 1/20), on peut s'attendre à ce qu'en moyenne un test sur 20 produise un « faux positif »[75].

Par prudence méthodologique, il convient donc de combiner expertise disciplinaire (*field expertise*) et observations statistiques, celles-ci s'inscrivant dans un faisceau d'indices dont le caractère et la pertinence d'ensemble permettent d'étayer un résultat. Certaines observations vont alors conforter tout ou partie des hypothèses, tandis que d'autres révéleront des faits qui seraient autrement passés inaperçus. Par exemple, tentons d'identifier comme monde social distinct l'ensemble des artistes que les civils et militaires allemands ont associés au *Paris bei Nacht*[76]: le Gai Paris était peuplé de « centaines de petites femmes

---

75. Pour contourner cet écueil, il existe des procédures statistiques (dites de tests multiples) qui prennent en compte, dans le calcul de la valeur-p (et donc de la valeur-s), la multiplicité des tests réalisés.
76. Agnès Callu, « Les music-halls et cabarets ou les petites entreprises du 'Gai Paris' sous l'Occupation », *in* A. Callu, P. Eveno et H. Joly (dir.), *Culture et médias sous l'Occupation. Des entreprises dans la France de Vichy*, Paris, CTHS, 2009, p. 217-231.

[aux] empanachements délirants[77] », d'obscurs acrobates, de « divettes de seconde zone » et d'humoristes sans gloire tout autant que de clowns illustres tels les Fratellini ou d'artistes immensément populaires comme Suzy Delair ou Tino Rossi. Il était aussi identifié par ses lieux dédiés au divertissement (music-halls, cabarets, boîtes de nuit, cirques, etc.) et par un certain parfum de transgression dont l'occupant raffolait – au point même d'exiger la présence de nombre de ces artistes dans ses propres cabarets, de Berlin à Munich[78]. Révélée par les archives de l'épuration, cette pression ciblée sur le Gai Paris se trouve très solidement étayée par les données : un tiers des artistes du Gai Paris se voient ainsi reprocher d'avoir travaillé en Allemagne (TAL), contre 8 % parmi les autres artistes (s = 33). L'hypothèse selon laquelle ce Gai Paris a été surreprésenté dans les galas (GAL) organisés par divers journaux et partis collaborationnistes est également confirmée, avec là encore un tiers de la catégorie Gai Paris contre 9 % chez les autres professions (s = 27). Il en va de même du sous-groupe des vedettes, qui se voit lui aussi sans surprise surreprésenté dans l'incrimination « galas »[79] : en effet, le succès de ces manifestations qui réunirent parfois jusqu'à plusieurs milliers de spectateurs reposait très largement sur la célébrité des têtes d'affiche.

Cela posé, cette démarche statistique rudimentaire croisant des catégories (groupes prédéfinis) et des incriminations trouve rapidement ses limites pour analyser de manière simultanée des correspondances multiples – c'est, du reste, la raison d'être des outils d'analyse factorielle. Cependant, la présence d'un nombre élevé de variables avec des modalités à très faibles effectifs conduit à des résultats peu lisibles et difficilement interprétables du fait de l'enchevêtrement de plusieurs modalités au centre du plan. En l'occurrence, une analyse des correspondances multiples (ACM[80]) projette – si l'on ne conserve que les deux premières composantes – un nuage de points à 25 dimensions sur deux axes principaux qui capturent moins d'un sixième de sa dispersion totale[81]. Néanmoins, cette ACM suggère plusieurs correspondances intéressantes que

---

77. Pierre PHILIPPE, *L'air et la chanson*, Paris, Grasset, 2003, p. 24.
78. Pour constituer notre corpus du Gai Paris, nous avons isolé les familles « variétés », « music-hall » et « cirque », en excluant les comédiens et les acteurs. Hormis les forains (cracheurs de flammes et autres briseurs de chaînes que l'on vient regarder sur l'esplanade entre Blanche et Pigalle), notre Gai Paris s'apparente à la classification qu'en fit le Comité d'organisation des entreprises de spectacles (COES) en 1942 (au « Groupe des spectacles forains, des spectacles de curiosités, music-halls, cirques, etc. », *Officiel du spectacle*, 1, 1942, p. 2).
79. Cette incrimination concerne 34 % des artistes de notoriété 2 et encore 20 % de ceux de notoriété 1, contre seulement 2 % des anonymes (s = 22).
80. Pour une introduction détaillée à l'ACM, voir par exemple Julien DUVAL, « Analyse des correspondances multiples », *Politika*, https://www.politika.io/fr/notice/analyse-correspondances-multiples.
81. Les résultats de l'ACM sont disponibles en ligne : https://julienrf.shinyapps.io/StatEp. Pour une utilisation plus avancée, sous R, le paquet FactoMineR fournit l'ensemble des outils d'analyse géométrique des données. Voir Sébastien Lê, Julie JOSSE et François HUSSON, « FactoMineR: An R Package for Multivariate Analysis », *Journal of Statistical Software*, 25-1, 2008, p. 1-18.

nous n'avions pas anticipées : ainsi de certains faits que l'on voit plus systématiquement reprochés aux femmes qu'aux hommes ; outre les attendues « relations sexuelles » (SEX), on repère des « propos anti-nationaux » (PRO), une « attitude pro-allemande » (ATT) et des « relations avec l'ennemi » (REL). On retrouve bien ici la vision ultra-sexuée de la collaboration mise au jour par différents travaux en *gender studies*, où la « collaboration sentimentale »[82] voisine avec les représentations du « sexe dit faible qui manie la menace et se complaît dans la délation[83] ». Certes, seules les corrélations entre femmes/sexe et femmes/relations bénéficent de solides valeurs-*s* dans l'ensemble des correspondances. Mais l'ACM ouvre une piste qu'il convient désormais d'explorer plus avant afin de déceler l'existence d'une singularité tangible des femmes dans l'espace des incriminations.

Incriminations au féminin

Pour tenter de répondre formellement à ce dernier point, l'abstraction mathématique vient montrer son efficacité. Notre question peut en effet se formuler comme un problème de singularité d'une position au sein d'un espace relationnel. Mathématiquement, il ressemble à ceux rencontrés en géographie et sociologie urbaines dans l'étude de la ségrégation socio-spatiale.

Reprenons notre représentation de l'espace des incriminations sous la forme d'un graphe biparti[84] : l'idée est d'explorer l'espace à partir de chaque nœud/individu comme si ce dernier se « promenait » de manière aléatoire sur les arêtes du réseau. En géographie urbaine, on imagine un marcheur qui sort de chez lui et explore la ville au hasard. En moyenne, à quel rayon doit-il aller autour de son point de départ pour avoir une image assez précise de la composition globale de la population ? Dans une ville bien mélangée, cette distance est courte, alors que dans une ville très ségrégée elle est de l'ordre de la taille de la ville. Dans notre cas, à chaque pas de la marche aléatoire sur le réseau, on calcule parmi les individus déjà rencontrés la proportion d'un groupe donné – qu'il s'agisse des femmes, des vedettes, des fonctionnaires, du Gai Paris, etc. Lorsque tout le réseau a été exploré par le « marcheur »[85], cette proportion est évidemment égale à celle du groupe dans l'ensemble de l'échantillon. S'il s'avère que la distribution des individus dans l'espace est indépendante des groupes (c'est-à-dire que les incriminations se distribuent uniformément sur l'ensemble du corps social), un

---

82. Luc Capdevila, « La 'collaboration sentimentale' : antipatriotisme ou sexualité hors-normes ? (Lorient, mai 1945) », F. Rouquet et D. Voldman (dir.), n° spécial « Identités féminines et violences politiques (1936-1946) », *Cahiers de l'IHTP*, 31, 1995, p. 67-82.
83. Anne Simonin, « La femme invisible : la collaboratrice politique », *Histoire@Politique*, 9-3, 2009, https://doi.org/10.3917/hp.009.0096, ici p. 1.
84. Voir la figure 1.
85. Ceci n'est possible que si le graphe présente une propriété appelée connexité, à savoir que l'on peut passer de n'importe quel nœud du réseau à n'importe quel autre en suivant les arêtes. Dans notre cas, le graphe n'est pas connexe mais il le devient si l'on exclut deux incriminations isolées et très faiblement représentées (le « commerce illicite » et la « télévision allemande » concernant chacune un seul individu n'ayant aucune autre incrimination).

Figure 2 – Analyse multi-échelles de la « ségrégation » des femmes dans l'espace des incriminations

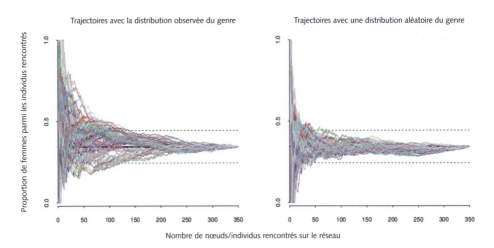

Note : Ces deux graphiques représentent les faisceaux des trajectoires de convergence vers la proportion réelle de femmes dans l'échantillon global (soit 34 %). Pour chaque nœud du réseau (l'espace des incriminations), on trace l'évolution de la proportion moyenne de femmes parmi les individus rencontrés au gré d'une marche aléatoire partant de ce nœud. Il s'agit ensuite de comparer les trajectoires obtenues sur le réseau avec la distribution observée du genre (à gauche) et celles obtenues sur un réseau « randomisé », c'est-à-dire présentant la même structure mais où l'on a réalisé une permutation aléatoire du genre des individus (à droite). Dans ce dernier cas, la convergence des trajectoires est nettement plus rapide (le faisceau se resserre plus vite autour de la moyenne), ce qui indique la présence d'hétérogénéités notables dans le réseau réel.

marcheur n'aura en moyenne pas besoin d'explorer une grande partie du réseau pour connaître assez bien la part de chaque groupe dans l'échantillon global : il pourra se contenter d'un nombre de pas bien inférieur au nombre d'individus dans le réseau. En revanche, si certains groupes ont des positions singulières, le nombre de pas nécessaires tendra à être plus grand, signalant alors la présence d'hétérogénéités dans l'espace des incriminations. En l'espèce, l'existence d'une ségrégation des femmes dans l'espace des incriminations ($s \geq 52$), suggérée dans l'ACM « propos anti-nationaux », « attitude pro-allemande », « sexe » et « relations avec l'ennemi », peut désormais être confirmée. Certes, l'incrimination « sexe » étant utilisée exclusivement contre les femmes, elle contribue évidemment à singulariser leur position dans l'espace des incriminations (fig. 2). Mais il suffit de mobiliser la même méthode dans l'espace des incriminations autres que « sexe » pour constater que cette singularité n'est pas uniquement due à cette incrimination. Si l'on examine à présent les vedettes vis-à-vis des anonymes, l'hétérogénéité apparaît nettement moins marquée que pour la distinction artistes femmes *vs* hommes. Cette observation suggère l'existence d'une véritable clémence à l'égard des vedettes, comme nous allons l'établir à l'aide de techniques de régression (en l'occurrence, de GLM). En revanche, pour les artistes femmes, nous verrons que ces techniques sont insuffisantes, et qu'il faudra mobiliser des approches plus novatrices pour établir, en la saisissant dans sa spécificité, la discrimination envers les femmes : car celle-ci ne s'est pas tant jouée dans une variation du degré de sévérité pour un même jeu d'incriminations qu'au travers du processus d'épuration dans son ensemble.

Logiques jurisprudentielles

Dès lors que des hétérogénéités sont repérables dans l'espace des incriminations – notamment la ségrégation des femmes –, ces différences expliquent-elles pour autant celles observées dans les peines prononcées ? Cela renvoie à l'existence ou non de logiques jurisprudentielles, qui ont pu non seulement évoluer au fil du temps, mais aussi s'accompagner de phénomènes de discrimination.

Des incriminations aux peines

Peut-on par exemple postuler l'existence dans la CGES d'une relation systématique entre le type d'incrimination et la lourdeur de la peine, sur le mode d'un barème plus ou moins implicite ? Le cas échéant, est-il possible de l'inférer à partir des données ? Sachant qu'une échelle de peine a été établie lors de la préparation des textes législatifs encadrant l'épuration artistique, nous émettons l'hypothèse qu'il est possible de bien représenter les peines exprimées en mois d'interdiction comme une fonction affine ou linéaire des incriminations, à savoir que la variable dite de *réponse* (ici la peine) peut s'écrire comme une somme de contributions proportionnelles à chacun des *facteurs* (ici les incriminations). La variable *peine* prend des valeurs entre 0 et 12, et les facteurs sont représentés par des variables indicatrices (ainsi, la variable indicatrice « Radio-Paris propagande » I_{RPP} vaut 1 si l'incrimination « Radio-Paris propagande » apparaît dans le dossier, 0 sinon). On peut citer l'exemple de la Radiodiffusion française qui fixa un barème de 15 jours d'interdiction par cachet perçu à Radio-Paris : la fonction linéaire reliant réponse et facteurs – le « modèle de régression linéaire » – prend alors la forme d'une simple relation de proportionnalité, à savoir peine = 15 jours × nombre de cachets. Si un facteur apparaît dans un modèle, ce peut être avec un coefficient positif s'il aggrave la peine, ou négatif s'il la réduit – jouant en quelque sorte comme une circonstance atténuante. En l'absence d'un barème explicite, il faut explorer l'ensemble des modèles de régression linéaire – des formules de barème – susceptibles d'être reconstruits à partir des 25 incriminations. Dans la mesure où chacune des incriminations peut ou non être retenue, il existe 2^{25} soit 33 554 432 modèles possibles – sans parler des interactions possibles entre variables. Une manière de procéder pour la sélection et la hiérarchisation de facteurs (ici les incriminations ou les caractères) consiste à classer les modèles en fonction d'un critère de qualité[86]. S'il est courant de ne conserver que le modèle le plus probant (soit une inférence mono-modèle), des avancées algorithmiques permettent aujourd'hui

---

86. Par exemple les moindres carrés ordinaires (OLS) ou le critère d'information bayésien (BIC).

d'utiliser des techniques d'inférence multi-modèles[87] : au lieu de ne conserver que le modèle (ici, la formule de barème) décrivant le mieux les données, on travaille à partir des cinq, dix, voire cent meilleurs modèles. Ceci permet de limiter les risques de surinterprétation d'artefacts, inhérents à l'inférence mono-modèle.

Dans notre situation, on s'attend à ce que soient retenues comme facteurs des incriminations ayant pesé lourdement et systématiquement sur les peines, quand bien même elles concerneraient peu d'individus ; en revanche, les incriminations qui n'ont pas eu d'effet systématique sur les peines – qu'elles concernent ou non un grand nombre d'individus – ne seront pas retenues. Cinq facteurs apparaissent dans plus de 80 des 100 meilleurs modèles : la « collaboration notoire » (CNT), la participation aux « émissions de propagande de Radio-Paris » (RPP), les « propos anti-nationaux » (PRO), le « travail pour le poste allemand de Radio-Stuttgart » (RSS) et les « bénéfices et avantages divers tirés des relations avec l'occupant » (BEN). Considérant que les incriminations CNT, RSS et BEN ont certes conduit à des peines sévères mais représentent peu de cas, nous réduisons l'échantillon en retirant les individus concernés par celles-ci. Sont confirmés comme facteurs principaux d'aggravation des peines la collaboration aux « émissions de propagande de Radio-Paris » ainsi que les « propos anti-nationaux ». À partir des coefficients calculés par le GLM, nous obtenons un barème d'un peu moins de 2,5 mois d'interdiction[88] pour « Radio-Paris propagande » ($s = 10$) et de presque 3 mois pour « propos anti-nationaux » ($s = 9$). Ces nouveaux résultats sont notables pour l'étude de l'épuration artistique, car si la participation à des émissions de propagande constituait une faute tangible, ce n'était pas le cas des « propos anti-nationaux », par nature difficilement objectivables et, surtout, sujets à interprétation, voire à manipulation. Qu'une telle incrimination en définitive assez hasardeuse ait pu conduire à un barème de 3 mois d'interdiction supplémentaire rejoint donc ici les logiques propres au jugement des pairs pointées par François Rouquet pour l'épuration administrative, avec la batterie des « délits mineurs d'opinion, des attitudes ambiguës, des disputes locales[89] ».

Si nous resserrons l'échantillon autour des seuls artistes du Gai Paris, le fait d'avoir effectué des tournées en Allemagne (TAL) – facteur pour lequel on observe un coefficient négatif – apparaît en revanche comme un facteur d'atténuation des peines. Mais corrélation ne vaut pas causalité (*cum hoc ergo propter hoc*) : il pourrait encore ici s'agir d'un pur artefact statistique, car les individus ayant en commun

---

87. Nous utilisons le paquet *glmulti* développé sous *R* par Vincent Calcagno et Claire de Mazancourt, « Glmulti: An R Package for Easy Automated Model Selection with (Generalized) Linear Models », *Journal of Statistical Software*, 34-12, 2010, p. 1-29.

88. Ce résultat pourra à l'avenir être affiné en tenant compte du nombre d'émissions de propagande reprochées ou à tout le moins d'un volume estimé : en effet, les commissions n'ont pas jugé à la même enseigne un artiste ayant effectué 2 ou 3 émissions et un autre accusé d'avoir participé à plus de 100 émissions de propagande.

89. François Rouquet, « Libération et épuration au ministère des Communications », in *Le rétablissement de la légalité républicaine, 1944. Actes du colloque, 6, 7, 8 octobre 1994, organisé par la Fondation Charles de Gaulle, la Fondation nationale des sciences politiques, l'Association française des constitutionnalistes et la participation de l'université de Caen*, Bruxelles/Paris, Éd. Complexe, 1996, p. 527-542, ici p. 536.

cette incrimination pourraient avoir écopé de peines moins lourdes pour des raisons totalement autres. Les techniques de régression permettent d'affiner nos premiers résultats statistiques, qui faisaient uniquement état d'une forte surreprésentation du Gai Paris dans l'incrimination TAL. Ceci invite à se demander si cette variable ne révélerait pas, en creux, un profil d'individus ayant bénéficié d'une relative clémence. Nous avons déjà souligné le fait que l'occupant s'était montré extrêmement pressant à l'endroit des artistes du Gai Paris, maniant la menace et l'intimidation – surtout auprès des plus jeunes – pour qu'ils se produisent en Allemagne dans des cabarets ou encore dans des usines. Nous pouvons alors raisonnablement penser que les commissions d'épuration, convaincues de la réalité de ces pressions, se sont montrées clémentes à l'égard de ces artistes partis jouer en Allemagne – d'autant plus qu'elles prévoyaient des mesures « d'absolution » si la personne incriminée pouvait établir l'existence de contraintes suffisantes pour « avoir paralysé sa propre volonté »[90].

Revenons maintenant à l'échantillon complet pour introduire comme facteurs du GLM les caractères des individus (sexe, famille professionnelle, etc.). Les incriminations jouent désormais le rôle de variables de contrôle permettant de distinguer dans les peines la part « expliquée » par celles-ci et la part relevant d'un traitement différencié des groupes. Si un caractère définissant un groupe apparaît dans une « formule de barème » avec un coefficient positif, cela signifie qu'à incriminations égales (« toutes choses égales par ailleurs » donc), un individu présentant ce caractère s'est généralement vu plus sévèrement condamné qu'un autre ne le présentant pas. On découvre alors ici que le facteur de la notoriété a joué un rôle particulièrement fort d'atténuation des peines, contribuant à réduire les sentences d'1 mois et demi pour les artistes de notoriété 1 et jusqu'à plus de 3 mois pour les artistes de notoriété 2 ($s = 9$)! Rappelons notre hypothèse de référence neutre, à savoir l'existence d'une plus grande sévérité à l'endroit des vedettes. Nous avons vu que l'observation de peines moyennes plus faibles ne permettait aucunement à elle seule de faire de la notoriété un facteur aggravant ou atténuateur des peines[91]. Il est désormais établi que les épurateurs tendaient à être plus indulgents à l'endroit des artistes de renom. Plus encore, la notoriété est le seul facteur à ressortir de manière franche parmi les caractères des individus. En revanche, le facteur « femme » reste équivoque : s'il est retenu dans les meilleurs modèles proposés par le GLM, c'est avec un coefficient tantôt positif, tantôt négatif, et jamais avec un bon niveau de confiance ($s < 1$). Il faut

---

90. AN, F/21/8102, courrier manuscrit d'Édouard Bourdet, futur délégué aux Spectacles au secrétariat des Beaux-Arts à un destinataire inconnu demeurant au 1, rue Bonaparte, 27 août 1944. Bourdet propose quelques modifications à un projet d'arrêté concernant l'épuration du monde du spectacle. L'article 5 prévoyait des mesures « d'absolution » en faveur de toute personne incriminée si celle-ci était en mesure d'établir que « les faits relevés à sa charge ont été accomplis par elle sous l'empire d'une erreur indépendante de toute faute de sa part ou sous la pression d'une contrainte suffisante pour avoir paralysé sa propre volonté. La même mesure d'absolution pourra aussi intervenir au profit de toute personne qui après une faiblesse momentanée, se sera rachetée dans la suite par des actes de courage civique, démonstratifs de son patriotisme ».

91. Subsistait en effet l'hypothèse que si les vedettes avaient été moins sévèrement condamnées en moyenne, c'était peut-être qu'elles s'étaient moins compromises.

dès lors aborder cette question avec d'autres outils pour comprendre la nature positive ou négative d'une éventuelle discrimination à l'égard des femmes dans les peines prononcées par la CGES. Il est important ici de souligner que le recours à une utilisation simple de la régression sans inférence multimodèle aurait conduit à une erreur d'interprétation, puisqu'en se fondant sur un seul modèle, le caractère aurait très bien pu ne pas être retenu et, s'il l'avait été, un seul coefficient serait apparu, soit positif, soit négatif. On aurait alors conclu à tort que le fait d'être une femme, à incriminations égales avec un homme, avait uniformément aggravé ou atténué la peine.

Une discrimination subtile

Abondamment explorées dans les sciences humaines et sociales, les discriminations sont le plus souvent traitées uniquement à travers des modèles de régression et, qui plus est, presque toujours dans un simple cadre d'inférence mono-modèle. Or ces problèmes sont désormais abordés avec des méthodes renouvelées dans d'autres champs disciplinaires, notamment en informatique théorique (qui est la science des algorithmes). L'utilisation croissante de techniques d'intelligence artificielle dans les logiques de recommandation et les prises de décision – politiques, juridiques, etc. – pose en effet la question cruciale de l'équité des algorithmes, celle-ci faisant courir le risque de discriminations involontaires[92]. Les nouvelles méthodes développées en informatique théorique visent donc à appréhender des structures dites « causales » au sein de processus complexes rendus difficiles à analyser par l'intrication de multiples facteurs, ce qui est le cas de bon nombre d'algorithmes de recommandation. Elles se fondent le plus souvent sur une modélisation prenant la forme d'un type particulier de réseau appelé modèle graphique probabiliste, ou plus couramment réseau bayésien. Les réseaux bayésiens sont aujourd'hui très utilisés, notamment dans la recherche médicale pour distinguer les multiples facteurs susceptibles de concourir à l'apparition de maladies. Nous questionnons ici l'éventuelle présence de discriminations dans le processus complexe de l'épuration des artistes de scène en adaptant une technique récente d'apprentissage et d'analyse algorithmiques faisant intervenir un réseau bayésien et conçue initialement pour évaluer l'équité d'algorithmes de sélection[93]. Ce faisant, nous détournons un outil d'analyse de processus d'intelligence artificielle pour l'appliquer à un processus historique humain.

---

92. Sur l'équité des algorithmes, voir Sorelle A. FRIEDLER, Carlos SCHEIDEGGER et Suresh VENKATASUBRAMANIAN, « On the (Im)Possibility of Fairness », 2016, arXiv:1609.07236 ; Patrice BERTAIL *et al.*, « Algorithmes : biais, discrimination et équité », 2019, https://www.telecom-paris.fr/wp-content-EvDsK19/uploads/2019/02/Algorithmes-Biais-discrimination-equite.pdf.
93. Francesco BONCHI *et al.*, « Exposing the Probabilistic Causal Structure of Discrimination », *International Journal of Data Science and Analytics*, 3, 2017, p. 1-21. Les quatre auteurs combinent une approche d'apprentissage de réseau bayésien à une théorie probabiliste de la causalité de Patrick SUPPES, *A Probabilistic Theory of Causality*, Amsterdam, North Holland Pub. Co., 1970.

Modéliser l'épuration par un réseau bayésien causal

Nous concentrant sur la CGES, nous partons cette fois d'un graphe dit complet et orienté, qui comporte comme nœuds la totalité des modalités des variables (genre, familles professionnelles, notoriété, incriminations et peines) et comme arêtes la totalité des liens orientés (entre chaque paire de nœuds A et B, il y a donc deux liens: un de A vers B et un de B vers A). Il s'agit ensuite de décimer des liens du graphe selon trois règles: tout d'abord, la temporalité des variables (c'est-à-dire qu'un genre peut conduire à une peine, mais l'inverse n'est pas possible); puis, une règle de probabilité croissante (A conduit à B si la probabilité de B dans le sous-échantillon défini par A est plus grande que la probabilité de B dans le sous-échantillon restant); enfin, une règle d'inférence (plus difficilement compréhensible pour les «non-initiés» aux statistiques) suivant laquelle on décime encore certaines arêtes selon un principe de maximisation de la vraisemblance du graphe, étant donné les observations recueillies dans notre corpus – parmi tous ceux encore possibles, on choisit le réseau d'arêtes ayant la plus grande probabilité de produire les données observées. Le résultat de cette procédure d'apprentissage de structure est donc un réseau bayésien inféré (appris) à partir des données, en l'espèce un réseau dit de «Suppes-Bayes» (fig. 3), qui traduit visuellement et saisit mathématiquement la structure d'ensemble du processus, depuis les caractères des individus jusqu'aux peines, en passant par les incriminations.

Cet outil de visualisation des probabilités conditionnelles permet d'explorer les données avec beaucoup d'aisance. Nous retrouvons ici logiquement des associations commentées plus haut, comme l'appartenance au Gai Paris qui augmente la probabilité de se voir reprocher la participation à des galas de propagande (GAL). Le réseau mis ici en place permet de préciser la nature de cette probabilité en donnant à voir des interactions plus fines: ainsi, le lien entre Gai Paris et «tournées en Allemagne» (TAL), jusqu'alors établi par les tests de statistique élémentaire, se fait en réalité surtout par l'intermédiaire des danseurs et des circassiens. D'autres associations encore moins évidentes se dégagent nettement. Par exemple, le réseau donne à voir que la «collaboration notoire» (CNT) a fortement renforcé la probabilité de recevoir la peine maximale (12 mois). Ce lien fort entre la peine maximale et une incrimination qui semble de prime abord difficilement objectivable incite à confronter cette observation à l'étude des dossiers individuels. Et il s'avère en effet que l'incrimination «collaboration notoire» (CNT) s'est fondée sur des faits de collaboration graves et avérés. Plus subtil encore: il apparaît clairement dans la figure 3 que le fait d'être une femme augmente sensiblement la probabilité d'écoper d'une peine de 6 mois, ce qui constitue le premier signal d'une différence de traitement entre hommes et femmes en matière de condamnations, résultat aussi neuf qu'intrigant.

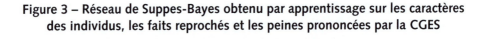

Figure 3 – Réseau de Suppes-Bayes obtenu par apprentissage sur les caractères des individus, les faits reprochés et les peines prononcées par la CGES

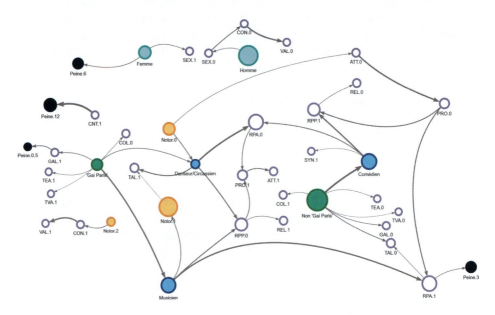

Note : La taille d'un nœud est proportionnelle au sous-échantillon correspondant. Pour qu'il puisse exister une arête d'un nœud A vers un nœud B, il faut que A soit antérieur ou contemporain à B et que la probabilité de B dans le sous-échantillon défini par A soit plus grande que la probabilité de B dans le sous-échantillon restant. Plus A renforce la probabilité de B, plus l'arête est épaisse.
Code couleur : En bleu et vert, les caractères des individus ; en jaune, la notoriété ; en blanc, les incriminations ; en noir, les peines.
Acronymes : GAL.1 correspond à la présence de l'incrimination gala, GAL.0 à son absence. Peine.n correspond à une peine de n mois d'interdiction. Pour les acronymes d'incriminations, voir le tableau 1.

Nous pouvons aller encore plus loin pour tenter d'évaluer l'éventuelle nature discriminatoire du processus dans son ensemble. À l'instar de Francesco Bonchi et de ses co-auteurs, nous appliquons sur notre réseau de Suppes-Bayes une variante de l'algorithme « PageRank » (inventé en 1998 par les fondateurs de Google) appelée « Personalized PageRank[94] ». L'algorithme de Google consiste à attribuer un score (son rang ou « rank » en anglais) à chaque nœud d'un réseau (en l'occurrence une page sur Internet) en calculant le nombre de visites qu'il recevrait d'un marcheur ou d'une marcheuse aléatoire évoluant sur ce même réseau. Si, comme dans l'espace

---

94. Lawrence Page et al., « The PageRank Citation Ranking: Bringing Order to the Web », Technical Report, Stanford InfoLab SIDL-WP-1999-0120, 1999. Pour « Personalized PageRank », voir Glen Jeh et Jennifer Widom, « Scaling Personalized Web Search », in Proceedings of the 12th International Conference on World Wide Web, New York, Association for Computing Machinery, 2003, p. 271-279, https://dl.acm.org/doi/10.1145/775152.775191.

des incriminations, le « marcheur » se promène au hasard en suivant généralement les arêtes du réseau, on introduit également un processus de « téléportation » aléatoire : à des instants aléatoires, le marcheur « saute » vers n'importe quel nœud du réseau au lieu d'aller forcément vers un nœud voisin. Dans le cadre d'un tel processus, la théorie des probabilités – plus spécifiquement celle des chaînes de Markov – permet de calculer la probabilité pour le marcheur de se trouver sur un nœud donné après un nombre de pas donné. On peut alors démontrer mathématiquement que lorsque le nombre de pas tend vers l'infini, cette probabilité converge vers une valeur constante pour chaque nœud : « PageRank » calcule cette valeur constante et la définit comme score pour chaque nœud. Ainsi, sur le réseau des pages du Web[95], le score calculé par Google correspond à la probabilité, au bout d'un temps long, de se trouver sur cette page, quel que soit le point de départ de la navigation. « Personalized PageRank » quant à lui varie quelque peu en ce qu'il privilégie certains nœuds du réseau vers lesquels le marcheur va se téléporter préférentiellement lorsqu'il interrompt sa marche sur les arêtes, ce qui permet d'attribuer des scores prenant en compte des nœuds de départs spécifiques.

Dans notre cas, nous choisissons comme nœuds privilégiés l'ensemble des attributs caractérisant les individus du corpus : pour chacun d'entre eux, tout nœud correspondant à une peine se voit attribuer un score calculé par l'algorithme « Personalized PageRank ». En additionnant l'ensemble de ces scores, nous obtenons un coefficient de discrimination par individu. Il devient alors possible d'observer la distribution des coefficients de discrimination pour des groupes sur lesquels nous souhaitons resserrer l'analyse. Il apparaît ainsi que les coefficients de discrimination des artistes femmes tendent à être plus élevés que ceux des artistes hommes (fig. 4). Cette observation – résultat attesté par une très bonne valeur-s = 25 – fait enfin apparaître que c'est bien l'ensemble du processus (soit le jeu des incriminations et des peines) qui n'est pas indifférent au genre, puisqu'il conduit plus systématiquement les femmes que les hommes vers des sanctions – ce qui ne veut pas dire que les sanctions prononcées contre les femmes furent systématiquement plus lourdes, ou moins lourdes.

Il devient même possible d'identifier la « nature » de cette discrimination, en examinant cette fois des coefficients de discrimination sur des sous-ensembles des peines (inférieures ou égales à n mois, ou supérieures ou égales à n mois). On découvre alors que les femmes ont été plus sévèrement condamnées que les hommes sur la partie basse de l'échelle des peines (par exemple, à 6 mois d'interdiction là où un homme aurait écopé de 3 mois ou seulement d'un blâme) et, en revanche, moins sévèrement sur la partie haute (par exemple, à 6 mois là où un homme aurait écopé de 9 ou 12 mois)[96]. Il s'agit là d'un résultat totalement inédit et

---

95. Rappelons ici qu'Internet et le Web sont deux choses différentes : Internet est une entité constituée par la mise en réseau d'ordinateurs, le Web un ensemble de pages et d'hyperliens qui s'appuie sur cette mise en réseau. PageRank est un outil d'analyse du Web.
96. Au passage, cela permet de comprendre pourquoi les modèles de régression retenus par le GLM ne parvenaient pas à trancher entre un effet atténuateur ou un effet aggravant du caractère « femme ».

Figure 4 – Distribution du coefficient de discrimination dans la CGES en fonction du genre

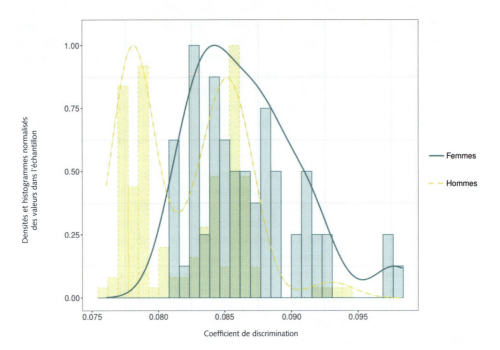

Note : La distribution correspondant au groupe des femmes (en vert et en trait plein) est décalée vers la droite par rapport à celle des hommes (en jaune et en pointillé). Ceci signale une tendance à des coefficients plus forts chez les femmes, attestant la discrimination.

fondamental qui invite à formuler de nouvelles hypothèses sur les représentations de la collaboration au féminin au sein de ces commissions d'épuration exclusivement masculines. Remarquons de nouveau que sans le recours à l'analyse algorithmique conçue grâce au travail interdisciplinaire, le phénomène de convergence vers le milieu de l'échelle des peines (6 mois) lorsqu'il s'est agi de condamner des femmes serait resté purement et simplement « caché » dans les données.

D'autres sous-groupes pourront être analysés à cette aune, tel celui du Gai Paris, que notre méthode (réseau de Suppes-Bayes et « Personalized PageRank ») permet d'identifier comme subissant une discrimination ($s = 29$). Là encore, c'est bien l'analyse statistique qui nous offre un faisceau d'indices permettant de guider l'analyse historique. En l'occurrence, cette nouvelle approche invite à repenser cette catégorie d'artistes relativement ignorés des élites cultivées, socialement peu insérés et surtout moins protégés par une structuration syndicale dont nous avons souligné le rôle.

Le jeu du temps

Avant de conclure, il reste à aborder la question temporelle. Les historiens postulent en effet souvent que le temps a joué sur la sévérité des peines. En l'occurrence, à comparer les peines prononcées par les trois instances, des différences notables apparaissent : les peines moyennes décroissent ($s = 26$), si bien que l'on pourrait naïvement avancer que le temps a atténué les peines prononcées. Pour séduisante qu'elle soit, une telle interprétation suppose que les condamnations prononcées par les trois instances constituent des variables similaires dont les valeurs sont homogènes dans le temps. Ce faisant, on ignore la complexité historique du processus de l'épuration, à savoir justement qu'un nombre de mois d'interdiction prononcé par la CGES ou par le comité national n'a pas la même valeur. Car le « jeu du temps » tel que nous le définissons recouvre deux acceptions : bien sûr, l'effet du temps sur la sévérité des peines, mais aussi son effet sur le *sens* des peines prononcées. Autrement dit, un même nombre de mois d'interdiction n'a pas la même signification à différents moments du processus, d'autant que les trois instances n'ont pas statué selon les mêmes règles ni avec la même autorité – le comité national étant seul à avoir prononcé des peines définitives. Cette polysémie d'une même variable illustre encore une fois la nécessité du travail interdisciplinaire, dont la subtilité même oblige à co-construire un système d'analyse.

Trois situations reflètent bien la complexité issue d'une telle polysémie. Premièrement, lorsque le comité national n'a pas prononcé de sanctions à l'endroit d'un individu précédemment condamné, ce qui d'un point de vue statistique fait évidemment baisser la peine moyenne de cette instance. Il ne faut ici pas forcément conclure à un geste de clémence : les juges peuvent parfois avoir tout simplement entériné une sortie de peine déjà purgée. C'est vraisemblablement le cas pour l'actrice Christiane Delyne. Arrêtée à la Libération et accusée d'avoir conservé des photos de Hitler à son domicile[97], elle est sanctionnée de 12 mois d'interdiction par la CGES pour collaboration notoire. Quand elle comparaît un an plus tard, le 7 décembre 1945, devant le CNE, sa peine est donc purgée. Le CNE ne retient aucune sanction, ce qui aboutit à une peine dont la valeur 0 n'est que nominale, puisqu'en l'occurrence elle n'induit pas une moindre sévérité que les 12 mois prononcés par la CGES. Il est un deuxième cas de figure où, s'il n'y a pas eu de peine supplémentaire à purger, une sanction non nulle n'en a pas moins été prononcée : celui de Marcel Vibert. Cet acteur connu a touché 368 cachets à Radio-Paris, dont certains pour des émissions de propagande parmi les plus virulentes, et a tourné dans le film de propagande *Forces occultes* (1943). Devant la CGES, Vibert écope de la peine maximale de 12 mois, jugement confirmé par un arrêté ministériel le 14 février 1945 avec une date d'effet au 15 septembre 1944. Lorsque le comité national rejuge le dossier Vibert le 10 novembre 1945, l'acteur a purgé sa peine et a pu reprendre ses activités professionnelles. Or le Comité juge quand même nécessaire

---

97. Il n'a pas été trouvé de dossier ouvert par les cours de justice.

de lui rappeler la sanction prononcée un an plus tôt : il lui inflige donc encore une peine de 12 mois, mais avec la même date d'effet rétroactive que la CGES, ce qui aboutit à confondre les peines. La sanction supplémentaire est, comme pour Christiane Delyne, nulle, même s'il écope symboliquement d'une peine nominale de 12 mois. Troisième situation tout aussi révélatrice de la polysémie des variables, celle de la chanteuse lyrique Suzy Gossen, première chanteuse au Lido durant l'Occupation. La CGES lui inflige le 12 janvier 1945 une peine de 12 mois aux motifs qu'elle « s'est fait remarquer par son admiration pour les Allemands et par son bonheur et sa tristesse lors des succès ou des revers allemands », et qu'elle a « entretenu une liaison avec un officier allemand qu'elle présentait, aux uns comme son fiancé, aux autres comme son mari »[98]. Étant de nationalité belge, la commission demande en outre le retrait de sa carte de travail en France. Si Suzy Gossen a donc déjà purgé sa peine lorsqu'elle comparaît devant le CNE le 1er mars 1946, ce dernier arbitre en faveur d'une peine de 4 mois à compter du 1er janvier 1946, ce qui aboutit *in fine* à une peine effective de presque 16 mois[99]. Rien de clément alors dans cette peine nominale de 4 mois : le comité national a au contraire signifié à Suzy Gossen qu'elle méritait une condamnation plus lourde.

Là encore, si l'on veut établir, et non seulement postuler, l'effet atténuateur du temps sur le processus d'épuration, il faudra mener un examen systématique particulièrement long et délicat de manière à reconstruire les peines effectives[100] et, probablement, élaborer de nouveaux outils statistiques.

L'épuration de la société française à la Libération demeure un objet historique intranquille, traversé d'enjeux politiques sans cesse réactualisés et teinté d'un moralisme rétrospectif encombrant. Son étude appelle dès lors une vigilance herméneutique redoublée qui implique une conscience aiguë des dangers « de la compartimentation et des exclusives intellectuelles » que C. Lévi-Strauss pointait dans la conclusion de son article « Les mathématiques de l'homme ». Tout ce qui peut concourir à une démarche de recherche rigoureuse est bienvenu : quelles que soient les méthodes de pensée, elles « ne sauraient être à jamais irréductibles pour les différents domaines de la connaissance[101] ». À travers l'étude du processus de l'épuration professionnelle dans le monde du spectacle, cet article a donc poursuivi une double ambition. La première cherchait à montrer tout l'intérêt de recourir à la puissance d'abstraction offerte par le formalisme mathématique dès lors qu'elle permet de mieux aborder un phénomène complexe dans sa généralité. Tout *a priori* pour ou contre

---

98. AN, F/21/8109, dossier d'épuration de Suzy Gossens dite Suzy Gossen, 12 janv. 1945.
99. Il n'a pas été possible de vérifier si Suzy Gossen avait pu reprendre ses activités entre le 12 janvier 1945, au terme de sa peine, et le nouveau jugement du 1er mars 1946.
100. S'il s'avère qu'il existe des différences significatives entre les peines effectives prononcées par les commissions, il conviendra alors d'émettre de nouvelles hypothèses – les profils des dossiers sont-ils les mêmes d'une instance à une autre, existe-t-il des effets de contexte, de sociologie des commissions, etc. ? Nous n'épuisons bien sûr pas ici toutes les questions qui se posent dans une analyse comparative.
101. C. Lévi-Strauss, « Les mathématiques de l'homme », art. cit., p. 538.

une telle démarche ne peut être qu'inepte, *a fortiori* lorsque la compartimentation invoquée se révèle inadéquate – comme l'opposition supposée entre approches quantitatives *versus* approches qualitatives. Nous avons pointé quelques situations courantes où des analyses, bien que relevant d'une observation historiquement experte, reposent sur des erreurs de raisonnement qui seraient facilement évitées en s'inspirant de statistiques élémentaires – les tests d'hypothèses et le paradoxe de Simpson constituant à cet égard deux exemples notables. Au-delà de cette question des « standards » scientifiques, l'article a poursuivi une ambition plus large : inscrire l'histoire de l'épuration et ses problèmes dans un cadre commun d'analyse et de modélisation de systèmes complexes, où il n'est plus question de distinguer des catégories et/ou des disciplines, mais bien de faire converger un ensemble de dispositifs pour établir des résultats étayés[102].

Dans cette double perspective, des résultats originaux ont été obtenus, que ce soit à l'aide de méthodes statistiques classiques, quoique revisitées ici à l'aune de discussions scientifiques récentes, ou d'approches plus contemporaines telles que les réseaux bayésiens ou des techniques d'apprentissage algorithmique, qui ont permis de représenter le processus de l'épuration artistique dans sa globalité. Ainsi le réflexe d'indulgence des épurateurs à l'endroit des artistes de renom a-t-il été clairement établi. Il a aussi été démontré que si les épurateurs ont hésité à appliquer la peine maximale des 12 mois, ils l'ont fait à travers l'incrimination de la « collaboration notoire » ; apparemment arbitraire en raison de son caractère vague, cette incrimination n'a effectivement été retenue, comme l'a révélé l'étude des dossiers individuels, que dans des cas de collaboration particulièrement graves. Ont également été mises en évidence des discriminations touchant les artistes du Gai Paris, invitant ici à enrichir l'historiographie de l'épuration d'études consacrées à des professions par trop invisibilisées et soumises à un état de nécessité – cet « état de détresse » caractérisé par les difficultés matérielles de la vie quotidienne sous l'Occupation.

---

102. Nous ne sommes du reste pas les seuls à nous inscrire dans cette démarche, les médiévistes étant à cet égard en pointe. Citons notamment l'historien Florent Hautefeuille et le mathématicien Bertrand Jouve, « La définition des élites rurales (XIIIe-XVe siècle) au carrefour des approches historiques, archéologiques, mathématiques », *Mélanges de l'École française de Rome-Moyen Âge*, 124-2, 2012, https://doi.org/10.4000/mefrm.843 ; Fabrice Rossi, Nathalie Villa-Vialaneix et Florent Hautefeuille, « Exploration of a Large Database of French Notarial Acts with Social Network Methods », *Digital Medievalist*, 9, 2013, https://doi.org/10.16995/dm.52 ; Yacine Jernite *et al.*, « The Random Subgraph Model for the Analysis of an Ecclesiastical Network in Merovingian Gaul », *The Annals of Applied Statistics*, 8-1, 2014, p. 377-405. Citons également la communauté « The Connected Past », dédiée à l'application de la science des réseaux en archéologie et en histoire, l'organisation « Digital Medievalist », le groupe « Res-Hist » ou encore la revue *Journal of Historical Network Research*, qui visent à favoriser le développement de l'analyse de réseaux en histoire et en archéologie. Il existe quelques exemples de collaboration en histoire contemporaine, notamment : Marc Barthelemy *et al.*, « Self-Organization versus Top-Down Planning in the Evolution of a City », *Nature Scientific Reports*, 3, 2153, 2013, https://doi.org/10.1038/srep02153.

Quant à la discrimination touchant les femmes, l'enjeu était d'importance. En effet, si l'interprétation genrée enrichit aujourd'hui considérablement l'historiographie de la Seconde Guerre mondiale[103], il est d'autant plus nécessaire de mettre à la disposition des études sur l'épuration au féminin des outils d'analyse permettant une administration la plus rigoureuse possible de la preuve, afin de ne pas en rester au stade des simples hypothèses, même largement partagées. C'est pourquoi cette question a traversé tout l'article, lui donnant son point de fuite : elle nous a conduits à recourir à des méthodes toujours plus complexes, voire à engager une démarche inédite. Les discriminations peuvent en effet procéder d'une logique de système qu'il faut saisir à travers d'autres outils que des statistiques classiques – des outils empruntant à des mathématiques formelles d'ailleurs pas si éloignées de celles mobilisées par A. Weil et C. Lévi-Strauss. C'est une telle logique de processus globalement discriminatoire que nous avons mise au jour dans l'épuration professionnelle, en aboutissant, entre autres, à un résultat tout sauf trivial et solidement étayé statistiquement : la discrimination des femmes a pris une forme plurivoque, avec des condamnations à la fois plus systématiques que pour les hommes et en même temps un jeu subtil d'aggravation ou d'atténuation des peines pour des incriminations équivalentes. Là où des artistes hommes n'auraient reçu qu'un blâme ou 3 à 4 mois d'interdiction, les femmes ont été plus souvent susceptibles d'écoper de 6 mois. *A contrario*, lorsque la gravité des incriminations retenues a conduit à prononcer des peines de 9 ou 12 mois contre les hommes, les femmes se sont vues plus systématiquement attribuer 6 mois. Y a-t-il eu une forme d'indolence, voire de nonchalance à juger les dossiers des femmes, les commissions constituées exclusivement d'hommes se contentant de les sanctionner d'une peine moyenne ? La question mérite d'être posée.

Ajoutons que les quelques résultats décrits dans cet article ne sont qu'une première étape dans l'analyse interdisciplinaire de notre jeu de données de l'épuration artistique à la Libération. À terme, la mise en œuvre d'autres méthodes mathématiques devrait rendre possible la capture d'autres indices – et, par conséquent, une description toujours plus fine des différences de traitement s'exerçant sur tel ou tel groupe social – et également de ce que nous avons appelé « le jeu du temps ». Parce que l'épuration professionnelle fut d'abord un jugement par les pairs, il reste notamment à mieux intégrer dans l'analyse la spécificité de chaque scène artistique, avec les rivalités propres aux milieux du cinéma et des variétés et, *a contrario*, pour les musiciens classiques, la force des amitiés nouées durant les longues années de formation au Conservatoire, qui ont constitué des facteurs d'exonération peut-être encore plus puissants que les solidarités corporatives relevées dans la fonction publique. Enfin, une enquête future pourrait consister à mener une étude croisée des différents régimes de l'épuration artistique en France – judiciaire, administrative et professionnelle –, seule à même d'embrasser la totalité du processus. Pour en saisir la complexité historique, outre la mobilisation

---

103. Sur la question du genre en histoire, voir Françoise Thébaud, « Genre et histoire en France. Les usages d'un terme et d'une catégorie d'analyse », *Hypothèses*, 8-1, 2005, p. 267-276.

d'outils existants, son analyse devra peut-être en inventer d'autres. Car il n'y a pas de définition permanente possible de ce qui est atteignable par les méthodes statistiques, ni de ce qui est « mathématisable » ou non. D'une part, parce que les méthodes statistiques évoluent constamment et que l'enjeu même de la recherche en statistiques est de développer des méthodes permettant d'atteindre ce que l'on n'atteignait pas auparavant. D'autre part, parce qu'il en va plus généralement de même pour le monde mathématique : celui-ci n'est pas donné une fois pour toutes ; au contraire, ses frontières mouvantes se voient régulièrement redessinées (parfois très profondément) par la définition de nouveaux objets abstraits qui peuvent ouvrir d'un coup d'immenses perspectives. Et un tel bouleversement peut enfin très bien survenir au gré de l'interaction avec les sciences humaines et sociales. Ici, comme le soulignait C. Lévi-Strauss :

> *Il ne s'agit pas seulement, ni même surtout, d'emprunter en bloc aux mathématiques des méthodes et des résultats achevés. Les besoins propres aux sciences sociales, les caractères originaux de leurs objets imposent aux mathématiciens un effort spécial d'adaptation et d'invention. La collaboration ne saurait être à sens unique. D'un côté, les mathématiques contribueront au progrès des sciences sociales, mais, de l'autre, les exigences propres à ces dernières ouvriront aux mathématiques des perspectives supplémentaires. En ce sens, il s'agit donc de mathématiques nouvelles à créer*[104].

La collaboration avec les sciences mathématiques ne doit donc en aucun cas être perçue, du point de vue des chercheurs et des chercheuses en sciences humaines et sociales, comme un renoncement à leur expertise disciplinaire. Au contraire, elle vient la prolonger en offrant les moyens d'un autre langage à même d'enrichir le répertoire de chacun et de pluraliser les modes d'accès au réel. Les archéologues, les historiens et historiennes de l'art, les philologues collaborent depuis longtemps avec des physiciens et des physiciennes, des chimistes et des biologistes pour dater des artefacts ou étudier la diffusion matérielle des œuvres. Ils co-construisent alors un système d'analyse commun, qui suppose pour chacune des parties un indispensable *déplacement*. Ici, la collaboration d'une historienne et d'un physicien théoricien a fait germer l'idée originale de traiter un processus historique impliquant les mécanismes intimes d'une décision humaine comme un processus algorithmique complexe, pour leur appliquer les mêmes techniques d'analyse de discriminations : car, en définitive, à moins d'avoir une information parfaite sur chaque étape d'un processus historique, l'historien et l'historienne se retrouvent face à une opacité (une « boîte noire ») assez semblable à celle qui caractérise potentiellement les processus algorithmiques de décision ou de sélection. Cette collaboration interdisciplinaire implique nécessairement une forme d'humilité scientifique et, faute de pouvoir tout maîtriser à soi seul, une capacité de délégation de confiance. Il importe donc de mettre en place des cadres où des chercheuses et des chercheurs venant de disciplines différentes peuvent s'employer à expliciter

---

104. C. Lévi-Strauss, « Les mathématiques de l'homme », art. cit., p. 538.

au maximum leur travail, tout en acceptant que, passé un certain point, les uns ou les autres ne comprennent plus tout, et se laissent guider un moment le long du chemin. En ce sens, nous rejoignons F. Braudel lorsqu'il écrit[105] : « Pour moi, l'histoire est la somme de toutes les histoires possibles, – une collection de métiers et de points de vue, d'hier, d'aujourd'hui, de demain. »

Karine Le Bail
CNRS/Centre de recherches sur les arts et le langage, EHESS
karine.le-bail@ehess.fr

Julien Randon-Furling
ENS Paris-Saclay, Centre Borelli
Université Paris 1 Panthéon-Sorbonne, SAMM
Julien.Randon-Furling@cantab.net

---

105. F. Braudel, « Histoire et sciences sociales », art. cit., p. 734.

Quand Bourdieu découvrait Panofsky
La fabrique éditoriale d'*Architecture gothique et pensée scolastique* (Paris-Princeton, 1966-1967)

Paul Pasquali

« **Qu'on pardonne** mon peu de compétence. Je ne suis pas historien de l'art. De Panofsky, jusqu'au mois dernier, je n'avais rien lu. Deux traductions paraissent simultanément [...]. En panofskien néophyte, et bien sûr enthousiaste, [...] je dirai[s] que le bénéfice sera grand : [elles] vont chez nous transformer la lointaine et étrangère *iconologie* en *habitus*[1]. » Dans *Le Nouvel Observateur* du 25 octobre 1967, Michel Foucault ne tarissait pas d'éloges pour saluer la publication en français de deux ouvrages d'Erwin Panofsky, *Architecture gothique et pensée scolastique* et *Essais d'iconologie*[2]. Sortis en librairie six mois plus tôt chez deux éditeurs différents (Minuit et Gallimard, respectivement), le premier avec quelques semaines d'avance sur le second, ils portaient la signature d'un auteur au statut ambigu, identifié partout dans le monde comme une figure tutélaire de l'histoire de l'art mais largement méconnu en France, où tous ses livres étaient jusque-là demeurés inédits en dépit de l'intérêt de ses pairs, d'Henri Focillon à André Chastel[3]. Pour le grand public cultivé, auquel le philosophe s'adressait implicitement, cette double parution constituait donc bel et bien un événement, dans un contexte

---

1. Michel FOUCAULT, « Les mots et les images », *Le Nouvel Observateur*, 154, 25 oct. 1967, p. 49-50.
2. Erwin PANOFSKY, *Architecture gothique et pensée scolastique*, trad. par P. Bourdieu, Paris, Éd. de Minuit, [1951] 1967 ; *id.*, *Essais d'iconologie. Thèmes humanistes dans l'art de la Renaissance*, trad. par C. Herbette et B. Teyssèdre, Paris, Gallimard, [1939] 1967.
3. Michela PASSINI, *L'œil et l'archive. Une histoire de l'histoire de l'art*, Paris, La Découverte, 2017, p. 212 et 222 ; Paul BERNARD-NOURAUD, « Histoire de l'art », *in* B. BANOUN, I. POULIN et Y. CHEVREL (dir.), *Histoire des traductions en langue française, XXᵉ siècle*, Lagrasse, Verdier, 2019, p. 1053-1086, notamment p. 1071.

d'effervescence structuraliste qui ébranlait les frontières disciplinaires et redessinait les horizons épistémologiques[4]. Pour les spécialistes, en revanche, elle représentait surtout l'amorce d'un rattrapage éditorial, compte tenu du retard pris à traduire des textes quinze à trente ans après leur première publication outre-Atlantique, alors qu'ils circulaient depuis longtemps dans leurs revues et séminaires[5].

Le « panofskien néophyte » était toutefois loin d'être naïf. Un an après *Les mots et les choses*, sa recension prolongeait ses propres réflexions sur l'archéologie des sciences humaines au carrefour de l'histoire et de l'épistémologie[6]. À ses yeux, l'iconologie pouvait transformer en profondeur les pratiques de recherche, au-delà des effets de mode et des discours sur la méthode, au point de devenir une seconde nature : d'où son allusion, teintée d'ironie, à l'habitus. En utilisant ce terme alors peu usité, au détour d'un jeu de mots, sans plus y revenir dans l'article ni ailleurs, Foucault adressait aussi, sans le citer, un subtil clin d'œil à Pierre Bourdieu, qui avait été quelques années auparavant son étudiant à l'École normale supérieure (ENS)[7]. Tout à la fois éditeur et traducteur d'*Architecture gothique et pensée scolastique*, celui-ci y ajoutait en effet une postface de 32 pages explicitant les apports du livre et systématisant le concept d'habitus, qu'il avait jusque-là mobilisé sous une forme embryonnaire dans ses travaux sur le Béarn et sur l'Algérie[8]. En 1967, le sociologue avait 37 ans et venait d'être élu, trois ans plus tôt, directeur d'études à la VIe section de l'École pratique des hautes études (EPHE). Auteur et animateur de plusieurs recherches au sein du Centre de sociologie européenne (CSE), le laboratoire fondé en 1960 par Raymond Aron et que celui-ci dirigeait *de facto*, il était connu non seulement pour ses publications sur le système scolaire (notamment *Les héritiers*, coécrit avec Jean-Claude Passeron en 1964[9]), mais aussi pour ses

---

4. Antoine COMPAGNON (dir.), n° spécial « 1966, *annus mirabilis* », *Fabula-LhT*, 11, déc. 2013, https://doi.org/10.58282/lht.658, notamment l'introduction au dossier, « Pourquoi 1966 ? », et l'entretien avec Pierre Nora, « Gallimard et les sciences humaines » ; Laurent JEANPIERRE, « L'aventure des sciences de l'homme », *in* C. CHARLE et L. JEANPIERRE (dir.), *La vie intellectuelle en France*, vol. 2, *De 1914 à nos jours*, Paris, Éd. du Seuil, 2016, p. 139-166. Sur la place de Panofsky dans ces reconfigurations épistémologiques, voir Roger CHARTIER, « Histoire intellectuelle et histoire des mentalités », *Revue de synthèse*, 111-112, 1983, p. 277-307.

5. André CHASTEL, *L'image dans le miroir*, Paris, Gallimard, 1980, p. 99-110. Pour une vue d'ensemble, voir François-René MARTIN, « La 'migration' des idées Panofsky et Warburg en France », *Revue germanique internationale*, 13, 2000, p. 239-259.

6. Michel FOUCAULT, *Les mots et les choses. Une archéologie des sciences humaines*, Paris, Gallimard, 1966. Sur ce point, voir Judith REVEL, « En relisant *Les Mots & les Choses* », *Acta fabula*, 14-8, 2013, https://doi.org/10.58282/acta.8296.

7. Pierre BOURDIEU, *Choses dites*, Paris, Éd. de Minuit, 1987, p. 14.

8. *Id.*, « Célibat et condition paysanne », *Études rurales*, 5-6, 1962, p. 32-135, notamment p. 99-100, et avec Abdelmalek SAYAD, *Le déracinement. La crise de l'agriculture traditionnelle en Algérie*, Paris, Éd. de Minuit, 1964, p. 102. Sur ces premiers usages, voir François HÉRAN, « La seconde nature de l'habitus. Tradition philosophique et sens commun dans le langage sociologique », *Revue française de sociologie*, 28-3, 1987, p. 385-416.

9. Pierre BOURDIEU et Jean-Claude PASSERON, *Les héritiers*, Paris, Éd. de Minuit, 1964. Sur la construction éditoriale de ce livre, voir Philippe MASSON, « La fabrication des *Héritiers* », *Revue française de sociologie*, 42-3, 2001, p. 477-507.

réflexions sur la photographie et les musées d'art, objets des ouvrages collectifs *Un art moyen* et *L'amour de l'art*[10]. Inaugurant aux Éditions de Minuit la collection « Le sens commun », qu'il avait lui-même créée en 1965, ces publications précédaient de peu *Architecture gothique et pensée scolastique*.

Pour Panofsky, cette traduction parachevait un processus de consécration mondiale déjà très avancé, alors qu'il venait de fêter ses 75 ans. Pour Bourdieu, elle prenait place dans une stratégie d'importation et de refondation intellectuelles visant à « réunifier une science sociale fictivement morcelée[11] ». Cette stratégie consistait, d'une part, à promouvoir une épistémologie conquérante d'inspiration bachelardienne, exposée dans *Le métier de sociologue* en 1968[12], antipositiviste et transdisciplinaire ; d'autre part, à réunir sous un même label éditorial des classiques oubliés (de l'école durkheimienne à l'anthropologie culturaliste, en passant par le philosophe Ernst Cassirer et l'économiste Joseph Schumpeter), des contemporains encore inédits en France (tels Erving Goffman, Richard Hoggart, Basil Bernstein ou Jack Goody), des jeunes philosophes français tournés vers les sciences humaines (comme Jean Bollack, Louis Marin ou Alexandre Matheron) et des sociologues membres du CSE, à commencer par Raymonde Moulin, Luc Boltanski, Passeron, et Bourdieu lui-même[13].

En moins d'une décennie, la diversité thématique, linguistique et disciplinaire de la collection « Le sens commun » a permis de concrétiser cette stratégie, avant que Bourdieu n'entre à son tour dans une phase de consécration, avec la création de la revue *Actes de la recherche en sciences sociales* en 1975, la publication d'une série d'ouvrages majeurs dont *La distinction* en 1979 et *Le sens pratique* en 1980, son élection au Collège de France en 1981, puis la traduction de son œuvre dans un grand nombre de langues[14]. Dans cette histoire résumée ici à grands traits, la publication d'*Architecture gothique et pensée scolastique* en 1967 peut n'apparaître que comme une date, sinon une « étape » nécessaire dans une progression linéaire. Ce regard sur le passé, lourd de présupposés téléologiques, est pourtant tout sauf évident. Car rien ne prédestinait le vieil historien de l'art de Princeton à être édité, traduit et postfacé par un jeune intellectuel français fraîchement converti à la sociologie après des études de philosophie puis une formation sur le tas d'ethnologue. Qui plus est dans une collection

---

10. Pierre BOURDIEU (dir.), *Un art moyen. Essai sur les usages sociaux de la photographie*, Paris, Éd. de Minuit, 1965 ; Pierre BOURDIEU et Alain DARBEL (dir.), *L'amour de l'art. Les musées et leur public*, Paris, Éd. de Minuit, 1966.
11. Pierre BOURDIEU, *Science de la science et réflexivité. Cours du Collège de France, 2000-2001*, Paris, Raisons d'agir, 2001, p. 197. Significativement, Panofsky est le seul nom que Bourdieu cite pour illustrer son propos, aux côtés de celui de Michael Baxandall, auteur d'un article paru dans sa revue *Actes de la recherche en sciences sociales* mais d'aucun ouvrage publié dans sa collection.
12. Pierre BOURDIEU, Jean-Claude CHAMBOREDON et Jean-Claude PASSERON, *Le métier de sociologue. Préalables épistémologiques*, Paris, Éd. de l'EHESS, [1968] 2021.
13. Julien DUVAL et Sophie NOËL, « Édition, éditeurs. Les stratégies de publication de Pierre Bourdieu et du CSE (1958-1975) », *in* J. DUVAL, J. HEILBRON et P. ISSENHUTH (dir.), *Pierre Bourdieu et l'art de l'invention scientifique. Enquêter au Centre de sociologie européenne, 1959-1969*, Paris, Classiques Garnier, 2022, p. 363-401, notamment p. 390-391 et 396.
14. Yvette DELSAUT et Marie-Christine RIVIÈRE, *Pierre Bourdieu, une bibliographie*, Paris, Raisons d'agir, 2022.

tout juste créée, dont le catalogue ne comptait alors aucun des auteurs étrangers susmentionnés. De même, rien ne conduisait *a priori* le jeune Bourdieu à s'intéresser à un livre aussi éloigné de ses propres domaines de recherche. Les différences disciplinaires, linguistiques, générationnelles et statutaires entre les deux hommes étaient telles que leurs trajectoires auraient pu ne jamais se croiser. Dans une époque où les moyens de communication demeuraient limités et les expériences d'interdisciplinarité assez isolées, cette rencontre – à distance, comme nous le verrons – avait quelque chose d'improbable. Dès lors, comment sont-ils malgré tout entrés en contact ? De quelle façon ont-ils fabriqué ce livre, entre Princeton et Paris ? Dans quel contexte intellectuel ce projet éditorial s'inscrivait-il ?

L'abondante littérature consacrée à cet ouvrage et à ces auteurs[15] n'aide guère à répondre à ces questions, pas plus que les écrits des intéressés : Bourdieu s'est peu étendu sur le sujet, hormis quelques remarques faites des années plus tard, à l'occasion d'une clarification ou d'une autocritique[16], tandis que Panofsky, disparu en 1968, n'est jamais revenu sur cet épisode, qui n'a laissé quasiment aucune trace dans sa correspondance publiée[17]. Par chance, 22 lettres inédites relatives à l'édition du livre, dont 13 (32 pages au format A4) échangées entre eux de décembre 1966 à juin 1967, pour la plupart conservées dans le fonds Pierre Bourdieu à l'Humathèque du campus Condorcet[18], les autres se trouvant aux États-Unis dans les archives personnelles de Gerda Panofsky, professeure émérite à l'université Temple de Philadelphie née en 1929 et seconde épouse de l'historien[19], offrent enfin un

---

15. Sur Bourdieu, voir notamment Jean-Louis Fabiani, *Pierre Bourdieu. Un structuralisme héroïque*, Paris, Éd. du Seuil, 2016 ; Gérard Mauger, *Avec Bourdieu. Un parcours sociologique*, Paris, PUF, 2023 ; Gisèle Sapiro (dir.), *Dictionnaire international Bourdieu*, Paris, CNRS éditions, 2020. Sur Panofsky, voir Georges Didi-Huberman *et al.*, *Relire Panofsky*, Paris, Beaux-arts de Paris, 2008 ; Georges Didi-Huberman, *L'image survivante. Histoire de l'art et temps des fantômes selon Aby Warburg*, Paris, Éd. de Minuit, 2002 ; Sur Panofsky et « Le sens commun », voir J. Duval et S. Noël, « Édition, éditeurs », art. cit., et Isabelle Kalinowski, « Anthropologie et sociologie », *in* B. Banoun, I. Poulin et Y. Chevrel (dir.), *Histoire des traductions…*, op. cit., p. 1596-1622, en particulier p. 1609-1611.
16. P. Bourdieu, *Choses dites*, op. cit., p. 23 ; *id.*, *Les règles de l'art. Genèse et structure du champ littéraire*, Paris, Éd. du Seuil, 1992, p. 251, et *id.*, *Sociologie générale, vol. 2. Cours au Collège de France, 1983-1986*, éd. par P. Champagne *et al.*, Paris, Raison d'agir/Éd. du Seuil, 2016, p. 96-97.
17. Erwin Panofsky, *Korrespondenz, 1910 bis 1968 : eine kommentierte Auswahl in fünf Bänden*, éd. par D. Wuttke, Wiesbaden, Harrassowitz Verlag, 2011. Cette correspondance intégrale ne contient pas de traces de Bourdieu, hormis une mention dans une lettre de Louis Grodecki.
18. Aubervilliers, Humathèque du campus Condorcet, Fonds Pierre Bourdieu, 1 ARCH 20-2. Sauf indication contraire, les lettres citées ici proviennent du même dossier et ont donc la même côte qui, par commodité, ne sera plus reprécisée dans les pages suivantes. Celles de Panofsky sont originales et rédigées en anglais, tandis que celles de Bourdieu, en français, sont des copies ou des brouillons. Toutes les traductions sont de nous.
19. Nous remercions vivement Gerda Panofsky de nous avoir communiqué 11 lettres inédites en sa possession, dont 9 ont été échangées entre le sociologue et l'historien. Parmi elles, 6 sont absentes du fonds Bourdieu, dont 4 sont les originaux des brouillons ou copies qui y sont conservés, et 2 des lettres envoyées par Bourdieu après la disparition de Panofsky en mars 1968.

moyen de documenter cette rencontre transatlantique. Complétées par des archives issues d'autres fonds[20] et par l'analyse critique des différentes éditions et versions (anglaises et françaises principalement) d'*Architecture gothique et pensée scolastique*, ces lettres permettent d'éclairer les enjeux et les étapes de cette fabrique éditoriale.

Cet article s'inscrit ainsi dans les réflexions récentes autour de l'histoire matérielle des savoirs et de l'histoire sociale de l'édition[21]. À rebours de la vision mécaniste réduisant l'édition à une simple duplication et la traduction à une pure translation, et contre l'illusion nominaliste tendant à oublier que, d'un livre à l'autre, un même nom ne renvoie pas forcément au « même » auteur, il s'agit de montrer selon quelles opérations concrètes, logiques tacites et temporalités spécifiques naissent des œuvres savantes[22] et, par-là, d'interroger leur historicité en recourant prioritairement aux archives et à d'autres sources de première main. Soucieuse d'élargir la focale au-delà des seules publications, des « pères fondateurs » et des traditions nationales, cette approche entend contribuer à une sociologie historique des sciences humaines en plein essor[23]. Elle vise aussi à offrir une réflexivité historiographique capable, au même titre que la réflexivité auto-analytique, d'objectiver la part héritée et largement implicite de nos socialisations intellectuelles, qui imprègne nos livres et nos pratiques de lecture comme nos manières d'écrire, de citer et d'enseigner[24].

---

20. Il s'agit notamment de documents (pour certains cités ou publiés, pour d'autres inédits) issus des fonds André Chastel et Louis Grodecki, conservés à l'INHA, voir *infra*. Les archives de Panofsky (Washington, Archives of American Art, Smithsonian Institution) ne gardent aucune trace de la relation épistolaire entre Bourdieu et Panofsky, de même que le fonds de l'Institute for Advanced Study (IAS) de Princeton, où le sociologue a séjourné en 1972-1973. Notre enquête sera complétée ultérieurement par une recherche dans les archives des Éditions de Minuit, à ce jour inaccessibles.
21. Sur l'histoire matérielle des savoirs, voir Christian Jacob, « Prélude en quatre mouvements », *in* C. Jacob (dir.), *Lieux de savoir*, vol. 2, *Les mains de l'intellect*, Paris, Albin Michel, 2011, p. 11-28 ; Jean-François Bert, *L'atelier de Marcel Mauss. Un anthropologue paradoxal*, Paris, CNRS éditions, 2012 ; Jean-François Bert et Jérôme Lamy, *Voir les savoirs. Lieux, objets et gestes de la science*, Paris, Anamosa, 2021 ; Françoise Waquet, *L'ordre matériel du savoir. Comment les savants travaillent*, XVIe-XXIe *siècles*, Paris, CNRS éditions, 2015. Sur l'histoire sociale de l'édition, voir Roger Chartier, *La main de l'auteur et l'esprit de l'imprimeur*, XVIe-XVIIIe *siècle*, Paris, Gallimard, 2015 ; *id.*, *Éditer et traduire. Mobilité et matérialité des textes*, XVIe-XVIIIe *siècle*, Paris, Éd. de l'EHESS/Gallimard/Éd. du Seuil, 2021.
22. R. Chartier, *Éditer et traduire*, op. cit., p. 12-15.
23. Bénédicte Girault, « L'archive et le document. Matériaux pour une histoire des sciences sociales (note critique) », *Annales HSS*, 74/3-4, 2019, p. 779-800. Voir par exemple Robert Hertz, *Sociologie religieuse et anthropologie. Deux enquêtes de terrain, 1912-1915*, éd. par S. Baciocchi et N. Mariot, Paris, PUF, 2015 ; Christian Topalov, *Histoires d'enquêtes. Londres, Paris, Chicago, 1880-1930*, Paris, Classiques Garnier, 2015. Sur les traditions nationales, voir Jean-Michel Chapoulie, « Malentendus transatlantiques. La tradition de Chicago, Park et la sociologie française », *L'Homme*, 187-188, 2008, p. 223-246 ; Mathieu Hauchecorne, « Rawls et Sen en terrain neutre ? Théories de la justice sociale dans un conseil d'expertise gouvernemental », *Genèses*, 78-1, 2010, p. 67-86 ; Johan Heilbron, *French Sociology*, Ithaca, Cornell University Press, 2015.
24. Gilles Laferté, Paul Pasquali et Nicolas Renahy (dir.), *Le laboratoire des sciences sociales. Histoires d'enquêtes et revisites*, Paris, Raisons d'agir, 2018, p. 7-37. Fruit d'une recherche commencée en 2017, cet article prolonge les analyses élaborées avec Étienne Anheim

Architecture gothique et pensée scolastique offre un cas exemplaire pour illustrer cette démarche, à condition de restituer les transferts théoriques, linguistiques et disciplinaires dont ce livre est le fruit et qui accompagnent habituellement la migration d'une œuvre vers des lieux distincts de ceux où elle a été produite, avec les appropriations, malentendus et contresens que cela implique[25]. C'est d'autant plus vrai, ici, que l'ouvrage rassemble en réalité deux textes d'origines et de statuts différents : l'un, centré sur la biographie de l'abbé Suger (1081-1151) et écrit dans un style accessible, reprend l'introduction d'un recueil de textes du religieux, traduits et commentés par Panofsky, paru en 1946 ; l'autre, sur les rapports entre architecture gothique et philosophie scolastique, est issu d'une série de conférences de Panofsky à l'abbaye Saint-Vincent de Latrobe en Pennsylvanie, publiées en 1951[26]. Comme nous allons le voir, Bourdieu ne s'est pas borné à traduire ces textes : en les réunissant, en créant un paratexte (titre, sous-titres, découpage en chapitres, adaptation de l'index et des illustrations, etc.) et en y ajoutant une postface, il a effectué un montage éditorial qui a transformé en profondeur l'œuvre initiale – et exercé en retour d'importants effets sur ses propres travaux.

Cette fabrique éditoriale n'est, bien sûr, que partiellement saisissable dans les archives. Au-delà d'éventuelles lettres détruites ou égarées, on ne sait rien de possibles échanges téléphoniques entre Bourdieu et Panofsky, et peu sur le rôle joué par d'autres personnes, à Paris ou à Princeton. Par ailleurs, l'asymétrie des rôles et des sources rend difficile, ici comme ailleurs, l'écriture d'une histoire à parts égales[27]. Néanmoins, on peut voir le verre à moitié plein en soulignant le soin mis par le sociologue à effectuer de son vivant un archivage de qualité, et combien son interventionnisme éditorial[28] a pu jouer sur la richesse de la documentation conservée. C'est aussi qu'*Architecture gothique et pensée scolastique* occupe une place à part dans sa carrière : première traduction du « Sens commun », c'est le seul livre qu'il ait lui-même traduit et accompagné d'une postface, sur la centaine d'ouvrages (des traductions pour près de la moitié[29]) qu'il y a publiés jusqu'à son départ en 1992

---

dans le cadre d'un séminaire de l'EHESS intitulé « Jeunesses intellectuelles, genèse des intellectuels : le cas Bourdieu », que nous avons coanimé en 2023 à l'Humathèque du campus Condorcet. Les aspects qui ne sont pas ou peu abordés ici, comme la trajectoire de Panofsky, la réception de son livre et la postérité de son œuvre en France, seront traités de façon plus approfondie dans un ouvrage en cours de coécriture.

25. R. CHARTIER, *Éditer et traduire, op. cit*, p. 193-239. Concernant *Architecture gothique et pensée scolastique*, voir Roland RECHT, « L'historien de l'art est-il naïf ? », *in* G. DIDI-HUBERMAN *et al.*, *Relire Panofsky, op. cit.*, p. 13-36.

26. SUGER, *On the Abbey Church of St. Denis and Its Art Treasures*, éd. et trad. par E. Panofsky, Princeton, Princeton University Press, 1946 ; Erwin PANOFSKY, *Gothic Architecture and Scholasticism*, Latrobe, Archabbey Press, 1951.

27. Sur ce problème de double asymétrie, voir Romain BERTRAND et Guillaume CALAFAT, « La microhistoire globale : affaire(s) à suivre », *Annales HSS*, 73-1, 2018, p. 1-18, spécialement p. 13-14 et 18.

28. Paul PASQUALI et Olivier SCHWARTZ, « *La culture du pauvre* : un classique revisité. Hoggart, les classes populaires et la mobilité sociale », *Politix*, 29-114, 2016, p. 21-45.

29. Gisèle SAPIRO, « Sens commun (Le) », *in* G. SAPIRO (dir.), *Dictionnaire international Bourdieu, op. cit.*, p. 782-784.

pour les Éditions du Seuil. Pour comprendre cette singularité, nous examinerons d'abord le contexte dans lequel Bourdieu a découvert puis contacté Panofsky, avant d'interroger la façon dont il l'a traduit et édité.

Les premières réceptions de Panofsky en France et la formation du jeune Bourdieu

Bourdieu est loin d'avoir été le premier intellectuel français à s'intéresser à Panofsky. Dès les années 1920, Henri Focillon, éminent spécialiste de l'art médiéval, avait eu des relations suivies avec Panofsky, non seulement par voie épistolaire et par le jeu des lectures croisées, mais aussi en le recevant dans sa maison de campagne en Haute-Marne[30] à l'occasion des séjours en France de l'historien allemand, dont la francophilie et la fascination pour les cathédrales françaises sont bien documentées[31]. Proches par leur âge, leurs thèmes de recherche et leur sensibilité progressiste, malgré de notables divergences théoriques (le formalisme focillonnien se trouve aux antipodes de l'iconologie panofskienne), les deux hommes jouissaient d'une renommée internationale à la faveur de laquelle chacun d'eux avait pu se rendre aux États-Unis dès le début des années 1930, d'abord pour y enseigner, puis pour s'y installer définitivement – l'un à Princeton, pour fuir l'Allemagne nazie, l'autre à New York, pour échapper à la France de Vichy[32].

Durant cette période, des étudiants français aiguillés par Focillon sont entrés en contact avec Panofsky et d'autres chercheurs de l'Institut Warburg après son transfert de Hambourg vers Londres, à l'instar de Jean Adhémar et Jean Seznec, auteurs de travaux précurseurs sur la survivance des formes antiques dans l'art médiéval[33]. C'était aussi le cas d'André Chastel, qui a raconté son coup de foudre de jeunesse pour les premiers travaux de Panofsky et les collaborateurs de Warburg, découverts à la bibliothèque de la rue d'Ulm et lors d'un séjour outre-Manche vers 1935 avant de s'y intéresser de plus près les décennies suivantes[34].

Bénéficiaire en 1949 de la bourse Focillon – créée au lendemain de la Seconde Guerre mondiale en mémoire de l'universitaire disparu en 1943 pour favoriser les échanges franco-américains en histoire de l'art en facilitant la venue de jeunes chercheurs français à Yale –, Chastel était bien placé, surtout depuis son

---

30. Michel HOCHMANN, «André Chastel, sa correspondance, ses méthodes», *in* S. FROMMEL, M. HOCHMANN et S. CHAUFFOUR (dir.), *André Chastel, 1912-1990. Histoire de l'art & action publique*, Paris, INHA, 2013, p. 6.
31. Voir les lettres de Panofsky traduites et publiées par Dieter Wuttke dans G. DIDI-HUBERMAN *et al.*, *Relire Panofsky, op. cit.*, p. 152-180.
32. Erwin PANOFSKY, «Trente ans d'histoire de l'art aux États-Unis. Souvenirs d'un Européen transplanté» [1954], *Revue d'histoire des sciences humaines*, 41, 2022, p. 241-265. Sur l'exil de Focillon, voir Emmanuelle LOYER, *Paris à New York. Intellectuels et artistes français en exil, 1940-1947*, Paris, Hachette littératures, [2005] 2007.
33. F.-R. MARTIN, «La 'migration' des idées Panofsky...», art. cit.
34. Philippe MOREL et Guy COGEVAL, «Entretien avec André Chastel», *Revue de l'art*, 93, 1991, p. 78-87, ici p. 79.

élection comme professeur à la Sorbonne en 1955, pour devenir l'héritier légitime de Focillon et un interlocuteur régulier de Panofsky. Sa longue relation épistolaire avec ce dernier, de 1949 à 1967[35], témoigne, comme le ton de leurs échanges, mi-personnel mi-professionnel, d'une estime réciproque qui ne se réduisait pas à des mondanités anecdotiques. Ainsi, le 17 mai 1955, Panofsky répondait, dans une même lettre, à l'invitation de Chastel de lui rendre visite dans sa maison de campagne périgourdine, à la possibilité (non concrétisée) pour le Français d'un séjour à Princeton et, entre deux allusions à leurs publications récentes, à sa proposition (également abandonnée[36]) de traduire sa « magistrale préface » sur Suger, dans une nouvelle collection de « demi-vulgarisation » aux éditions du Club du meilleur livre[37]. Un an plus tôt, Chastel avait déjà envisagé de traduire *Die Perspektive als symbolische Form* (*La perspective comme forme symbolique*, paru en allemand en 1927) dans sa collection « Jeu Savant », aux éditions Olivier Perrin, mais ce projet n'eut pas non plus de suite, malgré l'accord de Panofsky[38]. Édités respectivement douze et vingt ans après par Bourdieu, ces textes auraient donc pu connaître un sort bien différent.

Un autre élève de Focillon entretenait des liens d'amitié avec Panofsky : Louis Grodecki. Boursier Focillon en 1948, un an avant Chastel, ce spécialiste de l'architecture gothique reconnu pour ses travaux sur les vitraux des églises françaises était pour sa part revenu aux États-Unis dès 1950-1951, comme *visiting scholar* à Princeton, à l'invitation de l'historien allemand, dont il avait découvert les travaux deux décennies plus tôt alors qu'il était étudiant de Focillon[39]. Avant d'être successivement attaché de recherche au CNRS, conservateur du musée des Plans-Reliefs, chargé d'enseignement à l'université de Strasbourg, puis élu sur le tard (en 1971) professeur à la Sorbonne, il avait multiplié les séjours outre-Atlantique, de Yale à Harvard, à la faveur desquels il s'était bâti une réputation aussi solide que son érudition. Travaillant sur des périodes et des objets similaires à ceux auxquels Panofsky se consacrait depuis la fin des années 1940, en marge de ses études iconologiques sur la Renaissance, Grodecki était par ailleurs assez proche de lui pour être le seul Français à figurer dans les *Mélanges* réunis en 1961 en son honneur, aux côtés de Paul Frankl, William Heckscher, Ernst Kantorowicz et Edgar Wind[40]. Si « Pan » et « Grod » – surnoms dont les affublait leur entourage et qu'ils utilisaient dans leur

---

35. S. Frommel, M. Hochmann et S. Chauffour (dir.), *André Chastel, op. cit.*, p. 100.
36. Michel Hochmann, « Fables, formes, figures. Hommage à André Chastel », in J.-P. Changeux (dir.), *La vie des formes et les formes de la vie*, Paris, Odile Jacob, 2012, p. 283-302, notamment p. 295.
37. Lettre de Panofsky à Chastel, 17 mai 1955, in E. Panofsky, *Korrespondenz, 1910 bis 1968, op. cit.*, p. 754-755.
38. Paris, INHA, fonds Chastel, lettre de Panofsky à Chastel, 8 janv. 1954, citée dans S. Frommel, M. Hochmann et S. Chauffour (dir.), *André Chastel, op. cit.*, p. 120.
39. Arnaud Timbert, « Une vie en toutes lettres », in L. Grodecki, *Correspondance choisie, op. cit.*, p. 11-54.
40. Louis Grodecki, « Les vitraux de Saint-Denis : L'Enfance du Christ », in M. Meiss (dir.), *De Artibus Opuscula XL: Essays in Honor of Erwin Panofsky*, New York, New York University Press, 1961, p. 170-186.

correspondance entre 1948 et 1967[41] – partageaient des expériences (l'émigration, notamment) et des centres d'intérêt qui atténuaient leur distance générationnelle (18 ans d'écart), ils n'ont toutefois jamais publié ensemble. Jouissant d'une notoriété bien plus importante, le premier n'oubliait pas ce qu'il devait au second : de précieux services, comme la communication de sources ou photographies difficiles d'accès à distance[42], ainsi que plusieurs recensions publiées au début des années 1950 dans des revues intellectuelles centrales.

Une décennie avant *Architecture gothique et pensée scolastique*, c'est en effet par Grodecki que le public francophone avait découvert les travaux de Panofsky sur l'époque médiévale. Entre 1952 et 1955, il y avait consacré quatre comptes rendus[43]. Dès 1952, Grodecki saluait dans *Diogène* la parution aux États-Unis de *Gothic Architecture and Scholasticism*, « petit livre » « [c]élèbre et discuté des deux côtés de l'océan dès avant sa publication », dont certaines conclusions « cadr[ai]ent mal avec les thèses généralement acceptées (surtout en France) », mais dont « la thèse ne souffrira[it] pas d'une controverse possible autour d'un problème particulier »[44]. Dans *Critique*, en 1953, il louait le recueil de Suger que Panofsky venait d'éditer, « remarquable traduction, munie d'abondantes notes[45] » dont il soulignait l'actualité au lendemain de découvertes majeures sur le passé de l'abbaye de Saint-Denis. Et s'il ne se privait pas, dans un autre article de la même revue, de pointer la fragilité des hypothèses panofskiennes, qualifiées de « très belle vue de l'esprit[46] », il n'en insistait pas moins sur leur nouveauté et leur ingéniosité, notamment en regard de l'iconographie plus traditionnelle d'Émile Mâle.

En somme, Grodecki endossait pour Panofsky un rôle de passeur, d'autant mieux qu'il était habitué aux séjours outre-Atlantique, de Yale à Princeton en passant par Harvard. Ce n'est donc pas par hasard que Chastel l'avait associé, en 1955, à son projet de traduction du texte de Panofsky sur Suger[47]. Ce rôle aurait pu le conduire, la décennie suivante, à éditer ou à préfacer *Architecture gothique et pensée scolastique*. Comme nous le verrons, Bourdieu le consulta en mars 1967, mais assez tardivement et avant tout pour vérifier sa propre traduction. Dans la lettre où il le sollicitait pour la première fois, avec prudence et déférence, reconnaissant n'être « pas spécialiste mais philosophe et sociologue » et exprimant « [sa] très grande

---

41. Louis Grodecki, *Louis Grodecki. Correspondance choisie, 1933-1982*, éd. par A. Timbert, Paris, Éd. de l'INHA, 2020.
42. Washington, Smithsonian Institution, Archives of American Art, Panofsky Papers, Lettre de Chastel à Panofsky, 13 juin 1949, citée par M. Hochmann, « André Chastel, sa correspondance, ses méthodes », art. cit., p. 7.
43. Ces textes sont en partie réédités dans Louis Grodecki, *Le Moyen Âge retrouvé*, vol. 2, *De saint Louis à Viollet Le Duc*, Paris, Flammarion, 1991.
44. *Ibid.*, p. 37-39.
45. Louis Grodecki, « L'Abbaye de Saint-Denis-en-France », *Critique*, 9-75/76, 1953, p. 723-734, ici p. 732.
46. *Id.*, « Architecture gothique et société médiévale », *Critique*, 9-92, 1955, p. 25-35, ici p. 25. Pour sa part, Grodecki « proposait un programme plus empirique et davantage centré sur les formes architecturales », comme le souligne F.-R. Martin dans « La 'migration' des idées Panofsky... », art. cit., p. 250.
47. M. Hochmann, « André Chastel, sa correspondance, ses méthodes », art. cit., p. 7.

estime pour [ses] travaux », celui-ci ajoutait cette précision cruciale : « C'est par les articles que vous avez consacrés dans *Critique* à Panofsky et à l'architecture gothique que j'ai connu l'œuvre de Panofsky[48]. » Dans la mesure où la missive visait d'abord à demander un service, cet aveu plutôt flatteur pouvait aussi servir à obtenir satisfaction.

Il n'en reste pas moins que, pour Bourdieu[49] comme pour nombre de jeunes intellectuels de sa génération, la lecture de *Critique*, qui associait, sous le prestigieux label des Éditions de Minuit, rigueur savante et avant-garde littéraire, érudition philosophique et ouverture aux sciences humaines, encyclopédisme moderne et non-alignement politique, était dans l'ordre des choses[50]. D'autant plus que la revue comptait en son sein des figures importantes dans sa formation et les débuts de sa carrière, comme Raymond Aron, Alexandre Koyré et Éric Weil[51]. Rédacteur en chef adjoint (avec Jean Piel) de *Critique*, ce dernier, ancien élève de Cassirer et collaborateur de l'Institut Warburg, avait suivi en 1928 les cours de Panofsky à Hambourg ; en 1950, il insistait pour que la revue parlât d'une œuvre « absolument inconnue en France (mal connue même des spécialistes) ». Il se disait « convaincu que [la] façon [de Panofsky] de pratiquer l'histoire de l'art et de réfléchir sur le sujet mérit[ait] une analyse », comme il l'écrivait à l'historien de l'art Meyer Schapiro, sollicité en vain trois ans avant que Grodecki se charge de rédiger l'article pour la revue[52].

En dehors des historiens, des philosophes lisaient donc déjà Panofsky en France au début des années 1950, au premier rang desquels Maurice Merleau-Ponty. Dès 1942, avec *La structure du comportement*, puis en 1945 dans sa *Phénoménologie de la perception*, il avait ouvert la voie à un dialogue novateur entre philosophie, anthropologie et psychologie, prêtant attention à la façon dont « la conscience […] se projette dans un monde culturel et a des habitus[53] », à travers des questions et des notions (corps, habitudes, perspective) qui devaient profondément marquer le jeune Bourdieu[54]. Soucieux de rénover la phénoménologie en la rapprochant des sciences

---

48. Lettre de Bourdieu à Grodecki, 13 mars 1967, *in* L. Grodecki, *Correspondance choisie*, op. cit., p. 1067.
49. P. Bourdieu, *Choses dites*, op. cit., p. 14.
50. Anna Boschetti, *Sartre et « Les Temps Modernes ». Une entreprise intellectuelle*, Paris, Éd. de Minuit, 1985, p. 211-214 ; Sylvie Patron, *Critique, 1946-1996. Une encyclopédie de l'esprit moderne*, Paris, Éd. de l'IMEC, 2000 ; Anne Simonin, *Les Éditions de Minuit, 1942-1955. Le devoir d'insoumission*, Paris, IMEC éditeur, 1994, p. 361-364.
51. Pierre Bourdieu, *Esquisse pour une auto-analyse*, Paris, Raisons d'agir, 2004, p. 22-24 et 47-49.
52. Lettre d'Éric Weil à Meyer Schapiro, 26 déc. 1950, *in* Georges Bataille et Éric Weil, *À en-tête de* Critique. *Correspondance entre Georges Bataille et Éric Weil, 1946-1951*, éd. par S. Patron, Paris/Saint-Germain-la-Blanche-Herbe, Lignes/IMEC, 2014, p. 355.
53. Maurice Merleau-Ponty, *Phénoménologie de la perception*, Paris, Gallimard, [1945] 2001, p. 160 ; *id.*, *La structure du comportement*, Paris, PUF, 1942. Merleau-Ponty fut aussi l'un des premiers à s'intéresser à Cassirer, en France.
54. Voir son entretien avec Gisèle Sapiro réalisé le 7 juin 2000, « Annexe », *in* L. Pinto, G. Sapiro et P. Champagne (dir.), *Pierre Bourdieu, sociologue*, Paris, Fayard, 2004, p. 79-91 ; Juan Dukuen, *Habitus y dominación en la antropología de Pierre Bourdieu. Una crítica desde*

humaines, de l'histoire de l'art et des sciences, il fut aussi le premier à prendre au sérieux *La perspective comme forme symbolique* – texte inédit en français à l'époque – dans ses cours à la Sorbonne en 1951[55], puis au Collège de France et jusque dans son dernier article, réédité trois ans après sa mort en 1961 dans *L'œil et l'esprit*[56].

Si Bourdieu est resté plutôt discret sur le rôle de Merleau-Ponty dans sa formation[57], différents indices laissent penser qu'il assista à son cours de 1951, après son entrée à l'ENS[58]. Ses archives conservent d'ailleurs la trace d'un projet avorté pour « Le sens commun », qui devait réunir ce cours et celui sur « Les sciences de l'homme et la phénoménologie », donné la même année[59] et dont un extrait figurait dans la première édition du *Métier de sociologue*[60]. Ses divergences avec la phénoménologie n'empêchaient pas un vif intérêt, voire de l'admiration pour ce philosophe : « Merleau […] est, décidément, un grand type, qui va à contrepente de toutes les conneries dogmatiques, prétentieuses […]. Je vais lui écrire », disait-il en 1958 dans une lettre à son ami Lucien Bianco, en pleine guerre d'Algérie[61]. Vingt ans après, son avis n'avait pas changé : « [Il] occupait une place à part, au moins à mes yeux. […] Il paraissait représenter une des issues possibles hors de la philosophie bavarde de l'institution scolaire », expliquait-il dans *Choses dites*[62].

---

la fenomenología de Maurice Merleau-Ponty, Buenos Aires, Editorial Biblos, 2018; Laurent Perreau, *Bourdieu et la phénoménologie. Théorie du sujet social*, Paris, CNRS éditions, 2019.
55. Maurice Merleau-Ponty, « L'expérience d'autrui I, II, III », *Bulletin de psychologie*, 5-5, 1952, p. 303-306, repris dans *id.*, *Psychologie et pédagogie de l'enfant. Cours de Sorbonne, 1949-1952*, Lagrasse, Verdier, 2001, p. 544-547.
56. *Id.*, *Le monde sensible et le monde de l'expression. Cours au Collège de France. Notes, 1953*, éd. par E. de Saint Aubert et S. Kristensen, Genève, MētisPresses, 2011, p. 176; *id.*, *L'institution, la passivité. Notes de cours au Collège de France, 1954-1955*, Paris, Belin, [2003] 2015, voir la séance sur la création artistique (et les notes de bas de page 67 à 85), l'année où Bourdieu passait l'agrégation de philosophie; *id.*, *Notes de cours au Collège de France, 1958-1959 et 1959-1961*, éd. par S. Ménasé, Paris, Gallimard, 1996, p. 50-51; *id.*, *L'œil et l'esprit*, Paris, Gallimard, 1964, p. 48-49. Voir aussi Hubert Damisch, Giovanni Careri et Bernard Vouilloux, « Hors cadre : entretien avec Hubert Damisch », *Perspective*, 1, 2013, p. 11-23, ici p. 14.
57. Philippe Fritsch, « Contre le totémisme intellectuel », *in* G. Mauger (dir.), *Rencontres avec Pierre Bourdieu*, Bellecombe-en-Bauges, Éd. du Croquant, 2005, p. 81-100, ici p. 90-94.
58. Victor Collard, « D'une œuvre à l'autre : les modalités de la circulation des idées entre les auteurs. Histoire sociale des idées 'spinozistes' chez Pierre Bourdieu », thèse de doctorat, EHESS, 2021, p. 225-226. Conservé aux Archives nationales (cote L51, AN 830), ce dossier indique que Bourdieu a validé en 1951-1952 un certificat de psychologie à la Sorbonne, où Merleau-Ponty assurait cette même année un cours de « psychologie pédagogique ».
59. Aubervilliers, Humathèque du campus Condorcet, Fonds Bourdieu, 1 ARCH 20-6. Ce projet date de 1966.
60. Pierre Bourdieu, Jean-Claude Chamboredon et Jean-Claude Passeron, *Le métier de sociologue*, Paris, Mouton/Bordas, 1968, p. 273-275.
61. Lettre de Bourdieu à Lucien Bianco, sept. 1958, citée dans Amín Pérez, *Combattre en sociologues. Pierre Bourdieu et Abdelmalek Sayad dans une guerre de libération (Algérie, 1958-1964)*, Marseille, Agone, 2022, p. 106. Nous n'avons retrouvé aucune correspondance entre Bourdieu et Merleau-Ponty.
62. Pierre Bourdieu, *Choses dites, op. cit.*, p. 15.

Au-delà de Bourdieu, Panofsky pouvait apparaître à toute une génération intellectuelle comme un historien-philosophe original prolongeant l'œuvre de Cassirer – c'est explicitement le cas dans *La perspective comme forme symbolique*, dans *Idea* et dans son introduction aux *Essais d'iconologie*[63] –, dont l'envergure avait de quoi attirer une jeunesse en quête d'idées neuves, en particulier chez les khâgneux et les normaliens. Cet intérêt était d'autant plus vif dans une période d'intenses débats entre néokantiens et heideggeriens et de dialogue accru entre philosophie – notamment *via* le marxisme et la phénoménologie[64] – et sciences humaines. Ainsi, en 1954, l'un des sujets proposés à l'écrit aux candidats à l'agrégation de philosophie, dont Bourdieu faisait partie, était : « 'Plonger l'homme dans l'existence', 'plonger l'homme dans la société' : ces formules n'ont-elles rien de commun, et vous paraît-il téméraire de prêter à l'une et à l'autre un identique projet de renouveler la société[65] ? »

Ces éléments de contexte, bien sûr, n'expliquent pas tout. Ils aident cependant à restituer un climat intellectuel propice à *un moment Panofsky*. Ainsi, il est remarquable que les traducteurs et commentateurs de l'historien allemand en France sortent peu ou prou des mêmes promotions de normaliens et/ou d'agrégés de philosophie. Outre Bourdieu, c'est le cas de Bernard Teyssèdre, entré à l'ENS en 1949 et agrégé de philosophie en 1953, qui a introduit et co-traduit avec Claude Herbette les *Essais d'iconologie* en 1967 puis, avec sa femme Marthe, *L'œuvre d'art et ses significations* en 1969[66]. Henri Joly et Jean Molino, respectivement traducteur et préfacier d'*Idea*, publié par Gallimard en 1983, entrèrent quant à eux à l'ENS en 1950 et furent tous deux agrégés, de philosophie (en 1957) pour l'un, d'espagnol (en 1955) pour l'autre. Le premier était un ami proche de Bourdieu, comme Louis Marin, normalien de la même promotion qu'eux et agrégé de philosophie en 1953, interprète critique de l'iconologie panofskienne au carrefour de la philosophie, de la sémiotique et de l'histoire de l'art[67]. Sans oublier Hubert Damisch, étudiant de philosophie à la Sorbonne à la fin des années 1950, qui découvrit Panofsky grâce aux cours de Merleau-Ponty sur *La perspective comme forme symbolique*, dont il fit plus tard le socle d'une nouvelle théorie de l'art[68].

---

63. Erwin PANOFSKY, *Idea. Contribution à l'histoire du concept de l'ancienne théorie de l'art*, trad. par H. Joly, Paris, Gallimard, [1924] 1983 ; *id.*, *Essais d'iconologie*, *op. cit.* Sur le rapport de Panofsky à Cassirer, voir Audrey RIEBER, « L'espace de la représentation selon E. Cassirer et E. Panofsky », *Nouvelle revue d'esthétique*, 30-2, 2022, p. 115-129.
64. Voir le « Que sais-je ? » de Jean-François Lyotard, *La phénoménologie*, Paris, PUF, 1954, p. 54-121, et le précieux témoignage de Jacques Derrida dans *Politique et amitié. Entretiens avec Michael Sprinker sur Marx et Althusser*, Paris, Galilée, 2011, p. 16-20 et 25-55.
65. Victor COLLARD, « Un sociologue de l'éducation sur les bancs de l'école. La formation scolaire de Pierre Bourdieu au tournant des années 1940-1950 », *Zilsel*, 11-2, 2022, p. 101-150, ici p. 147.
66. E. PANOFSKY, *Essais d'iconologie*, *op. cit.* et *id.*, *L'œuvre d'art et ses significations. Essais sur les arts visuels*, trad. par M. et B. Teyssèdre, Paris, Gallimard, [1955] 1969.
67. Louis MARIN, « Panofsky et Poussin en Arcadie », *in* A. Chastel *et al.*, *Erwin Panofsky*, Paris/Aix-en-Provence, Centre Georges Pompidou/Pandora éditions, 1983, p. 151-166.
68. Hubert DAMISCH, *L'origine de la perspective*, Paris, Flammarion, [1987] 2012, p. 53-57.
Il faut mentionner aussi Robert Klein, bien qu'il fût né en 1918. Décédé prématurément

Une rencontre transatlantique entre affinités intellectuelles et concurrence éditoriale

Bourdieu n'était donc ni le premier ni le seul de sa génération à découvrir Panofsky, au début des années 1950. Mais, quinze ans plus tard, c'est bien lui qui publia *Architecture gothique et pensée scolastique*. Pour comprendre pourquoi, il faut revenir à l'époque où il n'était plus étudiant et pas encore éditeur, mais assistant à la faculté d'Alger, entre 1958 et 1960, enseignant l'ethnologie et la sociologie en pleine guerre coloniale tout en découvrant lui-même ces disciplines au fil de ses lectures, de ses cours et de ses enquêtes en Kabylie[69]. Au même moment, sa pratique intensive de la photographie en Algérie et dans le Béarn le sensibilisait au rôle des imaginaires, qu'il s'agisse de représentations collectives ou de propagandes officielles[70]. Dans une période où l'iconologie occupait une place croissante dans les débats intellectuels, notamment depuis la traduction en 1958 par Chastel d'un texte de Panofsky devenu classique[71], et où les fonctions sociales de l'image étaient au premier plan de l'actualité éditoriale – songeons aux *Mythologies* de Roland Barthes, parues en 1957 –, cet intérêt n'avait rien de fortuit.

Au-delà de l'image, c'était surtout l'art qui intéressait le jeune Bourdieu. Avant de faire partie de ses objets empiriques, la création artistique et le jugement esthétique se trouvaient déjà au cœur de ses réflexions théoriques à la fin des années 1950. Outre la philosophie néokantienne, l'anthropologie des formes primitives de classification, esquissée en 1903 par Émile Durkheim et Marcel Mauss dans un article séminal[72], guidait ses hypothèses. Ce texte entrait en résonance avec ses premières enquêtes de terrain, qui l'incitaient à traiter les préférences éthiques et les goûts esthétiques comme des révélateurs sociologiques. Dès lors, l'histoire et la sociologie de l'art comptaient parmi ses lectures prioritaires. En témoigne cet extrait d'une autre lettre envoyée en 1958 à Lucien Bianco, son

en 1967, ce philosophe et historien de l'art atypique a écrit dès 1960 des textes critiques sur l'œuvre et la méthode de Panofsky qui seront importants pour cette génération, notamment pour Damisch. Voir Robert KLEIN, *La forme et l'intelligible. Écrits sur la Renaissance et l'art moderne. Articles et essais*, éd. par A. Chastel, Paris, Gallimard, 1970.

69. A. PÉREZ, *Combattre en sociologues, op. cit*, p. 82-83 et 108. Durant son service militaire, Bourdieu avait déjà beaucoup lu de travaux ethnologiques et sociologiques. Et, selon V. Collard (« La conversion de Pierre Bourdieu aux sciences sociales : un *homo academicus* en situation d'autodidaxie ? », *Les Études sociales*, 176-2, 2022, p. 137-146), il avait suivi quelques enseignements dans ces disciplines à la Sorbonne et à l'EPHE, dans le cadre de sa licence de philosophie, dès son entrée à l'ENS en 1951.

70. Johan HEILBRON et Pernelle ISSENHUTH, « Une recherche anamnestique, le Béarn », in J. Duval, J. HEILBRON et P. ISSENHUTH (dir.), *Pierre Bourdieu et l'art de l'invention scientifique, op. cit.*, p. 71-120.

71. Erwin PANOFSKY, « L'histoire de l'art et les disciplines humanistes », *L'Information d'histoire de l'art*, 3, 1958, p. 17-24 et 49-55.

72. Émile DURKHEIM et Marcel MAUSS, « De quelques formes primitives de classification. Contribution à l'étude des représentations collectives », *L'Année sociologique*, 6, 1901-1902, p. 1-72.

ex-condisciple en khâgne puis à l'ENS, tout juste reçu à l'agrégation d'histoire et envoyé en Algérie pour enseigner dans une école d'enfants de troupe :

> *Je chiade aussi la sociologie de l'art, je t'en parlerai. C'est passionnant. Il y aurait un truc formidable à faire, mais il me faudrait la complicité hargneuse et pinailleuse d'un historien. Qu'en dis-tu ? Nous pourrons peut-être occuper ainsi nos trajectoires algéroises. En attendant des jours meilleurs*[73].

Cette proposition n'a visiblement pas eu de suite. Mais elle disait bien l'attirance, ou mieux l'appétence du jeune Bourdieu pour un champ de recherches qui, au même moment, connaissait d'importantes transformations[74]. À la fin des années 1950, c'était avant tout Pierre Francastel qui incarnait, en France, les potentialités d'une sociologie et d'une histoire de l'art attentives aux conditions sociales de la création artistique. Celui-ci avait lancé, à la VIe section de l'EPHE, un vaste programme de recherche, avec le soutien de Lucien Febvre, à mi-chemin de l'histoire sociale et de la tradition durkheimienne. Ses travaux pouvaient d'autant plus intéresser le jeune Bourdieu qu'ils recoupaient en partie les recherches que ce dernier menait depuis 1961 sur la photographie, les goûts esthétiques et les rapports sociaux à l'art. Sans doute n'ignorait-il pas que Francastel avait aussi été l'un des premiers récepteurs français de Panofsky, notamment de son texte sur Suger, d'abord dans un bref compte rendu pour *L'Année sociologique* en 1949, puis dans une note critique pour les *Annales* en 1952[75].

Tout en saluant l'érudition et les apports d'un « ouvrage capital », Francastel s'était montré plutôt réservé à l'égard d'un texte qui, selon lui, versait parfois dans l'apologie des grands hommes, occultant le rôle des collectifs, des structures et des techniques dans l'histoire culturelle. Cette lecture se trouvait aux antipodes de celle qu'en ferait Bourdieu dans sa postface à *Architecture gothique et pensée scolastique*, dans laquelle ni Francastel ni aucun auteur rattaché aux *Annales* ne sont cités. Pas plus, d'ailleurs, que *Les intellectuels au Moyen Âge*, ouvrage de Jacques Le Goff paru en 1957 dont les proximités avec le livre de Panofsky sautent aux yeux. Tout porte à croire que ces silences – réciproques[76] – étaient délibérés. Face à des collègues aussi imposants, Bourdieu devait marquer sa différence et son « territoire », au sein

---

73. Cette lettre a été confiée par Lucien Bianco à Amín Pérez, en attendant un versement dans un fonds d'archives. Nous remercions vivement Amín Pérez de nous l'avoir communiquée.

74. M. PASSINI, *L'œil et l'archive*, op. cit., p. 246-257.

75. Voir Pierre FRANCASTEL, « Panofsky (Erwin), *Abbot Suger on the abbey church of Saint-Denis*, Princeton, University Press, 1946 », *L'Année sociologique*, 2, 1940-1948, p. 871, et *id.*, « Suger et les débuts de l'âge gothique », *Annales ESC*, 7-2, 1952, p. 237-243.

76. En 1970, lorsqu'il est revenu de façon encore plus critique sur l'œuvre de Panofsky, Francastel s'est gardé de mentionner Bourdieu (voir Pierre FRANCASTEL, *Études de sociologie de l'art*, Paris, Denoël/Gonthier, 1970, p. 114), de même que Le Goff dans son bilan historiographique évoquant *Architecture gothique et pensée scolastique* (Jacques LE GOFF, « Les mentalités : une histoire ambiguë », *in* J. LE GOFF et P. NORA [dir], *Faire de l'histoire*, vol. 3, *Nouveaux objets*, Paris, Gallimard, [1974] 1986, p. 106-128).

d'une VIe section de l'EPHE (fondée et dirigée par Febvre de 1947 à 1956, auquel avait succédé Braudel, avant Le Goff) dominée par les historiens et où il occupait une position à la fois visible et minoritaire.

Mais, au début des années 1960, l'enjeu immédiat pour Bourdieu était de réunir des analyses tirées de ses enquêtes entreprises des deux côtés de la Méditerranée, en vue de repenser en profondeur le concept de culture, dans le cadre d'une thèse d'État sous la direction d'Aron. Dans cette perspective, tous les objets culturels l'intéressaient, « qu'il s'agisse des comportements rituels d'un paysan kabyle ou du rapport entre un homme cultivé et une œuvre d'art », comme il l'écrivait à Aron en 1965[77]. Abandonné peu après, ce projet de thèse s'est concrétisé ailleurs, notamment dans sa postface à *Architecture gothique et pensée scolastique* et dans son *Esquisse d'une théorie de la pratique*[78].

Avant de fonder « Le sens commun » et d'y publier Panofsky, Bourdieu avait donc bien des raisons d'être attiré par un historien à la fois étranger (extérieur aux rapports de force entre intellectuels français), prestigieux (surtout aux yeux des membres de sa génération, qui le découvraient) et compatible avec ses propres ambitions théoriques. Car, en s'intéressant aux parentés entre architecture gothique et penseurs scolastiques aux XIIe et XIIIe siècles, le sociologue cherchait d'abord des réponses neuves à de vieilles questions connues des philosophes : les rapports entre les différents domaines de création culturelle à chaque époque, les manières d'être et de penser des artistes, et, plus fondamentalement, la genèse sociale des œuvres d'art et des catégories pour les déchiffrer. Comme Panofsky le soulignait lui-même dans *Gothic Architecture and Scholasticism*, ces problèmes avaient jusque-là été traités tantôt en termes d'influences, tantôt comme le produit d'un « esprit du temps » ou d'une « vision du monde ». En considérant les homologies entre architectes et philosophes comme un phénomène à expliquer plutôt qu'un facteur explicatif, il renversait le regard, comme il l'avait fait dans son étude *La perspective comme forme symbolique* en retraçant l'histoire d'une catégorie de perception savante devenue conventionnelle au point de ne plus être vue comme telle. Les résonances étaient donc fortes entre ses réflexions et celles du jeune Bourdieu. Quant au texte sur Suger, portrait d'une socialisation examinée dans toutes ses dimensions (le pouvoir, la religion, l'éducation, la mobilité sociale, l'argent, la culture), il ne pouvait que lui parler, d'autant que l'historien y évoquait la vie d'un oblat de l'Église qui, d'une certaine façon, faisait écho aux expériences de ces oblats de l'École dont Bourdieu avait été le disciple ou le condisciple[79].

La publication d'*Architecture gothique et pensée scolastique* répondait, enfin, à des enjeux proprement éditoriaux. En l'occurrence, à la nécessité de lancer rapidement une collection aussi rentable et originale que possible, ne serait-ce que pour

---

77. Lettre citée dans Pernelle Issenhuth, « Les débuts d'une sociologie du goût. L'esthétique, Kodak et les classes sociales », *in* J. Duval, J. Heilbron et P. Issenhuth (dir.), *Pierre Bourdieu et l'art de l'invention scientifique, op. cit.*, p. 175-232, ici p. 230.
78. Pierre Bourdieu, *Esquisse d'une théorie de la pratique, précédé de trois études d'ethnologie kabyle*, Genève, Droz, 1972.
79. *Id.*, *Esquisse pour une auto-analyse, op. cit.*, p. 16 et 43.

s'ajuster au modèle économique des Éditions de Minuit[80]. Le prestigieux catalogue bâti depuis 1948 par Jérôme Lindon, directeur de cette maison, dessinait un horizon avec lequel Bourdieu devait compter pour fixer une ligne. En accueillant des auteurs méconnus et novateurs, adossés à quelques noms célèbres, au moment où Minuit connaissait un creux (les jeunes auteurs étaient rares dans cette période, hormis Monique Wittig et Tony Duvert), il reprenait à son compte la stratégie que Lindon avait lui-même suivie quelques années plus tôt en littérature, non sans succès, avec Samuel Beckett puis le Nouveau Roman : celui de l'éditeur comme « auteur d'auteurs », selon la formule qui lui a été attribuée, payant de sa personne et revendiquant un modèle artisanal. Audace théorique, exigence intellectuelle, transgression des frontières linguistiques et disciplinaires : les principes de cette nouvelle collection relevaient autant d'un choix stratégique que d'une contrainte liée à une « culture maison ».

Au-delà de Minuit, la création du « Sens commun » survenait dans un paysage éditorial en pleine recomposition marqué par l'essor sans précédent des sciences humaines, dont l'institutionnalisation (à partir de 1958, avec la création de cursus universitaires autonomes, notamment d'une licence et d'un doctorat de sociologie), la hausse rapide des effectifs d'étudiants et d'enseignants, et l'audience accrue dans l'espace public représentaient autant d'opportunités ambivalentes. D'un côté, ces changements étaient porteurs d'une nouvelle demande. De l'autre, ils impliquaient une course à la nouveauté qui supposait de rester aux aguets, de trouver sans cesse des auteurs et des relais, de chercher en permanence des projets et de les rentabiliser sans négliger de fidéliser un lectorat. Bref, de s'investir dans les tâches indispensables à la réussite d'une entreprise qui, en 1965, n'avait guère d'équivalent.

Jusque-là en effet, une poignée de grandes maisons se partageaient les publications en sciences humaines[81]. Les unes avaient un profil militant, comme Maspero (Bourdieu avait été contacté pour y diriger une collection[82]), situées à l'extrême gauche, ou les Éditions du Seuil, liées au personnalisme chrétien ; les autres avaient un profil universitaire, comme les PUF et Armand Colin, ou généraliste, comme Calmann-Lévy et Plon. Chez ce dernier éditeur, Éric de Dampierre animait depuis 1952 une collection très dynamique, « Recherches en sciences humaines », où avaient été publiés les livres de Claude Lévi-Strauss, de Foucault, d'Aron et de sociologues étrangers encore inédits tels que Robert K. Merton et E. Franklin Frazier, ou encore Max Weber. En comparaison, Minuit occupait, avant 1965, une place marginale dans ce marché, surtout depuis la fin, en 1958, de la collection « L'Homme et la machine », lancée dix ans plus tôt par Georges Friedmann et qui avait accueilli des livres de Jean Fourastié, Francastel et Edgar Morin[83].

---

80. A. Simonin, *Les Éditions de Minuit, op. cit.*
81. J. Duval et S. Noël, « Édition, éditeurs », art. cit., p. 383-386.
82. Pierre Bourdieu, « Secouez un peu vos structures ! », *in* J. Dubois, P. Durand et Y. Winkin (dir.), *Le symbolique et le social. La réception internationale de la pensée de Pierre Bourdieu*, Liège, Éd. de l'université de Liège, 2005, p. 325-341, notamment p. 335-336.
83. A. Simonin, *Les Éditions de Minuit, op. cit.*, p. 311-312 et 337-339.

L'invention des essais au format poche, dans la même période, avait par ailleurs contribué à élargir l'audience des sciences humaines, avec le lancement de « 10/18 » en 1962 et, deux ans plus tard, des collections « Idées » chez Gallimard et « Archives » chez Julliard. Toujours en 1964, Minuit publiait *Les héritiers* dans la collection « Grands documents », réédité l'année suivante dans « Le sens commun », dont il allait devenir l'un des titres phares : en 1979, le livre était, avec *Asiles* de Goffman, le plus gros succès de la collection, avec près de 60 000 exemplaires vendus [84].

Le paysage éditorial, en effet, allait radicalement changer en 1965-1966, avec la création des collections « Le sens commun » chez Minuit, puis, en 1966, « Bibliothèque des sciences humaines » aux éditions Gallimard, suivie, en 1971, de « Bibliothèque des histoires ». Dirigées par Pierre Nora, ces deux dernières visaient à redorer le blason d'une maison prestigieuse en littérature et en philosophie, mais périphérique en sciences humaines [85]. Dès 1966, la ligne de Gallimard était fixée : il s'agissait de publier des classiques méconnus, comme *Problèmes de linguistique générale* d'Émile Benveniste, des sommes inédites en français, comme *Masse et puissance* d'Elias Canetti, et des œuvres emblématiques des dernières tendances intellectuelles, comme *Les mots et les choses* de Foucault, véritable coup éditorial de Nora comparable à celui de Bourdieu avec Goffman. Foucault était cependant loin d'être inconnu du grand public, et la notoriété de Gallimard comme ses relais dans la presse nationale, notamment au *Monde*[86], n'étaient pas étrangers à ce succès.

De son côté, Minuit misait davantage sur la discrétion, qui s'était jusque-là révélée payante, et sur la diversification de son catalogue afin d'éviter d'être associé à une école ou à une discipline. Ainsi, deux ans après la création du « Sens commun », Lindon confiait à Jean Piel, directeur de *Critique* depuis la mort de Georges Bataille et le départ d'Éric Weil en 1962[87], une nouvelle collection portant le même nom et accueillant de jeunes philosophes de la génération montante, dont Jacques Derrida (*De la grammatologie*, en 1967), Michel Serres (*La communication. Hermès I*, en 1968) et Gilles Deleuze (*Logique du sens*, en 1969). Cette initiative visait à opérer depuis la philosophie un profond renouvellement des auteurs et des cadres intellectuels, que Bourdieu cherchait lui aussi à impulser à partir des sciences humaines, mais sans s'y limiter.

De fait, sa collection entrait directement en concurrence avec celle de Nora. Occupant le même créneau sans disposer des mêmes moyens – Minuit était une jeune maison, plus petite et moins dotée que Gallimard –, le sociologue avait pour lui une œuvre déjà conséquente, un collectif de collaborateurs (membres du CSE, ex-condisciples, amis proches, anciens ou nouveaux collègues, etc.), une assise institutionnelle et un entregent qui lui permettaient de compenser cette asymétrie. Au reste, les deux hommes entretenaient alors des relations cordiales

---

84. J. Duval et S. Noël, « Édition, éditeurs », art. cit., p. 392.
85. Anne Simonin et Pascal Fouché, « Pierre Nora, éditeur. Entretien avec Anne Simonin et Pascal Fouché », *Entreprises et histoire*, 24-1, 2000, p. 10-20.
86. Jean-Pierre Gorin, « La Bibliothèque des sciences humaines », *Le Monde*, 9 avr. 1966.
87. Sylvie Patron, « *Critique* », in B. Curatolo (dir.), *Dictionnaire des revues littéraires au XXe siècle*, vol. 1, Paris, Honoré Champion, 2014, p. 173-184.

et épisodiques, favorisées par une proximité générationnelle, des amitiés partagées et des intérêts professionnels communs, avant que leurs rapports ne se dégradent au cours des décennies suivantes[88]. Passés l'un et l'autre par la khâgne de Louis-le-Grand, sans y avoir été condisciples, ils se distinguaient par leurs origines sociales (petite bourgeoisie rurale *vs* grande bourgeoisie parisienne) autant que par leur devenir scolaire (agrégé de philosophie normalien *vs* agrégé d'histoire licencié de philosophie à la Sorbonne) et leur position institutionnelle (directeur d'études à l'EPHE *vs* assistant à Sciences Po)[89].

Or, ils prospectaient en partie sur les mêmes terrains. Et, pour l'un comme pour l'autre, Panofsky comptait parmi les priorités – surtout pour Bourdieu, qui depuis longtemps suivait de près cet auteur pour lequel il avait un intérêt à la fois intense et spécifique. Ses archives montrent ainsi que *La perspective comme forme symbolique*, dix ans avant sa publication en 1975, figurait déjà parmi les projets du « Sens commun », aux côtés d'un recueil d'Edward Sapir, des œuvres complètes de Mauss, de *Raison et révolution* de Herbert Marcuse et d'une traduction (avortée) de *L'esthétique* de Georg Lukács[90]. Pour Nora, Panofsky s'inscrivait moins dans une dynamique de recherche personnelle que dans une stratégie éditoriale globale, privilégiant des livres accessibles et pédagogiques, comme les *Essais d'iconologie* (ou, sur un autre registre, *Les étapes de la pensée sociologique* d'Aron, également paru en 1967), et visant à amorcer un rattrapage des traductions en sciences humaines, très limitées jusqu'au début des années 1960[91].

Rien d'étonnant dès lors à la parution quasi simultanée en 1967 d'*Architecture gothique et pensée scolastique* et des *Essais d'iconologie*. Cette temporalité avait l'avantage, pour Minuit comme pour Gallimard, de se partager les bénéfices symboliques de la primeur, même si pour Bourdieu l'enjeu de devancer Nora n'était pas accessoire. Cette concurrence a laissé des traces dans les archives. Le texte sur Suger aurait en effet dû figurer dans *L'œuvre d'art et ses significations*, paru chez Gallimard en 1969, puisqu'il se trouvait à la fois dans *Meaning in the Visual Arts* (1955), édition originale de ce livre, et dans le recueil de textes de l'abbé (1946) cité plus haut, auquel il servait d'introduction. Mais Bourdieu insista auprès de Panofsky pour qu'il intervînt auprès de son éditeur américain (Doubleday) en vue d'obtenir un arrangement au profit de Minuit, alors que Gallimard détenait les droits pour traduire intégralement *Meaning in the Visual Arts*[92]. Les vieux liens d'amitié entre Lindon et Nora[93] ne furent sans doute pas étrangers à ce compromis entre les deux maisons, qui s'entendirent pour laisser à Minuit l'exclusivité sur ce texte, dont

---

88. François Dosse, *Pierre Nora. Homo historicus*, Paris, Perrin, 2011, p. 283 et 454.
89. Pierre Nora, *Jeunesse*, Paris, Gallimard, 2021 ; *id.*, *Une si étrange obstination*, Paris, Gallimard, 2022.
90. Aubervilliers, Humathèque du campus Condorcet, Fonds Bourdieu, 1 ARCH 20-2, Lettre de Bourdieu à Marcuse, 23 mai 1966.
91. Voir le témoignage de P. Nora dans A. Simonin et P. Fouché, « Pierre Nora, éditeur », art. cit., p. 14.
92. Lettre de Panofsky aux éditions Doubleday, 20 janv. 1967, jointe à la lettre de Panofsky à Bourdieu du 25 janv. 1967.
93. F. Dosse, *Pierre Nora, op. cit.*, p. 31 et 454.

L'œuvre d'art et ses significations fut amputé. Quoi qu'il en soit, en haut de la lettre où Panofsky répondait favorablement à sa demande[94], le sociologue avait inscrit au crayon à papier cette brève formule : « Temps/Nora ». Elle dit bien l'urgence dans laquelle il était pris et la nécessité, pour éviter une sortie tardive en librairie, d'accélérer le *tempo* et de connaître le calendrier de son concurrent.

Un Panofsky sur mesure : Bourdieu éditeur et traducteur d'*Architecture gothique et pensée scolastique*

Au-delà de ces enjeux légaux et commerciaux, la correspondance échangée de décembre 1966 à avril 1967 entre Bourdieu et Panofsky fournit de précieux renseignements sur une fabrique éditoriale dont elle a gardé la trace après avoir servi d'instrument. Elle offre ainsi un aperçu du travail que le premier a effectué, à Paris, en dialogue régulier avec le second, établi à Princeton.

Ouverte par une lettre du sociologue datée du 6 décembre 1966, cette rencontre transatlantique a débuté avec une proposition qui, d'emblée, donnait le ton[95]. Après avoir exposé les raisons de réunir deux textes de nature différente, les objectifs du « Sens commun » et les principaux choix éditoriaux à opérer (titre du livre, division en chapitres, éventuelle introduction ou postface originale de l'auteur), et alors que sa traduction était déjà en partie achevée, Bourdieu demandait à Panofsky de lui envoyer tout élément utile à la confection d'une notice biographique et d'une bibliographie exhaustive. Par ailleurs, il affichait sa volonté de soigner l'iconographie, avec de belles et riches illustrations. Dans sa réponse, l'historien se montrait flatté par cette offre quelque peu inattendue au sujet de textes déjà anciens et qui avaient reçu un accueil plutôt mitigé en Europe et aux États-Unis[96]. Les critiques à propos de *Gothic Architecture and Scholasticism*, notamment celles du médiéviste Robert Branner et d'une recension anonyme dans le *Times Literary Supplement*, l'avaient beaucoup affecté[97]. Aussi qualifiait-il de « grand honneur » cette sollicitation, tout en jugeant qu'« au mieux, elle [serait] un coup à l'aveuglette » (« *a stab in the dark* »). Si elle émanait d'un jeune sociologue qui était pour lui un parfait inconnu, elle présentait toutefois l'intérêt, à ses yeux, de se réaliser sous les auspices d'une prestigieuse maison d'édition parisienne et, « par implication », écrivait-il, de l'EPHE. Cette institution renommée à l'étranger représentait, plus qu'un gage de sérieux, une garantie. Chastel y enseignait, de même que, entre autres figures comptant parmi ses interlocuteurs réguliers, Ignace Meyerson et, jusqu'à une date récente (1962), Alexandre Koyré.

---

94. Lettre de Panofsky à Bourdieu, 13 déc. 1967.
95. Princeton, Archives personnelles de Gerda Panofsky, lettre de Bourdieu à Panofsky, 6 déc. 1966.
96. Lettre de Panofsky à Bourdieu, 13 déc. 1966.
97. F.-R. Martin, « La 'migration' des idées Panofsky… », art. cit., p. 254-255 ; Bruno Reudenbach, « Panofsky et Suger de Saint-Denis », *Revue germanique internationale*, 2, 1994, p. 137-150, ici p. 142-145.

La réaction favorable de Panofsky tempérait l'urgence qui pesait sur le travail éditorial. Il approuvait ainsi l'idée de Bourdieu de découper le livre en deux parties («L'abbé Suger de Saint-Denis», d'une part, «Architecture gothique et pensée scolastique», d'autre part), elles-mêmes subdivisées en neuf chapitres (contrairement à l'ordre linéaire des versions originales) dotés de numéros et de titres librement inspirés des textes, guidés non seulement par un souci de clarté et d'accessibilité, mais aussi par les préoccupations du sociologue : «Le médiateur», «L'administrateur», «L'esthète et l'ascète», «L'art nouveau et la métaphysique de la lumière», «L'apologie du novateur», «L'abbaye et son abbé», pour le premier volet ; «Concordances chronologiques», «La force formatrice d'habitudes», «Le principe de clarification», «Le principe de clarification dans les arts» et «La conciliation des contraires», pour le second. Le titre même de l'ouvrage résultait d'un choix, également accepté par l'historien, qui n'avait rien d'évident non plus. Car, en rendant *Gothic Architecture and Scholasticism* par *Architecture gothique et pensée scolastique*, Bourdieu ne faisait pas que traduire un mot polysémique et trouver un bel alexandrin, sans doute inspiré d'un texte de Koyré à propos de Panofsky, paru dans *Critique* en 1955[98]. Ce titre visait d'abord à expliciter l'enjeu théorique – interpréter des homologies structurales – d'un livre qui, par une série d'éléments paratextuels, se voyait inscrit dans le giron des sciences humaines et la mouvance structuraliste, comme le suggère la quatrième de couverture :

> *Les deux essais réunis ici proposent l'interprétation la plus méthodique de la genèse, de la structure et de l'évolution de l'architecture gothique. Une biographie systématique rattachant les intentions esthétiques de Suger à différents traits de sa personnalité physique et sociale conduit au principe de l'entreprise de « destruction créatrice » de l'abbé de Saint-Denis qui laisse à ses successeurs, comme un défi, les difficultés suscitées par ses innovations. Pour relever ce défi, les architectes de la grande époque gothique s'arment des instruments intellectuels qu'ils doivent à la scolastique : ensembles intelligibles composés selon des méthodes identiques, la* Somme théologique *et la cathédrale recèlent des homologies structurales irréductibles aux simples traductions littérales de la langue théologique dans la langue architecturale que saisissait l'historiographie positiviste.*

L'idée même de publier ensemble deux textes portant sur des périodes en partie différentes (XIe-XIIe siècle pour l'un, XIIe-XIIIe siècle pour l'autre), répondant à des problématiques distinctes, fondés sur des sources hétérogènes et écrits dans des contextes spécifiques constituait en soi un tour de force. Rien de surprenant, dès lors, si aucune autre édition étrangère n'a fait ce choix. Elles n'ont pas non plus repris l'index forgé par Bourdieu à partir de l'index nominal et thématique du recueil de Suger (*Gothic Architecture and Scholasticism* n'en contenant pas), qui introduit des notions (ascétisme, fonctionnalisme, prophètes, routinisation, ou encore – nous y

---

98. Alexandre KOYRÉ, «Attitude esthétique et pensée scientifique», *Critique*, 12-100/101, 1955, p. 835-847.

reviendrons – habitus) renvoyant directement ou indirectement à des passages clefs d'*Architecture gothique et pensée scolastique*, mais aussi aux lectures du sociologue et aux recherches qu'il menait au moment où il traduisait Panofsky. La notice biographique insérée en début de volume, en regard de la page de titre, n'a pas non plus d'équivalent. C'est qu'elle servait d'abord à asseoir la légitimité de la collection, en fabriquant un classique et, à travers lui, une filiation intellectuelle :

> *Erwin Panofsky est né le 30 mars 1892 à Hanovre (Allemagne). De 1910 à 1914, il fréquente les universités de Fribourg, Berlin et Munich. Déjà remarqué dès 1915 pour sa* Dürers Kunsttheorie, *il est chargé en 1921 de l'enseignement de l'histoire de l'art à l'université de Hambourg, où il enseigne jusqu'en 1933. « La lecture, à la lumière d'une profonde connaissance de la philosophie kantienne, des travaux de Alois Riegl (l'historien de l'art le plus 'philosophique' du* XIXe *siècle) a joué un rôle déterminant dans sa formation : Riegl et Kant (et leurs continuateurs modernes, en particulier Ernst Cassirer) resteront toujours ses points de référence principaux. Comme Cassirer, il collabore étroitement avec les chercheurs de l'Institut Warburg de Hambourg et, en particulier, avec le directeur de cet institut Fritz Saxl qui, suivant la voie ouverte par Aby Warburg, défend un type nouveau d'histoire culturelle où le monde de l'image occupe une place de premier plan » [citation tirée de l'introduction à l'édition italienne de* La perspective comme forme symbolique *parue en 1961]. De 1931 à 1934, il est visiting lecturer à New York University, et de 1934 à 1935, à Princeton, où il enseigne comme professeur, à partir de 1935, à l'[IAS].*

À travers tous ces noms et lieux réputés, ce portrait érigeait l'historien alors méconnu en référence légitime et attendue. Comme le titre, l'index et la quatrième de couverture, cette notice participait de la fabrique d'un Panofsky sur mesure. Car « si l'auteur est le garant du texte (*auctor*), ce garant a lui-même un garant, l'éditeur, qui l'"introduit" et qui le nomme[99] », comme le remarquait Gérard Genette. Cette fabrique éditoriale ne se résumait pas à la construction arbitraire d'une généalogie artificielle ni à l'enrôlement d'un allié dans des combats qui n'étaient pas les siens. Le sociologue et l'historien partageaient en effet un rejet du positivisme, une ambition de vérité et un projet de dévoilement analogues. De telles affinités n'étaient pas étrangères à la concrétisation rapide de ce travail éditorial réalisé à distance, en moins de six mois et avec relativement peu de moyens. Il faut dire que Bourdieu y travaillait d'arrache-pied. Ses archives montrent qu'il a effectué de multiples lectures et relectures, mobilisé un documentaliste de l'EPHE et une secrétaire de son laboratoire, Araxie Drezian, afin de chercher les sources bibliographiques, biographiques et iconographiques dont il avait besoin, allant jusqu'à solliciter le service des musées de la mairie de Saint-Omer pour obtenir un cliché original du *Pied-de-Croix de Saint-Bertin*, et le curé de la basilique de Saint-Denis pour savoir

---

99. Gérard GENETTE, *Seuils*, Paris, Éd. du Seuil, 1987, p. 46.

ce qu'était devenu le vitrail anagogique de la chapelle Saint-Pellerin, en vue de compléter les légendes des illustrations[100].

Ces soutiens n'étaient pas de trop pour trouver des clichés de meilleure qualité que dans les textes à traduire, Panofsky ne disposant pas des originaux. Un lot de photographies, conservé dans la correspondance de Bourdieu et en partie utilisé dans *Architecture gothique et pensée scolastique*, garde des traces de ces « petites mains » qui contribuèrent à la fabrique du livre, comme ces annotations anonymes complétant les siennes sur différents Post-it. Faute de pouvoir assumer le coût d'une reproduction intégrale, le sociologue dut opérer une sélection parmi l'iconographie des ouvrages d'origine : 12 figures sur les 27 incluses dans le recueil de Suger sont ainsi reprises, 48 sur la soixantaine illustrant *Gothic Architecture and Scholasticism*. Ce choix visait à produire un livre abordable, dans tous les sens du terme. D'où son format accessible (271 pages, dont 118 pour les deux textes de Panofsky) et l'ajout de certains éléments pour toucher un large public : un glossaire, composé de 4 dessins illustrant les principaux termes techniques de l'architecture ; une chronologie de 7 pages, décrivant en quelques dates les évolutions de l'art, d'une part, de la philosophie et de la littérature, d'autre part ; enfin, une table des matières permettant, avec l'index, de s'approprier facilement l'ouvrage.

En parallèle de ses tâches éditoriales, Bourdieu s'est investi avec la même intensité dans son travail de traducteur. Cette responsabilité n'allait pas non plus de soi. D'abord parce qu'il n'avait aucune expérience en la matière. Ensuite parce que, contrairement à nombre de sociologues de sa génération, il n'avait jamais séjourné aux États-Unis, où il ne se rendit – à Princeton, quatre ans après la mort de Panofsky – pour la première fois qu'en 1972. Enfin parce qu'il était loin d'être bilingue en anglais, même s'il maîtrisait assez bien cette langue à l'écrit – mieux que l'allemand, mais beaucoup moins que l'espagnol, son idiome de prédilection[101]. C'est donc en autodidacte qu'il a traduit l'historien allemand, dont l'anglais n'était pas non plus la langue maternelle, mais qu'il avait bien assimilé après trois décennies d'exil[102]. En se chargeant lui-même de ce travail chronophage, difficile et, au vu des textes concernés, exigeant nombre de connaissances techniques, Bourdieu consentait cependant des efforts rationnels, puisqu'il économisait les coûts d'un traducteur professionnel et gardait la main sur le *tempo* éditorial. Amorcée avant sa prise de contact avec l'auteur, la traduction du texte sur l'architecture gothique était quasiment achevée quinze jours plus tard. Pour gagner du temps et « éviter [à l'historien] une lecture fastidieuse du manuscrit », il avait joint à sa lettre[103], outre le manuscrit, une liste de vingt-deux « passages qui [lui posaient] des problèmes ». Par exemple, « plane » suffisait-il à rendre « *planar* », « pré-chœur » « *fore-choir* »,

---

100. Lettre du documentaliste (anonyme) de la VIe section de l'EPHE (« pour Pierre Bourdieu ») au Chanoine Levasseur, 24 janv. 1967 ; Lettre de S. Guillaume à Bourdieu, 30 janv. 1967.
101. V. COLLARD, « Un sociologue de l'éducation… », art. cit., p. 112, 121 et 130-131.
102. Michela PASSINI, « Migration et évolution des pratiques savantes. Sur une conférence d'Erwin Panofsky », *Revue d'histoire des sciences humaines*, 41, 2022, p. 267-281.
103. Lettre de Bourdieu à Panofsky, 22 déc. 1966.

ou « colonne adossée » « *wall shaft* » ? À quelle scène biblique l'allusion au Christ dans le pressoir renvoyait-elle ? Ne fallait-il pas ajouter une référence à l'historien de l'art Paul Frankl, éminent spécialiste de l'architecture gothique ? En outre, le sociologue glissait en *nota bene* une précision importante :

> *J'ai ajouté, en un certain nombre d'endroits, des « notes du traducteur ». Je crains qu'elles ne vous paraissent naïves ou simplistes : mais, dans la mesure où je souhaite qu'elles atteignent d'autres personnes que les historiens de l'art (je pense aux sociologues, aux anthropologues, aux philosophes, etc.), je crois qu'elles sont utiles [...]. Il va de soi que, ici encore, j'accueillerai avec joie toutes vos suggestions ou corrections.*

Indiquées par des astérisques et des « N. d. t. », ces notes du traducteur jouent un rôle stratégique. Tantôt elles servent à préciser une allusion ou une source, tantôt à étayer le propos de l'auteur, tantôt à renforcer la cohérence des analyses. Ainsi, au début de la deuxième partie, l'une d'elles permet de justifier les choix de traduction des périodes (« *early* », « *high* » et « *late* », rendus en français par « premier (ou primitif) », « classique » et « tardif ») et de « mieux mettre en évidence [...] les homologies entre la pensée scolastique et l'architecture gothique ». Souvent concises, parfois longues, ces notes orientant la réception assurent une présence discrète et continue du traducteur. Elles alternent avec celles de l'auteur, numérotées et aussi en bas de page, à l'inverse des textes originaux, où les notes figurent en fin de volume. Ce dispositif paratextuel, favorisant une lecture plus immersive, visait avant tout à attester le sérieux de la collection.

Le 4 janvier 1967, Panofsky répondait point par point à Bourdieu, dans une liste qui a dû servir à ce dernier à compléter la traduction, si l'on en juge par les croix et ratures qu'il a ajoutées au stylo sur la lettre, comme pour signaler chaque problème résolu[104]. Dans le courrier accompagnant le manuscrit relu et corrigé par ses soins, l'historien louait une « traduction extrêmement satisfaisante ». Dès le 20 janvier, le sociologue lui envoyait le texte sur Suger qu'il venait de traduire, selon lui moins complexe sur le plan technique, mais « plus difficile à rendre en français[105] ». Cinq jours après, Panofsky validait sa traduction et, après l'avoir remercié pour tout son travail éditorial, notamment pour l'iconographie, le découpage en chapitres et les titres donnés à chacun d'eux, il exprimait sa reconnaissance par une remarque pleine d'ironie complice : « Je vous félicite pour l'ingéniosité mise dans ces titres. Vous avez agi en accord avec la véritable essence de la pensée philosophique qui, selon Platon, implique une synthèse aussi bien qu'une 'distinction judicieuse'[106]. » Il émettait toutefois une réserve : le plan de l'abbaye de Saint-Denis figurant dans le recueil de Suger ne devait pas être repris, à cause d'une erreur (dont il avait honte[107])

---

104. Lettre de Panofsky à Bourdieu, 4 janv. 1967.
105. Lettre de Bourdieu à Panofsky, 20 janv. 1967.
106. Lettre de Panofsky à Bourdieu, 25 janv. 1967.
107. Selon Reudenbach (« Panofsky et Suger... », art. cit., p. 141), Panofsky avait situé une porte là où Crosby avait découvert un mur durant ses fouilles. Dans sa lettre à Bourdieu, Panofsky indiquait néanmoins que Crosby s'était aussi trompé et que les spécialistes attendaient les résultats de ses dernières recherches pour lever toute ambiguïté.

qu'il n'était pas en mesure de rectifier, faute d'informations fiables et actualisées. Ce point réglé, la composition des épreuves pouvait commencer. Cependant, cette étape devait beaucoup tarder, en raison de délais de fabrication plus longs que prévu, comme Bourdieu l'écrivit à Panofsky deux mois après, en s'excusant du retard et en lui demandant de lui envoyer au plus vite ses ultimes corrections[108].

Début avril 1967, *Architecture gothique et pensée scolastique* était sur le point de paraître. Dans une lettre envoyée à Bourdieu à la veille de la sortie en librairie, Panofsky lui transmettait ses dernières corrections et se montrait élogieux envers son traducteur : « Je dois vous exprimer ma réelle estime pour une traduction qui, me semble-t-il, s'avère extraordinairement adéquate dans le rendu en français des textes en anglais, sans aucune distorsion de sens[109]. » Ce ne fut pas l'avis de tous les spécialistes. Dans une recension pour *Critique*, en 1968, Roland Recht, jeune élève de Grodecki, estimait ainsi que « des réserves [devaient] être faites quant à certains aspects de la traduction et à de nombreuses notes de caractère trop général[110] ». Pourtant, on l'a vu, Bourdieu avait demandé à Grodecki, dès le 13 mars 1967[111], de revoir sa traduction. Quarante-huit heures après, l'historien avait accepté sans hésiter cette sollicitation assez tardive, en précisant cependant qu'il était débordé par diverses « corvées universitaires et extra-universitaires[112] ». Ayant reçu les épreuves dans cette période surchargée, il n'avait pu les relire qu'au dernier moment et en deux fois, répondant d'abord, le 18 avril, sur un cinquième du manuscrit puis, trois jours plus tard, sur le reste, après une ultime relance du sociologue par télégramme 72 heures avant le départ chez l'imprimeur[113]. L'urgence était telle, compte tenu du calendrier éditorial de Minuit et de la concurrence avec Gallimard, que la publication ne pouvait être repoussée. Or le pli contenant la majorité des corrections de Grodecki était reparti par erreur au bureau de poste, avant d'être remis finalement à Bourdieu, alors qu'*Architecture gothique et pensée scolastique* était déjà sous presse[114].

Cet ultime contretemps et ce calendrier serré expliquent pourquoi seule une infime partie de ces corrections avaient pu être intégrées à temps[115]. Les autres ne le furent que lors de la seconde édition, en 1970, la seule encore commercialisée aujourd'hui. Cela n'empêcha pas Bourdieu de recontacter Grodecki début 1968

---

108. Lettre de Bourdieu à Panofsky, 24 mars 1967.
109. Lettre de Panofsky à Bourdieu, 3 avr. 1967.
110. Roland RECHT, « La méthode iconologique d'Erwin Panofsky », *Critique*, 250, 1968, p. 215-223, ici p. 223.
111. Lettre de Bourdieu à Grodecki, 13 mars 1967, *in* L. GRODECKI, *Correspondance choisie, op. cit.*, p. 1067.
112. Aubervilliers, Humathèque du campus Concorcet, Fonds Pierre Bourdieu, 1 ARCH 20-6, Lettre de Grodecki à Bourdieu, 15 mars 1967.
113. Aubervilliers, Humathèque du campus Concorcet, Fonds Pierre Bourdieu, 1 ARCH 20-6, Lettre de Grodecki à Bourdieu, 21 avr. 1967.
114. Lettre de Bourdieu à Grodecki, 22 avr. 1967 ; Lettre de Bourdieu à Grodecki, sans date (sans doute vers le 26 avril 1967), *in* L. GRODECKI, *Correspondance choisie, op. cit.*, p. 1076. Le texte partait chez l'imprimeur le 24 avril.
115. Ces éléments complètent et nuancent les souvenirs que R. Recht a gardés de ses discussions avec L. Grodecki. Voir « Entretien avec Roland Recht », *in* L. GRODECKI, *Correspondance choisie, op. cit.*, p. 57-75 et 63-64 sur cet épisode et ses suites immédiates.

pour avoir son avis sur un autre projet de traduction, ni de lui demander des noms d'auteurs et de lui proposer de publier dans sa collection, en lui indiquant au passage les chiffres de vente d'*Architecture gothique et pensée scolastique*, dont « le succès n'[était] pas aussi foudroyant qu'[il] l'aurai[t] cru », avec environ 2 500 exemplaires écoulés en dix mois – sans oublier de lui parler de la concurrence: « […] il paraît que le gros livre de Gallimard [les *Essais d'iconologie*] marche mal et le nôtre se vend, mais de manière moins spectaculaire [que prévu] »[116].

Une postface aux airs de programme : Panofsky, l'habitus et le métier de sociologue

Loin de se contenter de traduire et publier Panofsky dans sa collection, Bourdieu s'est beaucoup investi dans l'écriture de sa postface à *Architecture gothique et pensée scolastique*, qui n'est sans doute pas pour rien dans la postérité de l'ouvrage en France. Rédigée dans le cours même du travail éditorial, en prolongement d'un article sur la création littéraire et artistique qui venait juste de paraître dans *Les Temps Modernes*[117], elle n'était toutefois pas prévue à l'origine. Ce n'est que dans un second temps que Bourdieu, réagissant aux critiques à l'encontre de *Gothic Architecture and Scholasticism* dont Panofsky lui avait fait part, prit l'initiative d'écrire un texte dont le statut n'était pas encore stabilisé. Il le lui avait envoyé le 22 décembre, non sans précautions, comme si l'envie de bien faire se mêlait à la peur de l'impair :

> *Ce que vous m'écrivez au sujet des critiques adressées à votre texte (et que j'ai toutes examinées) m'a encouragé à une entreprise qui vous paraîtra peut-être tout à fait imprudente et inconsidérée, de la part d'un non-spécialiste : j'ai essayé de rédiger un texte qui pourrait être, s'il vous en paraît digne, une introduction ou une post-face et où j'ai essayé d'expliciter les raisons pour lesquelles votre étude me paraît constituer une contribution capitale à la théorie générale des sciences de l'homme ; je vous envoie dès maintenant ce texte afin que vous me disiez votre sentiment. J'hésite un peu à vous envoyer un document encore très imparfait, mais le souci de ne pas retarder la publication m'incite à le faire sans attendre. Il va de soi que je compte y apporter des corrections et des modifications, outre celles, évidemment, que vous pourriez me suggérer*[118].

Un peu plus loin, Bourdieu précisait ses objectifs pour justifier sa démarche :

> *Je n'ignore pas que mon texte n'apporte rien qui ne soit au moins indiqué dans votre livre ou exprimé dans telle ou telle de vos œuvres théoriques ; mais je pense qu'il peut n'être pas inutile d'expliciter à l'usage du lecteur non-spécialiste, qui peut ne pas avoir*

---

116. Lettres de Bourdieu à Grodecki, 25 janv. et 3 févr. 1968, *in* L. GRODECKI, *Correspondance choisie, op. cit.*, p. 1129-1130 et 1135-1136, citation p. 1135.
117. Pierre BOURDIEU, « Champ intellectuel et projet créateur », *Les Temps Modernes*, 246, 1966, p. 865-906.
118. Lettre de Bourdieu à Panofsky, 22 déc. 1966.

une connaissance approfondie de l'ensemble de votre œuvre, les présupposés méthodologiques que vous engagez à chaque instant et que vous exprimez avec tant de discrétion qu'ils risquent de rester inaperçus d'un lecteur hâtif. Ceci dit, je comprendrais parfaitement, et je vous prie de ne pas hésiter à me le dire si c'est le cas, que vous jugiez mon intervention inopportune.

Avec un sens aigu de sa place et des règles de bienséance universitaire, le sociologue tentait ainsi de se faire accepter en tant qu'interprète légitime, autorisé à parler d'une œuvre et d'une méthode non pas en tant que spécialiste, ni comme traducteur ou éditeur, mais au nom d'une certaine idée des sciences sociales, d'un programme. Transgressant les frontières disciplinaires et les périmètres thématiques, il pouvait craindre que son initiative n'apparaisse malvenue et mette en péril l'ensemble du projet, encore incertain à ce stade – notamment en l'absence d'un contrat signé par l'auteur[119]. Ses doutes furent de courte durée puisque, dans sa lettre déjà citée du 4 janvier 1967, Panofsky jugeait « extrêmement satisfaisante » cette « introduction ou extroduction » – qui « [le] rempli[ssait] d'un sentiment de satisfaction autant que d'embarras », comme s'il était gêné par des propos trop élogieux à son égard. Deux semaines plus tard, Bourdieu se disait « très heureux et très honoré [...] que [sa] 'postface' [...] ait paru convenir [à l'historien] », faisant au passage une précision qui n'avait rien d'anodin :

> *J'y ai ajouté quelques pages d'une part sur le rôle de l'institution scolaire dans la formation de* l'habitus*. [...] D'autre part, sur l'Abbé Suger en essayant de montrer que, en dépit des différences apparentes, il y avait une unité profonde de la méthode employée dans les deux études réunies [dans l'ouvrage]*[120].

Dans sa réponse, écrite sur un ton nettement plus chaleureux, Panofsky se disait « reconnaissant pour les mots aimables » dont Bourdieu usait dans sa postface. Il est vrai que le sociologue n'y était pas allé de main morte : dès la première phrase, il affirme qu'« *Architecture gothique et pensée scolastique* est sans nul doute un des plus beaux défis qui ait été lancé au positivisme », présentent les réserves courtoises de Grodecki comme un « hommage respectueux et prudent », avant de comparer Panofsky à Max Weber[121]. En mettant sur le même plan l'analyse panofskienne des homologies entre cathédrales gothiques et scolastique médiévale, et l'étude

---

119. Selon un tableau récapitulatif des projets du « Sens commun » (Aubervilliers, Humathèque du campus Condorcet, Fonds Bourdieu, 1 ARCH 20-5), une première « lettre-contrat » fut envoyée dès le 5 décembre 1966 à Panofsky, mais elle était sans valeur juridique du fait du rachat des droits par Gallimard de *Meaning in the Visual Arts*. C'est pourquoi une autre lui fut renvoyée le 6 janvier 1967 pour la traduction de *Gothic Architecture*. Puis une troisième, le 9 mars 1967, pour le texte sur Suger, qui sécurisait complètement et définitivement le projet.
120. Lettre de Bourdieu à Panofsky, 20 janv. 1967, souligné dans la lettre.
121. Pierre BOURDIEU, postface à E. PANOFSKY, *Architecture gothique et pensée scolastique*, *op. cit.*, p. 135-167, p. 135 pour la citation. Nos références à la postface renvoient toutes à la deuxième édition (1970) du livre.

wébérienne des affinités entre éthique protestante et esprit du capitalisme, le sociologue faisait en réalité plus qu'écrire une postface : il traçait les contours d'un programme théorique et épistémologique auquel l'illustre historien de l'art et ce prestigieux ancêtre servaient de caution.

En termes épistémologiques, ce programme consistait à récuser, outre le positivisme, l'idée d'une « pure appréhension empirique et intuitive de la réalité », afin de disposer d'objets scientifiques « conquis contre les apparences immédiates et construits par une analyse méthodique et un travail d'abstraction »[122]. Cette posture d'inspiration bachelardienne reprenait, au mot près, les ambitions qui seraient défendues l'année suivante dans *Le métier de sociologue*. Dans cet ouvrage décisif pour les sciences sociales françaises au lendemain de 1968[123], Panofsky occupe une place de choix, tant dans les citations des auteurs que dans les textes illustratifs composant la seconde partie. Il y est présenté comme un modèle pour toute recherche :

> *La saisie des homologies structurales n'a pas toujours besoin de recourir au formalisme pour se fonder et pour faire la preuve de sa rigueur. Il suffit de suivre la démarche qui conduit Panofsky à comparer la* Somme *de Thomas d'Aquin et la cathédrale gothique pour apercevoir les conditions qui rendent possible, légitime et féconde une telle opération : pour accéder à l'analogie cachée tout en échappant à ce curieux mélange de dogmatisme et d'empirisme, de mysticisme et de positivisme qui caractérise l'intuitionnisme, il faut renoncer à trouver dans les données de l'intuition sensible le principe capable de les unifier réellement et soumettre les réalités comparées à un traitement qui les rende identiquement disponibles pour la comparaison*[124].

Dans la postface, la critique d'un positivisme hypnotisé par la valeur faciale des faits sociaux ne se limite pas à des principes généraux. Elle sert d'abord à réfuter les objections de spécialistes (Robert Branner et Ernst Gall, surtout) qui, en pointant le manque de sources de Panofsky, avaient eu le tort, selon Bourdieu, de confondre l'exigence de preuves scientifiques avec l'accumulation de « petits faits vrais »[125]. Mobilisant des recensions plus favorables et divers textes inédits de l'auteur écrits en anglais et en allemand, le sociologue y défend un livre exemplaire d'une méthode inventive et rigoureuse à l'origine d'une œuvre singulière, prolifique, fondatrice d'une iconologie qualifiée pour l'occasion de « science structurale ». Placée sous l'égide d'un Saussure revu et corrigé par Benveniste, l'approche panofskienne est présentée comme une illustration de la « vigilance épistémologique » (la réflexivité,

---

122. P. Bourdieu, postface à E. Panofsky, *Architecture gothique et pensée scolastique, op. cit.*, p. 137.
123. Paul Pasquali, « Les coulisses du *Métier*. Genèse et postérité d'un classique des sciences sociales », *in* P. Bourdieu, J.-C. Chamboredon et J.-C. Passeron, *Le métier de sociologue, op. cit.*, p. 9-82.
124. P. Bourdieu, J.-C. Chamboredon et J.-C. Passeron, *Le métier de sociologue, op. cit.*, p. 165.
125. P. Bourdieu, postface à E. Panofsky, *Architecture gothique et pensée scolastique, op. cit.*, p. 144.

dirait-on aujourd'hui) qui, dans *Le métier de sociologue*, constitue une des conditions *sine qua non* d'une science du monde social. L'ultime phrase de la postface mérite à ce titre d'être rappelée :

> M. *Erwin Panofsky fait voir ici de manière éclatante qu'il ne peut faire ce qu'il fait qu'à condition de savoir à chaque moment ce qu'il fait et ce que c'est que de le faire, parce que les opérations les plus humbles comme les plus nobles de la science valent ce que vaut la conscience théorique et épistémologique qui accompagne ces opérations*[126].

Cette apologie d'un « métier » dont l'historien était autant l'emblème que le prétexte n'avait rien d'un impérialisme larvé : si Bourdieu faisait d'emblée un sort à l'histoire de l'art et à l'iconographie traditionnelles, en leur reprochant un subjectivisme survivant encore dans le *Kunstwollen* que Aloïs Riegl avait pourtant forgé pour y échapper, il ne s'immisçait dans leur domaine que pour souligner l'originalité de Panofsky et promouvoir un pluralisme disciplinaire en rupture avec les routines des spécialistes.

Sur le plan théorique, ce programme autorisait un certain nombre de propositions nouvelles pour l'époque. La principale, qui est aussi la plus connue, tient dans un concept qui n'était pas encore entré dans les manuels : l'habitus. Déjà présent, sous des formes peu systématisées[127], chez Weber, Durkheim, Mauss et Norbert Elias, il occupait, avant de devenir central dans l'œuvre de Bourdieu, la majeure partie de sa postface. Celui-ci l'y employait, d'emblée, pour rejeter le postulat de l'intention consciente des créateurs dans l'histoire de l'art. Il commettait, cependant, une erreur lourde de conséquences, si l'on songe à l'écho qu'elle devait rencontrer par la suite sous diverses plumes, en prétendant « parler le langage qu'emploie M. Erwin Panofsky[128] », alors que ce terme est absent des deux textes de l'historien – mais non de l'index, où en sont mentionnées 10 occurrences, dont 7 renvoient à la postface. En réalité, Panofsky parlait de « *mental habits* » (rendu par « habitudes mentales »), non sans se montrer prudent : ainsi précisait-il l'utiliser « faute d'un meilleur mot » et à condition de « [ramener] ce cliché usé à son sens scolastique le plus précis », c'est-à-dire au « 'principe qui règle l'acte', *principium importans ordinem ad actum* », selon une formule qu'il attribuait à la *Somme* de Thomas d'Aquin[129].

Or cette citation, maintes fois reprise par la suite, était erronée : elle ne figure nulle part dans la *Somme*. Sans doute Panofsky l'avait-il citée de mémoire, sans vérifier ses sources, alors qu'une autre phrase de Thomas résume encore mieux

---

126. P. Bourdieu, postface à E. Panofsky, *Architecture gothique et pensée scolastique, op. cit.*, p. 167.
127. F. Héran, « La seconde nature de l'habitus… », art. cit., p. 389 ; Loïc Wacquant, « Comment lire Bourdieu : deux itinéraires », *in* P. Bourdieu et L. Wacquant, *Invitation à la sociologie réflexive*, Paris, Éd. du Seuil, 2014, p. 321-345, notamment p. 339.
128. P. Bourdieu, postface à E. Panofsky, *Architecture gothique et pensée scolastique, op. cit.*, p. 142.
129. E. Panofsky, *Architecture gothique et pensée scolastique, op. cit.*, p. 83.

le propos de Bourdieu: *habitus principaliter importet ordinem ad actum*[130]. Induit en erreur, le sociologue avait de bonnes raisons de faire confiance à un auteur réputé pour son érudition philologique. Mais il suivait tout autant ses propres intuitions, car l'idée qu'il en tirait faisait directement écho à ses lectures de jeunesse et à ses années de formation, notamment aux cours sur l'histoire de la philosophie médiévale d'Étienne Gilson et à ceux de Maurice de Gandillac, qu'il avait suivis lorsqu'il était étudiant[131]. Le premier, que Bourdieu mentionne dans l'une de ses « notes du traducteur », avait d'ailleurs proposé en 1958 une relecture néothomiste de l'histoire de l'art où il évoquait « des *habitus* distincts de l'art lui-même » et « l'*habitus operativus* des scolastiques »[132]. Dix ans plus tard, ces souvenirs pouvaient se mêler à des expériences plus récentes. En 1962, Bourdieu avait ainsi utilisé ce terme – première occurrence dans ses textes – dans un article sur le célibat paysan, mais sans s'y attarder, en renvoyant aux analyses de Mauss sur les techniques du corps[133].

Paradoxalement, la citation erronée s'est révélée heuristique. Sans elle, Bourdieu n'aurait peut-être pas poussé si loin l'analogie pour la mettre à l'épreuve. Il y a puisé de quoi stimuler son imagination théorique au prix d'un malentendu que pouvait favoriser la « force formatrice d'habitudes[134] » (*habit-forming force*) évoquée par Panofsky, sans définition ni référence, pour parler du monopole éducatif de la scolastique entre 1130 et 1270 dans une aire restreinte autour de Paris. Sa postface lui offrait une occasion idéale de redéfinir une notion encore floue, assez ancienne pour paraître légitime, assez disponible pour porter sa signature. Des années après, dans l'un de ses cours au Collège de France, il reconnut, avec un brin d'autodérision, le caractère excessif de ses interprétations, comparant sa postface à la célèbre préface de Lévi-Strauss[135] à l'œuvre de Mauss:

> *[Cette préface] est, par exemple, une manière de se célébrer par personne interposée. Elle respecte la loi du champ qui interdit de se célébrer soi-même […]: on euphémise, à travers un personnage que d'ailleurs on produit. […] J'ai fait ça une fois, à propos de Panofsky. Évidemment, comme on ne prête qu'aux riches, on met beaucoup de choses dans Panofsky, avec le risque qu'après on vous dise: « Mais vous avez pris tout ça dans Panofsky », ce qui est une façon de corriger ce que j'allais dire pour Lévi-Strauss – il est évident qu'[il] met dans Mauss beaucoup de choses qui n'y étaient que pour [lui-même]*[136].

---

130. Nous remercions Étienne Anheim de nous avoir signalé ce point important.
131. V. Collard, « Un sociologue de l'éducation… », art. cit., p. 133 et 144-145. Parti à la retraite début 1951, Gilson enseignait encore en 1950, lorsque Bourdieu était en khâgne à Louis-le-Grand. Quant à de Gandillac, il avait suivi ses cours dans le cadre de sa licence de philosophie, puis de sa préparation à l'agrégation.
132. Étienne Gilson, *Peinture et réalité*, Paris, Vrin, [1958] 1972, p. 127-128, les italiques sont de l'auteur.
133. P. Bourdieu, « Célibat et condition paysanne », art. cit., p. 99-100.
134. E. Panofsky, *Architecture gothique et pensée scolastique, op. cit.*, p. 84.
135. Claude Lévi-Strauss, « Introduction à l'œuvre de Marcel Mauss », *in* M. Mauss, *Sociologie et anthropologie*, Paris, PUF, [1950] 1997, p. ix-lii.
136. P. Bourdieu, *Sociologie générale…, op. cit.*, p. 97.

Cette allusion à Lévi-Strauss n'avait rien d'innocent. Elle faisait écho à des souvenirs bien réels, du temps où le jeune Bourdieu, après s'être converti à l'anthropologie, avait voulu s'émanciper de ses premiers modèles théoriques, à commencer par le structuralisme[137]. Dans ce cheminement, Panofsky jouait un rôle charnière : il ouvrait la voie à une critique des approches dominantes de la culture, qu'elles fussent culturalistes, fonctionnalistes ou structuralistes. Comme avec les « formes primitives de classification » de Durkheim et Mauss ou la « grammaire génératrice » de Noam Chomsky, furtivement évoquées dans sa postface, Bourdieu trouvait en Panofsky un moyen d'opérer non une rupture mais un *déplacement* par rapport aux « règles » de l'anthropologie structurale[138]. De là son insistance sur un « art de l'invention », fonctionnant à la manière de l'écriture musicale, qu'il empruntait implicitement à l'*ars inveniendi* de Leibniz. De là aussi sa définition de l'habitus comme « système des schèmes *intériorisés* qui permettent d'engendrer toutes les pensées, perceptions et actions caractéristiques d'une culture, et celles-là seulement [...], susceptibles d'être appliquées en des domaines différents [...][139] ». En systématisant ce double principe d'unité et de transférabilité des dispositions, Bourdieu effectuait une montée en généralité qui conférait à la « force formatrice d'habitudes » panofskienne une portée théorique générale qu'elle n'avait pas. C'est justement ce que Chastel devait lui reprocher en 1968, dans une recension pour *Le Monde* où il critiquait les traductions et présentations des *Essais d'iconologie* et d'*Architecture gothique et pensée scolastique* – « surtout la seconde », précisait-il – pour leur « excès d'interprétation philosophique »[140].

À force de citer Panofsky, Bourdieu et, après lui, la plupart de ceux qui ont lu *Architecture gothique et pensée scolastique* ont – à de rares exceptions près[141] – fini par oublier ce que cette postface et le concept d'habitus doivent à un autre historien, beaucoup moins connu : Robert Marichal[142]. Directeur d'études à l'EPHE depuis 1948, dont il devint en 1969 président de la IVe section (sciences historiques et philologiques), ce spécialiste de paléographie avait publié en 1963 un long texte sur l'histoire de l'écriture latine du Ier au XVIe siècle, dans lequel *Gothic Architecture and Scholasticism* jouait un rôle clef[143]. Il y analysait les transformations de la morphologie de l'écriture en lien avec l'évolution de l'histoire des « mentalités » et

---

137. Antoine Lentacker, *La science des institutions impures. Bourdieu critique de Lévi-Strauss*, Paris, Raisons d'agir, 2010.
138. Alain Dewerpe, « La 'stratégie' chez Pierre Bourdieu (note de lecture) », *Enquête*, 3, 1996, p. 191-208.
139. P. Bourdieu, postface à E. Panofsky, *Architecture gothique et pensée scolastique, op. cit.*, p. 152, nous soulignons.
140. André Chastel, « L'histoire de l'art parmi les sciences humaines », *Le Monde*, 28 févr. 1968.
141. J. Le Goff, « Les mentalités... », art. cit., p. 122 ; F. Héran, « La seconde nature de l'habitus », art. cit., p. 388.
142. Jean Vezin, « Robert Marichal (1904-1999) », *Bulletin de l'École des Chartes*, 160-2, 2002, p. 733-736.
143. Robert Marichal, « L'écriture latine et la civilisation occidentale du Ier au XVIe siècle », in Centre international de synthèse, *L'écriture et la psychologie des peuples*, Paris, Armand Colin, 1963, p. 199-247.

des structures matérielles des sociétés occidentales. Pour saisir le sens des mutations graphiques et des pratiques scripturales dans la longue durée, il proposait une explication de l'analogie entre écriture et architecture qui s'inspirait directement du livre de Panofsky.

Marichal estimait ainsi qu'il y avait autant de sens à interroger les ressemblances entre la brisure de l'écriture latine et la croisée d'ogives, apparues en même temps, qu'entre la *Somme* et les cathédrales gothiques. Considérant que ce lien n'avait rien de fortuit, il mobilisait, contre les analogies formelles ou superficielles, le travail d'«un historien de l'art bien connu», qui avait «traité le sujet d'une façon plus précise et plus complète» que ses prédécesseurs. Une note complétait son propos :

> *Nous avons eu la chance de pouvoir présenter l'essentiel de ce qui suit à M. Panofsky, à Princeton, en décembre 1961 ; il est superflu de dire que cet exposé, dont il n'a point connu la rédaction définitive et qui n'engage que nous, lui doit beaucoup, mais il ne l'est pas de le remercier ici de ses suggestions*[144].

Dès le 13 décembre 1966, Panofsky avait signalé à Bourdieu cette réaction positive venue d'un «endroit inattendu» («*an unexpected quarter*»), qui contrastait fort avec les critiques dont *Gothic Architecture and Scholasticism* avait fait l'objet[145]. Peu après, le sociologue, en lui parlant du texte qui allait bientôt devenir sa postface, disait y avoir «fait une place importante aux analyses du Professeur R. Marichal (qu'[il] connaissai[t] déjà) et qui [lui] paraissent apporter une confirmation éclatante de [l']interprétation [de Panofsky] et aussi un certain nombre d'indications complémentaires[146]». De fait, le travail de Marichal est abondamment cité dans la postface de Bourdieu : sur 32 pages, 4 et demie contiennent des citations qui en sont issues, reproduites en bloc et auxquelles s'ajoutent deux pages d'iconographie empruntées à la même source. Dans le texte de Marichal, Panofsky occupe aussi une place importante (7 pages sur 48), mais il y figure parmi de nombreuses autres sources et références. Dans la postface, les longues citations redoublent l'effet d'autorité produit par cette érudition, qui faisait défaut dans *Gothic Architecture and Scholasticism*. Mais c'est surtout en termes qualitatifs que Marichal a compté pour Bourdieu. Et pour cause : le mot habitus, appliqué à Panofsky, apparaît dans le texte de Marichal à deux reprises, sans ambition théorique mais pourvu d'une visée explicative.

Dans sa postface, Bourdieu n'oublie d'ailleurs pas de saluer le travail de Marichal, mais après avoir parlé d'habitus sur près de 20 pages et attribué la paternité du concept à Panofsky. Par ailleurs, les citations qu'il tire de ce texte tendent à noyer dans un propos bien plus vaste – le sien – l'habitus évoqué par Marichal, réduit à une seule occurrence. Une autre phrase de Marichal, non citée par Bourdieu, en donne une impression plus fidèle : «Ce que M. Panofsky a appelé

---

144. R. Marichal, «L'écriture latine et la civilisation occidentale du Ier au XVIe siècle», art. cit., p. 234, n. 2.
145. Lettre de Panofsky à Bourdieu, 13 déc. 1966.
146. Lettre de Bourdieu à Panofsky, 22 déc. 1966.

'le postulat de la clarification pour la clarification' est devenu l'un de ces *habitus* qui 'informent' une époque[147].» Marichal n'eut toutefois pas l'impression d'avoir vu ses apports minorés, comme le suggère son mot envoyé à Bourdieu huit mois après la publication du livre :

> *Monsieur,*
> *Ayant récemment feuilleté chez mon libraire la traduction de* Architecture gothique et pensée scolastique *de Panofsky que j'avais déjà aperçue cet été j'ai eu la surprise de constater que vous aviez reproduit presque intégralement ce que j'avais écrit sur ce sujet dans* L'écriture et la psychologie des peuples, *y compris l'illustration. Or, vous ne m'en avez jamais, je ne dis pas demandé l'autorisation, mais même avisé. Je ne vous en blâme pas, je vous félicite même de l'avoir fait. Seulement il me semble que vous auriez bien dû m'envoyer un exemplaire ! Puis-je penser que vous le ferez ?*
> *Veuillez agréer l'expression de mes sentiments distingués.*
> *R. Marichal*[148].

Ce subtil rappel à l'ordre venait réparer la maladresse d'un jeune collègue qui ne maîtrisait pas encore tous les codes de la vie universitaire, dont Marichal, à 63 ans, était sans doute plus familier. Mais cette réponse courtoise, où se lit aussi la satisfaction d'un aîné de se voir reconnu par la génération montante et au-delà du cercle des spécialistes, témoignait en creux des effets collatéraux d'une fabrique éditoriale marquée de bout en bout par l'urgence, propice à ce genre de négligence. Cette anecdote ne se résume donc pas à une affaire de paternité conceptuelle. Rappeler l'apport de l'historien ne doit pas conduire à minimiser celui du sociologue qui, comme on l'a vu, avait déjà parlé d'habitus un an avant la publication du texte de Marichal[149]. Car c'est bien Bourdieu qui, universalisant et sociologisant un concept ancien, l'a pourvu d'un nouveau potentiel théorique, à la fois distinct de ses usages antérieurs et ajusté aux objets des sciences sociales, au-delà des lettrés, de l'histoire de l'art et de l'époque médiévale. Il n'en reste pas moins que cet emprunt et, surtout, son occultation ultérieure ont contribué au fil du temps à obscurcir le regard, laissant dans l'ombre des interprétations rendues invisibles par la prédominance d'un Panofsky – et d'un habitus – bourdieusien au détriment de tous les autres.

En retraçant l'histoire de cette fabrique éditoriale, qui est aussi celle d'une importation intellectuelle, à partir d'archives inédites et d'autres sources originales, nous avons abouti à plusieurs résultats importants. D'abord, le jeune Bourdieu n'était ni le premier ni le seul de sa génération à s'intéresser à Panofsky dans les années 1950-1960. Avant lui, des historiens, des sociologues et des philosophes avaient contribué à acclimater son œuvre au contexte français. Ensuite, sa découverte des travaux de l'historien allemand, en partie orientée par ces premières réceptions,

---

147. R. Marichal, « L'écriture latine et la civilisation occidentale… », art. cit., p. 235.
148. Lettre de Marichal à Bourdieu, 15 déc. 1967.
149. P. Bourdieu, « Célibat et condition paysanne », art. cit., p. 99-100.

ne peut se mesurer qu'à l'aune des affinités intellectuelles et biographiques entre ses lectures et les recherches qu'il a menées au début de la décennie suivante, d'une part, de la concurrence et des contraintes éditoriales qui s'imposaient à lui, d'autre part. Enfin, la construction par Bourdieu d'un Panofsky sur mesure a impliqué des choix, des intérêts et des stratégies comportant une large part de contingence.

En revenant sur les aspects matériels de la fabrique d'*Architecture gothique et pensée scolastique*, nous avons par ailleurs souligné l'importance des relations à distance dans l'histoire intellectuelle. Grâce aux traces laissées dans les archives par cette fabrique éditoriale, on peut cerner les conditions concrètes dans lesquelles Bourdieu a découvert Panofsky : un contexte favorable à ses projets ; un engagement personnel au service d'une entreprise à la fois ambitieuse et artisanale qui reposait aussi sur un collectif de collaborateurs et un réseau d'alliés ; un intense travail de traduction et d'appropriation, en partie source d'erreurs et de malentendus heuristiques. On voit ici combien les filtres de la réception comptent autant que l'œuvre reçue : animé par un certain programme théorique et épistémologique, Bourdieu était enclin à se servir des « habitudes mentales » panofskiennes pour élaborer son concept d'habitus, même s'il a finalement admis, dans son autoanalyse posthume, que l'historien n'avait jamais employé ce mot[150].

Au-delà de l'histoire de cette fabrique éditoriale, une question plus générale mérite d'être posée : celle des rapports variables, selon les époques et les auteurs, entre sociologues et historiens. Jean-Philippe Genet a montré l'importance des médiévistes pour Bourdieu et *vice versa*, en rappelant les remarques de Patrick Boucheron sur la portée de la postface à *Architecture gothique et pensée scolastique*, qui ne se réduit pas à sa postérité en sociologie[151]. On gagnerait à élargir l'analyse aux liens de Bourdieu avec d'autres historiens, en comparant différents moments de sa carrière : complexes et parfois houleux[152], ses rapports avec l'histoire n'en furent pas moins féconds[153]. Il faudrait aussi examiner ce cas à l'aune d'autres exemples de collaboration entre les deux disciplines, afin de voir en quoi la genèse de ce livre révèle des enjeux matériels et symboliques propres à une période (révolue) des sciences sociales ou, au contraire, observables à chaque époque – y compris la nôtre.

---

150. P. Bourdieu, *Esquisse pour une auto-analyse, op. cit.*, p. 132.
151. J.-P. Genet, « Usages du travail de Bourdieu en histoire médiévale », *in* C. Leclercq, W. Lizé et H. Stevens (dir.), *Bourdieu et les sciences sociales*, Paris, La Dispute, 2015, p. 247-263 ; Patrick Boucheron, *Faire profession d'historien*, Paris, Publications de la Sorbonne, 2010, p. 129-130.
152. Société d'histoire moderne et contemporaine, n° spécial « Les historiens et la sociologie de Pierre Bourdieu », *Le Bulletin de la SHMC*, 3-4, 1999, p. 4-27. Outre les textes d'Alain Corbin, d'Arlette Farge, de Christophe Prochasson et de Christophe Charle, voir aussi le débat entre Bourdieu et d'autres historiens, p. 16-27.
153. Stéphane Dufoix, « Le motif dans le tapis. L'histoire dans le travail de Pierre Bourdieu », *in* S. Dufoix et C. Laval (dir.), *Bourdieu et les disciplines*, Nanterre, Presses universitaires de Nanterre, 2018, p. 63-87 ; Philip S. Gorski (dir.), *Bourdieu and Historical Analysis*, Durham, Duke University Press, 2013 ; George Steinmetz, « Bourdieu, Historicity, and Historical Sociology », *Cultural Sociology*, 5-1, 2011, p. 45-66.

Replacées dans le temps long, les relations entre Bourdieu et Panofsky, quoique brèves et strictement épistolaires, apparaissent peut-être finalement moins singulières qu'on pourrait le croire. Certes, la fabrique éditoriale d'*Architecture gothique et pensée scolastique* a constitué une expérience inaugurale et décisive pour le sociologue, à la faveur de laquelle il a appris l'essentiel du métier d'éditeur et forgé, pour la première fois, un concept portant son nom. Son lexique garde la trace de cet épisode marquant, à commencer par l'opposition entre *modus operandi* et *opus operatum*. Cependant, cette histoire donne à voir plus généralement une posture qui, après cet épisode, a conduit Bourdieu à mettre sans cesse en question les corporatismes disciplinaires et l'interdisciplinarité d'institution. Cette posture critique ne se limitait d'ailleurs pas à ses tâches d'éditeur et de chercheur : elle était au cœur d'une politique scientifique qui, outre les traductions, passait par des invitations en chair et en os de collègues étrangers. Son intérêt précoce et constant pour la « circulation internationale des idées »[154] n'était donc pas que théorique. Ainsi, en avril 1967, il avait proposé à Panofsky de venir à Paris pour une conférence, comme il le ferait souvent par la suite avec d'autres historiens, dont Eric Hobsbawm, Edward P. Thompson ou Enrico Castelnuovo. Panofsky avait décliné, arguant d'un manque de temps, d'engagements à honorer, de sa faible maîtrise du français à l'oral et de l'absence de nouvelle recherche à présenter[155]. Bourdieu n'avait pas insisté ; l'année suivante, Panofsky disparaissait à Princeton, deux semaines avant de fêter ses 76 ans. Il laissait derrière lui une œuvre immense et un héritage sans testament, dont cet ouvrage que Bourdieu, longtemps après, considérait toujours comme « l'un des grands livres de l'humanité[156] ».

Paul Pasquali
CNRS, Institut de recherche interdisciplinaire sur les enjeux sociaux
(EHESS/CNRS/INSERM/Université Sorbonne Paris Nord)
paul.pasquali@ehess.fr

---

154. Pierre Bourdieu, *Impérialismes. Circulation internationale des idées et luttes pour l'universel*, Paris, Raisons d'agir, 2023, p. 67-104.
155. Lettre de Bourdieu à Panofsky, 14 avr. 1967 ; Lettre de Panofsky à Bourdieu, 19 avr. 1967.
156. P. Bourdieu, *Sociologie générale…*, *op. cit.*, p. 387.

Captivité et esclavage

Dossier

Enfermement et graffiti
Des palimpsestes de prison aux archives murales (note critique)

Guillaume Calafat

Au petit matin d'une journée d'automne 1964, l'écrivain italien Leonardo Sciascia parvenait à se faufiler clandestinement dans le palais Chiaramonte, un bâtiment massif du XIVᵉ siècle aux abords austères, sis piazza Marina à Palerme. Connu également sous le nom d'*Hosterium Magnum* – ou plus communément sous son abréviation *Steri* –, le palais avait appartenu à une riche famille de la noblesse sicilienne, les comtes Chiaramonte de Modica, avant de devenir une résidence royale et vice-royale, puis d'abriter, à partir des premières années du XVIIᵉ siècle, le tribunal du Saint-Office et ses « prisons secrètes », construites à partir de 1603 dans la cour adjacente à l'édifice. Transformé au XIXᵉ siècle en dépôt d'archives de différentes magistratures, puis en cour pénale, le *Steri*, finalement réaffecté au rectorat de l'université de Palerme, était en chantier depuis la fin des années 1950. Sciascia avait été averti par l'un de ses amis, le journaliste Giuseppe Quatriglio, que les travaux de restauration du bâtiment menaçaient de détruire une série de graffiti et d'inscriptions réalisés par les prisonniers de l'Inquisition[1]. Face aux risques de perte irrémédiable qui pesaient sur

---

* À propos de Giovanna FIUME, *Del Santo Uffizio in Sicilia e delle sue carceri*, Rome, Viella, 2021.
1. Sciascia venait de publier quelques mois plus tôt, en février 1964, *Mort de l'inquisiteur*, qui s'intéressait à la figure de Diego La Matina, un augustinien sicilien accusé (entre autres) d'hérésie et qui, au cours d'un interrogatoire, avait assassiné l'inquisiteur Juan López de Cisneros en 1657. La Matina périt sur le bûcher lors de l'autodafé de 1658. Voir Leonardo SCIASCIA, *Mort de l'inquisiteur*, trad. par M. Fusco, Paris, Gallimard, [1964] 2001. Pour une reconstruction historique de ce procès et de la vie de Diego La Matina, voir Maria Sofia MESSANA, « La vicenda carceraria di fra' Diego La Matina »,

ces témoignages remarquables de la vie carcérale et de l'histoire des persécutions, l'écrivain entreprit de faire photographier, par Ferdinando Scianna, les écritures et les dessins apposés sur les parois de plusieurs cellules. Dix ans plus tard, il constatait que les travaux avaient bel et bien détérioré une partie des images et lançait une nouvelle campagne de documentation photographique des graffiti du *Steri*.

En 1977, Sciascia faisait publier chez l'éditeur palermitain Sellerio un petit ouvrage présentant les photographies des cellules. L'auteur de *Mort de l'inquisiteur* introduisait également dans ce livre un texte posthume de Giuseppe Pitrè : à la faveur de travaux de restauration au début du XXᵉ siècle dans le bâtiment des prisons secrètes et grâce à la vigilance des ouvriers du chantier, ce grand folkloriste et historien sicilien avait, lui aussi, exhumé des inscriptions et des dessins recouverts d'enduits². Pendant six mois, en 1906, il écailla patiemment ces couches superficielles de chaux et de plâtre qui dévoilèrent des murs entiers d'écritures en tous genres : noms, initiales, dates, figures de saints et d'orants, dessins de paysages, maximes, ou encore poèmes écrits dans différentes langues, en italien, en latin, en sicilien pour la plupart³.

Fameux pour avoir collecté de nombreux contes de fées, légendes et chansons du folklore sicilien – au point d'être considéré comme le fondateur de l'ethnographie sicilienne –, Pitrè souhaitait également sauver de l'oubli, au moyen de transcriptions, de commentaires et de photographies, ces dessins et ces textes qu'il appelait des « palimpsestes de prison »⁴. L'expression n'était pas nouvelle : Cesare Lombroso avait titré ainsi l'un de ses recueils d'anthropologie criminelle qui répertoriait (pour les « hommes de science » uniquement) les écrits des prisonniers figurant sur une grande variété de supports : murs, meubles, poteries, etc. Ces inscriptions, qui formulaient des plaintes, des protestations, et parfois des obscénités, constituaient d'après lui autant d'indices de l'existence d'une « graphie criminelle » renseignant la physionomie d'un criminel-né, voire d'une race « très malheureuse », dangereuse et inférieure⁵. La démarche de Pitrè était tout autre : volontaire garibaldien, attaché aux arts

---

Incontri mediterranei, vol. 3, 2002, p. 176-193. Voir également les pages conclusives de G. Fiume, *Del Santo Uffizio…, op. cit.*, p. 339-340.

2. Giuseppe Pitrè, *Del Sant'Uffizio a Palermo e di un carcere di esso*, Rome, Società editrice del libro italiano, 1940 ; *Graffiti e disegni dei prigionieri dell'Inquisizione*, commentaires de G. Pitrè et G. Di Vita, avec une note de L. Sciascia, Palerme, Sellerio, 1977 ; Giuseppe Pitrè et Leonardo Sciascia, *Urla senza suono. Graffiti e disegni dei prigionieri dell'Inquisizione*, Palerme, Sellerio, 1999.

3. Une photographie, conservée au musée Pitrè de Palerme, le montre d'ailleurs grattant les parois des cellules de la prison de l'Inquisition de Palerme. Voir G. Fiume, *Del Santo Uffizio…, op. cit.*, p. 248. Deux ans plus tôt, Vito La Mantia avait également évoqué quelques inscriptions et dessins situés dans une autre partie du *Steri*. Voir Vito La Mantia, *Origine e vicende dell'Inquisizione in Sicilia*, Palerme, Sellerio, [1904] 1977, p. 154, n. 26.

4. G. Pitrè et L. Sciascia, *Urla senza suono, op. cit.*, p. 60.

5. Cesare Lombroso, *Palimsesti del carcere. Raccolta unicamente destinata agli uomini di scienza*, Turin, Edizioni Fratelli Bocca, 1888. L'ouvrage a tôt fait l'objet d'une traduction française : *id.*, *Les palimpsestes des prisons*, Paris, G. Masson/Lyon, A. Storck, 1894. Pour une sélection de ces graffiti « délinquants », voir *id.*, *Vivent les voleurs ! Graffitis et autobiographies de prisonniers extraits de "Palimpsestes de prisons" de Cesare Lombroso*, éd. par P. Artières, Paris, Allia, 2002. Sur les travaux de C. Lombroso, voir David G. Horn,

et aux cultures populaires, le folkloriste tentait, à travers toutes les « manifestations graphiques » retrouvées dans les prisons secrètes du Saint-Office, de sauvegarder, à l'instar des fables qu'il avait collectées, les voix et les messages d'une « génération perdue » et oubliée de prisonniers de l'Inquisition[6]. Si tous deux cherchaient à récolter dans ces « palimpsestes de prison » l'expression de la douleur et de la dureté de la vie carcérale, Lombroso et Pitrè témoignaient de deux opérations disciplinaires et cognitives différentes : tandis que la première visait à produire une documentation destinée à la science médicale et pénale en vue de la construction d'une « criminologie positive », la seconde entendait ressusciter des écritures ordinaires et anonymes, des voix du passé qui permettaient d'accéder de façon plus littéraire et suggestive à une histoire polyphonique et sensible[7].

Malgré Pitrè, malgré Sciascia, il fallut attendre de nouveaux travaux de restauration du *Steri*, entre 2000 et 2007, et la découverte d'inscriptions, dessins et graffiti au rez-de-chaussée des prisons de l'Inquisition pour susciter un regain d'intérêt pour ces écritures carcérales. On doit à Maria Sofia Messana, spécialiste de l'Inquisition en Sicile, d'avoir entrepris un premier travail d'inventaire des graffiti et des dessins conservés sur les murs des geôles du *Steri* : à mesure que les restaurateurs mettaient au jour de nouvelles inscriptions, elle tentait de les relier aux procès et aux individus qu'elle était parvenue à identifier dans une riche base de données d'environ 6 500 personnes traduites devant le tribunal sicilien du Saint-Office, de son instauration au tournant du XVIe siècle jusqu'à son abolition à la fin du XVIIIe siècle[8]. Un an après la fermeture officielle du tribunal en 1782, le vice-roi Domenico Caracciolo avait donné l'ordre de jeter au feu une grande partie des archives siciliennes des procès du tribunal, des interrogatoires et des témoignages des prisonniers et prisonnières. L'Archivo Histórico Nacional de Madrid conserve néanmoins la correspondance entre l'Inquisition de Palerme et son autorité de tutelle, le Conseil de l'Inquisition Suprême et Générale (appelé communément la *Suprema*), des *relaciones de causas*, des résumés de procès envoyés en Espagne,

---

The Criminal Body: Lombroso and the Anatomy of Deviance, Londres, Routledge, 2003 ; Daniel Fabre, « I libri di pietra », *Prima persona. Percorsi autobiografici*, 17, 2007, p. 49-55 ; Philippe Artières, *Clinique de l'écriture. Une histoire du regard médical sur l'écriture*, Paris, La Decouverte, 2013, p. 68-71.
6. Adriano Prosperi, « Le prigioni e i graffiti dei carcerati », in G. Fiume et M. García Arenal (dir.), *Parole prigioniere. I graffiti delle carceri del Santo Uffizio di Palermo*, Palerme, Istituto poligrafico europeo, 2018, p. 61-70, ici p. 61-63.
7. Sur ces deux démarches différentes (à la fois complémentaires et antagonistes) de collectes savantes des écritures de prisonniers, voir Anne Montjaret, « À l'ombre des murs palimpsestes. Les graffitis carcéraux ou faire avec les aveux de l'histoire », *Gradhiva. Revue d'anthropologie et d'histoire des arts*, 24, 2016, p. 164-189.
8. Maria Sofia Messana, *Inquisitori, negromanti e streghe nella Sicilia moderna, 1500-1782*, Palerme, Sellerio, 2007 ; ead., *Il Santo Uffizio dell'Inquisizione, Sicilia, 1500-1782*, Palerme, Istituto Poligrafico Europeo, 2012. Sur les bases de données des procès des Inquisition espagnole, portugaise et romaine, voir le projet « EMID: Early Modern Inquisition Database » à l'initiative de Gunnar W. Knutsen (Bergen) : https://emid.h.uib.no/ ; Jean-Pierre Dedieu et Gunnar W. Knutsen, « La cause de foi dans l'Inquisition espagnole. Entre droit et repentance », *Annales HSS*, 78-1, 2023, p. 5-33.

des dossiers sur des cas litigieux ou encore des controverses sur des points de droit ou de théologie particuliers, rédigés par les juges comme par les adversaires de l'Inquisition. Les graffiti des cellules du *Steri* venaient par conséquent ajouter une autre strate documentaire à l'histoire de l'Inquisition espagnole de Palerme.

Après la disparition prématurée de M. S. Messana en 2011, Giovanna Fiume, professeure à l'université de Palerme, a poursuivi les recherches sur les écritures murales des prisonniers du Saint-Office. Elle fut bientôt rejointe par toute une équipe de chercheuses et chercheurs, en particulier Rita Foti, Mercedes García-Arenal, Valeria La Motta, Gianclaudio Civale et Anna Clara Basilicò, qui a contribué à identifier les parcours judiciaires d'auteurs possibles des graffiti afin d'en interpréter les significations et les enjeux. Reconnue pour ses travaux sur l'histoire de l'esclavage et de la captivité en Sicile[9], sur les morisques[10], sur les saints africains (comme Benoît le Maure ou Antoine de Noto) révérés en Sicile et en Amérique du Sud[11], G. Fiume a consacré plus d'une dizaine d'années de recherche à l'histoire des graffiti des prisons du *Steri*, multipliant les rencontres, les colloques et les séminaires destinés à étudier et à mettre en valeur la richesse de ces marques visuelles de l'enfermement à l'époque moderne. Elle a ainsi transformé l'analyse des graffiti palermitains en véritable enquête collective, sollicitant les regards, les méthodes et les interprétations de spécialistes de la Méditerranée, de l'Inquisition, des arts et de l'écrit[12]. Elle s'est par ailleurs efforcée d'accompagner cette opération historiographique d'actions institutionnelles et politiques, menées auprès des autorités académiques palermitaines qui ont la tutelle des lieux, pour protéger et tenter de préserver ces inscriptions fragiles[13] – à l'instar des grottes ornées classées au patrimoine mondial de l'UNESCO.

Avec l'ouvrage *Del Santo Uffizio in Sicilia e delle sue carceri* (Du Saint-Office en Sicile et de ses prisons) – un titre en forme de clin d'œil au texte posthume de Pitrè[14] –, G. Fiume tire de cette somme de recherches, individuelles et collectives, une vaste synthèse, abondamment documentée et illustrée, qui retrace non seulement l'histoire du tribunal de l'Inquisition espagnole à Palerme, avec ses procédures et son fonctionnement, mais aussi celle des prisonniers et prisonnières,

---

9. Giovanna Fiume, *Schiavitù mediterranee. Corsari, rinnegati e santi di età moderna*, Milan, Bruno Mondadori, 2009.
10. *Ead.*, *La cacciata dei moriscos e la beatificazione di Juan de Ribera*, Brescia, Morcelliana, 2014.
11. *Ead.*, *Il Santo Moro. I processi di canonizzazione di Benedetto da Palermo (1594-1807)*, Milan, FrancoAngeli, 2008.
12. Outre G. Fiume, *Del Santo Uffizio…*, *op. cit.*, voir notamment *ead.*, « Soundless Screams: Graffiti and Drawings in the Prisons of the Holy Office in Palermo », *Journal of Early Modern History*, 21-3, 2017, p. 188-215 ; G. Fiume et M. García-Arenal (dir.), *Parole prigioniere, op. cit.* ; Giovanna Fiume et Mercedes García-Arenal (dir.), n° spécial « Graffiti: New Perspectives from the Inquisitorial Prison in Palermo », *Quaderni storici*, 157-1, 2018 ; Rita Foti (dir.), *I graffiti delle Carceri segrete del Santo Uffizio di Palermo. Inventario*, Palerme, Palermo University Press, 2023.
13. Giovanna Fiume, « La *domus funesta* dell'Inquisizione », *in* R. Foti (dir.), *I graffiti delle Carceri…*, *op. cit.*, p. XIII-XXXVI, ici p. XIII.
14. Voir note 2.

du quotidien carcéral et des convictions religieuses des accusés. À partir de l'analyse fouillée d'un tribunal et de ses prisons, elle parvient à faire dialoguer plusieurs domaines très actifs de la recherche historique, depuis les études sur le Saint-Office en Méditerranée jusqu'à celles consacrées aux cultures de l'écrit et aux patrimoines carcéraux. En cela, son ouvrage et les travaux collectifs qu'elle a conduits offrent l'occasion d'un état des lieux historiographique qui permet de réfléchir plus largement au rôle, à la fonction et à l'heuristique des archives murales.

Écrire une « prison de la foi »

Les recherches de G. Fiume sur le tribunal de Palerme sont d'abord une contribution importante à l'histoire et à l'historiographie du Saint-Office. L'Inquisition espagnole de Sicile a fait l'objet de plusieurs travaux centrés sur les aspects institutionnels et procéduraux de la magistrature[15] ainsi que sur l'histoire locale et diplomatique des conflits politiques et religieux entre la Sicile, le Saint-Siège et l'Espagne[16], avant d'intéresser davantage les spécialistes de l'histoire des hérésies, des frontières confessionnelles et religieuses ou encore de la magie et de la sorcellerie[17]. L'ouverture des archives secrètes du Saint-Office romain, au mitan des années 1990, a suscité une nouvelle vague de recherches, qui ont abordé aussi bien les procédures des tribunaux inquisitoriaux que les conflits de compétences avec les autorités laïques et ecclésiastiques ou encore les pratiques religieuses et les savoirs des hommes et des femmes traduits devant le tribunal[18]. Par-delà la controverse, déjà vive à l'époque moderne[19], entre légende noire et légende dorée de l'Inquisition,

---

15. Vito LA MANTIA, *L'Inquisizione in Sicilia*, Palerme, Tip. A. Giannitrapani, 1904 ; Henry Charles LEA, *The Inquisition in the Spanish Dependencies: Sicily, Naples, Sardinia, Milan, the Canaries, Mexico, Peru, New Grenada*, New York, Macmillan, 1908 ; Pietro BURGARELLA, « Fonti d'archivio sull'Inquisizione spagnola in Sicilia », *Annuario dell'Istituto storico italiano per l'età moderna e contemporanea*, 37-38, 1985-1986, p. 143-160.

16. Carlo Alberto GARUFI, *Fatti e personaggi dell'Inquisizione in Sicilia*, Palerme, Sellerio, 1978 ; Francesco RENDA, *L'Inquisizione in Sicilia. I fatti, le persone*, Palerme, Sellerio, 1997 ; Manuel RIVERO RODRÍGUEZ, « La Inquisición española en Sicilia (siglos XVI a XVIII) », *in* J. PÉREZ VILLANUEVA et B. ESCANDELL BONET (dir.), *Historia de la Inquisición en España y América*, vol. 3, *Temas y problemas*, Madrid, La Editorial Católica S.A./Centro de Estudios Inquisitoriales, 2000, p. 1031-1222.

17. Voir Francesco RENDA, *La fine del giudaismo siciliano*, Palerme, Sellerio, 1993 ; Shlomo SIMONSOHN, *Between Scylla and Charybdis: The Jews in Sicily*, Leyde, Brill, 2011 ; Valeria LA MOTTA, *« Contra Haereticos ». L'Inquisizione spagnola in Sicilia*, Palermo, Istituto poligrafico europeo, 2019 ; ainsi que les travaux de Maria Sofia Messana cités *supra*.

18. Voir l'importante synthèse dirigée par Adriano Prosperi, avec la collaboration de Vincenzo Lavenia et John Tedeschi, *Dizionario storico dell'Inquisizione*, Pise, Edizioni della Normale, 4 vol., 2010.

19. Michaela VALENTE, *Contro l'Inquisizione. Il dibattito europeo, secc. XVI-XVIII*, Turin, Claudiana, 2009 ; Guillaume CALAFAT, « The Gallican and Jansenist Roots of Jean Frédéric Bernard and Bernard Picart's Vision of the Inquisition », *in* L. HUNT, M. JACOB et W. MIJNHARDT (dir.), *Bernard Picart and the First Global Vision of Religion*, Los Angeles, Getty Research Institute, 2010, p. 291-312.

les archives des procès du Saint-Office ont pu renseigner sur la fabrique – religieuse et politique – des catégories de l'hérésie et des comportements jugés anomaux dans différentes parties du monde, des péninsules italienne et Ibérique jusqu'à la vice-royauté du Pérou ou à Goa[20]. Malgré les rapports de force inégaux instaurés lors des procès, en dépit du caractère biaisé d'aveux parfois obtenus sous la torture, les procès de l'Inquisition recèlent des informations d'une évidente valeur ethnographique et historique[21].

Les graffiti viennent ajouter une strate documentaire à cet important corpus d'archives, ouvrant des pistes nouvelles pour mieux comprendre le système judiciaire, pénal et carcéral du Saint-Office. La présence d'écritures murales est d'ailleurs attestée dans d'autres tribunaux de l'Inquisition : la Torre del Trovador, dans le palais de l'Aljafería à Saragosse, abrite des murs remplis de noms et de dessins, dont un damier destiné au jeu d'échecs ou de dames, des étoiles, une caricature, des barques et des poissons, ou encore des oiseaux[22]. À Narni, en Ombrie, une cellule de l'ancien couvent de Santa Maria Maggiore, siège du tribunal local de l'Inquisition, est recouverte de noms, de dessins en tous genres (un fauconnier, un soleil, une lune, des oiseaux, etc.) ou de dates[23]. À Malte également, les prisons du palais de l'Inquisiteur conservent de nombreux graffiti de navires, de croix, des inscriptions en arabe et en grec, des dessins de tulipes et de roses[24]. En s'appuyant sur les écritures murales, et notamment les dessins de chaînes et de geôliers représentés sur les parois des cellules du *Steri*, G. Fiume réfléchit aux mécanismes judiciaires qui mènent à l'enfermement et, plus largement, aux rôles joués par la détention dans les différentes étapes de la procédure et de la discipline inquisitoriales[25].

Del Santo Uffizio in Sicilia dialogue ainsi avec les travaux consacrés à l'histoire des prisons et des expériences de la réclusion, au carrefour de l'histoire du droit, de celle des institutions, et de l'anthropologie. Loin de s'en tenir, dans le sillage de Michel Foucault (dans l'*Histoire de la folie* ou *Surveiller et punir*), aux discours produits par les pouvoirs sur le monde pénitentiaire, il s'agit de s'intéresser aux pratiques sociales et aux comportements des acteurs de l'incarcération (détenus comme geôliers) afin de mieux saisir ce qu'il pouvait se passer entre et

---

20. Francisco BETHENCOURT, *The Inquisition: A Global History, 1478-1834*, Cambridge, Cambridge University Press, 2009 ; Fernando CIARAMITARO et Miguel RODRIGUES LOURENÇO (dir.), *Historia imperial del Santo Oficio (siglos XV-XIX)*, Lisbonne, Cátedra de estudos sefarditas Alberto Benveniste, 2022.
21. Carlo GINZBURG, « L'Inquisiteur comme anthropologue », *in Le fil et les traces. Vrai faux fictif*, trad. par M. Rueff, Paris, Verdier, 2010, p. 407-424.
22. Carmen FERNÁNDEZ CUERVO, « Los grabados de la Torre del Trovador », *Cuadernos de historia Jerónimo Zurita*, 19-20, 1966-1967, p. 201-228.
23. Voir le site NarniSotterranea, https://www.narnisotterranea.it/sotterranei/.
24. Russell PALMER, « Religious Colonialism in Early Modern Malta: Inquisitorial Imprisonment and Inmate Graffiti », n° spécial « Colonial Institutions: Uses, Subversions, and Material Afterlives », *International Journal of Historical Archaeology*, 20-3, 2016, p. 548-561. Pour une galerie des graffiti navals maltais, voir le « Malta Ship Graffiti Project », https://maltashipgraffiti.org/location/inquisitors-palace/.
25. G. FIUME, *Del Santo Uffizio…*, *op. cit.*, p. 9-14.

hors les murs[26]. Plusieurs travaux récents d'histoire moderne ont ainsi proposé de scruter les interactions sociales et économiques non seulement au sein de la prison, entre les prisonniers et/ou les gardiens, mais aussi avec le milieu urbain et les sociétés environnantes[27]. Dans une ambitieuse étude comparative sur l'enfermement des minorités religieuses à l'époque moderne, Natalia Muchnik s'est demandé comment les détenus pour faits de religion (catholiques anglais, marranes, morisques, crypto-protestants français) investissaient les espaces carcéraux, c'est-à-dire comment, par-delà d'éventuels signes de résistance, ils se les appropriaient pour les transformer en véritables lieux communautaires[28]. G. Fiume en retient l'idée d'un « espace péri-carcéral » composite : les prisons de l'époque moderne n'étaient pas des isolats coupés du monde, mais bien des espaces sociaux et relationnels poreux[29]. Les graffiti constituent précisément l'une des manifestations visibles, matérielles, de cette appropriation de l'espace carcéral par les prisonniers, fonctionnant comme autant d'empreintes graphiques d'une présence, d'une mémoire, d'une transmission de gestes, d'idées, de désaccords, de revendications (religieuses et politiques) ou de formes de dévotion[30]. Destinés à être lus, observés, commentés, annotés le cas échéant, ils témoignent d'un dialogue – parfois à distance – entre codétenus, mais aussi avec l'institution carcérale, les geôliers et les pouvoirs[31]. En effet, ces « graffiti judiciaires », comme on serait tenté de les appeler, semblent mettre en cause des dimensions constitutives du procès

---

26. Dans ses derniers écrits et entretiens, Michel Foucault a néanmoins souligné l'importance d'une approche interactive des rapports de force au sein de l'univers carcéral, plus attentive au vécu et à l'expérience des individus. Voir sur ce point Sophie Abdela, « Vivre l'enfermement. Pratiques, expériences et parcours de détention (XVIe-XIXe siècles) », *Criminocorpus*, 23, 2023, § 6-8, https://doi.org/10.4000/criminocorpus.13169. Pour un programme transpériode récent consacré aux diverses formes de claustration, voir Isabelle Heullant-Donat, Julie Claustre et Élisabeth Lusset (dir.), *Enfermements*, vol. 1, *Le cloître et la prison, VIe-XVIIIe siècle*, Paris, Éd. de la Sorbonne, 2011 ; Isabelle Heullant-Donat *et al.* (dir.), *Enfermements*, vol. 2, *Règles et dérèglements en milieux clos, IVe-XIXe siècle*, Paris, Éd. de la Sorbonne, 2015 ; Isabelle Heullant-Donat *et al.* (dir.), *Enfermements*, vol. 3, *Le genre enfermé. Hommes et femmes en milieux clos, XIIIe-XXe siècle*, Paris, Éd. de la Sorbonne, 2021.
27. Voir par exemple Sophie Abdela, *La prison parisienne au XVIIIe siècle. Formes et réformes*, Ceyzérieu, Champs Vallon, 2019 ; Renaud Morieux, *The Society of Prisoners: Anglo-French Wars and Incarceration in the Eighteenth Century*, Oxford, Oxford University Press, 2019.
28. Natalia Muchnik, *Les prisons de la foi. L'enferment des minorités, XVIe-XVIIIe siècle*, Paris, PUF, 2019.
29. *Ibid.*, p. 19-31 ; G. Fiume, *Del Santo Uffizio…, op. cit.*, p. 96-97.
30. Outre les graffiti du *Steri*, N. Muchnik évoque par exemple les graffiti des protestants de la tour de Crest, ceux de la tour de Londres, du château de Vincennes, du donjon de Loches ou de la tour de la Lanterne à La Rochelle. Voir ici, notamment, les travaux de Luc Bucherie, *Les graffiti de la Tour de la Lanterne à La Rochelle. Essai d'inventaire*, La Rochelle, Quartier Latin, 1978 ; Luc Bucherie et Pascal Ciret, *Murmures de la tour. Les graffiti de la tour de Crest*, Grâne, Créaphis, 1999 ; Brian A. Harrison, *The Tower of London Prisoner Book: A Complete Chronology of the Persons Known to Have Been Detained at Their Majesties' Pleasure, 1100-1941*, Leeds, Trustees of the Royal Armouries, 2004 ; Laure Pressac (dir.), *Sur les murs. Histoire(s) de graffitis*, Paris, Éd. du Patrimoine, 2018.
31. N. Muchnik, *Les prisons de la foi, op. cit.*, p. 170-178.

d'Inquisition, à commencer par le secret de la procédure. Cependant, l'ampleur, en nombre et en taille, des graffiti de Palerme interrogent leur caractère subversif : faut-il les interpréter comme des actes de résistance et des protestations politiques – à la façon des études sur la « délinquance graphique » du XIXe siècle[32] ? Ou bien traduisent-ils des formes d'accords et d'ententes entre détenus et gardiens ? Plus simplement, ne s'agit-il pas d'une pratique courante et tolérée dans les prisons, voire les sociétés de l'époque moderne ?

L'intérêt historiographique porté aux écritures murales doit beaucoup à la reconnaissance des graffiti comme objets d'histoire à part entière. Ces derniers ont suscité des recherches pionnières, en particulier pour les périodes anciennes, depuis l'étude des graffiti de Pompéi par Raffaele Garrucci au milieu du XIXe siècle (qui a joué un rôle dans la diffusion même du terme « graffiti »), jusqu'à celle menée, dans les années 1960, par Violet Pritchard sur les inscriptions et les dessins médiévaux gravés ou apposés sur les colonnes et les murs des églises de Grande-Bretagne[33]. Ces importants corpus d'inscriptions ont plus récemment intéressé les spécialistes d'histoire moderne, qui se sont penchés sur les écritures que l'on peut encore observer sur les parois de monuments en tous genres : bibliothèques, palais, églises, lieux de pèlerinage ou encore galeries de peintures[34]. En faisant dialoguer l'histoire de l'art et l'anthropologie des artefacts et de l'écriture, Charlotte Guichard a proposé de scruter au plus près la multitude des noms, signatures, dates, ébauches dessinées, parfois minuscules, inscrits par des artistes de passage sur les fresques de la Rome moderne. Ces écritures murales ne sont plus envisagées (anachroniquement) comme des actes de vandalisme, de simples objets de curiosité ou traces documentaires, mais bien comme des pratiques courantes et longtemps acceptées, des actions et des empreintes qui manifestent l'existence d'un rapport familier et incorporé aux artefacts[35]. En réintégrant pleinement les graffiti dans l'œuvre, C. Guichard propose de repenser les temporalités de l'histoire de l'art et le rôle joué par l'expérience

---

32. Philippe Artières, *La police de l'écriture. L'invention de la délinquance graphique, 1852-1945*, Paris, La Découverte, 2013.

33. Raffaele Garrucci, *Inscriptions gravées au trait sur les murs de Pompéi, calquées et interprétées*, Bruxelles, J. B. de Mortier, 1854 ; Violet Pritchard, *English Medieval Graffiti*, Cambridge, Cambridge University Press, 1967. Plus largement, voir Jennifer Baird et Claire Taylor (dir.), *Ancient Graffiti in Context*, Londres, Routledge, 2011 ; Chloé Ragazzoli, Khaled Hassan et Chiara Salvador (dir.), *Graffiti and Rock Inscriptions from Ancien Egypt: A Companion to Secondary Epigraphy*, Le Caire, Institut français d'archéologie orientale, 2023. Pour un riche panorama historiographique sur le sujet, voir Antonio Castillo Gómez, « *L'ultima volontà scriver desio*. Scrivere sui muri nelle carceri della Spagna moderna », in G. Fiume et M. García-Arenal (dir.), *Parole prigioniere, op. cit.*, p. 23-59.

34. Juliet Fleming, *Graffitis et arts scripturaux à l'aube de la modernité anglaise*, trad. par J.-F. Caro, Dijon, Les Presses du réel, [2001] 2011 ; Véronique Plesch, « Beyond Art History: Graffiti on Frescoes », in T. R. Lovata et E. Olton (dir.), *Understanding Graffiti: Multidisciplinary Studies from Prehistory to the Present*, Walnut Creek, Left Coast Press, 2015, p. 47-57 ; Raffaela Sarti (dir.), *La pietra racconta. Un palazzo da leggere*, Pise, CNR-IST, 2017.

35. Charlotte Guichard, *Graffitis. Inscrire son nom à Rome, XVIe-XIXe siècle*, Paris, Éd. du Seuil, 2014, p. 27.

physique et tactile dans la trajectoire des artistes et dans leurs manières d'attester, par leurs noms et leurs signatures, la rencontre avec les œuvres et les chefs-d'œuvre[36]. Les graffiti sont ici conçus comme des « écritures exposées », plus ou moins lisibles, visibles et déchiffrables, qui nouent « la question du geste, de l'inscription et du lieu », c'est-à-dire celle de la culture et de la raison graphiques, des actions d'écriture et de l'appropriation individuelle et collective des hauts lieux.

Dans le sillage de ces travaux d'histoire de l'art, nourris eux-mêmes des recherches fondatrices d'Armando Petrucci sur l'anthropologie des écritures, G. Fiume inscrit les graffiti de l'Inquisition de Palerme au sein d'une « graphosphère » urbaine plus vaste qui lui permet d'analyser tout à la fois la « forte signification figurative » des écritures et des dessins réalisés sur les parois des prisons du *Steri* et la façon dont ils réverbèrent et intègrent une culture graphique ordinaire et quotidienne, visible sur les murs de la ville (affiches, bans, inscriptions, enseignes), les objets, les gravures, les libelles, les almanachs, ou encore les décors d'église[37]. En cela, les murs des prisons fonctionnent comme de véritables « espaces graphiques », envisagés par les détenus comme des supports et des moyens de communication[38]. Dans un article récent, Laurent Cuvelier a d'ailleurs rappelé qu'on trouvait partout à l'époque moderne, sur les murs des intérieurs domestiques, des cabarets et des auberges, des inscriptions de noms, des petites figures, des extraits de la Bible, des recettes, des prières, des jeux : ce ne fut qu'à partir des dernières décennies du XVIIIe siècle que les graffiti commencèrent à être associés à la transgression, au vandalisme et à l'illégalisme[39].

En écrivant non seulement *sur* les murs des prisons, mais aussi plus directement *les* murs des prisons, les victimes de l'Inquisition documentent des pans méconnus de la vie carcérale, dans leur dimension matérielle comme intellectuelle. Il ne s'agit plus uniquement de s'intéresser aux écrits de réclusion produits *depuis*

---

36. Notons qu'à l'instar des peintres et des sculpteurs, certains graffiti ont pu être érigés en véritable rendez-vous touristique du monde littéraire. Ainsi de la signature de Lord Byron, gravée sur une colonne du château de Chillon, sur la rive est du lac Léman, qui est devenue un haut lieu de pèlerinage de la littérature européenne : Dumas, Hugo, Flaubert, Wordsworth, Edgeworth, Dickens, Beecher Stowe, Twain s'y sont rendus ; Ruskin et Gogol y ont eux aussi gravé leurs noms pour imiter le poète. Le château conserve des graffiti et dessins de prisonniers qui remontent, pour certains d'entre eux, au XIIIe siècle ; il a inspiré à Byron son poème, *The Prisoner of Chillon* (1816).
37. G. Fiume, *Del Santo Uffizio…*, op. cit., p. 264-268 ; sur la notion de « graphosphère », voir A. Petrucci, *Jeux de lettres*, op. cit., p. 87 ; pour une réflexion de méthode importante sur les liens entre graffiti et écritures exposées, voir Johann Petitjean, « Inscribing, Writing and Drawing in the Prisons of the Inquisition : Methodological Issues and Research Perspectives on Graffiti », G. Fiume et M. García-Arenal (dir.), n° spécial « New Perspectives from the Inquisitorial Prison in Palermo », *Quaderni storici*, 53-1, 2018, p. 15-37, ici p. 16-18.
38. J. Petitjean, « Inscribing, Writing… », art. cit., p. 21-23.
39. Laurent Cuvelier, « 'L'Ancien Régime des graffitis'. Contestations graphiques et ordre mural à l'époque moderne », V. Cirefice, G. Le Quang et A. Mak (dir.), n° spécial « Faire l'histoire des graffitis politiques », *20 & 21. Revue d'histoire*, 156-4, 2022, p. 23-39, ici p. 25-32 ; J. Fleming, *Graffitis et arts scripturaux…*, op. cit., p. 39 et 60.

les cellules, à l'instar des correspondances, des carnets ou des cahiers de prisonniers, mais bien de s'attacher à des inscriptions souvent plus anonymes et hétéroclites. *Del Santo Uffizio in Sicilia* participe à ce titre d'une attention historiographique en plein essor pour les « écritures prisonnières » – entre arts et archives – et d'une reconnaissance, plus globale, d'un « patrimoine carcéral » spécifique à collecter, mais aussi à sauvegarder et à protéger[40]. À la Libération, à l'initiative du ministère des Prisonniers, Déportés et Réfugiés, Henri Calet fit publier un recueil des graffiti inscrits par les résistants de la prison de Fresnes, pour identifier les disparus et les fusillés, et recueillir les récits des victimes de la torture et des condamnés à mort[41]. Si la collecte de Calet répondait d'abord à l'urgence de conserver des informations et des témoignages décisifs sur l'histoire de la Seconde Guerre mondiale, elle mettait aussi en lumière l'importance d'une « mémoire des murs » contemporaine, émouvante et édifiante, digne de conservation et d'enregistrement[42]. Tout comme Pitrè puis Sciascia, Calet avait en effet conscience du caractère précaire et fragile des écritures de prison, parfois effacées, détruites ou recouvertes à l'occasion de travaux ou de déménagements. Parallèlement à ces collectes, les artistes contemporains, à l'image de Jean Dubuffet et de Brassaï, contribuaient à ériger les graffiti au rang d'« art brut », faisant des murs des rues, des prisons et des hôpitaux psychiatriques les réceptacles éphémères des paroles émouvantes des « sans voix »[43].

Il fallut cependant attendre les années 1990 pour que soit reconnue la double valeur, à la fois patrimoniale et scientifique, esthétique et ethnographique, des graffiti de prisonniers, à la confluence des études littéraires, de l'anthropologie et de l'histoire[44]. La fermeture et la reconversion de nombreux centres pénitentiaires, au tournant du XXIe siècle, ont fait prendre conscience, en effet, du risque de voir disparaître ces témoignages précieux de la vie carcérale[45]. Des relevés photographiques, des moulages, des « enquêtes-collectes » ont ainsi permis d'inventorier et de conserver la trace de graffiti – comme les prisons des Baumettes à Marseille ou Sainte-Anne à Avignon – menacés de destruction[46]. Ces campagnes

---

40. Jean-Claude Vimont, « Graffiti en péril ? », *Sociétés & Représentations*, 25-1, 2008, p. 193-202. Voir également l'exposition « La mémoire des murs » sur https://criminocorpus.org/fr/expositions/anciennes/art-et-justice/la-memoire-des-murs/.
41. Henri Calet, *Les murs de Fresnes*, Paris, Éd. Héros-Limite, [1945] 2021.
42. Le relevé, effectué cellule après cellule jusqu'au quartier des femmes et au cimetière de la prison est accompagné de quelques photos. Il montre que les prisonniers cherchaient à « écrire sur n'importe quoi, avec n'importe quoi. Sur le bois des meubles, sur le plâtre », ou encore « sur l'aluminium d'une gamelle » (*ibid.*, p. 82-83).
43. Brassaï, *Graffiti*, Paris, Flammarion, [1960] 2016.
44. D. Fabre, « I libri di pietra », art. cit. ; A. Montjaret, « À l'ombre des murs palimpsestes », art. cit.
45. J.-C. Vimont, « Graffiti en péril ? », art. cit. ; A. Montjaret, « À l'ombre des murs palimpsestes », art. cit.
46. Zoé Carle et Jean-Fabien Philippy, « Les Baumettes au musée : anciens et nouveaux objets patrimoniaux, de la guillotine aux graffitis », *In Situ*, 46, 2022, https://doi.org/10.4000/insitu.34052 ; Jean-Fabien Philippy, « Les Baumettes au musée : Graffitis et créations carcérales », M. Renneville et S. Victorien (dir.), n° spécial « Sombre patrimoine, patrimoine sombre. Mémoires et histoires de justice », *Criminocorpus*, 2024,

photographiques documentaires ne visent pas – ou tout du moins pas seulement – à rendre compte de la dimension esthétique de ces graffiti : les sciences sociales s'en emparent également pour réfléchir aux souffrances des détenus comme à leurs actions et à leurs transactions dans l'espace carcéral. Aussi Emmanuel Fureix a-t-il récemment proposé de « faire parler » les murs du château d'If et de la tour de Crest (dans la Drôme) pour penser les graffiti révolutionnaires des prisonniers du XIXe siècle comme des techniques, des « arts de faire » protestataires, des actes subversifs et politiques qui transforment l'espace et le temps de la prison[47].

La démarche de G. Fiume sur les graffiti de Palerme obéit quant à elle à une double opération, patrimoniale et historiographique, qui ne sépare pas, comme nous allons le voir plus en détail, la conservation et l'analyse des inscriptions et des dessins du *Steri*. C'est à cette aune qu'il faut également mesurer l'importance du volumineux *Inventario* publié par R. Foti qui répertorie et reproduit, à l'initiative de M. S. Messana et de G. Fiume, tous les graffiti des prisons de l'Inquisition de Palerme, depuis les six cellules du rez-de-chaussée jusqu'aux quatre cellules du premier étage, parois après parois, dessins après dessins, inscriptions après inscriptions. L'enjeu de cet ouvrage consiste à la fois à sauvegarder et préserver sur un autre support ces riches inscriptions du XVIIe siècle, et à constituer un véritable corpus des écritures prisonnières palermitaines qu'il s'agit de repérer, de photographier, de décrire, de transcrire et de commenter, comme on organiserait l'inventaire d'un fonds d'archives[48]. Le choix du terme « archives », à l'ère du « tournant archivistique », n'est pas anodin : en le mobilisant, R. Foti invite à penser l'étude critique des graffiti de Palerme comme une opération historiographique et le travail d'inventaire comme un outil de la réflexivité historienne[49]. Elle envisage chaque signe apposé sur les murs de l'Inquisition comme des documents à déchiffrer afin de relier les graffiti les uns aux autres, de donner des informations sur leurs éventuels auteurs, de penser le rapport entre les textes et les images à l'intérieur des cellules et, enfin, d'identifier de véritables cycles poétiques et picturaux. Elle tire de cette collecte minutieuse et de ce patient travail paléographique plusieurs conclusions : les graffiti et inscriptions des cellules du *Steri* datent pour l'essentiel de la première moitié du XVIIe siècle. Leurs auteurs sont peu nombreux, mais ils ont beaucoup écrit. En se

---

https://doi.org/10.4000/criminocorpus.14388. Les « enquêtes-collectes » en question ont été menées à l'initiative du Musée des civilisations de l'Europe et de la Méditerranée (MUCEM) de Marseille, fidèles en cela au programme initié par Georges Henri Rivière au musée des Arts et Traditions populaires. Sur ces « enquêtes-collectes », voir Denis CHEVALLIER, « Collecter, exposer le contemporain au Mucem », *Ethnologie française*, 38-4, 2008, p. 631-637 ; Marie-Charlotte CALAFAT et Denis CHEVALLIER, « Une technographie par l'objet. Expériences du musée national des Arts et Traditions populaires », *Techniques & Culture*, 71-1, 2019, p. 92-105.

47. Emmanuel FUREIX, « Écrire l'histoire de résistances graphiques : graffitis d'insurgés prisonniers au mitan du XIXe siècle », V. CIREFICE, G. LE QUANG et A. MAK (dir.), no spécial « Faire l'histoire des graffitis politiques », *20 & 21. Revue d'histoire*, 156-4, 2022, p. 41-58.

48. R. FOTI, « Dal palinsesto al corpus », *in* R. FOTI (dir.), *I graffiti delle Carceri…, op. cit.*, p. XXXVII-LIX, ici p. XLI-XLII.

49. Étienne ANHEIM, « Science des archives, science de l'histoire », É. ANHEIM (dir.), no spécial « Archives », *Annales HSS*, 74-3/4, 2019, p. 505-520.

référant elle aussi à l'histoire et à l'anthropologie des « écritures exposées », R. Foti repère plusieurs « programmes d'exposition graphique » entendus, avec A. Petrucci, comme « une série de produits écrits homogènes et rendus cohérents par des affinités graphiques formelles et textuelles » : chacun est pourvu d'une marque (un nom, des initiales, un signe) qui permet d'en identifier l'auteur, le *dominus* ou « maître de l'espace graphique »[50]. Plusieurs scripteurs ont ainsi circulé de cellule en cellule, contribuant à une dissémination de leurs écritures en différents endroits des prisons du *Steri*. Quelques cellules ont par ailleurs fait l'objet d'une véritable appropriation collective, où l'on peut identifier de multiples strates d'interventions, difficiles à rapporter à un unique auteur[51]. Cet inventaire ne clôt évidemment pas l'étude de ce fascinant corpus : comme le rappelle R. Foti en préambule, il est une invitation faite aux chercheuses et aux chercheurs à s'emparer d'un instrument décisif pour étudier et approfondir l'histoire de ces archives murales[52].

Inquisition, prisons et hérésies méditerranéennes

Le livre de G. Fiume, *Del Santo Uffizio in Sicilia e delle sue carceri*, peut être décomposé en trois grandes parties, qui resserrent peu à peu la focale sur les parois et les graffiti des cellules du palais Chiaramonte. Les trois premiers chapitres relatent l'histoire de l'établissement, du fonctionnement de l'Inquisition en Sicile et de ses cibles. Les deux suivants s'intéressent au complexe du palais Chiaramonte et à la façon dont le Saint-Office parvint à y établir son tribunal et ses prisons. Les quatre derniers chapitres se concentrent sur les graffiti des prisonniers et proposent différentes pistes pour lire et interpréter les dessins et les écritures exposés sur les parois du *Steri*.

Remontant à la période normande de l'île et à l'Inquisition épiscopale du Moyen Âge, G. Fiume s'attache tout d'abord à déplier l'écheveau complexe des juridictions ecclésiastiques et civiles de la vice-royauté aragonaise puis espagnole. Elle s'intéresse aux nombreux conflits de compétence entre la juridiction de l'Inquisition espagnole, instituée en 1487 en Sicile et en vigueur jusqu'en 1782, et les autorités locales : les vice-rois, les juges royaux, le parlement sicilien ou encore l'archevêque de Palerme. L'extension considérable des pouvoirs juridictionnels de l'Inquisition passa par la protection de nombreux « familiers » du tribunal, à savoir des membres de l'aristocratie sicilienne au service de l'institution, qui bénéficiaient du privilège du for ecclésiastique et de nombreuses immunités juridictionnelles (en particulier le droit de porter des armes et de ne pas ressortir de la justice vice-royale)[53]. La *concordia* de 1553 décidée en Castille visait à la fois à réduire la juridiction du tribunal de la foi et à limiter le nombre considérable de ces « familiers » (ils étaient encore 1 572 en 1577 et protégeaient une parentèle élargie d'à peu près 25 000 personnes sur une population totale d'environ 800 000 habitants).

---

50. A. Petrucci, *Jeux de lettres, op. cit.*, p. 10.
51. R. Foti, « Dal palinsesto al corpus », art. cit., p. xlviii.
52. *Ibid.*, p. xlii.
53. G. Fiume, *Del Santo Uffizio…, op. cit.*, p. 31-35.

De nouvelles *concordias*, notamment celle promulguée par Philippe II en 1597, parvinrent davantage à réduire les compétences du tribunal du Saint-Office en Sicile, ce qui n'empêcha pas l'institution de connaître l'acmé de sa politique répressive entre les dernières décennies du XVIe et le milieu du XVIIe siècle. Lorsque la Sicile passa aux mains du duc de Savoie en 1713, puis à celles des Habsbourg en 1720, le tribunal resta sous l'égide de la *Suprema* de Madrid, mais les Inquisiteurs généraux étaient désormais nommés par les souverains à Turin puis Vienne, entraînant de nouvelles controverses diplomatiques et juridictionnelles. En 1738, un bref du pape Clément XII émancipait le tribunal sicilien de la tutelle madrilène : l'Inquisition de Palerme devenait une magistrature locale du nouveau royaume des Deux-Siciles, dont l'utilité était de plus en plus contestée par les réformateurs des Lumières. L'abolition du tribunal en 1782 fut d'ailleurs annoncée avec fierté par le vice-roi Caracciolo à son ami d'Alembert dans une lettre publiée en juin par le *Mercure de France*, où il s'enorgueillissait d'avoir fait abattre un « terrible monstre ». Après avoir fait effacer les armoiries du Saint-Office et l'inscription *Deus judica causam tuam* (Dieu, juge ta propre cause) sur le bâtiment, il fit saisir les archives (pour, bientôt, les jeter aux flammes) et « ouvrir la porte des prisons », où il trouva « trois vieilles femmes, le rebut de l'humanité, accusées de sortilège », qu'il renvoya chez elles[54].

L'examen des procédures rappelle le secret qui entourait toutes les étapes, depuis la phase inquisitoire des accusations et le recueil des témoignages – nécessaire à l'établissement du libelle d'accusation – jusqu'à la phase défensive du procès durant laquelle les inquisiteurs pouvaient recourir à la torture (en particulier le supplice de l'estrapade) pour obtenir les confessions du prévenu. Les prérogatives du tribunal, doté de larges pouvoirs d'enquête et d'une puissante milice de « familiers », s'étendaient non seulement aux hérésies et à la discipline des âmes, mais aussi aux rébellions et conjurations considérées, au même titre que la sorcellerie, comme des crimes de lèse-majesté. Avec ses sentences irrévocables, le tribunal devenait ainsi un puissant instrument de contrôle politique au XVIIe siècle. Il organisa, de 1487 à 1782, 315 cérémonies d'autodafés, ponctuées de musique et de jeux équestres, et largement relayées par des gravures et des chroniques. Ces grands spectacles judiciaires publics contrastaient de façon manifeste avec le secret de la procédure. Les accusés devaient abjurer publiquement leurs péchés et être recouverts le cas échéant d'un *san-benito*, une casaque infamante (pour un temps ou à vie)[55]. Ils étaient condamnés à des peines de prison ou aux galères. Dans les cas les plus graves, ils étaient « relâchés au bras séculier », c'est-à-dire

---

54. Lettre du Marquis Caraccioli [Caracciolo] à d'Alembert, *Mercure de France*, 1er juin 1782, p. 42-44, ici p. 43-44. Sur cette lettre et l'abolition du tribunal, voir Vittorio Sciuti Russi, « Riformismo settecentesco e Inquisizione siciliana : l'abolizione del 'terrible monstre' negli scritti di Friedrich Münter », *Rivista storica italiana*, 115-1/2, 2003, p. 112-148, ici p. 116-117.
55. G. Fiume, *Del Santo Uffizio…, op. cit.*, p. 89-91.

condamnés à mort : sur 6 500 procès recensés, l'Inquisition sicilienne prononça la peine capitale pour 201 accusés et en brûla en effigie 279 autres[56].

La réclusion dans les prisons était également un rouage crucial de la procédure d'Inquisition : le dur traitement des prisonniers était censé accélérer l'obtention d'aveux modelés pour correspondre aux questions et aux accusations des juges. La vie carcérale était également scrutée par les inquisiteurs : certains codétenus ou surveillants avaient le statut de *testigos de cárcel* et pouvaient accuser un prisonnier d'avoir blasphémé ou rapporter des propos qui l'incriminaient. Le tribunal avait même la réputation de stipendier des espions dans les cellules[57]. Les détenus communiquaient parfois entre cachots voisins : un *graffito* écrit en sicilien, daté de 1644 et situé dans une latrine d'une cellule du premier étage du *Steri* fait ainsi la mention de trous (*pirtusi*) au travers desquels les prisonniers parvenaient à se faire passer des billets et autres menus objets ou par lesquels, plus simplement, ils parlaient et se transmettaient des informations[58]. Les prisonniers et prisonnières de l'Inquisition disposaient en effet de papier, d'encre, parfois de livres ; ils se prodiguaient des conseils sur les stratégies défensives à adopter (abjurer et vanter les mérites de la religion catholique, en appeler au pape, etc.). On retrouve des recommandations apposées discrètement sur les murs du *Steri* : toujours dans l'embrasure d'une latrine, écrit à la combustion d'une chandelle, un prisonnier inscrit NEGA (« NIE »), invitant les codétenus à parler le moins possible aux juges durant les interrogatoires[59].

G. Fiume propose également une analyse très documentée des différents délits et hérésies poursuivis par le Saint-Office. Membre de la revue *Quaderni storici*, rompue à l'analyse microhistorienne des procès, elle articule finement études de cas, trajectoires individuelles (parfois détaillées dans d'abondantes notes de bas de page) et fabrique des catégories juridiques et théologiques de l'hérésie. Elle les rapporte aussi aux spécificités locales de la Sicile, qu'il s'agisse de sa position de carrefour au cœur des trafics méditerranéens, de son rôle dans la guerre de course (le *corso*) et le commerce des captifs musulmans, ou encore de sa discipline confessionnelle jugée déficiente par des missionnaires jésuites comparant volontiers le sud et les îles de l'Italie aux « Indes » (les *Indie di quaggiù*)[60]. Les principales cibles de l'Inquisition dans l'île étaient les personnes suspectées

---

56. Voir sur ce recensement M. S. Messana, *Inquisitori, negromanti…*, *op. cit.*, p. 593-607.
57. Voir sur ce point, pour d'autres attestations d'espionnage entre codétenus, N. Muchnik, *Les prisons de la foi*, *op. cit.*, p. 52-58. Voir aussi, sur les « mouchards » du XVIII[e] siècle, S. Abdela, *La prison parisienne*, *op. cit.*, p. 212.
58. G. Fiume, *Del Santo Uffizio…*, *op. cit.*, p. 100 et R. Foti (dir.), *I graffiti delle Carceri…*, *op. cit.*, p. 411 : « I pirtusi c[h]i sperciunu all'autri da[m]musi sunnu ntra li grati di li turchi chi stannu di fiancu. Sutta la scisa di la cruci in terra tri palmi attassu di lu muro ci è un pirtusu chi va sutta. »
59. *Ibid.*
60. G. Fiume, *Del Santo Uffizio…*, *op. cit.*, p. 109-189. Voir également, sur les « hérésies » de l'Italie du Sud, Adriano Prosperi, *Tribunali della coscienza. Inquisitori, confessori, missionari*, Turin, Einaudi, 1996, p. 551-599 ; Giuseppe Maria Viscardi, *Tra Europa e « Indie di quaggiù ». Chiesa, religiosità e cultura popolare nel Mezzogiorno, secoli XV-XIX*, Rome, Edizioni di storia e letteratura, 2005 ; et, plus largement, les travaux d'Ernesto De Martino, *La terre du remords*, trad. par C. Poncet, Paris, Gallimard, [1961] 1966.

de crypto-judaïsme : la méfiance des pouvoirs ecclésiastiques et politiques à l'égard des néophytes, pour la plupart convertis au catholicisme à cause du décret d'expulsion des juifs de 1492-1493, avait d'ailleurs été l'un des moteurs essentiels de l'implantation de l'Inquisition espagnole en Sicile. On surveillait les habitudes alimentaires des convertis, leurs activités le jour du shabbat ou des fêtes juives, d'éventuelles participations à des cérémonies et rituels : sur 1 965 « judaïsants » (dont 620 « judaïsantes »), soit près de 31 % des accusés traduits devant l'Inquisition sicilienne, seuls 5 furent absous. Durant la première moitié du XVIe siècle, des familles entières de crypto-juifs furent condamnées aux peines les plus sévères : 149 « judaïsants » périrent sur le bûcher pour la seule période 1511-1550[61]. Les « réconciliés » subissaient quant à eux des peines de prison et la confiscation de leurs biens. En outre, l'Inquisition sicilienne poursuivait massivement ceux que les documentations produites en chrétienté appelaient les « renégats », ces captifs et esclaves au Maghreb convertis à l'islam[62]. Ces derniers présentaient aux inquisiteurs des récits souvent identiques et stéréotypés pour justifier leur apostasie : la violence de la capture, les mauvais traitements et les brimades des maîtres musulmans pour les pousser à la conversion, la peur de ne jamais être rachetés, la fausse pratique de l'islam pour espérer fuir leur condition, voire l'Afrique du Nord[63]. Le tribunal tendait à absoudre ou à réconcilier ces anciens captifs, et ne « relâchait au bras séculier » que les récidivistes et celles et ceux qui étaient accusés de vouloir regagner le Maghreb. L'Inquisition traquait également les morisques, expulsés d'Espagne en 1609-1614 : outre les réfugiés, nombre d'entre eux, hommes, femmes et surtout enfants, étaient réduits à un état servile en Sicile après une étape en Afrique du Nord où ils étaient ouvertement retournés à l'islam. Leur stratégie défensive commune consistait à comparaître spontanément devant l'Inquisition pour expliquer leur passé, abjurer et demander à être réconciliés[64]. La majeure partie de ces crypto-musulmans fut traduite devant les juges du tribunal sicilien au cours de la période 1550-1650.

En plus des cas de crypto-judaïsme et de crypto-islam, l'Inquisition pourchassait les hérétiques, des luthériens et calvinistes jusqu'aux Alumbrados, en passant par les quiétistes disciples de Miguel de Molinos à la fin du XVIIe siècle. Une particularité sicilienne consistait en la poursuite de « schismatiques » orthodoxes et gréco-albanais, pour la plupart réfugiés en Sicile dans les premières décennies du XVIe siècle et accusés d'avoir dénigré le rite latin ou le pape[65]. Il n'était pas toujours aisé de distinguer entre « hérésies », « blasphèmes » et « propositions hérétiques » (sur l'enfer, la nature du Christ et de la Vierge, le péché originel) des accusations

---

61. F. RENDA, *La fine del giudaismo siciliano*, op. cit., p. 151.
62. G. FIUME, *Schiavitù mediterranee*, op. cit.
63. Daniel HERSHENZON, « Objets captifs. Les artefacts catholiques en Méditerranée au début de l'époque moderne », *Annales HSS*, 76-2, 2021, p. 269-299.
64. G. FIUME, *Del Santo Uffizio…*, op. cit., p. 145-149 ; sur les réfugiés morisques en Sicile, voir Bruno POMARA SAVERINO, *Rifugiati. I moriscos e l'Italia*, Florence, Firenze University Press, 2017, p. 126-147.
65. G. FIUME, *Del Santo Uffizio…*, op. cit., p. 157-161.

souvent combinées à celles de magie, d'adoration du diable, de messes noires et de sorcellerie. G. Fiume évoque par exemple la croyance largement partagée en Sicile dans les figures de *donne di fora*, ces magiciennes mi-fées mi-sorcières qui, à l'image des *benandanti* étudiés par Carlo Ginzburg, participaient à des sabbats nocturnes pour guérir les enfants malades ou assurer de bonnes récoltes[66]. Sorciers, magiciens, rebouteux, kabbalistes, alchimistes, nécromanciens appartenaient à toutes les strates de la société sicilienne : laïcs comme ecclésiastiques, nobles et paysans, médecins et avocats, soldats et marins, esclaves et mendiants. Les accusées étaient, elles aussi, aristocrates comme vendeuses ambulantes, religieuses, aubergistes ou gitanes. Sur les 976 inculpés pour sorcellerie par l'Inquisition de Sicile, on trouve 516 femmes et 460 hommes, soit une proportion féminine moindre que dans le reste de l'Europe à l'époque moderne[67]. Le Saint-Office étendit également sa juridiction à la bigamie (des hommes à 85 %) et au concubinage, ainsi qu'aux délits de nature sexuelle, comme la sodomie ou les avances sexuelles sollicitées par les prêtres lors de la confession.

Avec l'attribution du *Steri* à la fin du XVIe siècle, le Saint-Office entreprit la construction de ses prisons secrètes, attenantes au prestigieux palais. Situées au rez-de-chaussée, les premières cellules furent achevées en 1610 ; face à l'augmentation du nombre de détenus, de nouvelles cellules furent ajoutées en 1630, au premier étage du complexe. Durant les années 1650, le quartier pour les femmes (jusqu'ici situé au premier étage) fut transféré dans de minuscules salles, dans une partie séparée du complexe. Les prisonniers, souvent au nombre de trois ou quatre par cellule, pouvaient demeurer en moyenne deux à cinq ans dans les geôles du Saint-Office, en attente de leurs jugements. Les cellules du *Steri* étaient un moyen de briser la résistance des inculpés durant le procès et, à ce titre, elles furent également utilisées par les vice-rois, notamment à partir des révoltes anti-espagnoles de 1647, pour enfermer des opposants politiques ou les auteurs de conjurations. De la même façon que les geôles du Saint-Office étaient considérées comme des prisons d'État, l'Inquisition s'appuyait sur un vaste « archipel carcéral » sicilien pour l'enfermement des condamnés : ceux-ci pouvaient être ensuite reclus dans des prisons royales, des hôpitaux, des couvents, des forteresses, des galères, des petites îles (comme Pantelleria ou Favignana), ou encore des résidences surveillées[68]. Les archives des Visiteurs des prisons de l'Inquisition (envoyés périodiquement par Madrid pour inspecter les prisons) permettent à G. Fiume de documenter des pans importants de la vie carcérale, qu'il s'agisse du maintien des hiérarchies sociales à l'intérieur de la prison, de l'inégalité de traitement des détenus en fonction de leurs statuts et de leurs niveaux de richesse, de leurs dévotions, des violences et des extorsions qu'ils et elles subissaient de la part des geôliers[69]. En 1633, le Visiteur Bernardo Luis Cotoner y Ballester décrit la présence dans les cachots du *Steri* d'un Anglais, d'un Algérien, d'un Grec de Santorin, d'un Arménien du Liban,

---

66. G. FIUME, *Del Santo Uffizio…*, *op. cit.*, p. 136-137.
67. *Ibid.*, p. 133.
68. *Ibid.*, p. 220-226.
69. *Ibid.*, p. 229-240.

d'un Égyptien originaire d'Alexandrie, d'un Turc né sur les rives de la mer Noire, d'esclaves de provenance inconnue, d'un Espagnol, de quelques Français, d'un Allemand et d'un Hongrois : on parle plusieurs langues dans les cellules et il n'est pas rare que les détenus, en particulier les victimes et les acteurs du *corso*, communiquent au moyen de la *lingua franca*, cette « langue métisse » particulièrement employée par les captifs en Méditerranée[70].

Une histoire graphique des prisons de l'Inquisition

Les deux premières parties de l'ouvrage de G. Fiume peuvent être considérées comme un long préambule qui prépare à l'observation et à l'analyse des graffiti du *Steri*. Sans une description érudite des procédures, sans la description matérielle du bâtiment et des règles de la vie carcérale, il serait en effet difficile de définir l'orbe des enjeux historiques et anthropologiques des écritures exposées sur les murs du *Steri*. Les graffiti sont alors scrutés non pas pour compléter de façon ancillaire la documentation judiciaire archivée en Sicile et, surtout, en Espagne, mais pour interroger et analyser la prison en tant qu'espace d'expressions politiques, religieuses et intellectuelles.

La taille et la fréquence des graffiti laissent peu de doutes sur la tolérance des geôliers pour cette pratique. Pour écrire, les prisonniers utilisaient du charbon, du noir de carbone, de la terre cuite écrasée, de l'argile, des sauces et des aliments de divers types mélangés à des liants organiques (salive, urine), des agrumes, de l'huile de lin (extrait des lampes) ou du blanc d'œuf. La rouille de leurs chaînes leur permettait d'extraire de la poudre rouge. La spectroscopie de certaines parois a permis de mettre en évidence la présence d'ocre, d'émail ou de résine de cuivre[71]. Dans son *Inventario*, R. Foti a relevé 297 sujets figuratifs (des dessins composés parfois de plusieurs éléments) et 264 inscriptions. Très peu sont véritablement taillés sur les parois du *Steri* : la plupart étaient peints et tracés à l'aide de pigments de toutes sortes. Parmi les inscriptions, presque la moitié était rédigée en latin (46 %), loin devant l'italien toscan (22 %) et le sicilien (16 %). On relève également des écritures en anglais et en espagnol, ainsi que deux inscriptions en caractères hébraïques. Un petit groupe d'écrits (13 %), rongés par l'humidité et le temps, est illisible. La prose domine largement, mais 20 % des textes sont en vers[72]. Certaines inscriptions fonctionnent comme des

---

70. Jocelyne Dakhlia, *Lingua Franca. Histoire d'une langue métisse en Méditerranée*, Arles, Actes Sud, 2008, p. 291-312, pour les usages de la *lingua franca* en Europe occidentale. Sur la Visite de Cottoner, voir également Mercedes García-Arenal, « Muri parlanti. Processi inquisitoriali e identità religiosa nelle carceri del Santo Uffizio di Palermo (secolo XVII) », *in* G. Fiume et M. García-Arenal (dir.), *Parole prigioniere, op. cit.*, p. 215-256, ici p. 248-256.
71. Rocco Mazzeo et Edith Joseph, « Applicazione di *imaging* multispettrale allo studio e conservazione di graffiti e dipinti murali siti nell'edificio delle ex-carceri, Palazzo Steri (PA) », *in Lo stato dell'Arte III*, Florence, Nardini, 2005, p. 18-23 ; G. Fiume, *Del Santo Uffizio…, op. cit.*, p. 261-264 ; R. Foti (dir.), *I graffiti delle Carceri…, op. cit.*, p. XLII.
72. R. Foti (dir.), *I graffiti delle Carceri…, op. cit.*, p. XLIII.

phylactères ou viennent apporter des explications à des images, légendant les personnages (bibliques pour la plupart) représentés. D'autres constituent des prières accompagnant des images de saints ou de la Vierge. Enfin, on trouve des textes autonomes : poèmes, chansons, mais aussi courts récits personnels, noms et dates. Ainsi de ce prisonnier qui inscrit en italien : « au 30 août 1645, j'ai reçu la torture. Au 17 7bre je l'ai reçue de nouveau [73] ». La résonance est forte, ici, avec les textes des murs de Fresnes [74]. Si les inscriptions témoignent de la vie carcérale, elles ont aussi des fonctions expressives et conatives, adressées à la communauté des détenus ou à soi-même : « patience, pain et temps », « SILENCE », « NIE », « mon esprit m'abandonne » [75]. On donne son avis, comme un détenu qui écrit que « [d]e toutes les pièces, celle-ci est la meilleure » ; et de préciser : « cette pièce s'appelle de Saint Roch. Soyez pieux » [76]. En nommant, en identifiant et en comparant les cellules, les écritures murales des prisonniers témoignent d'une connaissance intime des lieux et d'itinéraires carcéraux à l'intérieur du bâtiment, qui participent de leur appropriation symbolique. Celle-ci passe non seulement par l'inscription graphique d'une présence, mais aussi par un véritable processus de sacralisation de l'espace [77].

Les dessins apposés sur les parois des prisons du palais Chiaramonte renvoient en effet, pour l'essentiel, à des images saintes et à l'art sacré, au point de donner l'impression d'un véritable « inventaire des dévotions de l'époque moderne [78] ». On trouve ainsi de nombreux saints et saintes avec leurs attributs de martyrs, des Christs en croix marchant vers le Golgotha, des Madones souffrantes. G. Fiume commente ainsi la représentation d'un chemin de croix, qui comprend une impressionnante *Descente du Christ aux Enfers*, représentés par un monstrueux Léviathan. Jésus vient libérer des limbes les justes qui n'ont pas reçu le baptême, d'Adam et Ève à Job et Isaïe. La porte des Enfers, qui n'est pas sans rappeler celle d'un cachot de prison, surmonte l'inscription « NEXITI DIS SPERANZA VVI CHI INTRA », une version sicilienne du célèbre vers de Dante *Lasciate ogni speranza, voi ch'intrate* (Laissez toute espérance, ô vous qui entrez ; *Enfer*, III, 9), qui donne un indice de la fortune de la *Divine Comédie*, souvent apprise par cœur, mais aussi traduite en dialecte et insérée dans les sermons des missionnaires [79].

---

73. R. Foti (dir.), *I graffiti delle Carceri…*, op. cit., p. 285.
74. H. Calet, *Les murs de Fresnes*, op. cit., p. 23 : « 18 juillet 1944 1ʳᵉ question/19 mercredi 2ᵉ question battu de 5 h à 11 h du soir avec nerf de bœuf tous les ¼ d'heure. »
75. G. Fiume, *Del Santo Uffizio…*, op. cit., p. 251-261.
76. R. Foti (dir.), *I graffiti delle Carceri…*, op. cit., p. 492-493.
77. Sur ces aspects, voir N. Muchnik, *Les prisons de la foi*, op. cit., p. 167-197.
78. G. Fiume, *Del Santo Uffizio…*, op. cit., p. 251.
79. *Ibid.*, p. 283-292. Voir également Gianclaudio Civale, *Descendit ad inferos. I graffiti dei prigionieri dell'Inquisizione allo Steri di Palermo*, Palerme, Palermo University Press, 2018 ; Andrea Celli, « A Transreligious Hell: Dante in the Prisons of the Inquisition in Palermo », *in Dante and the Mediterranean Comedy: From Muslim Spain to Post-Colonial Italy*, Cham, Palgrave Macmillan, 2022, p. 127-183.

Figure 1 – *Descente du Christ aux Enfers* (Anastasis)

Légende : Palerme, prisons secrètes du palais Chiaramonte, inscriptions et dessins réalisés avec de l'oxyde de fer, première moitié du XVIIᵉ siècle. Pour des détails sur la composition et la structure du programme graphique, voir R. Foti (dir.), *I graffiti delle Carceri…*, op. cit., p. 87-92.
Source : Luciano Rizzuti, avec son aimable autorisation.

Les images pieuses ne sont pas les seules à figurer sur les parois du *Steri* : certaines compositions visent à orner les lieux et à atténuer, peut-être, la dureté de la réclusion. Ainsi de ces dessins de *paliotti*, les tapisseries qui recouvraient le devant des autels, de ces images de masques, de ces motifs floraux, ou encore de ces trompe-l'œil de balustrades et balcons, chandeliers et rangées d'arbres qui ouvrent une fenêtre sur l'extérieur et qui renvoient aux décors des scènes éphémères des fêtes et cérémonies publiques[80]. G. Fiume explore, pour mieux la rejeter, l'hypothèse que ces images aient pu être commissionnées par les inquisiteurs : si ces derniers toléraient sans aucun doute les graffiti, l'enjeu était bien pour le Saint-Office de faire des cellules de ses prisons une *domus funesta*[81]. D'autres dessins représentent des navires, des galères et des galéasses : dans une imposante scène de bataille navale qui évoque Lépante, on reconnaît les pavillons des Habsbourg, celui de la république de Venise, de la république de Gênes, ainsi que le croissant de lune des bannières de la flotte ottomane. L'auteur ou les auteurs du dessin se sont sans doute remémoré des fresques, des sculptures ou des gravures qui commémoraient, en Italie et en Espagne, la victoire de la Sainte Ligue en 1571.

---

80. R. Foti (dir.), *I graffiti delle Carceri…*, op. cit., p. LII-LIII.
81. G. Fiume, *Del Santo Uffizio…*, op. cit., p. 259-260.

Figure 2 – *Bataille navale*

Légende : Palerme, prisons secrètes du palais Chiaramonte, inscriptions et dessins réalisés avec de l'oxyde de fer et du noir de carbone, dates inscrites : 1612 et 1617. G. Fiume, *Del Santo Uffizio…, op. cit.*, p. 267 ; R. Foti (dir.), *I graffiti delle Carceri…, op. cit.*, p. 108-117.
Source : Luciano Rizzuti, avec son aimable autorisation.

D'autres motifs, plus discrets, fournissent de nombreux renseignements sur la fonction des images dans la vie des prisonniers du *Steri*. Une représentation figurée du palais Chiaramonte avec un homme tenant une balance et l'inscription : « OGNI PECATO AL FIN IVSTICIA ASPETTA » (Tout péché finit par être jugé) évoque l'attente des justes[82]. Plusieurs navires ou petits personnages se trouvent également représentés. Une carte de la Sicile, réalisée au noir de carbone, indique les dénominations de 36 localités littorales et 73 villes et bourgs à l'intérieur des terres. À côté, un cartouche sommaire précise que « dans cette carte de la Sicile, il y a de nombreuses erreurs et diverses villes et terres manquent, mais on ne peut tout avoir en mémoire[83] ». Dans une cellule du premier étage, une autre carte de la Sicile, réalisée vers 1645, n'indique que 29 localités littorales et 24 villes de l'intérieur des terres. L'auteur (« B. ») admet ne pas avoir su porter tous les bourgs et invite, en sicilien, ceux qui le peuvent à ajouter « *lu restu* »[84]. Les parois du *Steri* sont ainsi l'espace d'une écriture collective, collaborative, en partie « récréative », destinée à rythmer

---

82. R. Foti (dir.), *I graffiti delle Carceri…, op. cit.*, p. 5-29.
83. G. Fiume, *Del Santo Uffizio…, op. cit.*, p. 257.
84. Pour des détails sur ce cartouche, voir R. Foti (dir.), *I graffiti delle Carceri…, op. cit.*, p. 458.

un temps difficile à mesurer et à compter. Dans ce registre, il n'est pas impossible de lire ces graffiti comme des activités destinées à rompre l'ennui de la vie carcérale, à l'instar de ces prisonniers français dans l'Angleterre du XVIIIe siècle qui taillaient de petits objets, faits d'os de mouton ou de bœuf, de cheveux et de bois, pour fabriquer des modèles de bateaux, des échiquiers ou des boîtes à bijoux[85]. De petites inscriptions, dans les prisons de Palerme, renvoient également à des aspects relativement méconnus et peu étudiés de la vie carcérale de l'époque moderne : une femme nue (Daniel Arasse l'aurait peut-être qualifiée de « pin-up ») est représentée sur la paroi d'une latrine dans une position qui n'est pas sans rappeler celle de la *Vénus d'Urbin* du Titien et sa charge érotique[86]. G. Fiume l'interprète comme un possible excitant sexuel, lié à la pratique de la masturbation en prison[87].

Une partie du travail historien sur les graffiti a consisté à identifier et retrouver leurs auteurs : la plupart des dessins sont anonymes et non datés. Dans quelques cas, des *fecit*, *pinsit*, *scripsit* donnent de précieux indices sans qu'il soit néanmoins toujours possible d'attribuer avec certitude un nom à une image. Les multiples couches d'intervention, la difficile paléographie sur ces écritures murales, la multiplicité des noms inscrits sur une paroi invitent en effet à la prudence. Seule une image peut être attribuée, avec quelque certitude, à une femme prisonnière de l'Inquisition : il s'agit d'un petit dessin représentant une femme aux cheveux longs, à côté de laquelle une didascalie précise : « *piange la misera perchè il luoco è di pianto* » (« la misérable pleure parce que ce lieu est un lieu de larmes »)[88]. Quelques cas sont remarquables : plusieurs textes écrits en anglais (avec des vers en latin et en italien) sont signés par un jeune marin originaire des Cornouailles, le calviniste John Andrews, qui séjourna dans les geôles de l'Inquisition de Palerme de 1630 à 1633[89]. Pris par les corsaires nord-africains, converti à l'islam, il est capturé de nouveau par un navire sicilien et accusé d'apostasie. Les textes d'Andrews sur les murs du palais Chiaramonte mélangent des balades populaires anglaises et des extraits de la Bible. Devant ses juges, le jeune homme défend l'idée hardie, que l'on retrouve cependant dans nombre de procès d'Inquisition, selon laquelle « chacun peut être sauvé dans sa propre loi », qu'il soit juif, chrétien ou musulman[90]. L'Anglais est finalement condamné à cinq années de galère[91].

---

85. R. Morieux, *The Society of Prisoners, op. cit.*, p. 342.
86. Daniel Arasse, *On n'y voit rien*, Paris, Denoël, 2000, p. 109-110.
87. G. Fiume, *Del Santo Uffizio…, op. cit.*, p. 243-245.
88. *Ibid.*, p. 213.
89. Par exemple, dans R. Foti (dir.), *I graffiti delle Carceri…, op. cit.*, p. 78-82 : « Gioan Andres ingles was his name that did write this. [Hi wa]s a prisenor/ three yeare and was condemned to die pacience in extrimiti bringis a man to three crownes/ of adventure » ; et « there is joyes in hell there is pain awake from sin sleape not in uaine Joan[n]es/ Andreas Angl[es] hum[ili]s servus jesu x[risti]. An[n]o 163[2] ».
90. Sur cet argument sceptique, voir plus largement Stuart B. Schwartz, *All Can Be Saved: Religious Tolerance and Salvation in the Iberian Atlantic World*, New York/Londres, Yale University Press, 2009.
91. Valeria La Motta, « Juan Andrés Inglès », *in* R. Foti (dir.), *I graffiti delle Carceri…, op. cit.*, p. 96. Sur John Andrews, voir également Mercedes García-Arenal, « A Polyphony of Voices: Trials and Graffiti of the Prisons of the Inquisition in Palermo », G. Fiume

G. Fiume établit des liens entre ces idées sceptiques et libertines du XVIIe siècle, les pratiques nicodémites en Méditerranée et des textes et paraboles médiévales qui remontent à la fable des « trois anneaux » popularisée notamment dans le *Décaméron* de Boccace, ou encore à la dénonciation des trois imposteurs (Moïse, Jésus et Muhammad) attribuée à l'empereur Frédéric II[92].

Des signatures ou des initiales permettent de mettre en évidence plusieurs trajectoires de prisonniers, telle celle du pêcheur palermitain Francesco Mannarino, capturé par des corsaires nord-africains à 13 ans ; du pêcheur de Trapani Paolo Confaloni, qui voyagea tout autour de la Méditerranée en quête d'un mage capable de faire bouger les objets par la seule force de son esprit ; du riche Messinois Paolo Mayorana, peut-être l'auteur des dessins de la bataille de Lépante, esprit fort poursuivi pour blasphème, qui n'hésite pas à se moquer des dévotions de ses codétenus ; ou celle de l'Algérois Gabriel Tudesco, né Ahmet, capturé par des corsaires toscans, converti au catholicisme et pris en flagrant délit de fuite vers le Maghreb avec d'autres esclaves nord-africains. Compagnon de cellule de John Andrews avec qui il parle « *moresco* », il défend lui aussi l'idée que toutes les religions se valent. On sait que Gabriel/Ahmet raya l'image de la Madone d'Itria dans sa cellule et barbouilla un dessin de crucifix avec ses excréments[93]. Les images invitent non seulement à identifier des prisonniers et des cas, mais on apprend, au-delà, qu'elles font pleinement partie de l'expérience carcérale et qu'elles s'intègrent même à la procédure d'Inquisition. La dégradation des graffiti religieux dessinés dans les cellules devient ici un motif incriminant pour le Saint-Office.

Les parois du *Steri* archivent également les initiales ou les noms de certains membres de l'Académie des Riaccesi de Palerme, espace de sociabilité érudit et littéraire institué en 1622, tels le docteur Angelo Matteo Bonfante ou Michele Remigio Moraschino. Des poèmes en sicilien signés « *Lu mischinu* » (le pauvre), « *L'Abbandunatu* » (l'abandonné) ou « *lu turmintatu* » (le tourmenté) sont à ce titre les témoignages d'une seconde école poétique sicilienne du premier XVIIe siècle, qui fait des murs des prisons de l'Inquisition un petit *Canzoniere* insulaire[94]. Dante, Boccace, Pétrarque, les « Trois Couronnes » de la littérature italienne se retrouvent sur les parois des cellules du *Steri*, transformées en supports de la bibliothèque mentale des prisonniers. Plus largement, l'inscription des noms, des signatures et des initiales sur les murs fait songer à une sorte de mémorial, un monument qui identifie la présence et rappelle le souvenir de ces malheureux dans les geôles du palais Chiaramonte.

---

et M. García-Arenal (dir), n° spécial « New Perspectives from the Inquisitorial Prison in Palermo », *Quaderni storici*, 157-1, 2018, p. 39-70, ici p. 44-49 ; Giovanna Fiume, « *Todas leyes son buenas*. El proceso a Amet/Gabriel Tudesco », *Hespéris-Tamuda*, 53-2, 2018, p. 49-74.
92. G. Fiume, *Del Santo Uffizio…*, *op. cit.*, p. 332-334.
93. *Ibid.*, p. 263.
94. *Ibid.*, p. 295-302. Sur le docteur Angelo Matteo Bonfante, dont les biographes taisent jusqu'ici le séjour en prison, voir en particulier Anna Clara Basilicò, « Il dottor Angelo Matteo Bonfante », *in* R. Foti (dir.), *I graffiti delle Carceri…*, *op. cit.*, p. 524-525.

Par-delà cette fructueuse démarche « attributionniste », que l'*Inventario* de R. Foti poursuit avec minutie (avec l'aide de V. La Motta et A. C. Basilicò), le « tournant iconique » en histoire de l'art invite à penser les pouvoirs propres des images, c'est-à-dire leurs effets, leurs intentionnalités et leurs puissances[95]. Les nombreuses figurations de souffrances et de martyrs renvoient aux prisonniers un évident miroir de leur vie carcérale, en attente d'une libération ou d'une expiation. Tels le Christ conduit au Golgotha ou les figures de l'Ancien Testament sorties des Enfers, les détenus identifient leur temps en prison à une passion, à une sorte de limbes – un tourment qui ne doit pas faire perdre espoir en une possible libération. Les images et les inscriptions peuvent également avoir une fonction apotropaïque ou dévotionnelle pour les détenus. De façon plus stratégique, elles fonctionnent comme un témoignage de foi aux yeux des geôliers et des inquisiteurs – les murs du *Steri* ne conservent d'ailleurs aucune trace d'inscriptions blasphématoires, sans doute effacées par les gardiens, voire par d'autres détenus. Sans qu'il soit possible de répondre de manière définitive, G. Fiume se demande si les dessins de l'Inquisition ont une dimension consolatoire ; s'ils cherchent, d'une certaine façon, à défier ou à dialoguer avec les inquisiteurs ; s'ils visent à montrer une stricte orthodoxie dévotionnelle et à contredire les accusations des juges, ou bien à faire passer implicitement des messages subversifs ou radicaux[96]. Les images ne sont pas de simples illustrations *de* ou *dans* la vie carcérale : elles transforment la cellule et, en retour, les prisonniers qui interagissent avec elles, par leurs dévotions et leurs prières, mais aussi par leurs gestes parfois hostiles, comme en témoignent les actes iconoclastes de Gabriel Tudesco. En cherchant à rendre présent ce qui est représenté, les auteurs de dessins essayaient sans doute de rendre vivable ce qui était vécu. Les images de navires ne sont sans doute pas ici que des réminiscences de gravures ou de scènes de bataille : comme Philippe Rigaud l'a suggéré à propos de la prison d'Arles, les graffiti de bateaux en prison (qu'on retrouve plus largement dans de nombreux univers carcéraux) renvoient à une quête de liberté, une façon de prendre la mer et le large[97].

Histoire publique et histoire appliquée

Au carrefour de l'histoire religieuse, de l'histoire de l'art, de l'histoire du droit, l'apport de l'ouvrage de G. Fiume, qui érige l'analyse des parois du *Steri* en véritable champ d'études, est essentiel. Son travail invite en effet à des opérations minutieuses de repérage, d'inventaire et d'analyse de toutes les archives

---

95. David Freedberg, *Le pouvoir des images*, trad. par A. Girod, Paris, Gérard Montfort, [1989] 1998 ; Alain Dierkens, Gil Bartholeyns et Thomas Golsenne (dir.), *La performance des images*, Bruxelles, Éd. de l'université de Bruxelles, 2009. Voir également les remarques de C. Guichard, *Graffitis*, op. cit., p. 25-26.
96. G. Fiume, *Del Santo Uffizio*..., op. cit., p. 18-19.
97. Philippe Rigaud, « Graffiti navals en prison : une thématique », *Le Monde alpin et rhodanien*, 32-1/2, 2004, p. 109-114.

murales de l'enfermement, depuis les textes institutionnels jusqu'aux actes des procès et à l'archéologie des espaces de détention. Cette méthode, qui ne sépare pas l'histoire des procédures et l'histoire matérielle de la réclusion, permet de scruter en détail et de faire émerger des parcours biographiques de prisonniers, d'identifier des histoires et de déceler des dimensions que les actes judiciaires taisent. Elle invite aussi à un travail comparatif avec d'autres cicatrices murales repérables dans les lieux d'enfermement, non seulement à l'époque moderne, mais aussi à d'autres périodes historiques, afin de documenter la vie sociale et intellectuelle à l'intérieur des prisons. Sans doute de nouveaux relevés spectroscopiques permettraient-ils une meilleure identification des techniques employées par les prisonniers pour couvrir de graffiti les parois du *Steri* et de ses prisons secrètes : ils pourraient plus globalement donner lieu à de fructueuses collaborations entre sciences physico-chimiques et sciences historiques pour éprouver des hypothèses, mettre au jour de nouveaux palimpsestes ou des repentirs, poser de nouvelles questions ; autrement dit, considérer ce patrimoine graphique comme un problème épistémologique[98].

En termes d'histoire appliquée et de patrimonialisation, en revanche, le bilan s'avère bien plus mitigé[99]. Dans les différents livres qui ont paru sur les graffiti du palais Chiaramonte sont rappelés avec insistance et urgence la précarité et le mauvais état des écritures – en particulier celles qui sont les moins « belles » et « spectaculaires », ce qui n'ôte rien, bien au contraire, à leur valeur documentaire. Dans son ouvrage comme dans sa préface à l'*Inventario* de R. Foti (dont on mesure encore davantage l'importance à cette aune), G. Fiume n'a cessé de rappeler la fragilité des graffiti : des comparaisons avec les premières campagnes photographiques lancées par Pitrè montrent la rapide détérioration, voire la disparition complète, de certains dessins et inscriptions du *Steri*. Certes, par leur complexité et leur mise en contexte, les dessins de l'Inquisition de Palerme exposés aujourd'hui aux visiteurs déjouent les pièges du *dark tourism* des musées de la torture ou des visites de pénitenciers[100]. Toutefois, le rectorat de l'université de Palerme, qui a la tutelle du bâtiment, en favorisant l'accès aux curieux et aux touristes, a choisi de privilégier une logique marchande au détriment d'une patiente entreprise de restauration et de conservation. Tirés de l'oubli par G. Fiume et un groupe d'historiennes attachées à ce trésor d'archives murales, les prisonniers de l'Inquisition sont aujourd'hui menacés d'effacement mémoriel. Ce danger rappelle à quel

---

98. Sur ces défis méthodologiques et épistémologiques, voir Étienne ANHEIM, Mathieu THOURY et Loïc BERTRAND, « Micro-imagerie de matériaux anciens complexes I », *Revue de Synthèse*, 135-3/4, 2015, p. 329-354 ; et, plus récemment, Agathe CHAVE *et al.*, « Studying Archeological Mineralised Textiles: A Perspective from Sixteenth to Nineteenth Century Scholars », *Journal of Cultural Heritage*, 66, 2024, p. 304-315.
99. Sur la place contestée et difficile des historiennes et historiens de métier dans les opérations de patrimonialisation, voir notamment Angelo TORRE, « *Public History* e *Patrimoine* : due casi di storia applicata », *Quaderni storici*, 150-3, 2015, p. 629-659, ici p. 648-649.
100. Anna Clara BASILICÒ, « Though the Agony is Eternal: Voices from Below, from Anywhere. Exhibit of Dungeon Graffiti in Palazzo Chiaramonte-Steri, Palermo », *OeZG*, 34-1, 2023, p. 37-58.

point il est difficile de tenir ensemble tous les pans de l'histoire publique, de la valorisation touristique d'un monument jusqu'à la sauvegarde patrimoniale. Les recherches et les ouvrages dont il a ici été question permettront, on l'espère, de contribuer à préserver l'expression graphique de leurs histoires.

Guillaume Calafat
Université Paris 1 Panthéon-Sorbonne
Institut d'histoire moderne et contemporaine (UMR 8066)
Institut universitaire de France
gcalafat@univ-paris1.fr

« Dans les rues, on ne voit que des musulmans ! »
Esclavage délié et appartenance urbaine en Méditerranée espagnole aux XVIIe et XVIIIe siècles

Thomas Glesener et Daniel Hershenzon

Au mois de juillet 1717, une curieuse lettre anonyme parvint aux bureaux des secrétaires du roi d'Espagne. Rédigés au nom de « tous les pauvres de la ville de Carthagène », les deux folios couverts d'une écriture régulière dénonçaient dans les termes les plus alarmants la part croissante de population musulmane dans la ville : « Il y a plus de 1 500 *moros*, âgés la plupart de dix ou douze ans, tous fils et filles de *moros* libres, résidents dans cette ville, dans laquelle on ne devrait pas admettre des gens d'aussi mauvaise race[1]. » À cette époque, Carthagène, ville portuaire située sur la côte méditerranéenne du royaume de Murcie, comptait environ 9 000 habitants[2], ce qui signifie – à en croire les auteurs de la lettre – que les musulmans représentaient jusqu'à 25 % de la population totale ! La supplique brandissait d'ailleurs la menace d'une rupture de l'équilibre démographique de la ville : « On ne peut

---

* Des versions préliminaires de ce texte ont bénéficié des commentaires suggestifs de Danna Agmon, Isabelle Grangaud, Paulin Ismard, Hayri Gökşin Özkoray, Natividad Planas et Jean-Paul Zuñiga. Cette recherche doit aussi beaucoup aux travaux menés dans le cadre de l'ouvrage collectif en deux volumes : Jocelyne Dakhlia et Bernard Vincent (dir.), *Les musulmans dans l'histoire de l'Europe*, vol. 1, *Une intégration invisible*, Paris, Albin Michel, 2011, et Jocelyne Dakhlia et Wolfgang Kaiser (dir.), *Les musulmans dans l'histoire de l'Europe*, vol. 2, *Passages et contacts en Méditerranée*, Paris, Albin Michel, 2013.
1. Madrid, Archivo Histórico Nacional (ci-après AHN), Consejos, Leg. 147, fol. 1r-2v, Les pauvres de la ville de Carthagène au roi, [juill. 1717].
2. Rafael Torres Sánchez, « Componentes demográficos de una ciudad portuaria en el Antiguo Régimen : Cartagena en el siglo XVIII », *in I concurso de historia de Cartagena « Federico Casal »*, Carthagène, Ayuntamiento de Cartagena, 1986, p. 30-31.

consentir une telle populace [*morisma*]³, sinon, d'ici quinze ans, les *moros* seront plus nombreux que les chrétiens⁴. » Selon le document, ces musulmans étaient soit de petits commerçants enrichis, soit des esclaves qui vivaient et travaillaient librement, exerçant une concurrence déloyale sur le marché du travail. « À cause de ces *moros*, aucun pauvre ne peut gagner sa vie, ne peut travailler, ni mettre un sou de côté pour manger, étant réduit à demander l'aumône de porte en porte à défaut de pouvoir trouver du travail⁵. »

Cette alerte lancée contre la présence musulmane visait plus large : le document était aussi une vive dénonciation des abus commis par une oligarchie municipale accusée d'avoir confisqué le pouvoir à son profit. L'endogamie familiale, la répartition inégale des impôts, la corruption des charges de justice figuraient parmi les reproches qui lui étaient ici adressés. La prolifération des musulmans en ville était également imputée à l'incurie des élites locales : par cupidité, celles-ci auraient préféré louer leurs esclaves plutôt que de les tenir dans leurs maisons. Ce relâchement aurait permis que des musulmans circulent, résident et travaillent librement dans la ville, au préjudice des habitants et au mépris de la religion. Outre la charge contre l'irresponsabilité des maîtres, la supplique déplorait un affaissement général de l'éthique publique des notables qui ne veillaient plus à la sécurité de la ville et de ses habitants. Selon cette logique, le désordre des maisons entraînant le désordre urbain, il en allait de l'intérêt général que le roi intervienne pour restaurer la tranquillité publique. Cet appel n'était rien de moins qu'une mise en demeure car, à défaut d'être entendu, les « pauvres de Carthagène » menaçaient d'aller « vivre et habiter dans les terres des *moros* [c'est-à-dire au Maghreb] plutôt que de continuer à souffrir de telles injustices⁶ ».

Dans les villes du sud de l'Espagne, à Séville, Malaga, Grenade, il n'était pas rare que des habitants se plaignent aux autorités de la présence musulmane. Ces interpellations pouvaient prendre la forme de suppliques de particuliers ou de corporations de métier, de remontrances présentées par des députés aux Cortès de Castille, de rapports de membres du clergé ou des magistratures municipales adressés au roi. Ces traces éparses et discontinues témoignent de crispations ponctuelles dans le temps et dans l'espace. Si elles existent dès le XVIᵉ siècle, elles sont encore nombreuses entre le milieu du XVIIᵉ siècle et le milieu du XVIIIᵉ siècle, c'est-à-dire longtemps après l'expulsion des morisques (1609-1614), à une époque où les seuls musulmans qui subsistaient en Espagne étaient censés être réduits en esclavage et tenus dans les maisons de leurs maîtres. Au début du XVIIIᵉ siècle, lorsque fut rédigée la supplique des pauvres de Carthagène, l'islam ibérique avait donc été éradiqué et la présence musulmane était censée être résiduelle alors

---

3. Ce terme, dérivé de *moro*, désigne « une multitude de Maures ». Sebastián DE COVARRUBIAS OROZCO, *Tesoro de la lengua Castellana o Española*, Madrid, Luis Sanchez, 1611, p. 556.
4. AHN, Consejos, Leg. 147, fol. 2r, Les pauvres de la ville de Carthagène au roi, [juill. 1717].
5. AHN, Consejos, Leg. 147, fol. 2r, Les pauvres de la ville de Carthagène au roi, [juill. 1717].
6. AHN, Consejos, Leg. 147, fol. 2v, Les pauvres de la ville de Carthagène au roi, [juill. 1717].

même que l'esclavage était entré en déclin et que le nombre d'esclaves ne cessait de diminuer[7]. Dès lors, ce type de plainte pose question : qui étaient ces musulmans qui évoluaient librement dans les villes de l'Espagne méridionale à une époque aussi tardive et, surtout, quel était leur statut ? La réponse n'a rien d'évident, car si ces documents fournissent des descriptions nourries sur la difficile cohabitation entre chrétiens et musulmans, ils ne sont jamais très précis sur l'identité de ces derniers. Au contraire, l'usage systématique du terme *moro* permettait à dessein de gommer les différences et d'essentialiser le groupe. La catégorie de *moro* procède en effet d'une généralisation à connotation péjorative qui associe, par une forme d'ethnicisation du religieux, la figure de l'étranger à celle du musulman[8]. Ce terme permettait ainsi de regrouper sous une même étiquette religieuse des personnes de provenances et de conditions différentes (Turcs, Maghrébins, esclaves, libres, affranchis, etc.) afin de pointer une menace musulmane globale. Cette indéfinition a parfois conduit les historiens et les historiennes sur de fausses pistes, non seulement en leur faisant croire à l'existence d'une communauté homogène[9], mais aussi en les autorisant à projeter sur celle-ci des traits spécifiques. Ces suppliques et remontrances ont donc eu tendance à conforter les spécialistes des minorités arabes et musulmanes dans ce qu'ils cherchaient : certains auteurs y ont ainsi décelé la preuve du maintien des morisques en Espagne après les décrets d'expulsion[10], d'autres la trace de l'importance de l'esclavage que l'on croyait disparu[11], d'autres encore la confirmation de la présence plus ou moins clandestine de musulmans libres[12]. Ces textes ont été, en quelque sorte,

---

7. Pour une vue d'ensemble de la condition des musulmans en Espagne avant et après les décrets d'expulsion des morisques, voir Bernard VINCENT, « Les musulmans dans l'Espagne moderne », *in* J. DAKHLIA et B. VINCENT (dir.), *Les musulmans dans l'histoire de l'Europe*, vol. 1, *op. cit.*, p. 611-634.

8. Lorsqu'il n'était pas possible de préciser la condition ou la provenance des personnes désignées comme *moro/a*, nous avons fait le choix de traduire ce terme non par sa traduction littérale à connotation coloniale, « maure », mais par « musulman », un terme dont l'usage a subi en France une essentialisation comparable. Nous n'utilisons donc pas ce terme comme une catégorie d'analyse neutre mais, conscients des significations qu'il revêt aujourd'hui, comme catégorie de la pratique en contexte européen susceptible de restituer au plus près l'assignation véhiculée par le terme *moro*. Voir à ce sujet Rogers BRUBAKER, « Categories of Analysis and Categories of Practice: A Note on the Study of Muslims in European Countries of Immigration », *Ethnic and Racial Studies*, 36-1, 2013, p. 1-8 ; Marie-Claire WILLEMS, *Musulman, une assignation ?*, Bordeaux, Éd. du Détour, 2023.

9. Ce présupposé a fait l'objet d'une critique dans Jocelyne DAKHLIA, « Les musulmans en Europe occidentale au Moyen Âge et à l'époque moderne : une intégration invisible », *in* J. DAKHLIA et B. VINCENT (dir.), *Les musulmans dans l'histoire de l'Europe*, vol. 1, *op. cit.*, p. 7-29.

10. Francisco FERNÁNDEZ Y GONZÁLEZ, « De los moriscos que permanecieron en España después de la expulsión decretada por Felipe III », *Revista de España*, 19, 1871, p. 103-114 et 20, 1871, p. 363-376.

11. Antonio DOMÍNGUEZ ORTIZ, « La esclavitud en Castilla durante la Edad Moderna », *Estudios de Historia Social de España*, 2, 1952, p. 369-428.

12. Eloy MARTÍN CORRALES, *Muslims in Spain, 1492-1814: Living and Negotiating in the Land of the Infidel*, Leyde, Brill, 2021.

victimes de leur puissance narrative car, en donnant le sentiment de lever le voile sur des populations qui pâtissent d'ordinaire d'une faible visibilité documentaire, ils ont entretenu leurs lecteurs et leurs lectrices dans l'illusion qu'ils fournissaient des descriptions transparentes ne demandant qu'à être citées, commentées et mises bout à bout.

Ce biais méthodologique a fait perdre de vue une dimension essentielle, à savoir que ces documents sont pratiquement tous des requêtes adressées aux autorités. Ils correspondent à une forme documentaire spécifique qui mobilise des grammaires de l'interpellation politique et participe de la production normative en cherchant par la dénonciation, non pas à rétablir, mais à produire une représentation de l'ordre social[13]. Dans ce type de plainte, la catégorie de *moro* ne renvoie donc pas à une réalité sociologique objectivable, mais à une position sociale (subalterne) à laquelle les auteurs souhaitaient voir assigner l'ensemble des musulmans. Dès lors, ces textes méritent notre attention, moins pour ce qu'ils disent que pour ce qu'ils font, c'est-à-dire en tant que prise de position permettant de reconstituer les coordonnées d'un champ conflictuel où se joue la question de la place des musulmans dans la société urbaine. Or, contre toute attente, aucune enquête située n'a jamais été entreprise sur ce genre de documents, ni sur les circonstances de leur écriture, ni sur les contextes qu'ils formalisent et les points de vue qu'ils expriment. C'est la démarche que nous avons entreprise en utilisant cette supplique comme point d'entrée pour explorer la condition juridique des musulmans à Carthagène et les tensions qu'elle générait dans les sociétés locales.

Qui sont les « musulmans » de Carthagène ?

À la différence d'autres requêtes similaires, la supplique des pauvres de Carthagène eut la particularité de produire une vaste documentation. De 1718 à 1722, le Conseil de Castille, le plus haut tribunal du royaume, diligenta une enquête : des rapports furent demandés, des consultes rédigées et le gouverneur de la ville (*corregidor*) fut chargé de mener des investigations sur place, interrogeant des témoins et dressant un recensement des musulmans. Cette longue procédure constitue, d'une certaine manière, un vaste travail d'explicitation de ce que la catégorie de *moro* recouvrait puisqu'il s'agissait pour la couronne de comprendre qui étaient ces musulmans et quels étaient leur statut et leur nombre. Cette enquête documente par conséquent, avec un rare souci du détail, la diversité des conditions et des

---

13. Edoardo GRENDI, *Lettere orbe. Anonimato e poteri nel Seicento genovese*, Palerme, Gelka, 1989 ; Cecilia NUBOLA, « Supplications between Politics and Justice: The Northern and Central Italian States in the Early Modern Age », *International Review of Social History*, 46-S9, 2001, p. 35-56 ; James E. SHAW, « Writing to the Prince: Supplications, Equity and Absolutism in Sixteenth-Century Tuscany », *Past & Present*, 215, 2012, p. 51-83 ; Simona CERUTTI et Massimo VALLERANI, « Suppliques. Lois et cas dans la normativité de l'époque moderne – Introduction », *L'Atelier du Centre de recherches historiques*, 13, 2015, https://doi.org/10.4000/acrh.6545.

provenances des musulmans qui cohabitaient à Carthagène ainsi que la variété des modalités de leur insertion dans la ville.

Cette enquête mit d'abord au jour l'existence de deux groupes de musulmans bien identifiables. Le premier était composé des esclaves de l'escadre des galères du roi qui était établie depuis 1668 dans la baie de Carthagène. Avec quatre à huit galères amarrées à quai, une population comprise entre 500 et 1 000 esclaves musulmans et autant de forçats chrétiens condamnés à la rame vivait dans un univers carcéral aux portes de la ville[14]. Ces galériens étaient recensés par l'administration des galères qui tenait des registres avec les noms, une description physique et la provenance de chacun[15]. Cet encadrement très étroit s'accommodait cependant de marges de liberté : comme dans d'autres villes portuaires en Méditerranée, lorsque les galères étaient à l'ancrage, de nombreux galériens descendaient à terre pour travailler. Ils pouvaient s'employer dans des tâches variées, depuis le service personnel des officiers jusqu'à la vente de biens comestibles sur les quais, en passant par le louage auprès de particuliers[16]. Ils restaient généralement identifiables par des signes distinctifs (vêtements, bracelets, etc.). Cette présence dans la ville posait toutefois des problèmes puisque ces esclaves dépendaient de la juridiction des galères, elle-même placée sous l'autorité du roi, ce qui leur conférait une immunité vis-à-vis des juridictions locales[17]. Le deuxième groupe de musulmans identifié par l'enquête était d'un nombre plus réduit que celui des galériens. La présence de ses membres, plus récente, semblait plus préoccupante. Un événement survenu sur la rive africaine de la Méditerranée en était à l'origine : en 1708, après deux siècles de domination espagnole, le préside d'Oran était tombé aux mains des troupes algéroises. Cette déroute provoqua l'émigration massive des habitants espagnols vers la péninsule et, avec eux, d'environ 800 musulmans membres des tribus oranaises alliées de l'Espagne (désignés comme *moros de paz*), dont certains avaient servi dans un corps

---

14. Maximiliano Barrio Gozalo, « La mano de obra eslava en el arsenal de Cartagena a mediados del Setecientos », *Investigaciones históricas : Época moderna y contemporánea*, 17, 1997, p. 79-100 ; Thomas Glesener et Daniel Hershenzon, « The Maghrib in Europe : Royal Slaves and Islamic Institutions in Eighteenth-Century Spain », *Past & Present*, 259-1, 2023, p. 77-116. L'implantation des galères à Carthagène, en attirant des officiers, des soldats et de nombreux artisans, favorisa le décollage démographique de la ville, qui passa de 3 000 à 7 000 habitants entre 1660 et 1700. Rafael Torres Sánchez, *Aproximación a las crisis demográficas en la periferia peninsular. Las crisis en Cartagena durante la Edad Moderna*, Carthagène, Concejalía de Cultura, 1990, p. 20.

15. Juan José Sánchez-Baena, Pedro Fondevila-Silva et Celia Chaín-Navarro, « Los libros generales de la escuadra de galeras de España : una fuente de gran interés para la historia moderna », *Mediterranea. Ricerche storiche*, 9-26, 2012, p. 577-602.

16. Maximiliano Barrio Gozalo, *Esclavos y cautivos. Conflicto entre la cristiandad y el islam en el siglo XVIII*, Valladolid, Junta de Castilla y León/Consejería de Cultura y Turismo, 2006, p. 165-167.

17. André Zysberg, *Les galériens. Vies et destins de 60 000 forçats sur les galères de France, 1680-1748*, Paris, Éd. du Seuil, 1987, p. 117-148 ; Cesare Santus, *Il « turco » a Livorno. Incontri con l'Islam nella Toscana del Seicento*, Milan, Officina Libraria, 2019 ; Gül Şen, « Galley Slaves and Agency : The Driving Force of the Ottoman Fleet », *in* S. Conermann et G. Şen (dir.), *Slaves and Slave Agency in the Ottoman Empire*, Göttingen/Bonn, V&R Unipress/Bonn University Press, 2020, p. 131-166.

de supplétifs (les *mogataces*)[18]. Menacés de représailles par les Algérois, ils obtinrent l'autorisation de passer en Espagne où ils furent répartis dans différentes villes d'Andalousie et du royaume de Murcie[19]. En dépit de leur faible nombre – à peine une trentaine à Carthagène –, l'installation des musulmans d'Oran ne fut pas une mince affaire : ils étaient libres, pratiquaient l'islam et étaient acclimatés au monde espagnol[20]. De plus, en raison de leur fidélité, ils se virent placés sous la protection du roi d'Espagne qui leur attribua des pensions militaires en compensation des pertes subies. Ces musulmans d'Oran formaient certes une très petite communauté, mais jouissaient d'une situation infiniment plus privilégiée que celle des galériens.

L'enquête se focalisa cependant sur un troisième groupe de musulmans aux contours beaucoup plus flous, désignés par une variété de termes renvoyant à leur statut : esclave, libre, *libertino* (du latin *libertinus*), affranchi ou *empeñado* (endetté). Ces termes renvoyaient à des musulmans issus de l'esclavage privé qui, selon des degrés divers, circulaient, travaillaient et résidaient librement dans la ville. Cette situation n'était pas spécifique à Carthagène, on la retrouvait dans de nombreuses villes du sud de l'Espagne, et ce depuis la fin du Moyen Âge, où ces travailleurs musulmans étaient appelés *libertos*, *cortados* (littéralement, coupés), *horros* ou *ahorrados* (de l'arabe *ḥurr*, libre). Si ce lexique désigne des esclaves affranchis ou en cours d'affranchissement, il exprime plus largement des degrés de déliaison vis-à-vis du maître, regroupant des affranchis travaillant au service de leur ancien maître, des captifs employés sous le régime du salariat pour financer leur rachat, des esclaves de maison bénéficiant de la liberté de circuler, etc. Ces esclaves n'étaient pas pour autant des esclaves publics, c'est-à-dire dépendant de la municipalité ou de la couronne[21]. Il s'agissait plutôt d'esclaves de particuliers évoluant dans l'espace public. Les termes utilisés pour les désigner témoignent

---

18. Beatriz Alonso Acero, *Orán-Mazalquivir, 1589-1639. Una sociedad española en la frontera de Berbería*, Madrid, Consejo superior de investigaciones científicas, 2000. Située à une journée de navigation, Carthagène perdait avec Oran un partenaire commercial qui avait assuré sa prospérité en tant que plaque tournante du marché des fournitures et de l'approvisionnement. Sur les circonstances de la conquête d'Oran dans le cadre de la guerre de Succession d'Espagne (1700-1714), voir Antoine Sénéchal, « El cambio dinástico, la Guerra de Sucesión y la defensa del presidio de Orán y Mazalquivir (1700-1708) », *Vegueta. Anuario de la Facultad de Geografía e Historia*, 16, 2016, p. 335-358.

19. Felipe Maíllo Salgado, « The *Almogataces*: A Historical Perspective », *Mediterranean Historical Review*, 6-2, 1991, p. 86-101 ; Luis Fernando Fé Canto, « Oran (1732-1745). Les horizons maghrébins de la monarchie hispanique », thèse de doctorat, EHESS, 2011, p. 438-472.

20. Depuis 1663, le gouverneur d'Oran avait l'autorisation de délivrer des passeports pour les *moros de paz* souhaitant se rendre en Espagne. Antoine Sénéchal, « Par-delà le déclin et l'échec, une histoire aux confins de la Monarchie Hispanique. Le préside d'Oran et de Mers el-Kébir des années 1670 aux années 1700 », thèse de doctorat, EHESS, 2020, p. 537.

21. En Espagne, à l'époque moderne, les villes ne possédaient pas d'esclaves, mais elles pouvaient mobiliser des esclaves privés pour des tâches d'intérêt public (construction de route, déblaiement, gestion des épidémies, etc.). Voir un exemple dans Juan Jesús Bravo Caro, « Esclavos al servicio de la comunidad », *Baetica. Estudios de Historia Moderna y Contemporánea*, 2-28, 2006, p. 395-412.

de la difficulté à identifier des musulmans dont le lien de servitude avec une maisonnée s'était relâché et qui jouissaient par ailleurs d'un accès à une variété de ressources urbaines (résidence, travail, marché, etc.). Pour notre part, nous les désignerons par le terme de *libertinos*, en usage à Carthagène, ou comme « esclaves déliés » pour souligner la singularité de leur condition. L'omniprésence de ces travailleurs est attestée par de nombreux témoignages qui, d'une part, la dénonçaient comme une atteinte à la sécurité et à la dignité des villes, mais, de l'autre, reconnaissaient l'utilité de cette population qui remplissait des tâches essentielles de la vie économique locale (en exerçant comme manutentionnaires, porteurs de chaise, vendeurs d'eau, etc.). Au début du XVIIIe siècle, ces musulmans de condition incertaine existaient toujours et, pour des raisons qu'il faudra éclaircir, leur présence semblait devenir de plus en plus intolérable.

Il y a longtemps que l'abondante historiographie relative à l'esclavage a documenté la présence de ces musulmans *cortados* ou *libertinos*, et ce en privilégiant deux perspectives. La première a analysé ces situations sous l'angle normatif, en mettant en regard les principes qui régissaient l'affranchissement des esclaves et les écarts constatés dans la pratique. En effet, certains auteurs et autrices, se fondant sur des textes de lois – en particulier les *Sietes Partidas* castillanes – qui présentent l'affranchissement comme un acte de pure charité de la part du maître envers son esclave, ont jugé déviante une large variété de pratiques qui permettaient d'obtenir la liberté contre de l'argent et l'ont imputée à la cupidité et à l'arbitraire des maîtres[22]. Au premier plan de ces déviances figurait le contrat d'affranchissement, un accord verbal ou écrit autorisant l'esclave à louer ses services sur le marché du travail libre pour constituer le capital nécessaire à son rachat. Parfois conclus dès l'achat de l'esclave, généralement assortis de clauses contraignantes rendant la manumission très incertaine, ces accords firent l'objet de censures ecclésiastiques

---

22. L'historiographie espagnole a longtemps considéré que la majorité des affranchissements était gratuite et résultait d'un acte charitable envers des esclaves vertueux. Cette perspective a été remise en question par des travaux qui ont souligné le caractère massif des libérations contre paiement, lesquelles pouvaient représenter jusqu'à deux tiers de l'ensemble des affranchissements. Aurelia Martín Casares, *La esclavitud en la Granada del siglo XVI. Género, raza y religión*, Grenade, Universidad de Granada, 2000, p. 435-448. La bibliographie sur l'esclavage dans la péninsule Ibérique est immense. Parmi les œuvres majeures, voir Alfonso Franco Silva, *La esclavitud en Andalucía, 1450-1550*, Grenade, Universidad de Granada, 1992 ; Rocío Periáñez Gómez, *Negros, mulatos y blancos. Los esclavos en Extremadura durante la Edad Moderna*, Badajoz, Diputación de Badajoz, 2010 ; Arturo Morgado García, *Una metrópoli esclavista. El Cádiz de la modernidad*, Grenade, Universidad de Granada, 2013 ; Manuel Gómez de Valenzuela, *Esclavos en Aragón, siglos XV al XVII*, Saragosse, Institución Fernando el Católico, 2014 ; José Miguel López García, *La esclavitud a finales del Antiguo Régimen. Madrid, 1701-1837. De moros de presa a negros de nación*, Madrid, Alianza Editorial, 2020. En revanche, peu d'études ont été centrées sur le cas des *libertinos* : Manuel Lobo Cabrera, *Los libertos en la sociedad canaria del siglo XVI*, Madrid, Instituto de estudios canarios, 1983 ; A. C. de C. M Saunders, *História social dos escravos e libertos negros em Portugal, 1441-1555*, Lisbonne, Imprensa Nacional-Casa da Moeda, 1994 ; Arturo Morgado García, « Los libertos en el Cádiz de la Edad Moderna », *Studia Histórica. Historia Moderna*, 32, 2010, p. 399-436.

et d'interdictions royales. Adoptant implicitement le prisme de l'illégalisme véhiculé par ces textes, de nombreux travaux en ont conclu que ces pratiques constituaient des anomalies au regard du principe de l'affranchissement charitable[23]. Prenant le contre-pied des approches institutionnelles et normatives, une seconde perspective a inscrit ces situations d'entre-deux dans le champ des relations de pouvoir informelles. Il s'agissait alors de documenter la manière dont les maîtres se jouaient des cadres légaux pour exercer des modes subtils de domination sur leurs esclaves[24]. Mais ces espaces de l'informalité apportaient également la preuve de l'agentivité des esclaves, des marges de négociation dont ils disposaient leur permettant de s'immiscer dans les interstices du marché pour accélérer le retour à la liberté[25]. Déviance ou informalité sont en réalité les deux versants d'un même problème qui consiste à partir du présupposé que l'unique horizon normatif de l'esclavage en Méditerranée à l'époque moderne était celui de la maison et des relations entre maître et esclave. Cela a conduit à établir des distinctions nettes entre maison et cité, entre esclavage et travail libre, et à considérer les situations qui échappaient à ce cadre comme des zones grises, des espaces de l'illégalisme, de la dérégulation et du non-droit[26].

À travers le cas de Carthagène, nous entendons montrer que l'omniprésence de musulmans *libertinos* ou *cortados* dans les villes espagnoles n'était pas le signe d'une informalité généralisée, mais au contraire la manifestation de la pluralité de régimes de droit modelés par les pratiques serviles sur le temps long. En effet, la présence d'esclaves sur le marché du travail libre était une réalité ancienne qui semble avoir pris une tournure importante à la charnière des XIVe et XVe siècles, avec le développement de l'économie de la rançon et du cortège de droits réciproques permettant aux captifs, en Europe et au Maghreb, d'œuvrer à leur affranchissement[27]. Ces usages ont engendré des droits et des normes, différents dans

---

23. A. FRANCO SILVA, *La esclavitud en Andalucía, op. cit.*, p. 130-133.
24. Alessandro STELLA, *Histoires d'esclaves dans la péninsule Ibérique*, Paris, Éd. de l'EHESS, 2000, p. 156-165.
25. Walter JOHNSON, « On Agency », *Journal of Social History*, 37-1, 2003, p. 113-124; Fabienne P. GUILLÉN, « *Agency*. Un nouveau dieu invitant au blasphème », *in* F. P. GUILLÉN et R. SALICRÚ I LLUCH, *Ser y vivir esclavo. Identidad, aculturación y agency (mundos mediterráneos y atlánticos, siglos XIII-XVIII)*, Madrid, Casa de Velázquez, 2021, p. 157-186. Voir, dans ce numéro le compte rendu de cet ouvrage par José Antonio Martínez Torres, p. 807-809. Sur la participation au marché comme processus d'émancipation, voir Laurence FONTAINE, *Le marché. Histoire et usages d'une conquête sociale*, Paris, Gallimard, 2014.
26. De nombreux travaux ont remis en question la séparation nette entre esclavage et travail libre : Marcel VAN DER LINDEN, *Workers of the World: Essays toward a Global Labor History*, Leyde, Brill, 2008; Alessandro STANZIANI, *Les métamorphoses du travail contraint. Une histoire globale, XVIIIe-XIXe siècles*, Paris, Presses de Sciences Po, 2020.
27. Sur le travail salarié des esclaves, bien étudié pour les XIVe et XVe siècles, voir Jacques HEERS, *Esclaves et domestiques au Moyen Âge dans le monde méditerranéen*, Fayard, [1981] 1996, p. 135-163; María Teresa FERRER I MALLOL et Josefina MUTGÉ I VIVES (dir.), *De l'esclavitud a la llibertat. Esclaus y lliberts a l'Edat Mitjana. Actes del Col.loqui Internacional celebrat a Barcelona, del 27 al 29 de maig de 1999*, Madrid, Consejo superior de investigaciones científicas/Institución Milá y Fontanals, 2000; Josep HERNANDO I DELGADO, *Els esclaus islàmics a Barcelona: blancs, negres, llors i turcs. De l'esclavitud a la llibertat,*

chaque lieu et dotés de la faculté de déroger aux principes généraux du *jus commune* régissant le statut des esclaves. Matthias van Rossum, à la suite de Michael Zeuske, a récemment appelé à exhumer la pluralité des « régimes d'esclavage », en envisageant les pratiques serviles comme un espace de confrontation entre des systèmes normatifs concurrents, notamment entre des régimes d'esclavage locaux fondés sur l'usage et d'autres modes d'organisation imposés de l'extérieur qui ont tendu à l'hégémonie[28]. Cette perspective permet de comprendre les tensions observées dans les villes du Levant espagnol, où l'existence d'esclaves en semi-liberté fut toujours problématique. En raison de l'incertitude planant sur leur condition, les *libertinos* furent l'objet d'une âpre concurrence entre des instances diverses visant à les contrôler ou à les placer sous tutelle. Les multiples règlements interdisant ou régulant la pratique ne doivent donc pas être envisagés au seul prisme de la déviance, mais comme autant de revendications émanant de ces autorités qui cherchaient à placer ces personnes sous leur juridiction[29]. L'usage, sa revendication et sa contestation étaient intrinsèquement liés dans la production de la coutume et concouraient à la reconnaissance de droits collectifs[30]. Les institutions n'étaient d'ailleurs pas les seules impliquées dans ce processus : les *libertinos* y ont pris une large part, parfois en faisant valoir ces

---

s. XIV, Barcelone, Institució Milà i Fontanals/Departament d'Estudis Medievals, 2003, p. 135-169 ; Antoni Furió (dir.), n° spécial « Treball esclau i treball assalariat a la baixa edat mitjana », *Recerques. Història, Economia, Cultura*, 52/53, 2006 ; Antoni Albacete i Gascón, « Les formes d'accés pactat a la llibertad entre esclaus i propietaris a la Barcelona del segle xv », *Pedralbes. Revista d'història moderna*, 28-2, 2008, p. 465-484 ; William D. Phillips, *Slavery in Medieval and Early Modern Iberia*, Philadelphie, University of Pennsylvania Press, 2014. Par ailleurs, toutes ces formes de salariat servile sont attestées dans d'autres régions du monde jusqu'au xixe siècle : Halil Sahillioğlu, « Slaves in the Social and Economic Life of Bursa in the Late 15th and Early 16th Centuries », *Turcica. Revue d'études turques*, 17, 1985, p. 43-112 ; Luiz Carlos Soares, « Os escravos de ganho no Rio de Janeiro do século xix », *Revista Brasileira de História*, 8-16, 1988, p. 107-142 ; Beatriz Mamigonian, « Revisitando a 'transição para o trabalho livre' : a experiência dos africanos livres », *in* M. Florentino (dir.), *Trafico, cativeiro e liberdade. Rio de Janeiro, Seculos XVII-XIX*, Rio de Janeiro, Civilização Brasileira, 2005, p. 389-417 ; Kerry Ward, « Slavery in Southeast Asia, 1420–1804 », *in* D. Eltis et S. L. Engerman (dir.), *The Cambridge World History of Slavery*, vol. 3, *AD 1420-1804*, Cambridge, Cambridge University Press, 2011, p. 163-185.
28. Matthias van Rossum, « Slavery and Its Transformations : Prolegomena for a Global and Comparative Research Agenda », *Comparative Studies in Society and History*, 63-3, 2021, p. 566-598 ; Michael Zeuske, « Historiography and Research Problems of Slavery and the Slave Trade in a Global-Historical Perspective », *International Review of Social History*, 57-1, 2012, p. 87-111.
29. Le rôle des municipalités a notamment été largement sous-estimé dans l'encadrement de l'esclavage. La richesse des règlements municipaux en la matière a été soulignée par Raúl González Arévalo dans *La vida cotidiana de los esclavos en la Castilla del Renacimiento*, Madrid, Marcial Pons, 2022.
30. Edward P. Thompson, *Les usages de la coutume. Traditions et résistances populaires en Angleterre, XVIIe-XIXe siècle*, trad. par J. Boutier et A. Virmani, Paris, Éd. de l'EHESS/Gallimard/Éd. du Seuil, [1980] 2015 ; Tamar Herzog, « Immemorial (and Native) Customs in Early Modernity : Europe and the Americas », *Comparative Legal History*, 9-1, 2021, p. 3-55.

droits en justice[31], mais surtout en usant simplement de la liberté d'action que leur procurait leur situation. En effet, l'accès au marché du travail, la possibilité de circuler, de résider, de passer des contrats, de contracter des dettes ou de posséder un capital étaient des ressources dont les esclaves étaient en principe exclus. Dès lors, en agissant de la sorte, ces esclaves cessaient de se comporter en esclaves et mobilisaient une variété de figures juridiques (captif, pauvre, résident, débiteur, femme, etc.) qui ouvrait sur d'autres régimes de protection. Il n'y avait donc aucune informalité dans ces actions, qui étaient une manière d'affirmer des droits tout en les exerçant. Ce processus était cependant source de frictions, puisqu'il se déroulait sous le regard de la communauté qui, en l'absence d'opposition, sanctionnait la reconnaissance des droits[32]. Les esclaves musulmans étaient donc pleinement impliqués dans ce conflit de normativités, non parce qu'ils se jouaient des normes, mais parce que, par leurs actions, ils contribuaient à les forger[33].

Notre corpus documentaire s'appuie pour une large part sur l'enquête diligentée par le Conseil de Castille. Cette procédure ne peut toutefois pas être considérée comme une simple opération de dévoilement d'une réalité sociale qui aurait jusque-là été cachée. Elle ne se situe pas en surplomb par rapport à ces dissensions, mais en est partie prenante et ne les documente que dans la mesure où elle y intervient. Elle constitue un ensemble d'actions signifiantes qui permettaient d'ouvrir un espace juridictionnel dans un domaine où l'intervention des officiers royaux était contestée par des pôles de pouvoir concurrents[34]. Il y a donc un hors-champ

---

31. Dans l'historiographie de l'esclavage atlantique, le rôle des tribunaux dans la production de « droits coutumiers » des esclaves a été récemment mis en lumière, en soulignant notamment leur capacité à transformer les obligations des maîtres en droits des esclaves. Alejandro DE LA FUENTE, « Slaves and the Creation of Legal Rights in Cuba: Coartación and Papel », *Hispanic American Historical Review*, 87-4, 2007, p. 659-692 ; Bianca PREMO, *The Enlightenment on Trial: Ordinary Litigants and Colonialism in the Spanish Empire*, New York, Oxford University Press, 2017, p. 191-223 ; Adriana CHIRA, « Freedom with Local Bonds: Custom and Manumission in the Age of Emancipation », *The American Historical Review*, 126-3, 2021, p. 949-977. Pour l'Espagne, les sources judiciaires, pourtant abondantes, ont été moins sollicitées par l'historiographie de l'esclavage. Sur ce sujet, voir Javier FERNÁNDEZ MARTÍN, « La esclavitud ante la justicia del rey: el caso de la Chancillería de Granada (ca. 1577-1700) », *in* M. F. FERNÁNDEZ CHAVES, E. FRANÇA PAIVA et R. PÉREZ GARCÍA (dir.), *Tratas, esclavitudes y mestizajes. Una historia conectada, siglos XV-XVIII*, Séville, Editorial Universidad de Sevilla, 2020, p. 277-288.
32. Selon les mêmes mécanismes d'accès à la citoyenneté locale analysés dans Tamar HERZOG, *Defining Nations: Immigrants and Citizens in Early Modern Spain and Spanish America*, New Haven, Yale University Press, 2003 ; Simona CERUTTI, *Étrangers. Étude d'une condition d'incertitude dans une société d'Ancien Régime*, Montrouge, Bayard, 2012 ; Maarten Roy PRAK, *Citizens without Nations: Urban Citizenship in Europe and the World, c.1000-1789*, Cambridge, Cambridge University Press, 2018.
33. Sally Falk MOORE, *Law as Process: An Anthropological Approach*, Londres/Boston, Routledge & Kegan Paul, 1978 ; Fredrik BARTH, *Process and Form in Social Life*, Londres/Boston, Routledge & Kegan Paul, 1981.
34. Sur cette démarche, qui envisage les sources comme des actions, voir en particulier Angelo TORRE, « Percorsi della pratica 1966-1995 », *Quaderni storici*, 30-90/3, 1995, p. 799-829 ; Simona CERUTTI et Isabelle GRANGAUD, « Sources and Contextualizations:

de l'enquête qu'il est essentiel de reconstituer afin de saisir les enjeux des conflits. Nous avons mené ce travail en partie par des recherches complémentaires dans les archives locales de Carthagène et de Murcie, mais surtout par un examen attentif de la documentation produite par l'enquête elle-même. Partant, celle-ci ne constitue pas seulement le noyau principal de notre corpus documentaire, elle est également le foyer problématique de notre propre enquête nous permettant de comprendre quelle est la part prise par la juridiction royale (et plus particulièrement celle d'un gouverneur civil) dans les pluralités normatives qui cohabitaient à Carthagène et qui régulaient la condition juridique des musulmans dans la ville.

Cet article s'ouvre sur une description du déroulement de l'enquête afin de comprendre de quelle manière les informations qu'elle produisit participèrent d'une mise en forme du problème. Dans une deuxième étape, il s'agira de mettre en lumière comment cette enquête s'inscrivait dans la continuité de tentatives, réitérées tout au long du XVIIe siècle, d'étendre la juridiction royale sur les esclaves des maisons particulières. Dans la troisième et quatrième partie, nous explorerons les spécificités de l'esclavage privé à Carthagène, qui permettaient que des esclaves accèdent au marché du travail et à la résidence libre, non sans susciter localement de vives tensions. Enfin, dans la dernière partie, nous reviendrons sur l'enquête pour l'éclairer sous un nouveau jour, en soulignant que les procédures menées sur place visaient moins à informer le Conseil sur la démographie musulmane qu'à opérer un nouveau partage des droits de cité entre les musulmans présents dans la ville. À l'issue de ce parcours, nous montrerons comment le cas carthaginois permet de renouveler le questionnaire sur les circonstances de la disparition de l'esclavage maghrébin en Espagne à la fin de l'Ancien Régime.

L'enquête sur l'enquête

Arrivée sur la table du ministre de la Justice en 1717, la supplique des pauvres de Carthagène fut transmise au Conseil de Castille, qui prit l'affaire très au sérieux. Il est vrai que l'arrivée des réfugiés d'Oran suscitait des inquiétudes à Madrid, et qu'il n'était pas clair si les 1 500 musulmans mentionnés dans la supplique étaient liés ou non à l'émigration récente des *moros de paz*. Des vérifications furent donc entreprises : de 1717 à 1719, les conseillers sollicitèrent des informations auprès d'agents locaux, en particulier parmi le clergé séculier. Le rapport le plus détaillé fut transmis par le curé de l'unique paroisse de Carthagène, qui s'alarmait lui aussi du risque que représentait la population musulmane pour l'équilibre démographique de la ville. S'estimant incapable de quantifier le problème, il jugeait cependant « qu'ils sont très nombreux et que dans les rues on ne voit rien d'autre

Comparing Eighteenth-Century North African and Western European Institutions », *Comparative Studies in Society and History*, 59-1, 2017, p. 5-33 ; Isabelle GRANGAUD, « Le passé mis en pièce(s). Archives, conflits et droits de cité à Alger, 1830-1870 », *Annales HSS*, 72-4, 2017, p. 1023-1053. Pour une discussion d'ensemble de cette démarche, voir Étienne ANHEIM (dir.), n° spécial « Archives », *Annales HSS*, 74-3/4, 2019.

que des musulmans, hommes et femmes, aussi bien des adultes que des enfants[35] ». Il pointait ensuite des problèmes d'ordre économique, en particulier la concurrence déloyale pratiquée par ces *moros* sur le travail agricole journalier. Il dénonçait aussi la charité dévoyée de certains musulmans qui, s'étant enrichis par le commerce, employaient leurs biens pour affranchir des esclaves au lieu de contribuer au soulagement des pauvres de la ville. Le curé établissait un lien entre la prospérité économique de certains musulmans libres ou affranchis et la difficulté à convertir les autres esclaves, car, par la promesse du rachat et par l'intimidation, les musulmans les mieux établis dissuadaient les esclaves de renier l'islam. Enfin, toujours selon le curé, ces *moros* posaient un grave problème à l'ordre public : outre leurs liens supposés avec les corsaires algérois et marocains, ils agressaient et insultaient les chrétiens en toute impunité[36].

En s'appuyant sur ces avis, les conseillers rédigent une consulte au roi dans laquelle ils considéraient les allégations suffisamment fondées pour nécessiter une enquête sur place. La partie inquisitoire de la procédure, ouverte en 1720, se vit confiée à Martín de Ibarguen y Jausolo, gouverneur civil (*corregidor*) fraîchement nommé à Carthagène. Celui-ci fut chargé de faire la lumière sur les deux volets de l'enquête, à savoir la corruption des élites municipales ainsi que le nombre et la situation des musulmans dans la ville. Ibarguen procéda tout d'abord à l'interrogatoire de neuf témoins, leur demandant s'ils connaissaient le nombre de « *moros de paz*, *libertinos* et esclaves qui résid[ai]ent dans cette ville », si ces musulmans avaient commis des délits, et si les activités auxquelles ils s'adonnaient pour vivre étaient préjudiciables. Les déclarations des témoins convergèrent d'emblée pour imputer la majorité des griefs aux esclaves des galères et aux musulmans d'Oran. Pour les premiers, les problèmes étaient anciens : selon l'un des témoins, les galériens avaient commis ces délits « de tout temps » et « les châtiments infligés par la justice militaire des galères » n'avaient pu les endiguer[37]. Pour les seconds, on les rendait non seulement responsables de nombreux désordres, mais on s'inquiétait aussi des liens qu'ils avaient conservés avec le Maghreb et de ceux qu'ils entretenaient avec les autres musulmans oranais réfugiés dans la région. À la différence de ces deux groupes, les esclaves privés et les *libertinos* bénéficièrent de témoignages relativement bienveillants. Plusieurs témoins regrettaient certes qu'on leur laissât une trop grande liberté, ce dont ils avaient profité pour occuper une place prépondérante dans la vie économique locale, aussi bien sur le marché du travail

---

35. D'autres témoignages confirment cette dimension visuelle de la présence maghrébine à Carthagène. En 1734, un jésuite regrettait la présence excessive de musulmans dans les ports espagnols, « les uns avec le titre d'esclaves, d'autres comme vendeurs à la sauvette d'amulettes et de petites choses, comme je l'ai vu à Carthagène ». Pedro DE CALATAYUD, *Doctrinas prácticas que solía explicar en sus misiones, dispuestas para desenredar y dirigir las conciencias*, vol. 1, Valence, Imprenta de Joseph Esteban Dolz, 1737, p. 190.
36. AHN, Consejos, Leg. 147, Exp. 1, fol. 6-11, Joseph Antonio Garcia Vila à l'évêque de Murcie, Carthagène, 16 sept. 1717.
37. AHN, Consejos, Leg. 6988, Exp. 2, fol. 54, Déposition de Juan Martinez Ballesteros, ancien *alguacil mayor* de la ville.

libre que dans le marché informel des denrées alimentaires[38]. Néanmoins, ces problèmes n'étaient visiblement pas de même nature que ceux posés par les esclaves des galères et les *moros de paz*. « Les musulmans *libertinos* et esclaves qui ont été et qui sont dans cette ville n'ont commis aucun délit digne de considération », affirmait l'un des témoins[39]. « Ceux qui sont ici sont réformés dans leurs mœurs », précisait un deuxième[40], tandis qu'un troisième minimisait les préjudices pour l'économie de la ville, soulignant l'utilité publique de leur travail : « [...] ils s'emploient dans le dur travail de porter les biens et les marchandises qui sont débarqués dans ce port[41] ». Le *corregidor* reprit cette version des faits dans son rapport final : « Les musulmans esclaves et *libertinos* qui résident dans cette ville ne sont pas nocifs [...], au contraire ils sont bénéfiques car ils se consacrent à des tâches et des occupations serviles. » S'ils étaient nombreux dans la ville, estimait Ibarguen, cela était uniquement conjoncturel, en raison de la peste qui entravait la navigation et ne permettait pas aux affranchis de s'embarquer[42].

L'avis du *corregidor* était étayé par un recensement qu'il avait établi, dès le mois de juillet 1720, de « musulmans esclaves et *libertinos*, petits et grands, qui se trouv[ai]ent dans cette ville et sa juridiction[43] ». À première vue, ce recensement semble confirmer que la principale préoccupation du Conseil de Castille était bien d'ordre démographique, et que l'enquête d'Ibarguen devait avant tout dresser un état des lieux de la population musulmane. La liste comptabilisait 109 personnes, indiquant pour chacune le nom musulman (avec parfois un surnom chrétien), l'origine, le statut et les noms des éventuels conjoints, enfants et autres membres de la famille (mère, sœur, etc.). Une activité était mentionnée pour un nombre réduit d'entre elles (20/109), avec des indications telles que « vendeur d'eau » ou « fait du commerce dans les denrées alimentaires ». Les catégories de statut étaient variées : esclave (46), libre (32), *libertino* (14), endetté (*empeñado*) (8). Il semble que les « esclaves », dans leur majorité, travaillaient en dehors de la maison de leur maître, puisqu'il avait été jugé utile pour 5 d'entre eux d'ajouter « sert dans la maison ». On ignore de même si la catégorie « libre » désignait des affranchis (5 sont indiqués avec le nom de leur ancien maître), des travailleurs libres qui n'avaient jamais connu la servitude ou des esclaves fugitifs venus d'autres régions[44]. Quoi qu'il en soit, ce recensement désamorça le problème démographique : avec 109 personnes, le bilan

---

38. AHN, Consejos, Leg. 6988, Exp. 2, fol. 54, Déposition de Juan Martinez Ballesteros, ancien *alguacil mayor* de la ville, et fol. 70, Déposition de Pedro Minguez Terguel, avocat.
39. AHN, Consejos, Leg. 6988, Exp. 2, fol. 47, Déposition de Manuel Esteban del Castillo, avocat.
40. AHN, Consejos, Leg. 6988, Exp. 2, fol. 54, Déposition de Juan Martinez Ballesteros, ancien *alguacil mayor* de la ville.
41. AHN, Consejos, Leg. 6988, Exp. 2, fol. 59, Déposition de Bartolomé Garcia Ibarguen.
42. AHN, Consejos, Leg. 147, Exp. 1, fol. 24r-v.
43. Nous nous contentons ici de restituer les données brutes, car nous reviendrons ultérieurement sur les conditions dans lesquelles ce recensement a été mené.
44. En 1691, un musulman « libre » de Puerto Real se révélait être un esclave fugitif de Murcie, « résidant dans cette ville, ayant changé son nom pour celui de Muza, et se faisant passer pour libre ». Puerto Real, Archivo Municipal, Caja 1591/8.

était très éloigné des 1 500 musulmans dénoncés dans la supplique des pauvres[45]. Le *corregidor* concluait d'ailleurs qu'il n'y avait pas de surpopulation musulmane à Carthagène, à condition que l'on disperse les familles d'Oran. Bien qu'il n'ait recensé que 36 *moros de paz* à Carthagène, Ibarguen estimait que ce nombre n'était nullement à la mesure du danger qu'ils représentaient car, selon lui, concentrés au même endroit, ils pouvaient se reproduire de façon exponentielle[46].

En 1722, accusé lui aussi de malversation, Ibarguen fut destitué et remplacé par un nouveau gouverneur, le comte Guillaume de Rivière d'Arschot, qui cumula les fonctions de gouverneur civil et militaire. Dès son entrée en fonction, ce dernier entreprit de boucler l'affaire de façon expéditive et dans une direction très différente de celle de son prédécesseur. Le 2 janvier 1723, il publia un décret ordonnant l'expulsion vers Alger de tous les esclaves affranchis de Carthagène et demanda au Conseil de Castille d'en faire de même pour les villes voisines de Murcie, Lorca et Orihuela[47]. Arschot portait donc le fer contre les musulmans issus de l'esclavage privé, ceux-là mêmes qu'Ibarguen avait cherché à épargner. Il prétendit ensuite avoir découvert l'auteur de la supplique des pauvres de Carthagène en la personne d'un certain Joseph Granara, boulanger de la ville, qui l'aurait rédigée pour se venger des autorités municipales à cause d'un marché de fourniture de pain duquel il aurait été écarté. L'arrestation du boulanger acheva de retirer tout caractère politique à cette affaire : selon Arschot, le chiffre de 1 500 musulmans n'était que « fausses et malicieuses informations » au service d'une vengeance personnelle. Le Conseil de Castille en tira les conclusions qui s'imposaient et décida de refermer le volet de l'enquête relatif aux musulmans de Carthagène[48].

Le déroulement de cette enquête est en soi très instructif. Les auteurs de la supplique des pauvres, en brandissant la menace d'une surpopulation musulmane, parvinrent à interpeller la justice du roi sur le dérèglement du gouvernement de la ville. Dans un premier temps, les rapports émanant de Carthagène, et plus particulièrement du clergé local, confirmèrent les désordres provoqués par une population indéterminée de musulmans vivant en ville. Dans un second temps, l'enquête sur place présenta un panorama plus nuancé du problème : Ibarguen chercha à identifier des responsabilités en s'efforçant de distinguer les « bons » des « mauvais » musulmans. Il suivit pour cela une logique très simple : les « bons » musulmans étaient les esclaves domestiques de Carthagène, qu'ils soient affranchis ou non ; les « mauvais » musulmans étaient les étrangers à la ville, qu'ils soient galériens ou libres venus d'Oran. Selon lui, les petits délits économiques des premiers ne pesaient pas lourd en regard des désordres provoqués par les autres. Et puisque les galériens relevaient de la juridiction militaire du roi et étaient implantés depuis plusieurs décennies,

---

45. AHN, Consejos, Leg. 6987, Exp. 2.
46. AHN, Consejos, Leg. 147, fol. 24-26, Martin de Ibarguen au conseil de Castille, Carthagène, 17 juin 1722.
47. AHN, Consejos, Leg. 147, Exp. 1, fol. 28.
48. AHN, Consejos, Leg. 6987, Exp. 2, fol. 40v. Le volet relatif au gouvernement de la ville se poursuivit durant dix années supplémentaires. Voir Concepción DE CASTRO, *La corrupción municipal en la Castilla del siglo XVIII*, Madrid, ACCI, 2019, p. 90-97.

il fit des Oranais les boucs émissaires des maux de la ville. Cependant, Arschot, le nouveau gouverneur, parvint à une conclusion inverse : il exempta de toute responsabilité les musulmans qui dépendaient directement du roi, à savoir les galériens et les Oranais, pour faire reposer l'ensemble des accusations sur la partie la plus fragile de l'esclavage privé, c'est-à-dire les affranchis et les *libertinos*.

L'enquête du Conseil de Castille ne peut donc en aucun cas être considérée comme un simple reflet de la situation des musulmans de Carthagène. L'explication qu'elle produisit et les actions qui en découlèrent étaient surdéterminées par l'espace juridictionnel dans lequel le gouverneur pouvait se mouvoir. Il s'agit là d'un point essentiel qui nous invite à considérer l'enquête du gouverneur – et la documentation qu'elle a produite – non comme une description neutre, mais comme une série d'actes juridictionnels par lesquels celui-ci forgeait son autorité en édictant des normes. Quel était ce champ normatif que le gouverneur prétendait activer en menant l'enquête, et plus particulièrement en « recensant » les musulmans de Carthagène ? Comment expliquer qu'un gouverneur civil et un gouverneur militaire, incarnant pourtant tous deux localement la juridiction royale, aient pu produire deux lectures diamétralement opposées de la présence musulmane à Carthagène ? Pour répondre à ces questions, il est nécessaire de comprendre de quelle manière, depuis la fin du XVIᵉ siècle, la juridiction royale a tenté de réguler l'esclavage domestique.

Propriété royale et politique des maisons

Depuis la fin du XVIᵉ siècle, les dénonciations de la présence de musulmans « en liberté » dans les villes du sud de l'Espagne se multipliaient, engendrant une abondance de lois et d'ordonnances en vue d'éradiquer le phénomène. Pour Carthagène et le royaume de Murcie, entre la fin du XVIᵉ et le début du XVIIIᵉ siècle, nous avons recensé pas moins de 18 règlements ordonnant que des musulmans « libres », « *libertinos* » ou « *cortados* » soient récupérés par leurs maîtres ou expulsés du royaume. La plus ancienne ordonnance dont nous avons connaissance, datée de 1571, rappelait aux habitants de Carthagène de tenir les esclaves dans leurs maisons[49]. En 1589, à la suite de l'augmentation du nombre de navires corsaires au large des côtes, le roi, informé « qu'il résidait [à Carthagène] beaucoup de *moros* libres », autorisa la municipalité à prendre les mesures nécessaires pour éviter toute communication avec l'ennemi[50]. Cela ne régla visiblement pas le problème puisque deux nouveaux décrets, en 1591 et 1596, renouvelaient l'ordre adressé aux musulmans libres de quitter la ville. En 1602, une lettre royale adressée au *corregidor* de Murcie, Lorca et Carthagène s'inquiétait d'une information faisant état de la présence de plus de 200 musulmans libres dans la région qui, « étant arrivés captifs et s'étant aidés entre eux et avec l'aide de ceux de leurs familles, avaient obtenu leur rachat et

---

49. Francisco Chacón Jiménez, « Los moriscos de Lorca y algunos más en 1571 », *Anales de la Universidad de Murcia*, 40-3/4, 1982, p. 313-326.
50. Isidoro Martínez Rizo, *Fechas y fechos de Cartagena. Primera serie*, Carthagène, s. n., 1894, p. 56.

étaient restés là, vivant selon leur loi, et en correspondance continue avec Alger». La couronne intimait aux autorités locales leur réduction immédiate en esclavage ou leur expulsion du royaume[51]. En 1615, un nouvel ordre du roi parvenait au *corregidor*, lui demandant de se rendre à Carthagène pour faire la lumière sur la présence dans la ville de «*moros libertinos*» qui étaient soupçonnés de se rendre toutes les nuits dans les criques qui jalonnaient la côte pour communiquer avec les corsaires. Si cela se révélait exact, était-il écrit, le *corregidor* devait veiller à ce que ces musulmans quittent la ville et soient envoyés à 20 lieues des côtes[52]. La législation prit un tour systématique dans la seconde moitié du XVIIe siècle, après que des révoltes populaires impliquant des esclaves et des descendants de morisques eurent secoué les villes andalouses de Grenade et de Séville[53]. Le 12 juin 1662, un décret général de la chancellerie de Grenade ordonna que les esclaves d'Andalousie et du royaume de Murcie se consacrent au service de leurs maîtres et que tous les «étrangers, esclaves et *libertados*» soient envoyés dans les terres dans un délai de trois jours sous peine d'être expédiés aux galères. Ce texte condamnait fermement les comportements des «nombreuses personnes qui achètent [des esclaves] et les jettent à la rue pour qu'ils travaillent contre le paiement d'une redevance journalière»[54]. À Murcie, cet ordre fut proclamé en place publique et réitéré neuf fois entre 1662 et 1681[55]. Enfin, en 1712, une ordonnance générale à toute l'Espagne tenta d'éradiquer le phénomène une fois pour toutes. «Il faut obliger [les esclaves affranchis] à sortir de mes domaines», ordonnait le roi, tout en accordant un délai à ceux qui seraient en train de financer leur rachat, à condition qu'ils s'interdisent «toutes actions externes qui seraient reconnues comme nocives»[56].

Cette abondante législation royale était vraisemblablement le résultat de tensions croissantes dans les sociétés urbaines du royaume de Murcie confrontées depuis la fin du XVIe siècle à l'intensification de la guerre de course. En effet, si la défense du littoral était devenue une préoccupation majeure de la couronne, elle était assurée par les milices urbaines et reposait pour une large part sur les finances

---

51. Lorca, Archivo municipal, M-77, Philippe III à Diego Sandoval, Tordesillas, 4 déc. 1602. Document relevé par F. Chacón Jiménez, «Los moriscos de Lorca», art. cit., p. 316.
52. Carthagène, Archivo municipal (ci-après AMC), CH 2131, Exp. 2, Ordre royal au *corregidor* de Murcie, Lorca et Carthagène, Madrid, 16 mars 1615; I. Martínez Rizo, *Fechas y fechos de Cartagena*, op. cit., p. 114.
53. Juan E. Gelabert, *Castilla convulsa, 1631-1652*, Madrid, Marcial Pons, 2001, p. 343-366; Manuel Fernández Chaves et Rafael Pérez García, *En los márgenes de la ciudad de Dios. Moriscos en Sevilla*, Valence, Publicacions de la Universitat de València, 2009, p. 287-288. En Andalousie, une levée générale des esclaves avait déjà été décrétée en 1637, suscitant de nombreuses résistances. Antonio Domínguez Ortiz, *La esclavitud en Castilla en la Edad Moderna y otros estudios de marginados*, Grenade, Comares, 2004, p. 34-37.
54. Murcie, Archivo municipal (ci-après AMM), Reales provisiones, Leg. 787, n° 106.
55. AMM, Actas capitulares, 4 juill. 1662, fol. 187v, et 23 sept. 1662, fol. 240r. Cet ordre a été publié dans toutes les villes du sud de l'Espagne.
56. *Novísima Recopilación de las Leyes de España*, vol. 5, libro XII, título II, *Expulsión general de todos los moros llamados cortados o libres* (Buen Retiro, 29 sept. 1712).

locales[57]. Dès lors, les désordres engendrés depuis longtemps par la présence d'esclaves déliés sur le marché du travail prirent une tout autre dimension. Pour leurs détracteurs, il en allait dorénavant de la sécurité du royaume que ces pratiques soient éradiquées, et la législation royale devenait de ce fait une nouvelle ressource. Un premier élément à prendre en compte est donc que cette réglementation n'était pas imposée de l'extérieur, mais venait en soutien aux doléances émises localement par certains groupes. En outre, un deuxième élément important est que cette législation n'était pas restaurative : elle ne visait pas à rétablir des règles qui auraient été bafouées, mais en décrétait de nouvelles qui entraient en concurrence avec des pratiques ancrées dans les coutumes locales. Enfin, un dernier trait essentiel de cette législation est que le roi n'intervenait pas en juge, et qu'il n'édictait pas des mesures de police à l'encontre des *libertinos*, mais qu'il agissait en chef de maison s'adressant à d'autres chefs de maisons afin de renforcer le pouvoir de celles-ci comme unique cadre normatif des relations serviles. Cela souligne à quel point la légitimité du roi à intervenir dans le domaine de l'esclavage était fragile, et qu'il ne s'autorisait à le faire qu'en se plaçant sur le même pied que ses sujets.

Cette égalité connut toutefois une exception majeure – et c'était là l'une des grandes nouveautés de cette législation – lorsque les esclaves déliés se trouvaient sur les franges littorales situées « entre 15 et 20 lieues des côtes ». Dans cet espace, le droit de la maison du roi l'emportait sur celui des autres, établissant un principe de propriété éminente du roi sur les esclaves des maisons particulières[58]. Cette démarcation soulignait le caractère dérogatoire d'une telle mesure, en limitant la prééminence royale à une fine bande côtière, distincte des « terres intérieures » (*tierra adentro*), à savoir le reste du royaume, où le droit des familles demeurait intact[59]. Le long de cette frange, enfin, l'envoi des esclaves déliés aux galères ne relevait pas du droit pénal mais du droit de propriété, c'est-à-dire qu'il ne s'agissait pas d'une peine, mais de la prérogative par laquelle le roi, se substituant aux propriétaires défaillants, se saisissait des biens sans maître (*mostrenco*)[60]. Pour la

---

57. José Javier RUIZ IBÁÑEZ et Vicente MONTOJO MONTOJO, *Entre el lucro y la defensa. Las relaciones entre la Monarquía y la sociedad mercantil cartagenera*, Murcie, Real Academia Alfonso X el Sabio, 1998 ; Julio D. MUÑOZ RODRÍGUEZ et José Javier RUIZ IBÁÑEZ, « De personas y de territorios. La defensa del reino de Murcia entre los siglos XV y la primera mitad del siglo XVIII », *Obradoiro de Historia Moderna*, 30, 2021, p. 71-100.

58. Alain CABANTOUS, *Les côtes barbares. Pilleurs d'épaves et sociétés littorales en France, 1680-1830*, Paris, Fayard, 1993 ; Francesca TRIVELLATO, « 'Amphibious Power': The Law of Wreck, Maritime Customs, and Sovereignty in Richelieu's France », *Law and History Review*, 33-4, 2015, p. 915-944 ; David CRESSY, *Shipwrecks and the Bounty of the Sea*, Oxford, Oxford University Press, 2022. Cette manière de construire la juridiction royale le long des littoraux entretient une parenté évidente avec le droit de naufrage qui affirmait la prééminence royale sur les biens échoués au détriment des juridictions riveraines.

59. Sur le statut des rivages comme *res publica*, voir Guillaume CALAFAT, *Une mer jalousée. Contribution à l'histoire de la souveraineté, Méditerranée, XVIIe siècle*, Paris, Éd. du Seuil, 2019, p. 32-33.

60. Sur le statut des biens sans maître en Espagne, voir Thomas GLESENER, « La *Cruzada* et l'administration des biens vacants en Espagne (XVe-XVIIIe siècles) », *L'Atelier du Centre de recherches historiques*, 22, 2020, https://doi.org/10.4000/acrh.10966. À Oran, la figure du

couronne, la participation des esclaves au marché du travail était jugée incompatible avec leur nature patrimoniale. Autrement dit, en tant que biens de famille, ils devaient être insérés dans un patrimoine et tenus par les règles des maisons, ce qui les situait *de jure* hors du marché du travail et des servitudes du salariat. À défaut, la couronne s'arrogeait le droit de les extirper du marché en les intégrant de force à son propre patrimoine[61]. Ce rôle des galères comme « fisc royal » a rarement été mis en évidence, alors qu'il apparaît explicitement dans plusieurs ordonnances[62]. Depuis 1668, l'implantation des galères dans la rade de Carthagène était ainsi la traduction concrète de la menace qui pesait sur les *libertinos* de devenir des *moros del rey*, l'autre nom par lequel on désignait les galériens musulmans.

Dans les villes du littoral, il s'avérait donc crucial de pouvoir revendiquer un ancrage dans une maisonnée afin d'éviter l'expulsion ou la confiscation. La condition d'affranchi s'en trouva dévaluée, alors que le statut d'esclave put constituer un cadre juridique protecteur. Le curé de Carthagène expliquait ainsi qu'un grand nombre d'esclaves préférait l'endettement à l'affranchissement : « Il y a beaucoup de musulmans qui, étant endettés de 100 pesos, paient au propriétaire 80 et demeurent endettés des 20 restants. » Ils ont les moyens de payer le reliquat, précisait-il, mais « ils ne le font pas afin de pouvoir dire qu'ils sont esclaves et échapper au risque d'être expulsés de cette ville »[63]. La législation royale du XVIIe siècle

---

musulman *mostrenco* (sans maître) désignait un musulman libre qui n'était pas un *moro de paz*, et qui, par conséquent, pouvait être réduit en esclavage. Voir B. Alonso Acero, *Orán-Mazalquivir, op. cit.*, p. 278.

61. Yan Thomas, « La valeur des choses. Le droit romain hors la religion », *Annales HSS*, 57-6, 2002, p. 1431-1462 ; Simona Cerutti, « À qui appartiennent les biens qui n'appartiennent à personne ? Citoyenneté et droit d'aubaine à l'époque moderne », *Annales HSS*, 62-2, 2007, p. 355-383.

62. Séville, Archivo Histórico Provincial, Colección Celestino López Martínez, no 23834, Ordre royal décrétant la levée forcée des esclaves turcs et maghrébins pour servir sur les galères, Madrid, 12 avr. 1639. Cet ordre demandait à la chancellerie de Grenade de commencer par « ceux qui sont perdus et [de ce fait] qui m'appartiennent ». Ce type de confiscation royale pouvait d'ailleurs être contesté par les maîtres. En 1655, 39 esclaves envoyés aux galères « parce qu'ils vivaient sur les côtes » furent réclamés par leurs propriétaires légitimes qui exigèrent du roi qu'il les libère ou, à défaut, qu'il les leur achète. Madrid, Archivo del Museo Naval, Leg. 54, Ms. 56/62, Ordre royal au comte de Linares, capitaine général des galères, Madrid, 2 mars 1655.

63. AHN, Consejos, Leg. 147. À Séville, un rapport indiquait que « les musulmans captifs ne vivent pas dans la maison de leurs maîtres, mais vaquent comme journaliers, se prévalant de ce [travail] pour qu'on ne puisse pas les expulser de cette terre ». Cité par A. Domínguez Ortiz, *La esclavitud en Castilla, op. cit.*, p. 60. En 1626, le député de Grenade aux Cortès de Castille dénonçait les esclaves musulmans qui payaient leur rachat mais « laiss[ai]ent un reste afin de ne pas être expulsés comme le veut la loi ». Antonio Domínguez Ortiz et Bernard Vincent, *Historia de los moriscos. Vida y tragedia de una minoría*, Madrid, Alianza Editorial, 1985, p. 265. Cette pratique a également été signalée par Jacques Philippe Laugier de Tassy pour les esclaves chrétiens du Maghreb dont certains « achètent le droit d'être esclaves pendant longtemps, ou pendant toute leur vie [...] et ne payent point le reste du prix convenu de leur rançon pour avoir le nom d'esclave et être protégés comme tels ». Jacques Philippe Laugier de Tassy, *Histoire du royaume d'Alger, avec l'état présent de son gouvernement*, Amsterdam, Henri Du Lauzet, 1725, p. 281.

fragilisa par conséquent la condition de ces esclaves employés sur le marché du travail, cette liberté de mouvement étant désormais identifiée à une désaffiliation justifiant l'expulsion ou la confiscation.

Les choses n'en restèrent toutefois pas là : à la fin du XVIIe siècle, cette législation prit un tour plus radical. Considérant que les maisons particulières étaient globalement défaillantes, les empiètements de la juridiction royale sur le droit des maisons devinrent de plus en plus fréquents. Les esclaves déliés n'étaient plus les seuls visés : les esclaves correctement insérés dans les maisons furent également concernés. En 1679, l'enregistrement de tous les esclaves privés des habitants de Carthagène (*libertinos* ou non) fut ordonné afin d'établir un système des classes qui obligerait chaque esclave à servir un temps déterminé sur les galères du roi[64]. En 1690, la menace devint évidente quand le roi décréta pour toutes les villes des côtes d'Andalousie et de Murcie un recensement des musulmans, « qu'ils soient au pouvoir de leurs maîtres ou libres », afin de les inclure dans un échange de captifs négocié avec le sultan du Maroc[65]. Désormais, l'œuvre rédemptrice placée au service de la raison d'État ouvrait une nouvelle ère où plus aucun esclave n'était à l'abri de la confiscation[66]. Ainsi s'opérait un basculement : après avoir cherché à renforcer l'autorité des maisons, les droits de celle du roi prenaient le pas sur celles de ses sujets. Cette politique des maisons, en dépit de ses revirements, poursuivait toujours un même objectif, à savoir entraver toute possibilité pour les esclaves musulmans d'activer d'autres registres de droit que celui des maisonnées. Car le phénomène des *libertinos* ne prospérait pas seulement sur un abandon de responsabilité volontaire de la part des maîtres, mais aussi sur l'accès à des droits locaux qui reconnaissaient au travail et à la résidence prolongée la faculté d'émanciper les esclaves.

Marché du travail et marché des dettes

En dépit de quelques travaux, les dynamiques de l'esclavage privé à Carthagène et dans le royaume de Murcie restent mal connues. Il est notamment difficile de quantifier l'importance du phénomène : la part d'esclaves privés à Carthagène devait se situer, à la fin du XVIIe siècle, autour de 5,5 % de la population totale, ce qui plaçait la ville au-dessus des régions de l'intérieur, comme Madrid ou l'Estrémadure, où ce

---

64. AMC, CH 2148, Exp. 3, Ordre du roi pour l'enregistrement des musulmans esclaves et *libertinos*, El Pardo, 28 mai 1679.
65. Sur l'enregistrement des musulmans, voir AMM, Leg. 3082, Exp. 10, *Registro de moros y moras declarándolos libres para el canje de prisioneros de África*, 1690. Voir aussi Manuel Jesús Izco Reina, « El censo de moros de 1690 en Puerto Real. Un caso de intercambio de cautivos moros y cristianos bajo el reinado de Carlos II », in *Amos, esclavos y libertos. Estudios sobre la esclavitud en Puerto Real durante la Edad Moderna*, Cadix, Universidad de Cádiz, 2002, p. 81-97.
66. Gillian Weiss, *Captifs et corsaires. L'identité française et l'esclavage en Méditerranée*, trad. par A.-S. Homassel, Toulouse, Anacharsis, 2014 ; Michele Bosco, *Ragion di stato e salvezza dell'anima. Il riscatto dei cristiani captivi in Maghreb attraverso le redenzioni mercedarie, 1575-1725*, Florence, Firenze University Press, 2018.

ratio ne dépassait jamais 2 %, mais très en dessous des métropoles du sud, comme Cadix (13 %)[67]. Un autre trait caractéristique de cette région était la proximité avec le préside d'Oran, qui était devenu le premier fournisseur de main-d'œuvre servile, ce qui explique que l'écrasante majorité des esclaves provenait du Maghreb (76 %)[68]. Cela différenciait les villes du Levant espagnol de leurs consœurs andalouses, où la part d'esclaves subsahariens était plus importante[69]. En revanche, comme toutes les régions du sud de l'Espagne, la demande locale en main-d'œuvre servile était stimulée par les besoins de l'économie agraire. À Carthagène, depuis le milieu du XVIe siècle, la mise en valeur du *Campo de Cartagena*, vaste plaine semi-aride qui entourait la ville, favorisa le développement d'une agriculture irriguée tournée vers l'exportation. Alors que cet espace avait longtemps été déserté en raison de l'insécurité du littoral, la croissance et le peuplement des campagnes exigèrent une meilleure protection des côtes. Des contingents de travailleurs venaient de la Castille voisine, sans parvenir à combler le manque chronique de main-d'œuvre nécessitant le recours aux esclaves maghrébins[70].

À Carthagène comme tout le long de la côte méditerranéenne, le louage et le salariat servile étaient monnaie courante. Ils permettaient que des esclaves travaillent librement, et parfois résident en dehors de la maison du maître, contre le versement au propriétaire d'une part des revenus, qui pouvaient selon les cas être capitalisés et valoir comme forme d'auto-rachat. Certains propriétaires, spécialisés dans le louage, devenaient de véritables pourvoyeurs de main-d'œuvre, répondant à l'élasticité de la demande saisonnière tout en tirant vers le bas un prix de la main-d'œuvre qui, dans ces régions faiblement peuplées, avait tendance à croître. Pour les employeurs, cela permettait de disposer de travailleurs non spécialisés affectés à des tâches lourdes et facilement déplaçables d'un secteur d'activité à un autre en fonction des besoins

---

67. Cette proportion a été établie sur la base du ratio de baptêmes d'esclaves par rapport à l'ensemble des baptêmes. La proportion de 5,5 % a été calculée à partir des registres de baptêmes des années 1688-1692 (105 esclaves pour 2003 mentions de baptême). En ne choisissant que l'année 1692, où le nombre de baptêmes d'esclaves a été le plus élevé, Rafael Torres Sánchez aboutit à un ratio de 8 % (Rafael TORRES SÁNCHEZ, « La esclavitud en Cartagena en los siglos XVII y XVIII », *Contrastes. Revista de Historia Moderna*, 2, 1986, p. 81-102, ici p. 87). Les données pour Madrid proviennent de Claude LARQUIÉ, « Les esclaves de Madrid à l'époque de la décadence (1650-1700) », *Revue historique*, 244-1 (495), 1970, p. 41-74, ici p. 55. Pour l'Extrémadure : R. PERIÁÑEZ GÓMEZ, *Negros, mulatos y blancos*, op. cit., p. 60-61. Pour Cadix : A. MORGADO GARCÍA, *Una metrópoli esclavista*, op. cit., p. 133.

68. Antonio PEÑAFIEL RAMON, *Amos y esclavos en la Murcia del setecientos*, Murcie, Real Academia Alfonso X el Sabio, 1992, p. 74-75. Sur l'esclavage rural, voir Bernard VINCENT, « L'esclavage en milieu rural espagnol au XVIIe siècle : l'exemple de la région d'Almería », in H. BRESC (dir.), *Figures de l'esclave au Moyen Âge et dans le monde moderne*, Paris, L'Harmattan, 1996, p. 165-176.

69. A. FRANCO SILVA, *La esclavitud en Andalucía*, op. cit., p. 39-52.

70. Guy LEMEUNIER, *Economía, sociedad y política en Murcia y Albacete, s. XVI-XVII*, Murcie, Academia Alfonso X el Sabio, 1990 ; Vicente MONTOJO MONTOJO, *El Siglo de Oro en Cartagena, 1480-1640. Evolución económica y social de una ciudad portuaria del Sureste español y su comarca*, Carthagène/Murcie, Ayuntamiento de Cartagena/Real Academia Alfonso X el Sabio/Universidad de Murcia, 1993.

de la production[71]. Cependant, l'agriculture et la manutention n'étaient visiblement pas les seuls secteurs d'activité concernés : plusieurs témoignages mentionnent que des *libertinos* jouaient un rôle important comme intermédiaires commerciaux dans le secteur des denrées alimentaires. Le gouverneur Ibarguen indiquait ainsi que des musulmans tenaient des postes de vente en ville, alors que d'autres allaient « à la campagne et dans les lieux voisins pour apporter à la ville des biens comestibles, tels que des œufs, des poules, des poulets, des chevreaux[72] ». Un témoin interrogé par Ibarguen estimait quant à lui que ce trafic portait préjudice aux chrétiens « et en particulier aux gens de la campagne, en les privant du bénéfice qu'ils pourraient faire en vendant eux-mêmes le fruit de leur travail, ce qu'ils ne peuvent car ces musulmans vont à la campagne, y compris hors de cette juridiction, pour acheter ces biens et les revendre[73] ». Il est très difficile de connaître le fonctionnement de ces réseaux de commercialisation et leur degré d'autonomie. À une époque où l'augmentation de la population exerçait une forte tension sur le marché des biens alimentaires, il était vraisemblablement question de réseaux de commercialisation qui échappaient au marché réglementé[74]. Cependant, on ignore si ces musulmans agissaient pour leur propre compte, pour celui de grossistes chrétiens bien établis ou encore comme relais des circuits d'approvisionnement de l'administration des galères.

En dépit de leurs zones d'ombre, ces témoignages laissent peu de doute sur la visibilité des *libertinos* dans l'espace urbain, ni sur leur degré d'insertion dans la vie économique locale. Il faut donc se déprendre de l'idée que ces esclaves constituaient une classe subalterne homogène et envisager la possibilité que certains purent prospérer[75]. Dans ces conditions, on comprend que des esclaves aient cherché à bénéficier des opportunités offertes par le marché du travail libre, y compris en le faisant valoir comme une obligation. En effet, la liberté de circuler ou de travailler pouvait figurer dans certains contrats d'achat d'esclaves comme des obligations auxquelles l'acquéreur devait se conformer. Par exemple, lors de la vente effectuée en 1694 à Carthagène d'une jeune esclave de 15 ans, l'acte stipulait qu'elle devait « être et rester libre et ne pas être revendue pour une somme supérieure [à celle versée lors de son acquisition][76] ». Ces clauses avaient pu être négociées dès la réduction en esclavage, notamment lorsqu'il s'agissait d'esclavage

---

71. Roser SALICRÚ I LLUCH, « L'esclau com a inversió ? Aprofitament, assalariament i rendibilitat del treball en l'entorn català tardomedieval », *Recerques. Història, economia i cultura*, 52/53, 2006, p. 49-85.
72. AHN, Consejos, Leg. 6987, Exp. 2, fol. 56-57.
73. AHN, Consejos, Leg. 6988, Exp. 2, fol. 55.
74. Federico MAESTRE DE SAN JUAN PELEGRÍN, « La influencia de la escuadra de galeras de España en la ciudad de Cartagena. Sociedad, entramado urbano y devociones », *Cartagena Histórica*, 2017.
75. Natividad PLANAS, « Musulmans invisibles ? Enquête dans les territoires insulaires du roi d'Espagne (XVIe-XVIIe siècle) », *in* J. DAKHLIA et B. VINCENT (dir.), *Les musulmans dans l'histoire de l'Europe*, vol. 1, *op. cit.*, p. 558-592.
76. Murcie, Archivo General de la Región de Murcia (ci-après AGRM), Protocolos, Cartagena, Pedro Lorenzo Galinsoga, prot. 5223, fol. 14, Acte de vente, Carthagène, 27 avr. 1694.

pour dettes, ou bien pour garantir la possibilité de l'auto-rachat[77]. Par ailleurs, la majorité des esclaves de Carthagène étant des captifs de guerre, ceux-ci pouvaient également se prévaloir des libertés réciproques concédées aux esclaves de part et d'autre de la Méditerranée pour revendiquer un accès au marché du travail. En 1662, face à l'interdiction du salariat servile décrétée par le roi, les esclaves musulmans d'Alicante adressaient au roi une pétition réclamant qu'on les laissât travailler comme journaliers « comme cela se fait avec les esclaves chrétiens qu'il y a dans les différentes parties de la Turquie[78] ». L'économie du rachat et son cortège d'obligations faisaient donc de chaque esclave un débiteur potentiel, redevable de sa valeur, ce qui supposait qu'il devait disposer en contrepartie des moyens de se constituer un capital[79]. Faut-il rappeler que, en espagnol, le terme *ahorrar*, épargner, a dérivé au XVIᵉ siècle de *horro*, affranchi, ce qui souligne la proximité entre la condition d'affranchi et la condition du débiteur devant réunir les sommes indispensables au paiement de sa dette[80].

Les *libertinos* de Carthagène étaient donc des travailleurs lourdement endettés, et cela avait des implications majeures sur leur mode d'insertion dans la ville. En effet, lorsque le travail n'était pas suffisamment rémunérateur, la constitution du capital nécessaire au paiement du rachat demandait de recourir à d'autres

---

77. Ce cas de figure concerne notamment des *moros de paz* réduits en esclavage pour des dettes contractées auprès des Espagnols d'Oran. Bernard Vincent, « L'esclavage dans la péninsule Ibérique à l'époque moderne », *in* M. Cottias, É. Cunin et A. de Almeida Mendes (dir.), *Les traites et les esclavages. Perspectives historiques et contemporaines*, Paris, Karthala, 2010, p. 67-75 ; Érika Rincones Minda, « Muslim Sequential Mobilities: Merdia Ben Hazman, an 'Exceptional' Case in the Early Modern Spanish Mediterranean », *Journal of Iberian and Latin American Studies*, 28-3, 2022, p. 371-385. Cette pratique de la mise en gage doit être rapprochée du *pawnship* pratiqué en Afrique de l'Ouest : Toyin Falola et Paul E. Lovejoy (dir.), *Pawnship in Africa: Debt Bondage in Historical Perspective*, Boulder, Westview Press, 1994. La distinction entre captif de guerre, esclave pour dettes et mise en gage a fait l'objet de débats. Voir Alessandro Stanziani et Gwyn Campbell (dir.), *Debt and Slavery in the Mediterranean and Atlantic Worlds*, Londres, Pickering & Chatto, 2013.

78. Barcelone, Archivo de la Corona de Aragon, Consejo de Aragon, Leg. 911, nº 106 et Leg. 557, nº 21. Sur l'affranchissement des esclaves au Maghreb et la pratique des contrats de rachat (al-mukātaba), voir José Antonio Martínez Torres, *Prisioneros de los infieles. Vida y rescate de los cautivos cristianos en el mediterráneo musulmán, siglos XVI-XVII*, Barcelone, Bellaterra, 2004, p. 119-120 ; Wolfgang Kaiser (dir.), *Le commerce des captifs. Les intermédiaires dans l'échange et le rachat des prisonniers en Méditerranée, XVᵉ-XVIIIᵉ siècle*, Rome, École française de Rome, 2008 ; Daniel Hershenzon, *The Captive Sea: Slavery, Communication, and Commerce in Early Modern Spain and the Mediterranean*, Philadelphie, University of Pennsylvania Press, 2018, p. 29 ; M'Hamed Oualdi, « Affranchissement », *in* P. Ismard (dir.), *Les mondes de l'esclavage. Une histoire comparée*, Paris, Éd. du Seuil, 2021, p. 409-417.

79. L'articulation entre dette et esclavage a alimenté de nombreux débats. Alain Testart, *L'esclave, la dette et le pouvoir. Études de sociologie comparative*, Paris, Errance, 2001. Pour une présentation synthétique, voir Paulin Ismard, « Dette », *in* P. Ismard (dir.), *Les mondes de l'esclavage, op. cit.*, p. 475-485.

80. Une évolution étymologique que les dictionnaires ont le plus grand mal à expliquer, faute d'envisager l'esclavage sous l'angle de la dette.

créanciers qui pouvaient aussi bien être des chrétiens que d'autres musulmans établis dans la ville. Il n'est pas rare de trouver dans les actes notariés de Carthagène les témoignages de ces transactions et des liens complexes qui se nouaient à ces occasions. Par exemple, en 1724, l'esclave Chilali put acheter sa liberté auprès de son maître grâce à une somme prêtée par un certain Tomas Hidalgo. Néanmoins, Chilali avait dû dans la foulée céder son acte d'affranchissement à son créancier en hypothèque de sa créance[81]. La monétisation des relations serviles produisait donc des relations de crédit qui créaient à leur tour de nouvelles dépendances, mais ouvraient aussi vers de nouvelles opportunités. Par leur position de débiteur, les esclaves pouvaient recourir à une variété de régimes de protection régissant les relations de crédit. En 1657, Yeto, une esclave affranchie résidant à Mula, une petite ville au nord de Carthagène, était recherchée par la justice de Murcie à la demande de Mateo García, un créancier, pour le non-paiement d'une lourde somme que ce dernier avait déboursée pour son rachat. Estimant cette dette abusive, Yeto demanda la protection de la justice de sa ville, se présentant comme une « habitante [*vecina*] de Mula », « pauvre et misérable », et demandant l'application « des lois de ce royaume » qui interdisaient l'emprisonnement des femmes pour dettes[82]. Ce n'est donc pas tant de l'absence de liens que naissait l'inquiétude des autorités envers les *libertinos* que de la variété des registres normatifs activables par ceux-ci de par leur position sur le marché des dettes.

Or c'est bien parce que ce marché offrait de nouvelles ressources que les propriétaires d'esclaves multipliaient souvent les entraves au remboursement des dettes. Temps limité pour réunir le capital, ponction exorbitante sur les salaires, interdiction de quitter la ville, confiscation des certificats d'affranchissement : la longue liste des obstacles au paiement des créances visait à rendre ces dettes perpétuelles[83]. L'importance du marché secondaire des esclaves à Murcie a été signalée par d'autres travaux : elle est en réalité la conséquence de ce marché biaisé des dettes serviles, où il était devenu moins important d'acquérir les travailleurs pour eux-mêmes que pour les revenus qu'ils généraient[84]. En 1672, l'évêque de Malaga jugeait sévèrement ce type de pratiques, estimant qu'elles dévoyaient le principe de l'esclavage en réduisant celui-ci à une simple coquille légale qui permettait que, « sous l'apparence d'esclave », des musulmans puissent vivre en complète liberté[85]. D'autres prélats se montraient plus indulgents : les condamnations morales envers ce régime d'esclavage ne concernaient pas la relation financière en tant que telle, mais plutôt l'inégalité profonde que celle-ci établissait entre les parties. Ainsi, l'évêque de Murcie ne voyait aucun problème aux relations contractuelles entre maîtres et esclaves, pour autant qu'elles fussent relativement équilibrées. Or, selon lui, les conditions iniques imposées par les maîtres « déroge[aient] aux lois naturelles des

---

81. AGRM, Protocolos, Cartagena, Pedro Lorenzo Galinsoga, Prot. 5695, fol. 123.
82. Mula, Archives municipales, FMA, Leg. 35bis-40.
83. Ces pratiques ont été bien documentées, en particulier par A. MARTÍN CASARES, *La esclavitud en la Granada del siglo XVI, op. cit.*, p. 449-455.
84. A. PEÑAFIEL RAMON, *Amos y esclavos en la Murcia del setecientos, op. cit.*, p. 70.
85. A. DOMÍNGUEZ ORTIZ, *La esclavitud en Castilla, op. cit.*, p. 63.

contrats qui [devaient] pourtant s'observer y compris avec des infidèles[86] ». Et quand bien même les clauses des contrats auraient été respectées, et les esclaves affranchis, le paiement des taxes de sortie constituait un nouvel obstacle[87]. En 1766, l'ambassadeur marocain Aḥmad al-Ġazzāl écrivait à propos des esclaves affranchis occupés à travailler comme journaliers agricoles aux abords de Carthagène : « Ces musulmans, quoique rendus à la liberté, étaient comme les esclaves et ne pouvaient quitter la ville tant qu'ils ne se seraient pas acquittés de la taxe que doivent payer les captifs rendus à la liberté. » Et de dénoncer lui aussi le caractère immoral de ce marché des dettes car les sommes dues par les affranchis étaient affectées par leurs maîtres « à des fondations pieuses pour être réparties entre les pauvres » ; « il n'y avait [donc] à espérer ni concessions, ni remises de rançon »[88]. Al-Ġazzāl pointait par là un mécanisme de transfert de créances qui faisait que les dettes dont l'esclave était redevable n'étaient plus formellement dues à son maître mais aux misérables du lieu. Cette pratique inversait le déséquilibre du contrat et privait l'esclave du droit de demander en justice les protections généralement accordées aux débiteurs fragiles[89].

Par conséquent, les propriétaires carthaginois n'auraient pas tant été préoccupés par l'acheminement de la main-d'œuvre depuis le Maghreb que par la question de la retenir sur place par le biais d'une forme de « salariat bridé ». Ce système apparaît dès lors comme un procédé particulièrement efficace d'immobilisation des travailleurs permettant d'entraver l'exercice des droits au retour que l'économie du rachat offrait aux captifs[90]. Cependant, ce marché des dettes soutenu par un marché du travail contraint présentait un autre problème. À Carthagène comme dans de nombreuses villes du sud de l'Espagne, la faculté de travailler pour se racheter était souvent corrélée à la résidence en dehors de la maison du maître[91]. Or, si le travail salarié des esclaves était polémique, la résidence urbaine l'était davantage, car elle ouvrait un chemin balisé vers la reconnaissance du statut d'habitant (*vecino*).

---

86. AHN, Estado, Leg. 409, Luis Belluga, évêque de Murcie, à Joseph Grimaldo, Moratalla, 12 oct. 1711.
87. Rafael Benítez Sánchez-Blanco, « El difícil regreso a su patria de los moros libertos y el problema de su conversión en el siglo xvii », *in* A. Martín Casares (dir.), *Esclavitud, mestizaje y abolicionismo en los mundos hispánicos*, Grenade, Editorial de la Universidad de Granada, 2015, p. 265-283.
88. Henri Pérès, *L'Espagne vue par les voyageurs musulmans de 1610 à 1930*, Paris, Adrien-Maisonneuve, 1937, p. 26.
89. Sur la cession des dettes « aux pauvres », voir Simona Cerutti, « La richesse des pauvres. Charité et citoyenneté à Turin au xviiie siècle », *in* S. Bargaoui, S. Cerutti et I. Grangaud (dir.), *Appartenance locale et propriété au nord et au sud de la Méditerranée*, Aix-en-Provence, IREMAM, 2015, http://books.openedition.org/iremam/3497.
90. Yann Moulier-Boutang, *De l'esclavage au salariat. Économie historique du salariat bridé*, Paris, PUF, 1998 ; Matthias Van Rossum, « Global Slavery, Local Bondage? Rethinking Slaveries as (Im)Mobilizing Regimes from the Case of the Dutch Indian Ocean and Indonesian Archipelago Worlds », *Journal of World History*, 31-4, 2020, p. 693-727.
91. De manière générale, travail et résidence étaient fréquemment associés dans l'Europe d'Ancien Régime. Voir Michela Barbot, « La résidence comme appartenance. Les catégories spatiales et juridiques de l'inclusion sociale dans les villes italiennes sous l'Ancien Régime », *Histoire urbaine*, 36-1, 2013, p. 29-47.

Quand la résidence affranchit

« Ces musulmans, supposés être de passage, se maintiennent dans la ville de nombreuses années et certains y deviennent habitants [*se avecindan*]. Forts de cet avantage, ils n'envisagent plus de partir, ce qui constitue un grand préjudice[92]. » Un témoin interrogé par Ibarguen expliquait en ces termes le problème causé par la possibilité laissée aux esclaves d'élire domicile en dehors de la maison de leurs maîtres. Le salariat bridé pratiqué à Carthagène se prolongeant parfois indéfiniment, cela permettait aux esclaves de résider de façon continue, de se marier, et ainsi d'être progressivement reconnus comme membres de la communauté locale. Car, on l'oublie trop souvent, la capacité de la résidence et du travail libre à forger des statuts d'habitants libres était admise par l'ancien droit castillan depuis le Moyen Âge. Le code juridique des *Partidas* d'Alphonse X reconnaissait une liberté *de jure* aux esclaves qui vivaient *de facto* librement dix années consécutives dans le même lieu où résidait leur maître. Cette période était étendue à vingt ans si l'esclave n'était pas domicilié au même endroit que son maître, et cette clause se voyait annulée si l'esclave était un fugitif[93]. Ce principe consistait donc à ouvrir l'accès des esclaves à la citoyenneté locale dès lors que les maîtres, en connaissance de cause, ne revendiquaient plus de droits sur eux. L'absence d'usage de l'esclave entérinait l'affranchissement tandis que la résidence lui ouvrait la possibilité d'être reconnu comme membre de la communauté urbaine et de jouir des droits afférents. Ce droit, qui n'était d'ailleurs pas spécifique à la Castille, tient plus largement au principe des libertés communales reconnaissant aux habitants la condition d'« affranchis », c'est-à-dire de bénéficiaires des franchises de la ville[94]. Peut-être n'est-il pas inutile de préciser ici que le terme arabe *ḥurr*, libre, qui a donné *horro* ou *ahorrado* en espagnol et *alforro* en portugais, soit affranchi, signifie également « celui qui est exempté, qui jouit d'une immunité[95] ». De même, à Rome, les *libertini* (dont dérive *libertinos*) étaient aussi bien des esclaves affranchis que des pérégrins récemment installés dans la ville, le terme désignant ainsi de nouveaux citoyens[96]. Ce processus d'acquisition des droits locaux n'avait donc rien d'informel, mais relevait d'une capacité reconnue de la résidence d'affranchir les esclaves du moment où le maître ne s'y opposait pas.

Il n'est dès lors pas étonnant que la libre résidence des *libertinos* ait été problématique et que les autorités locales aient cherché à l'encadrer ou à la limiter en procédant à des regroupements dans des maisons ou des quartiers spécifiques.

---

92. AHN, Consejos, Leg. 6988, Exp. 2, fol. 71v.
93. *Siete Partidas*, Partida IV, Titulo 2, Ley 7.
94. Sue Peabody, *"There Are No Slaves in France": The Political Culture of Race and Slavery in the Ancien Régime*, New York, Oxford University Press, 1996.
95. Auguste Cherbonneau, *Dictionnaire arabe-français*, vol. 1, Paris, Imprimerie nationale, 1876, p. 140 ; Franz Rosenthal, *The Muslim Concept of Freedom, Prior to the Nineteenth Century*, Leyde, Brill, 1960, p. 7-14.
96. Janine Cels-Saint-Hilaire, « Citoyens romains, esclaves et affranchis : problèmes de démographie », *Revue des études anciennes*, 103-3/4, 2001, p. 443-479.

Disons-le d'emblée, on ignore à peu près tout des manières d'habiter de ces travailleurs. En matière d'habitat collectif des esclaves, l'historiographie méditerranéenne a surtout retenu le cas des « bagnes », qui désignaient des lieux fermés où logeaient les galériens. Pourtant, sur le plan étymologique, le terme « bagne » signifiait au départ « un bâtiment », sans précision sur son usage comme prison[97]. Les « bagnes » des galériens pourraient donc bien n'avoir été qu'un cas spécifique parmi une variété de « maisons » ou de « quartiers » destinés à héberger des esclaves, et en particulier ceux qui se trouvaient en situation de déliaison. Par exemple, à Oran sous domination espagnole, il existait un lieu appelé le « bagne » qui était « une grande maison avec un côté séparé pour les femmes », ouverte la journée et fermée et gardée la nuit par deux sentinelles, et rassemblant jusqu'à 600 esclaves musulmans des familles de la ville[98]. Les « bagnes » demandent donc à être plus largement inscrits dans une variété de « maisons des esclaves » ou de « maisons des pauvres », que l'on retrouve notamment au Maghreb, qui pouvaient certes servir d'hébergement, mais qui étaient essentiellement des institutions exerçant une responsabilité sur des catégories de personnes faiblement insérées dans la ville[99].

Nous devons garder ces éléments à l'esprit pour interpréter des mentions éparses, relevées notamment par Bernard Vincent, qui font état de l'existence de regroupements résidentiels de musulmans dans les villes du sud de l'Espagne. Il subsiste, certes, de nombreuses zones d'ombre sur l'origine et l'organisation de tels lieux : on ignore en particulier s'il s'agissait de regroupements forcés ou spontanés, si ces habitations étaient de création récente ou si elles étaient les héritières des anciennes *morerías* qui avaient hébergé des mudéjars et, plus tard, des morisques, avant de disparaître dans leur grande majorité au XVIe siècle[100].

---

97. Gabriel Audisio, « Recherches sur l'origine et la signification du mot 'bagne' », *Revue africaine*, 101, 1957, p. 364-380. Sur les bagnes des galériens, voir Salvatore Bono, *Schiavi. Una storia mediterranea, XVI-XIX secolo*, Bologne, Il Mulino, 2016, p. 192-201 ; Guillaume Calafat et Cesare Santus, « Les avatars du 'Turc'. Esclaves et commerçants musulmans en Toscane (1600-1750) », *in* J. Dakhlia et B. Vincent (dir.), *Les musulmans dans l'histoire de l'Europe*, vol. 1, *op. cit.*, p. 471-522 ; C. Santus, *Il « turco » a Livorno, op. cit.*, p. 28-52.
98. AHN, Estado, Leg. 1749. À Tunis, les « bagnes » hébergeaient également des esclaves chrétiens soumis au régime du salariat qui ne vivaient plus dans la maison de leurs maîtres. Jean-Baptiste de La Faye, *État des royaumes de Barbarie, Tripoly, Tunis et Alger, contenant l'histoire naturelle et politique de ces pays [...]*, Rouen, Guillaume Behourt, 1703, p. 187.
99. Inès Mrad Dali, « Problématique du phénotype. Approche comparative des esclavages dans la Tunisie du XIXe siècle », *in* R. Botte et A. Stella (dir.), *Couleurs de l'esclavage sur les deux rives de la Méditerranée, Moyen Âge-XXe siècle*, Paris, Karthala, 2012, p. 337-369 ; Guillaume Calafat, « Topographies de 'minorités'. Notes sur Livourne, Marseille et Tunis au XVIIe siècle », *Liame*, 24, 2012, https://doi.org/10.4000/liame.271 ; Isabelle Grangaud, « L'asile des biens des pauvres (Alger, XVIIIe-XIXe siècles) », *in* S. Cerutti, T. Glesener et I. Grangaud (dir.), *La cité des choses. Une nouvelle histoire de la citoyenneté*, Toulouse, Anacharsis, à paraître.
100. Brian A. Catlos, *Muslims of Medieval Latin Christendom, c. 1050-1614*, Cambridge, Cambridge University Press, 2014, p. 350-420 ; Ana Echevarría Arsuaga, *Los mudéjares de la Corona de Castilla. Poblamiento y estatuto jurídico de una minoría*, Grenade, Editorial Universidad de Granada, 2021. Dans certaines localités, les communautés mudéjars vécurent dans des quartiers séparés jusqu'au début du XVIIe siècle. Bernard Vincent,

Quoi qu'il en soit, à Séville par exemple, un rapport sur les musulmans libres datant de 1624 expliquait que leur présence en ville générait des problèmes principalement parce qu'on les laissait vivre ensemble dans les mêmes habitations (*en corrales de vecindad*). Cette corésidence nourrissait visiblement une vie communautaire autour de lieux ou d'institutions pieuses, puisque ce document précisait que des rites étaient pratiqués dans ces immeubles, « comme ils pourraient le faire en Berbérie », et que les habitants cotisaient « dans une caisse publique » pour financer le rachat mutuel de leur servitude[101]. La référence à une caisse commune pour la rédemption des captifs évoque une articulation très ancienne, que l'on trouvait déjà dans les *aljamas* mudéjars de la fin du Moyen Âge, entre corésidence et institution charitable[102]. Le regroupement résidentiel s'accompagnait donc manifestement d'une responsabilité mutuelle entre membres, et en particulier envers les plus fragiles d'entre eux. À Mula en 1665, une traduction concrète de cette responsabilité entre corésidents musulmans s'exprima lors d'une enquête sur une rixe entre esclaves. Le juge de ville s'était rendu à « la maison des musulmans qui habit[ai]ent cette ville » pour interroger les témoins et voir si le suspect ne s'y cachait pas[103]. Ces lieux n'étaient donc pas inconnus des autorités, bien au contraire, puisque, en s'y rendant dans le cadre d'une affaire criminelle, elles leur reconnaissaient une existence juridique comme corps de communauté susceptible de rendre compte du comportement de ses membres. Dans certains cas, il ne s'agissait pas d'un simple bâtiment, mais d'une rue ou d'un quartier de la ville. À Grenade, en 1657, un curé rapportait qu'il existait dans sa paroisse « un quartier appelé des musulmans [*un barrio que llaman de los moros*] » où des rituels islamiques étaient pratiqués et où se retrouvaient des *libertinos* musulmans avec d'autres récemment convertis à la religion catholique[104]. Toutes ces mentions permettent de formuler l'hypothèse qu'il existait dans les villes de l'Espagne méridionale des petits voisinages d'esclaves déliés ou affranchis, musulmans ou récemment convertis, qui partageaient une responsabilité commune sur les lieux et les personnes qui y habitaient et revendiquaient une existence corporative à travers l'exercice du culte musulman et l'entretien de caisses

« Espace public et espace privé dans les villes andalouses (XVᵉ-XVIᵉ siècles) », *in* J.-C. MAIRE VIGUEUR (dir.), *D'une ville à l'autre. Structures matérielles et organisation de l'espace dans les villes européennes, XIIIᵉ-XVIᵉ siècle*, Rome, École française de Rome, 1989, p. 711-724.

101. A. DOMÍNGUEZ ORTIZ, *La esclavitud en Castilla, op. cit.*, p. 60 ; M. FERNÁNDEZ CHAVES et R. PÉREZ GARCÍA, *En los márgenes de la ciudad de Dios, op. cit.*, p. 443-449.

102. Fabienne PLAZOLLES GUILLÉN, « Moro den Miralles ou moro d'Elx. Conservation et/ou élision de l'identité religieuse du singulier au pluriel. Royaumes de la couronne d'Aragon (XIVᵉ-XVIᵉ siècle) », *in* J. DAKHLIA et B. VINCENT (dir.), *Les musulmans dans l'histoire de l'Europe*, vol. 1, *op. cit.*, p. 523-555.

103. Mula, Archivo municipal, FMA, Leg. 47-17. Cette référence avait été signalée par B. VINCENT, « Les musulmans dans l'Espagne moderne », art. cit., p. 626.

104. Grenade, Archivo municipal, Actas capitulares, 1657, fol. 529r-v. Cette référence avait été signalée par Bernard VINCENT, « Musulmans et conversion en Espagne au XVIIᵉ siècle », *in* M. GARCÍA-ARENAL (dir.), *Conversions islamiques. Identités religieuses en Islam méditerranéen*, Paris, Maisonneuve et Larose, 2001, p. 193-205, ici p. 195.

de solidarité[105]. Autant de pratiques qui existaient dans les bagnes de galériens, au sein d'un univers carcéral, mais que l'on observe ici en milieu urbain ouvert. Ces lieux constituaient donc probablement des sas urbains permettant de maintenir ces *libertinos* dans une position liminaire, leur offrant la possibilité d'élire domicile dans la ville sans pour autant leur reconnaître le statut de résident[106].

L'existence et l'organisation de ces voisinages musulmans devaient être tributaires des équilibres de pouvoir locaux. Ces lieux conféraient en effet une visibilité à la présence musulmane dans la ville, car ils étaient propices à une pratique publique du culte musulman, ce qui ne manquait pas de susciter des tensions avec le clergé local. Cependant, en dépit de ses inconvénients, le regroupement résidentiel semblait constituer un moindre mal comparé à la résidence dispersée qui engendrait une invisibilisation urbaine des musulmans et la confusion avec les habitants chrétiens, faisant planer le risque de la contamination religieuse. À Malaga, la résidence dispersée était de mise et les esclaves *libertinos* louaient des chambres dans des maisons particulières de femmes chrétiennes (dont nombre de veuves)[107]. Pour lutter contre la promiscuité religieuse engendrée par ce type d'habitat, l'évêque proposa, en 1672, que tous les musulmans libres et esclaves soient reconnaissables par la tonsure ou le vêtement[108]. Si le regroupement résidentiel était donc un moyen parmi d'autres d'établir une séparation entre habitants chrétiens et musulmans, il n'était guère le plus aisé à mettre en place, avec la question ardue du régime d'administration : fallait-il abandonner la gestion de ces lieux à des chefs communautaires, ou bien fallait-il les placer sous la tutelle de la municipalité ? Aucune des deux solutions n'était pleinement satisfaisante puisque,

---

105. Sur les voisinages comme ensembles de droits et d'obligations, voir Jacqueline David, « Les solidarités juridiques de voisinage, de l'ancien droit à la codification », *Revue historique de droit français et étranger*, 72-3, 1994, p. 333-366. La *hawma* (Maghreb) et la *mahalle* constituent des notions équivalentes à celle de voisinage pour le monde musulman. Hülya Canbakal, « Some Questions on the Legal Identity of Neighborhoods in the Ottoman Empire », *Anatolia Moderna. Yeni Anadolu*, 10, 2004, p. 131-138 ; Işik Tamdoğan, « Le quartier (*mahalle*) de l'époque ottomane à la Turquie contemporaine », *Anatolia moderna. Yeni anadolu*, 10, 2004, p. 123-125 ; Isabelle Grangaud, « La Hawma : les processus de disqualification d'une institution ottomane (Alger 1830) », *Insaniyat. Revue algérienne d'anthropologie et de sciences sociales*, 59, 2013, p. 105-132.

106. Donatella Calabi et Jacques Bottin, *Les étrangers dans la ville. Minorités et espace urbain du bas Moyen Âge à l'époque moderne*, Paris, Éd. de la MSH, 1999. Sur la différence entre domicile et résidence, voir Guillaume Calafat, « Domicile des capitaines, nationalité des navires (Antibes-Gênes, 1710-1720) », *in* S. Cerutti, T. Glesener et I. Grangaud (dir.), *La cité des choses. Une nouvelle histoire de la citoyenneté*, Toulouse, Anacharsis, à paraître.

107. Jorge Gil Herrera et Bernard Vincent, « La población berberisca en Málaga en el siglo xvii », *in* F. Moreno Díaz del Campo et B. Franco Llopis (dir.), *Otras historias: conversos, moriscos y esclavos. Nuevas visiones para viejos problemas*, Gijón, Ediciones Trea, 2023, p. 187-203.

108. A. Domínguez Ortiz, *La esclavitud en Castilla*, op. cit., p. 63. Cela explique également la pratique courante du marquage physique, par des cicatrices ou des tatouages. Fabrizio Filioli Uranio, « Embodied Dependencies and Valencian Slavery in the Sixteenth and Seventeenth Centuries », Working Papers 2/22, Bonn, Bonn Center for Dependency and Slavery Studies, 2022, https://doi.org/10.48565/bonndoc-62.

dans le premier cas, cela pouvait limiter l'autorité de la municipalité dans certaines parties de la ville[109], alors que dans le second cas, cela revenait à octroyer à des résidents musulmans ce que la législation royale leur déniait, à savoir la reconnaissance formelle de leur existence comme minorité religieuse.

Quelques années avant que n'éclate l'affaire des musulmans de Carthagène, l'évêque de Murcie, Luis Belluga y Moncada, s'était fermement prononcé en faveur du regroupement des musulmans. Selon lui, le problème des villes de Carthagène et de Murcie venait du fait qu'elles avaient autorisé, comme à Malaga, la libre résidence aux esclaves et aux affranchis sans les réunir dans des lieux spécifiques : « Il est impossible de prévenir les préjudices parce que [les musulmans] vivent mélangés dans toutes les rues et dans toutes les maisons. » Les références du prélat ne venaient pas, comme on pourrait l'imaginer, du passé médiéval de l'Espagne, mais de la ghettoïsation des juifs italiens : « On ne pourra agir que si les musulmans ont leur quartier séparé avec des maisons où il n'y a aucun chrétien, à la manière des juifs à Rome. » L'allusion romaine indique clairement ce que l'évêque avait en vue : un lieu ségrégué dans la ville, sous la tutelle des autorités chrétiennes, qui permettrait le contrôle et à terme la conversion des musulmans. Plus intéressant encore, il affirmait que ces formes de ségrégation étaient courantes dans le sud de l'Espagne :

> *[…] je les ai connus à Motril à mon époque où ils habitaient dans un quartier séparé appelé ainsi : le quartier des musulmans [el barrio de los moros], où ne vivait aucun chrétien. À Cordoue, en mon temps, une partie des musulmans libres qu'il y avait, ou bien tous, ou en tout cas la plupart, étaient réunis dans de grandes maisons de ville, même s'il me semble que d'autres vivaient hors les murs dans des petites maisons à proximité*[110].

Pour l'évêque Belluga, les villes du royaume de Murcie étaient donc en décalage par rapport à certaines de leurs consœurs andalouses qui avaient maintenu ou rétabli des quartiers musulmans pour éviter la résidence dispersée des *libertinos*. En réalité, au moment où Belluga écrivait ces lignes, un processus de regroupement urbain des musulmans était à l'œuvre à Carthagène, mais selon une logique très différente de celle souhaitée par le prélat. En effet, au début du XVIIIe siècle, l'installation des *moros de paz* d'Oran créa une concentration résidentielle de musulmans dans la ville. Parmi les témoins interrogés en 1720 par Ibarguen, plusieurs indiquent que ces Oranais avaient pris leurs quartiers dans les rues de la ville situées au pied du château, peut-être dans des maisons qui leur avaient été cédées en compensation des pertes qu'ils avaient subies. Sous l'influence de ces familles, ce quartier de la ville était devenu un point de ralliement pour les treize familles de *moros de paz* du royaume de Murcie, qui s'y regroupaient « pour leurs

---

109. À Ayamonte, les autorités municipales interdisaient aux habitants de se rendre dans une partie de la ville où vivaient les musulmans et contrôlée par un personnage influent, Cidauleques. B. VINCENT, « Les musulmans dans l'Espagne moderne », art. cit., p. 628.
110. AHN, Estado, Leg. 421. Luis Belluga, évêque de Murcie, à Joseph Grimaldo, Murcie, 25 oct. 1712.

célébrations », à l'occasion de ce qui semblait être, selon un témoin, une « confédération »[111]. Un autre témoin interrogé par Ibarguen affirmait qu'ils avaient établi dans la rue Jimero une école coranique pour instruire les enfants musulmans de la ville. Les enseignements y auraient été dispensés par Mohamed Ben Megtat, dit « le morabite », un ancien employé des magasins royaux de l'approvisionnement d'Oran réfugié à Carthagène avec ses sept enfants[112]. Ce lieu, probablement régi selon les principes des fondations waqf, témoigne de la façon dont les musulmans d'Oran utilisaient des institutions charitables pour construire leur patronage sur les esclaves de la ville[113]. Cela porta ses fruits puisqu'un regroupement résidentiel se produisit autour de cette école : dans les années 1720, et pour la toute première fois, les registres fiscaux commencèrent à mentionner des contribuables portant des noms musulmans habitant dans la rue Jimero[114]. Peut-être les maisons cédées aux musulmans d'Oran furent-elles mises à la disposition des esclaves de la ville sous le régime de la location, ce qui leur permettait de figurer sur les listes de contribuables[115]. Face aux menaces d'expulsion, l'inscription sur les rôles fiscaux devait être recherchée comme un moyen de certifier sa résidence, davantage sans doute qu'un lien de crédit ou qu'un certificat de baptême. La protection des familles d'Oran ne constituait donc pas un processus de séparation des esclaves du reste des habitants de Carthagène, mais bien une voie alternative ouvrant l'accès à la résidence et, partant, au renforcement de leur ancrage urbain.

L'évêque de Murcie avait donc des raisons de s'inquiéter, car le regroupement urbain qui se produisait n'avait rien du ghetto mais ressemblait plutôt à un *Little Oran* au cœur de Carthagène. Dès 1711, le métropolitain avait perçu le danger et avait alerté la couronne du risque que représentaient « certains *papaz* [arrivés d'Oran], qui sont comme leurs curés, ainsi que d'autres musulmans qui ont beaucoup d'autorité, ce qui a empêché d'obtenir la moindre conversion[116] ». Ce fut en vain : en quelques années, les exilés d'Oran prirent pied à Carthagène ; ils multiplièrent les actions charitables à l'endroit des esclaves et *libertinos* de la ville et facilitèrent ainsi la structuration d'un voisinage musulman dans la rue Jimero qui n'existait pas auparavant. Cette situation souleva une vague d'indignation parmi le clergé et les habitants de Carthagène qui pointèrent le laxisme des élites locales

---

111. AHN, Consejos, Leg. 6988, Exp. 2, fol. 47v, Déposition de Manuel Esteban del Castillo, avocat.
112. Simancas, province de Valladolid, Archivo General de Simancas, Guerra moderna, Sup. 494, *Relación de las personas de las familias de moros que salieron de las plazas de Oran y Mazarquivir a quienes ha concedido Su Majestad raciones de pan diarias*.
113. On sait en effet que les musulmans d'Oran intervenaient dans le marché des esclaves à Murcie et Carthagène pour racheter (et probablement affranchir) un certain nombre d'esclaves privés. A. PEÑAFIEL RAMON, *Amos y esclavos en la Murcia del setecientos, op. cit.*, p. 45.
114. Par exemple, en 1723, le registre de l'impôt du sel mentionnait pour la rue Jimero les contribuables suivants : Ali, musulman *libertino* ; Amete Conejillo, vendeur d'eau ; Amete, tailleur ; Garrafa, musulman libre ; Hudaia, musulman.
115. Olivier ZELLER, « Un mode d'habiter à Lyon au XVIIIe siècle : la pratique de la location principale », *Revue d'histoire moderne et contemporaine*, 35-1, 1988, p. 36-60.
116. AHN, Estado, Leg. 409, Luis Belluga, évêque de Murcie, à Joseph Grimaldo, Moratalla, 12 oct. 1711.

et leur incapacité à enrayer un tel processus. En 1717, la supplique des pauvres fut l'une des expressions de cette indignation à laquelle la couronne essaya de répondre en diligentant l'enquête du gouverneur Ibarguen. L'action de ce dernier poursuivait donc un but précis: contrecarrer l'autorité des Oranais en établissant à Carthagène les régulations qui avaient fait défaut.

Recenser ou certifier ?

Qu'est-ce qu'Ibarguen avait en tête lorsqu'il lança un appel à tous les « musulmans esclaves et *libertinos* » à se présenter devant lui ? S'il n'était pas le premier à recenser les musulmans, il le fit, comparativement, avec beaucoup plus de succès. En 1679, lorsqu'il s'était agi de dresser un registre des esclaves pour servir sur les galères, à peine 18 personnes s'étaient présentées en quinze jours. À l'inverse ici, en six jours, Ibarguen parvint à enregistrer, nous l'avons vu, 109 personnes. Une première explication de ce succès est peut-être à chercher dans l'ordre dans lequel les déclarants vinrent se présenter. Les premiers inscrits sur la liste étaient des affranchis très bien établis à Carthagène, mariés, travaillant en ville, s'identifiant par rapport au nom de leur ancien maître. Parmi eux figurait Jamete, originaire d'Alger, âgé de 50 ans, déclaré comme « libre, ancien esclave de Don Balthazar de Guevara, commerçant en denrées comestibles ». Marié avec une musulmane libre, il se disait « *papaz* des musulmans de cette ville » résidant depuis vingt ans à Carthagène. Il était accompagné d'Ali Carti, âgé de 36 ans, originaire de Tlemcen, « esclave *libertino* endetté de 30 pesos avec Doña Jeronima Castilla », marié avec une *libertina*, également commerçant et résidant depuis quatorze ans dans la ville[117]. Une fois le recensement effectué, Ibarguen était retourné voir ces deux personnes pour qu'elles valident la liste, l'une et l'autre prêtant serment qu'il n'y avait pas d'autres musulmans dans la ville et sa juridiction. Ces deux hommes, un affranchi et un *libertino*, se portaient ainsi garants devant le *corregidor* de l'ensemble des musulmans de la ville. On peut aisément imaginer qu'ils ne s'étaient pas contentés de valider la liste, mais qu'en se présentant parmi les premiers, ils avaient aidé à la constituer, à tout le moins en permettant de vaincre la réticence des *libertinos* à venir s'identifier devant les autorités. Notons enfin que la majorité des personnes venues se présenter étaient originaires d'Alger, de Tlemcen et de Mostaganem, c'est-à-dire des cités rivales d'Oran et en conflit avec celle-ci depuis des décennies. On ne peut donc écarter l'hypothèse que cette liste ait été formée sur la base d'affinités politiques, regroupant des personnes disposées à se placer sous la tutelle du gouverneur espagnol pour faire front contre les exilés d'Oran.

Une autre explication de ce succès vient du fait que le ban appelant les musulmans à se présenter promettait de leur remettre une attestation (*cédula*). Il n'est pas incongru de penser que, en se déclarant au *corregidor*, les musulmans imaginaient obtenir la certification de leur condition d'habitant. Cette hypothèse

---

117. AHN, Consejos, Leg. 6987, Exp. 2, fol. 4r-5v.

semble confirmée par un examen attentif des déclarations effectuées devant le gouverneur. En mentionnant leur activité, leur statut marital, le nom de leurs enfants, le nom de leurs anciens maîtres et les dettes qu'ils avaient contractées, ces personnes ne déclinaient pas leur identité, elles faisaient l'inventaire des attaches et des liens qu'elles avaient noués en ville[118]. Que l'on se souvienne des menaces d'expulsion et l'on comprend mieux pourquoi l'enregistrement devenait un moyen de prouver son attachement à la ville. Par conséquent, cette liste ne dressait pas un état des esclaves, mais documentait les ancrages locaux d'une partie des musulmans vivant à Carthagène.

Aux yeux du *corregidor*, cet enregistrement avait visiblement pour but d'établir la figure du « *papaz* des musulmans de la ville » comme interlocuteur des autorités chrétiennes. En leur reconnaissant un chef, Ibarguen contribuait à structurer une communauté musulmane de référence qui serait identifiée au corps urbain. Jamete n'était probablement jusque-là qu'un *papaz* parmi d'autres, c'est-à-dire un chef de famille bien établi qui devait présider à certaines célébrations religieuses. En collaborant avec le *corregidor*, il se voyait reconnu comme le *papaz* principal, tandis que les fidèles qui avaient l'habitude de se regrouper autour de lui se trouvaient gratifiés de la condition d'habitants de la ville. Rien ne nous dit en effet que les 109 personnes enregistrées constituaient la totalité des esclaves de la ville ; il faut plutôt envisager ce nombre comme la mesure de l'étendue de l'entregent de Jamete. Dès lors, Ibarguen ne cherchait pas à dresser un bilan de la démographie musulmane, il procédait à un redécoupage et à une redistribution des droits entre les musulmans. Grâce à Jamete, il créait une communauté de musulmans sur laquelle il pouvait exercer sa tutelle et qui était désormais identifiée à la ville. Il laissait d'un côté les convertis, absents de l'enregistrement car considérés comme suffisamment insérés, et de l'autre les galériens et les Oranais, également absents de l'enregistrement car regardés comme étrangers à la ville. De même, il est probable qu'un nombre indéterminé d'esclaves privés, bien insérés dans leur maisonnée, ne s'estimèrent pas concernés par cette procédure[119]. L'enregistrement effectué par Ibarguen délimitait donc un groupe intermédiaire d'habitants musulmans qui, par leur ancrage urbain, ne pouvaient pas être considérés comme des étrangers, mais qui, par la déliaison d'avec leur maître, étaient des membres fragiles de la communauté urbaine. Il créait somme toute une forme d'appartenance transitoire à la cité, permettant d'être reconnu comme résident sans être chrétien, tout en laissant la porte ouverte à un éventuel retour au Maghreb.

L'enregistrement constituait donc bien le point nodal de l'enquête menée par Ibarguen, grâce auquel il ambitionnait d'imprimer une nouvelle forme au gouvernement des musulmans de la ville. Il n'avait pas procédé à un regroupement

---

118. Pour une lecture de l'identité en tant qu'acte revendicatif, voir Alessandro Buono, « *Tener Persona*. Sur l'identité et l'identification dans les sociétés d'Ancien Régime », *Annales HSS*, 75-1, 2020, p. 75-111.

119. Par exemple, Ali, un esclave de Tunis âgé de 102 ans, appartenant à Damian Rosique, fut affranchi en février 1723. Il ne figurait pas dans le recensement dressé en 1720. AGRM, Protocolos, Cartagena, Pedro Sola, Prot. 6172, fol. 148r-v.

résidentiel, mais cette liste répondait de fait au besoin d'encadrement que l'évêque de Murcie avait identifié. En adossant le *papaz* Jamete à sa propre juridiction, Ibarguen établissait une nouvelle polarité musulmane dans la ville autour de laquelle d'autres habitants pourraient venir s'agréger afin de concurrencer le patronage des familles d'Oran. En contrepoint du quartier musulman de la rue Jimero, le gouverneur avait dressé un quartier de papier susceptible de rallier l'ensemble des esclaves privés.

La destitution d'Ibarguen au milieu de l'année 1722 marqua un tournant dans le gouvernement de la ville. Après son départ, la fonction de *corregidor* fut réunie avec celle de gouverneur militaire, occupée à cette époque par le comte d'Arschot. Ce changement traduisait une emprise accrue du roi sur le gouvernement des villes, contre laquelle Carthagène et les cités du royaume de Murcie avaient jusque-là résisté[120]. Le nouveau « gouverneur politique et militaire », selon l'expression consacrée, jouissait de prérogatives élargies qui l'autorisaient à agir de manière expéditive. Pour les esclaves, ce changement n'avait rien d'anodin car, depuis le milieu du XVIIe siècle, les juridictions ordinaires et militaires s'affrontaient régulièrement pour savoir laquelle était habilitée à appliquer les ordres d'expulsion des esclaves. Pour le Conseil de Guerre – le tribunal militaire supérieur –, l'inefficacité des ordonnances était due aux réticences des autorités locales, gouverneurs civils inclus, à les appliquer dans toute leur rigueur. En 1670, à Malaga, le Conseil de Guerre avait tenté un coup de force en envoyant des compagnies de cavalerie rafler les esclaves jusqu'à l'intérieur des maisons de leurs maîtres. Le Conseil de Castille avait immédiatement répliqué et obtenu la dévolution de tous les esclaves capturés. Il avait argué du fait que les édits d'expulsion étaient des lois du royaume et que leur application relevait de l'ordre politique et non militaire[121]. À Carthagène, en plaçant les *libertinos* sous sa juridiction, Ibarguen avait en effet agi *politiquement*, c'est-à-dire en ménageant les privilèges des parties : ici ceux des maîtres et des créanciers à vivre des rentes placées sur les esclaves ; là ceux des esclaves à continuer à bénéficier de l'accès au marché du travail et à résider librement. Sa destitution marquait donc une rupture puisque les esclaves déliés basculaient sous tutelle militaire, et les méthodes employées par le comte d'Arschot furent beaucoup plus radicales : il prit l'exact contrepied de son prédécesseur et ordonna une expulsion de tous les musulmans libres, « à l'exception de ceux qui ont une pension du roi », ce qui était le cas des musulmans d'Oran[122].

Au mois de janvier 1723, une trentaine de personnes embarquait finalement pour Alger dans des navires armés par les Mercédaires. Un religieux qui participait à l'expédition rapporta dans ses mémoires que, ce jour-là, « il fallut embarquer *plus de trente musulmans qui se trouvaient libres*, sur ordre du gouverneur de la place, ce qui a nécessité beaucoup de rigueur, parce qu'ils vivaient bien à Carthagène et ils

---

120. José Javier Ruiz Ibañez, *Las dos caras de Jano. Monarquía, ciudad e individuo. Murcia, 1588-1648*, Murcie, Ayuntamiento, 1995, p. 263-286.
121. AHN, Consejos, Leg. 7181, Exp. 25.
122. AHN, Consejos, Leg. 147, Exp. 1, fol. 28r-v, Le comte d'Arschot au marquis de Miraval, Carthagène, 2 janv. 1723.

craignaient la famine à Alger[123] ». Étonnamment, le nombre de musulmans expulsés en 1723 correspond au nombre de musulmans enregistrés comme « libres » par Ibarguen deux ans plus tôt (32) et qui s'étaient présentés volontairement en pensant faire certifier leur condition d'habitant. Arschot s'était-il appuyé sur cette liste pour désigner les candidats à l'expulsion, détournant ainsi profondément l'intention qui avait présidé à l'élaboration du registre ? Jamete, le *papaz* des musulmans, qui comptabilisait vingt ans de résidence continue à Carthagène, était-il du voyage ? Impossible de répondre avec certitude. Tout ce que l'on sait, c'est que l'édit d'expulsion provoqua des troubles dans la ville. Quelques jours après sa publication, Arschot ordonna à la municipalité qu'elle l'informe précisément de l'identité « des personnes vagabondes et de mauvaise vie » qu'il fallait « écarter de cette ville et de sa juridiction[124] ». On peut donc supposer que, par le truchement des magistrats municipaux, le registre des musulmans changea de main et d'usage. Ce faisant, en opérant un basculement du juridictionnel vers l'exécutif, la militarisation du gouvernement de la ville emporta avec elle un mode singulier d'attribution de droits à des résidents musulmans.

L'affaire de Carthagène éclaire un versant peu connu de l'histoire de la Méditerranée espagnole, celui de la lente restriction du droit de cité des esclaves et des affranchis d'origines turque et maghrébine entre le milieu du XVIIe et le milieu du XVIIIe siècle. En effet, adossé à l'économie de la rançon, un enchevêtrement d'usages permettait à ces personnes un accès au travail et à la résidence libres, dans des conditions qui, selon les lieux, pouvaient se révéler très précaires. Que ce soit pour des raisons religieuses, sécuritaires ou économiques, ces pratiques étaient localement contestées, amenant certains secteurs des sociétés urbaines à multiplier les appels au roi. À Carthagène et dans le royaume de Murcie, où ces coutumes étaient particulièrement favorables aux esclaves, les impératifs liés à la défense des côtes ainsi que la montée en puissance du clergé séculier favorisèrent l'intervention croissante, tout au long du XVIIe siècle, de la législation royale dans l'encadrement des pratiques serviles. L'arrivée des exilés d'Oran en 1708 et la place qu'ils prirent dans la ville accentuèrent les tensions et furent probablement l'élément déclencheur de la supplique des pauvres. La procédure d'enquête qui s'ensuivit, et qui a été l'objet de cet article, témoigne d'un tournant majeur dans le gouvernement royal des esclaves. La manière dont Ibarguen intervint s'inscrivait encore dans la continuité de la politique des maisons qui l'avait précédée, dans la mesure où elle établissait des régulations qui respectaient les constitutions et les usages locaux. Néanmoins, l'expulsion des *libertinos* de 1723 répondait à une autre logique qui cherchait à purger le royaume de l'économie du rachat et de son cortège de coutumes.

---

123. Melchor García Navarro, *Redenciones de cautivos en África, 1723-1725*, éd. par M. Vázquez Pájaro, Madrid, Consejo Superior de Investigaciones Científicas/Instituto Jerónimo Zurita, 1946, p. 48 (nous soulignons).
124. AMC, Actas capitulares, 1723-1726, fol. 1v-2r.

Ce basculement invite à relire les circonstances de la fin de l'esclavage en Espagne. Car, rappelons-le, l'esclavage ne fut jamais aboli en Espagne, les débats sur l'abolition au XIXe siècle portant exclusivement sur les colonies[125]. S'il n'y eut pas d'abolition, c'est qu'il y eut d'abord une lente extinction, avant que la couronne n'apporte le coup de grâce, à la fin des années 1760, en orchestrant des échanges massifs d'esclaves avec le Maroc[126]. Pour la plupart des travaux, l'histoire de l'esclavage au XVIIIe siècle est donc celle d'une mort lente, abrégée par la couronne pour inaugurer un nouveau partenariat commercial avec le Maroc. Pourtant, l'esclavage ne disparut pas dans la péninsule Ibérique au XVIIIe siècle : seul l'esclavage turc et maghrébin fut touché, alors que l'esclavage subsaharien se maintint, voire se développa[127]. De plus, les échanges massifs d'esclaves avec le Maroc n'ambitionnaient pas seulement d'ouvrir une nouvelle ère de paix commerciale, ils arrivaient aussi au terme d'un conflit séculaire pour étendre la juridiction royale sur les esclaves des maisons particulières. L'histoire de l'esclavage en Espagne au XVIIIe siècle ne fut donc pas celle d'un long déclin, elle fut celle d'une bataille pour l'éradication de l'économie de la captivité qui était profondément ancrée dans les droits locaux.

Thomas Glesener
Aix-Marseille Université
thomas.glesener@univ-amu.fr

Daniel Hershenzon
University of Connecticut
daniel.hershenzon@uconn.edu

---

125. Eduardo GALVÁN RODRÍGUEZ, *La abolición de la esclavitud en España. Debates Parlamentarios, 1810-1886*, Madrid, Librería-Editorial Dykinson, 2014.
126. Ramon LOURIDO DIAZ, « Hacía la desaparición de la esclavitud cristiano-musulmana entre Marruecos y Europa (siglo XVIII) », *Cuadernos de la Biblioteca española de Tetuán*, 5, 1972, p. 47-80.
127. A. MORGADO GARCÍA, *Una metrópoli esclavista*, op. cit., p. 144-151 ; J. M. LÓPEZ GARCÍA, *La esclavitud a finales del Antiguo Régimen*, op. cit., p. 85-113.

Race et esclavage

Marianne Beraud
Jean-Luc Bonniol
Olivier Caudron
Cécile Coquet-Mokoko
Carla Francisco
Joao Gabriel
Gautier Garnier
Guillaume Gaudin
Domitille de Gavriloff
Jean-Claude Hocquet
José Antonio Martínez Torres
Aurélia Michel
M'hamed Oualdi
Éric Roulet
Ana María Silva Campo
Miranda Spieler
Cécile Vidal

Comptes rendus

RACE ET ESCLAVAGE

Sinclair Bell et Teresa Ramsby (dir.)
Free at Last! The Impact of Freed Slaves on the Roman Empire
Londres, Bristol Classical Press, 2012, 212 p.

« Donner une voix aux sans voix » (p. 1) : tel est le projet ambitieux que formule le propos liminaire de cet ouvrage coordonné par deux spécialistes nord-américains de l'esclavage dans l'Antiquité romaine. Prenant acte de l'historiographie consacrée aux affranchis (les travaux de Susan Treggiari, de Heinrich Chantraine, de Gérard Boulvert, de Jean Andreau, de Paul Weaver et, plus récemment, la synthèse de Henrik Mouritsen[1]), le point de vue adopté ici est celui de l'individu à travers l'étude des formes bien spécifiques d'autoreprésentation qui figurent sur les inscriptions et dans la culture visuelle des monuments funéraires. Il s'agit de saisir l'articulation entre, d'un côté, ce qui est du ressort de la législation et des mécanismes de la manumission et, d'un autre côté, la capacité d'« *agency* » – c'est-à-dire la marge d'action – des esclaves et des affranchis. L'ouvrage se subdivise en huit chapitres qui s'organisent selon une double approche du milieu affranchi. D'une part est mise en œuvre une perspective d'étude externe par le prisme réticulaire, quand, d'autre part, ce milieu domestique est appréhendé par le biais interne de trajectoires individuelles et de l'histoire culturelle.

L'ouvrage s'ouvre par un article de Barbara E. Borg, « The Face of the Social Climber: Roman Freedmen and Elite Ideology », qui conduit une analyse sur le traitement des affranchis dans l'art du portrait. Du point de vue idéologique, la présentation d'une galerie de portraits permet de démontrer que les affranchis adoptent une physionomie qui décalque les traits des hommes politiques les plus éminents de leur temps (César, Cicéron, Crassus et Agrippa). Le recours à une grammaire stylistique conforme à celle des élites et l'adoption de portraits connus (reproduction du type Tusculum pour César sur le portrait de Publius Rufus à Rome, imitation d'un portrait de Crassus sur le relief des *Licinii* à Alatri) mettent en lumière l'instrumentalisation de l'idéologie nobiliaire au service de l'expression d'une ascension sociale. Cette forme d'autoreprésentation mimétique constitue un truchement par lequel les affranchis expriment leur adhésion à des valeurs et des idéaux moraux (*consilium, ratio, sententia, auctoritas, fortitudo*) incarnés par de hauts dignitaires. En adoptant par le portrait cet *ethos* aristocratique, les affranchis signifient leur entrée dans un monde normé auquel ils veulent s'assimiler par l'emploi quasi outrancier des codes iconographiques.

Pauline Ripat étudie ensuite le rôle des affranchis dans la transmission de l'information (« Locating the Grapevine in the Late Republic: Freedmen and Communication »). Paradoxalement, l'historiographie s'est surtout intéressée à la communication depuis les hautes sphères jusqu'au menu fretin. Pourtant, il apparaît que l'élite politique a trouvé dans les affranchis un canal de diffusion de l'information efficace en termes de relai de l'opinion des couches inférieures de la population. *Via* leur réseau personnel, les affranchis représentent un atout non négligeable pour les impétrants aux magistratures. Ils apparaissent comme une forme de mobilisation des couches populaires lors des moments clefs des campagnes politiques. Surtout, l'exercice des professions de *circulator* (héraut d'une congrégation plébéienne ou d'un cercle politique) et de *praeco* (crieur public) les place dans une position privilégiée pour disséminer, au service de leur patron, une information officieuse et interdite propre à séduire les foules.

Dans le chapitre suivant, Teresa Ramsby examine les témoignages épigraphiques et les graffitis qui jalonnent la maison de Trimalcion. Il ressort de cette étude que les inscriptions font l'objet d'une stratégie bien précise mise en place par l'affranchi parvenu. Une dissymétrie du discours épigraphique est en effet observée selon que celui-ci est destiné à apparaître à l'intérieur ou à l'extérieur de sa *domus*. Sur les parties externes de sa maison, Trimalcion se présente sous les traits rigides du *paterfamilias* (linteau promettant cent coups de fouet à l'esclave qui sortirait sans l'accord de son maître, peinture « *caue canem* » dans le vestibule). Un rapprochement est fait entre l'inscription précisant que Trimalcion dîne dehors les deux derniers jours du mois de décembre et un *titulus* de Pompéi (*CIL*, IV, 8352). T. Ramsby met en évidence l'importance que revêt la profession de *lapidarius* (tailleur de pierres) pour les affranchis à travers le personnage du marbrier Habinnas. Une comparaison est faite entre le rôle que jouent les écrivains et les artistes auprès des puissants, et celui qui est tenu par les tailleurs de pierre auprès des affranchis. Le marbrier est celui par lequel passe nécessairement la transmission du roman personnel.

Koenraad Verboven tente ensuite de dresser le bilan de la place occupée par les affranchis en termes économiques dans la péninsule italienne (« The Freedman Economy of Roman Italy »). À l'expression d'« économie esclavagiste » il semble falloir préférer celle de « *freedmen economy* » (« économie des affranchis », p. 88). Cela se justifie par le fait que les affranchis, détenteurs de connaissances pointues, sont pensés par les maîtres comme un personnel irremplaçable, contrairement aux esclaves souvent peu spécialisés dans leurs tâches. La proportion d'affranchis est évaluée dans cet article à un dixième de la population. À ce titre, K. Verboven juge que le taux d'affranchis dans les cités d'Herculanum et d'Ostie (respectivement 75 % et 60 % d'individus portant des *cognomina*, soit des surnoms, grécisants) n'est pas représentatif des pourcentages italiens. L'examen d'une documentation variée (tablettes du banquier pompéien Lucius Caecilius Iucundus, livres de comptes des *Sulpicii*, sigillée arétine) permet d'établir que les affranchis occupent une place de choix dans le commerce international au long cours. L'auteur met en évidence, à travers les textes juridiques (Édit de Dioclétien sur les prix, Digeste), les stratégies patronales qui se tissent autour de l'éducation du personnel domestique et des retours sur investissement qui peuvent en être attendus. Analysé sous le prisme d'une continuité de la dépendance (*opera officiales, opera fabriles, mandatum, societas*), l'affranchissement apparaît pour le *dominus* plus rentable que le maintien des esclaves dans un statut servile.

Dans une contribution intitulée « Deciphering Freedwomen in the Roman Empire », Marc Kleijwegt interroge la représentativité du cas d'Acilia Plecusa, affranchie qui épouse son patron chevalier, connue par une série d'inscriptions de *Singilia Barba*, en Bétique (*CIL*, II2 5780 et 5784). L'étude, qui cherche à identifier la manière dont la manumission affecte les trajectoires des femmes affranchies dans leur vie personnelle et familiale, conclut que le mariage avec des affranchis doit être compris comme un choix délibéré par les patrons qui espéraient ainsi, *via* la *Lex Iulia* augustéenne, garder la main sur leurs épouses (séparation incomplète des biens, impossibilité de bénéficier une seconde fois du *conubium*, soit le droit de contracter un mariage en justes noces, en cas de divorce, et incapacité d'intenter une action en justice pour récupérer leur dot après une séparation).

Consacré aux *colombaria* (monuments funéraires composés de plusieurs niches qui abritent les urnes des défunts) de l'*Urbs*, l'article de Carlos R. Galvao-Sobrinho interroge les raisons de l'apparition de sépultures collectives d'esclaves et d'affranchis à l'âge augustéen et de leur déclin à partir de l'époque flavienne. L'hypothèse fonctionnaliste, qui a fait florès sous les plumes de Helke Kammerer-Grothaus[2] et de Keith Hopkins[3], et selon laquelle le succès du *colombarium* doit être corrélé à la surpopulation romaine et au manque de place pour les espaces funéraires, est énergiquement réfutée. L'auteur attribue, au contraire, cette modification de la sociabilité funéraire à la fragilisation des associations des franges suburbaines de Rome par les lois juliennes (limitation de l'affranchissement, resserrement de l'encadrement sur les collèges privés et sur les associations de voisinage à vocation économique dont les affranchis sont souvent les représentants). Les lois édictées par Auguste auraient impulsé un repositionnement des affranchis dans la *familia* en induisant le développement de liens de solidarité horizontaux entre les membres de cette dernière. Le *colombarium* doit être interprété comme l'expression d'une nouvelle sociabilité servile autour des rites funéraires dans un espace aménagé pour les affranchis (autels, sépultures, inscriptions privées) et jalousement gardé. Pour rendre compte du désintérêt croissant pour ce type de commémoration collective à partir des années 70 ap. J.-C., l'auteur propose une autre explication, complémentaire. La volonté de s'affranchir d'une identité conférée par la *familia* pour se tourner vers la quête d'une identité familiale restreinte et cellulaire serait la seconde raison de la transformation des types de monuments à l'époque flavienne.

La grande force de cet ouvrage est de s'inscrire à la croisée de deux méthodes d'appréhension – interne et externe – de la sphère des affranchis. Cette double approche revêt un intérêt certain en ce qu'elle remet en cause l'idée de la stricte dépendance qui colle, dans l'historiographie, à l'étude du monde des affranchis. En adoptant le point de vue des affranchis, il apparaît que, par-delà le vernis de la législation, ces derniers savent s'immiscer dans les interstices vacants de la législation et, *via* des stratégies de contournement, exploiter la marge de manœuvre laissée à leur portée par leurs patrons.

MARIANNE BERAUD
marianne.beraud@univ-grenoble-alpes.fr
AHSS, 10.1017/ahss.2024.5

1. Henrik MOURITSEN, *The Freedman in the Roman World*, Cambridge, Cambridge University Press, 2011.
2. Helke KAMMERER-GROTHAUS, « Camere sepolcrali de' Liberti e Liberte di Livia Augusta ed altri Caesari », *Mélanges de l'École française de Rome*, 91-1, 1979, p. 315-342, ici p. 315.
3. Keith HOPKINS, *Death and Renewal: Sociological Studies in Roman History*, Cambridge, Cambridge University Press, 1983, p. 214.

Craig Perry *et al.* (dir.)
The Cambridge World History of Slavery, vol. 2, *AD 500-AD 1420*, Cambridge, Cambridge University Press, 2021, 708 p.

Ce quatrième volume termine l'entreprise inaugurée il y a plus de 10 ans sous différents auteurs/directeurs d'ouvrage et dont trois volumes étaient déjà parus : le volume 1 couvrait l'Antiquité et plus précisément le Monde méditerranéen antique ; le volume 3 la période 1420-1804 ; le volume 4 prenait la suite jusqu'en 2016. Le titre « Histoire mondiale » n'est pas usurpé, y compris pour le Moyen Âge, puisque le dernier chapitre confié à Camilla Townsend traite de l'esclavage dans l'Amérique précolombienne (« Slavery in Precontact America ») et que les pays riverains de l'océan Indien ou du Pacifique, loin d'être négligés, ont droit à cinq contributions, réservées à l'Inde, à la Chine et à la Corée. L'Afrique noire n'est pas non plus oubliée (deux contributions), et on tirera aussi de précieux enseignements sur ce continent grâce aux études sur les pays gouvernés par les Mamlūks et l'Empire ottoman (trois contributions). Les empires chrétiens byzantin et carolingien peuvent se targuer d'occuper un chapitre chacun. Les pays d'Europe ne font quant à eux pas l'objet d'un traitement détaillé – à l'exception de la péninsule Ibérique, confiée à Debra Blumenthal –, la Méditerranée est examinée dans son ensemble, et une place particulière est faite aux îles Britanniques, à la Scandinavie et même à l'Islande, les conquérants Vikings ayant ajouté les esclaves et les rançons au butin des régions pillées. Il arrive au volume de quitter le strict horizon géographique pour s'orienter heureusement vers les questions qu'on appelle aujourd'hui « sociétales » : ainsi de l'esclavage des enfants et des femmes, de la sexualité et de la vie quotidienne des esclaves, des rançons et de l'affranchissement. De même, dans l'esclavage médiéval, une grande place était occupée par les questions de race et de négritude dont traitent les contributions de Steven A. Epstein, Shaun Marmon et Paul J. Lane. Les contributions, chacune d'une vingtaine de pages, sont construites sur le même modèle : d'abord, le recours à un chercheur spécialisé, que ses pairs ont distingué à la faveur d'une thèse de doctorat récente, fait le point sur les questions posées par les directeurs d'ouvrage, puis un guide bibliographique commenté (*guide to further reading*), qui inclut des ouvrages de référence et les recherches les plus récemment parues. L'index a été construit savamment, mais j'y ai cherché en vain des entrées comme « course » et « piraterie » ou « corsaire », activités maritimes dont on sait le rôle qu'elles ont joué dans la captivité de prisonniers devenus esclaves et dans la rançon de captifs destinés à la libération.

Les directeurs d'ouvrage (quatre professeurs, dont trois Américains et un Anglais) soulignent que l'esclavage médiéval a été l'objet de bien peu d'attention, car il a été pris en tenaille entre l'esclavage antique de la Grèce et de Rome et l'esclavage transatlantique moderne, mieux connus et qui ont engendré une bibliographie prolixe. En réalité, l'esclavage a continué pendant le millénaire qu'a duré le Moyen Âge. L'introduction souligne d'emblée que beaucoup d'auteurs ou autrices préfèrent parler du servage plutôt que de reconnaître que « l'esclavage continue d'être florissant de tous côtés du monde pour lequel des documents et des vestiges matériels survivent » (p. 1). C'est à la page 44 que le choix d'arrêter le Moyen Âge à la date de 1420 environ est justifié : vers cette année, les Catalans commencèrent à adopter une série de mesures contre l'esclavage pour des raisons à la fois morales et religieuses ou sous la pression des corporations de métier qui s'insurgeaient contre la concurrence que le travail forcé des esclaves exerçait à l'encontre du travail salarié, ou encore des propriétaires d'esclaves soumis à des assurances qui couvraient le coût de la recherche d'esclaves en fuite. Le choix d'un événement catalan est un juste hommage à deux historiennes de l'esclavage dans la péninsule Ibérique, D. Blumentahl et Roser Salicrú i Lluch, qui ont voué leurs recherches à l'esclavage à Valence et à Barcelone. Toutefois, étant donné le retentissement si durable de l'esclavage, et s'agissant d'une histoire mondiale, une date plus tardive se serait imposée avec une égale vigueur : 1440 marque en effet le début de l'exploration maritime atlantique portugaise le long des côtes d'Afrique et l'arrivée à Lisbonne des premiers esclaves africains noirs, deux événements qui préfiguraient les Découvertes à venir et la fortune de la traite des Noirs vers les plantations du nouveau continent. Le découpage en quatre volumes contraignait les directeurs d'ouvrage à faire le choix d'une date précoce qui n'a guère de sens pour les régions extra-européennes.

Un des auteurs, Nur Sobers-Khan, peine à distinguer esclavage et servage, et met en cause la pauvreté linguistique des langues issues du latin qui ne disposent que des deux termes, *servus* et *sclavus*, alors que l'Empire ottoman usait des termes *'abd*, *mamlūk*, *kul*, *köle* et *ghulam* pour distinguer les niveaux sociaux et fonctionnels de l'esclave. Des paysans restaient attachés à la terre dans les régions conquises par les Ottomans en Anatolie ; des prisonniers faits dans les guerres victorieuses ou des paysans déplacés étaient établis sur les terres dépeuplées ; ils étaient propriété du Trésor impérial ou de l'élite militaire aux abords des anciennes capitales ottomanes, à Brousse et Édirne, ou sur les biens de fondations religieuses (*waqfs*) ; ils ne pouvaient s'engager dans une autre activité, commerciale ou artisanale, et transmettaient leur misérable condition à leurs enfants. Ces paysans furent progressivement affranchis au cours du XVIe siècle, quand les terres impériales furent loties en petites exploitations.

La nouveauté du livre est à chercher là où l'esclavage était né ou peu connu, car trop de spécialistes signalent rapidement la disparition de l'esclavage plutôt que de s'interroger sur son importance et son rôle économique et social. Au milieu du XIIe siècle éclata un conflit entre des guerriers chrétiens venus des pays scandinaves et d'Allemagne du Nord et les Wendes, païens établis plus à l'est en Prusse, Lituanie et Finlande. Le conflit mêlait activité missionnaire et de croisade, expansion territoriale, intérêts commerciaux et quête d'esclaves qui, selon la chronique d'Henri de Livonie (1225-1227), constituait la motivation essentielle de ces croisés et de leurs adversaires : de 1200 à 1227, la chronique a compté 67 raids pour s'emparer d'esclaves, de préférence des jeunes femmes ou des garçons, dont 35 furent conduits par les païens et 42 par les chrétiens. Ces razzias continuèrent durant tout le Moyen Âge, comme en témoigne le poème de Pierre Suchenwirt (mort en 1395) qui racontait l'expédition dans les pays baltes du duc d'Autriche Albert III en 1377. Beaucoup de ces esclaves descendaient ensuite les fleuves russes jusqu'aux ports de la mer Noire pour finir dans les marchés de la Méditerranée orientale. D'autres servaient dans les propriétés agricoles de la noblesse prussienne ou dans les royaumes scandinaves. En 1390, durant la campagne de Prusse, le comte de Derby acheta des captifs lituaniens pour les envoyer en Angleterre. Au début du XVe siècle, l'armée anglaise écrasait une révolte des Gallois et emmenait plus d'un millier d'enfants, filles et garçons, que commandants et soldats prenaient à leur service. Des trafiquants anglais allaient jusqu'en Islande pour y acheter des enfants qu'ils faisaient travailler dans les ports de Bristol ou Hull (David Wyatt, « Slavery in Northern Europe [Scandinavia and Iceland] and the British Isles, 500–1420 »). L'esclavage n'était pas condamné par l'Église, qui y voyait un excellent moyen d'obtenir la conversion et de sauver l'âme de l'infidèle ou du païen. Si celui-ci refusait de se convertir, l'esclavage constituait alors un juste châtiment. Les marchands de Verdun étaient accoutumés à amputer des garçons pour en faire des eunuques et à envoyer leurs victimes en Espagne. Arrachés de force à leurs parents lors des raids en pays slave, ces jeunes étaient expédiés dans les monastères chrétiens de l'Ouest où ils étaient castrés avant de partir pour l'Andalousie, Byzance ou le califat. Lorsque Liutprand de Crémone partit en ambassade à Byzance, il emporta des cadeaux dont les plus précieux étaient quatre *mancipia carzimasia*, les Grecs appelant ainsi un jeune homme totalement amputé (Judith Evans Grubbs, « Child Enslavement in Late Antiquity and the Middle Ages »).

Il appartenait aux directeurs de l'ouvrage de présenter les travaux de leurs collègues et ils procèdent à cet examen attentif avec mesure et aisance. Ils rappellent que l'esclavage a continué à prospérer dans toutes les parties du monde. La plupart des personnes réduites en esclavage dans l'histoire n'étaient ni d'origine africaine et masculine ni de naissance slave, mais pouvaient venir de n'importe quelle région et étaient très probablement des femmes. L'esclavage, disent-ils, le commerce des esclaves et les expériences des personnes asservies sont passés du statut de sujets marginaux à celui de sujets de premier plan, comme en témoignent le nombre de colloques organisés sur ce sujet depuis le début du XXIe siècle et le succès grandissant de la revue *Slavery and Abolition*. Les phénomènes qui ont eu les conséquences les plus importantes sur l'esclavage sont les conquêtes politiques des califats islamiques, des nomades d'Asie centrale, Mongols puis Turcs. Cependant, il n'existe pas de chiffres fiables pour un recensement de l'esclavage médiéval. Jamais, dans ce beau et riche livre, les auteurs et autrices ne cherchent à savoir si les sociétés médiévales étaient des « sociétés esclavagistes » ou des « sociétés avec esclaves », selon le modèle mis au point en son temps par Moses I. Finley et repris par d'autres spécialistes. Ils et elles concluent en effet que ces catégories sont imprécises et, en fin de compte, empêchent de comprendre l'énorme éventail de pratiques que l'on trouve dans les systèmes esclavagistes historiques. Ils et elles partagent la conception d'Orlando Patterson selon qui l'esclavage passe d'une phase « intrusive », quand les esclaves sont principalement des captives et captifs venus des régions extérieures et procurés par les guerres victorieuses contre les pays frontaliers, à une phase « extrusive » de recrutement sur place (condamnations, misère, dettes, auto-ventes, etc.). On m'excusera de n'avoir pas trouvé de traductions adéquates pour ces deux termes américains, mais le français « intrusion » s'est révélé une aide précieuse pour comprendre et opposer ces deux mots. La conception d'O. Patterson de l'esclavage serait incomplète si les auteurs de l'introduction de l'ouvrage ne signalaient pas que l'esclave médiéval souffrait aussi de mort sociale accompagnée d'aliénation et de déshonneur.

Jean-Claude Hocquet
jc-hocquet@wanadoo.fr
AHSS, 10.1017/ahss.2024.6

Hannah Barker
That Most Precious Merchandise: The Mediterranean Trade in Black Sea Slaves, 1260-1500
Philadelphie, University of Pennsylvania Press, 2019, 328 p.

Hannah Barker, qui enseigne l'histoire médiévale à l'université d'État de l'Arizona, dit sa gratitude aux diverses institutions américaines qui ont financé ses séjours et sa recherche au Caire et dans les riches archives italiennes de Gênes et Venise, aux nombreux amis qui ne lui ont pas ménagé leur aide, enfin, aux séminaires auxquels elle a participé ou qu'elle a organisés. Ce bref rappel, loin d'être inutile, justifie l'extension d'une bibliographie adaptée au sujet traité et l'abondance des travaux arabes sur l'esclavage blanc. La modestie de l'autrice laisse à d'autres l'apprentissage du turc, du géorgien et du russe pour compléter ou corriger son travail. En effet, son domaine de recherche favori est la mer Noire et la relation entre les ports vénitien (Tana) et génois (Caffa et d'autres ports de Crimée) et la Méditerranée orientale, principalement le sultanat mamlūk. Deux cartes de géographie historique illustrent un propos qui tient en sept chapitres.

Le livre commence dans les années 1260 quand l'empereur byzantin Michel VIII Paléologue ouvre la mer Noire aux marchands des républiques italiennes, d'abord aux génois puis aux vénitiens, et aux marchands mamlūks. Il se termine en 1475 avec la conquête par les Ottomans de Caffa et de toute la Crimée, non pas que le trafic des esclaves auquel s'adonnaient les marchands ait pris fin, mais il a pris une autre tournure, les Ottomans l'ayant orienté à leur profit. Dans son introduction, H. Barker signale que les pays septentrionaux riverains de la mer Noire n'étaient pas les seuls pourvoyeurs d'esclaves. Les Mamlūks, par exemple, importaient des esclaves d'Afrique, des Balkans, des pays de la mer Égée, d'Asie centrale et de l'océan Indien, mais, comme militaires, ils préféraient ceux du Nord. Selon l'autrice, « la demande d'esclaves la plus forte dans la Méditerranée médiévale était concentrée non en Italie mais au Caire » (p. 2), ce qui est exact s'agissant des esclaves slaves, tatars ou circassiens, mais, si l'on prend en examen la Méditerranée dans son ensemble, même sans faire intervenir la *Reconquista* chrétienne, l'Espagne joue, semble-t-il, un plus grand rôle que l'Italie : des vaisseaux italiens approvisionnent les marchés catalans des Baléares ou du continent de plusieurs centaines d'esclaves acheminés des ports de la mer Noire et de Constantinople.

Cependant, l'examen des sources, aussi bien latines qu'arabes, permet à l'autrice d'avancer que tous les habitants des rivages méditerranéens partagent des idées et des pratiques qui témoignent d'une même approche de l'esclavage : il s'agit à la fois d'une situation légale et socialement acceptable fondée sur les différences religieuses, linguistiques et raciales, et, ajoute-t-elle, d'« une menace universelle qui affecte toutes les personnes libres » car « les maîtres du jour pouvaient se retrouver esclaves le lendemain » (p. 209). N'insistons pas sur les sources administratives ou notariales italiennes, bien connues, et qui suppléent la rareté du matériel documentaire concernant la Horde d'Or, principal pourvoyeur ; les sources arabes contemporaines sont des manuels traitant de l'achat d'esclaves rédigés par des médecins attentifs au bon état et à la santé qui devaient présider au choix de leurs clients. L'introduction offre bien d'autres réflexions, à commencer par celle-ci, fondamentale : pourquoi les historiens ont-ils tu ou nié la présence d'esclaves au Moyen Âge ? H. Barker y voit deux raisons. Au nom de l'égalité spirituelle et de la fraternité, la christianisation de l'Empire romain aurait provoqué la disparition progressive de l'esclavage entre le VIe et le XIIe siècle. S'il reste quelques esclaves, leur sort s'est amélioré. Si l'esclavage a connu sa plus belle fortune aux colonies, l'abolition y a mis fin. L'autre versant est représenté par l'idéologie marxiste, qui insiste sur les modes de production : l'Antiquité a connu une division des classes entre citoyens libres et esclaves, à laquelle ont succédé le féodalisme et ses seigneurs et paysans serfs, puis le capitalisme. L'esclavage est la marque d'un mode de production agricole et, s'il reste des esclaves, ce sont surtout des femmes engagées dans un service domestique et sexuel. Bref, on n'en parle guère ou on préfère garder un silence pudique. Pourtant, les sources consultées par les historiens médiévistes mentionnent des esclaves et Charles Verlinden a consacré un ouvrage pionnier dès 1955 à l'esclavage urbain médiéval. Les chrétiens ont possédé des esclaves et l'Église a toléré et justifié l'esclavage.

Quant aux Mamlūks, leur histoire plonge dans l'histoire de l'Islam, mais il faut s'interroger sur leur statut juridique et la légitimité des sultans mamlūks. À la fin de leur entraînement militaire, ces esclaves étaient affranchis et c'étaient donc en hommes libres qu'ils accédaient au pouvoir. Les musulmans, qui voulaient répondre aux chrétiens, ont fait valoir que, chez eux, les maîtres traitaient leurs esclaves avec bienveillance, ils y étaient tenus par l'islam et par la qualité de leur morale. H. Barker retrouve la même violence vis-à-vis de l'esclave chez les chrétiens et les musulmans car, conclut-elle, « [tous] à la fin du Moyen Âge acquéraient leurs esclaves à la même source en mer Noire, ces esclaves étaient sujets à la même violence de la capture, à la même humiliation de la vente, à la même vulnérabilité du statut sans se soucier de qui les avait pris ou acheté » (p. 9). Regrettons de devoir présenter en quelques brefs paragraphes une introduction aussi riche et une réflexion aussi poussée…

Deux parties divisent le livre. La première partie définit l'esclavage de la fin du Moyen Âge et éclaire ce que fut la culture de cette institution, commune aux trois puissances qui se sont alors partagé les trafics et les marchés de la mer Noire. Il était interdit d'asservir quiconque partageait la même religion que le futur maître, la conversion n'impliquait aucunement l'affranchissement, mais, comme il était difficile de prouver devant les tribunaux la sincérité de la croyance religieuse, la race et le langage caractérisaient celui qui serait esclave et celui qui échapperait à cette infortune. De la page 105 à la page 112, d'utiles graphiques synthétisent toute l'information recueillie par l'autrice. Retenons l'évolution du prix des esclaves qui s'appuie sur au moins dix ventes annuelles opérées par des marchands génois ou vénitiens : une montée lente jusqu'en 1380 précède une ascension très rapide qui culmine au cours de la décennie 1420-1430 ; ensuite les prix redescendus se maintiennent à un niveau pourtant élevé, triple de celui du XIVe siècle. Les sources arabes sont plus avares, et le graphique prend alors en considération non pas dix ventes mais une seule. D'autres graphiques mettent en relation âge et prix des esclaves, sexe et prix (les Mamlūks privilégient les hommes), origine (Circassiens venus du Caucase, Russes et Tatars). Chez les Mamlūks, les Noirs l'emportent mais leur prix est faible. Au-delà de 40 ducats, les Blancs sont seuls. À Gênes, les Noirs sont peu nombreux – on s'y attendait, le sujet de l'autrice étant la traite des esclaves en mer Noire. Il faudra attendre la progression des navigations ibériques le long des côtes atlantiques d'Afrique pour que l'esclavage noir supplante celui des Blancs – non pas que nous niions l'existence antérieure d'un esclavage des Noirs dits Éthiopiens acheminés par des trafiquants dans le désert jusqu'aux ports et aux plages de Libye.

L'influence de Moses I. Finley est sensible dans l'intitulé du chapitre 5. On sait que cet historien avait défini une société esclavagiste à partir d'un certain taux de non-libres dans la population totale, en deçà duquel il convient de parler de « sociétés avec esclaves ». C'est oublier que l'esclavage dans les ports méditerranéens était urbain et artisanal, alors que le servage était la marque du monde rural.

La deuxième partie examine comment on devenait esclave et quel était le rôle des marchands qui achetaient un esclave ou des troupes entières. Elle décrit les routes suivies, les risques courus, les dangers affrontés, les paiements espérés, la place des États qui n'hésitent pas à taxer l'activité de ces marchands tout en leur recommandant d'agir prudemment, voire en cachette, car chrétienté et islam se font la guerre. Même si la papauté est durablement affaiblie, l'esprit de croisade reste présent, et l'esclave est considéré, à l'égal des armes, comme un matériau stratégique dont il ne faut pas renforcer l'armée des sultans. Mais, dit Emmanuel Piloti dans son *Traité sur le passage en Terre sainte* (1420), il existait de mauvais chrétiens (*trèsfauls et trèsmauvais crestiens*) qui transportaient sur leurs navires des esclaves destinés à l'Égypte. H. Barker réduit le nombre d'esclaves achetés chaque année par les marchands mamlūks à Caffa à 450/650, quand E. Piloti le portait à 2 000 esclaves vers les années 1420. La conclusion reprend l'observation du dominicain d'Ulm Felix Fabri qui, à la fin du XVe siècle, de passage à Alexandrie, « trouvait la plus précieuse marchandise, qui toutefois était vendue à bas prix. Cette marchandise, c'étaient des créatures de Dieu, faites à son image, de l'un et l'autre sexe ». La sympathie du frère n'allait cependant pas aux esclaves qu'il avait rencontrés sur les places de Venise. Sachons gré à H. Barker d'avoir édité sa thèse de doctorat de 2014 et à son éditeur universitaire de mettre à la disposition des lecteurs un ouvrage fondamental sur un sujet longtemps occulté.

Jean-Claude Hocquet
jc-hocquet@wanadoo.fr
AHSS, 10.1017/ahss.2024.7

Meredith Martin et Gillian Weiss
Le Roi-Soleil en mer. Art maritime et galériens dans la France de Louis XIV
Paris, Éd. de l'EHESS, trad. par É. Trogrlic, 2022, 403 p.

Les esclaves d'origines nord-africaine et turque occupèrent une place prééminente dans l'art maritime et guerrier de la France du Grand Siècle. Leurs visages, leurs corps dénudés et enchaînés décoraient des sculptures navales, des palais, emplissaient des manuels et cartes maritimes et servaient même de tableaux vivants lors de fêtes et de processions entre les années 1660 et le début des années 1720. La monarchie de Louis XIV mettait en scène ces corps asservis afin de glorifier la puissance du roi très chrétien face à ses adversaires, qu'ils fussent musulmans ou protestants, mais aussi pour stimuler un esprit de conquête et représenter une soumission musulmane. C'est l'une des grandes réussites de cet ouvrage rédigé à quatre mains que de redonner à voir ce « monde désormais disparu où les forçats et les esclaves turcs [étaient] à la fois sources d'inspiration et assistants de production d'une vision richement ornée qui exprime ensemble la majesté et la soumission » (p. 124).

Les deux autrices parviennent à une symbiose remarquable de l'histoire sociale et de l'histoire de l'art pour penser de manière originale et stimulante les liens entre art, pouvoir et esclavage. Le premier livre de Gillian Weiss, consacré aux captifs français en Méditerranée au XVIIe siècle, démontrait avec *brio* comment les captifs français au Maghreb avaient contribué, par leur expérience, à définir une souveraineté monarchique française[1]. *Le Roi-Soleil en mer* explore cette fois comment les figures d'esclaves galériens des mondes ottomans et africains furent les sujets et les acteurs d'un art maritime, guerrier et de cour au sein du royaume de France, de Marseille et Toulon jusqu'à Paris et Versailles. Pour ce faire, l'édition française traduite de l'anglais s'appuie sur la conjugaison admirable d'archives lues avec exigence et d'une riche et belle iconographie repérée dans et hors de France, analysée avec minutie par les deux autrices, dont Meredith Martin, historienne de la culture matérielle en France et en Grande-Bretagne aux XVIIIe et XIXe siècles.

À travers ces représentations d'esclaves et notamment « des milliers d'objets en métal conçus dans les arsenaux royaux », l'enjeu est aussi de traquer dans les arcanes de la monarchie et de la société française et de penser sous différents angles « une culture […] de la violence » qui a marqué « les relations entre chrétiens et musulmans au début de l'époque moderne », et qui a énormément pesé « sur les normes esthétiques et matérielles des élites françaises » (p. 119). Chacun des quatre chapitres du livre ouvre une perspective nouvelle et originale. Le premier chapitre, centré surtout sur l'arsenal de Marseille, suit les « Turcs au travail » dans la vie de l'arsenal puis dans l'art maritime français lorsque Colbert relance la construction d'une flotte de galères pour hisser la France au rang de puissance méditerranéenne. Le deuxième chapitre nous transporte à Paris et à Versailles pour redéployer les figures d'esclaves de l'art maritime et guerrier au sein des palais, dans une statuaire monumentale ou dans des représentations plus éphémères comme les processions urbaines de prisonniers ou les fêtes navales, notamment sur le Grand Canal de Versailles.

Le chapitre suivant nous ramène vers le sud pour montrer comment des membres de grandes familles provençales en partie liées à l'Ordre de Malte ont défendu contre vents et marées l'idée d'un nécessaire maintien des galères et galériens. Alors que ces forces perdaient de leur efficacité et n'étaient conservées qu'à des fins d'apparat, des officiers de galère s'attachèrent à rappeler les liens entre galères et guerres saintes, à partir de la fin des années 1670 et surtout autour de 1700, au fil de traités, de manuels et de cérémonies maritimes. Les esclaves étaient, pour ces grandes familles, des âmes à convertir, à civiliser et des corps à dompter : les officiers de galère et leurs épouses avaient ainsi « le privilège de s'approprier les Turcs, en particulier les 'Turcs faits chrétiens', pour les employer comme porteurs des chaises richement décorées qui se popularisent lors de la transformation urbaine de Marseille dans les années 1670 et 1680 » (p. 230).

Le quatrième et dernier chapitre repart de la même scène marseillaise mais sous un angle bien différent : à partir de tableaux, dont ceux de Michel Serre (1658-1733), qui ont représenté des esclaves galériens et leur rôle au temps de la grande peste de 1720. Aux côtés d'un plus grand nombre de forçats, des esclaves « turcs » furent chargés par les autorités locales de procéder aux inhumations à partir du moment où « un nombre exponentiel de cadavres en décomposition s'entass[ai]ent dans les rues » (p. 310). Les deux autrices montrent que Serre a jeté un regard ambivalent sur ces esclaves au temps de la catastrophe, en les percevant à la fois comme des sauveurs (que le peintre avait fréquentés) mais aussi comme des agents de la contamination, originaires des lieux d'où proviendrait le mal, l'Orient. Ils incarnaient aussi une des formes du commerce « sacrilège » avec le Levant. Ce début des années 1720, par lequel ce dernier chapitre se clôt, ne fut pas uniquement celui de la peur des pestes. Ce fut aussi celui d'une peur canalisée et détournée, avec la mode de la turquerie, des toquades pour les vêtements et objets ottomans.

Si nous ne pouvons nous prononcer – faute de connaissances approfondies – sur une histoire sociale et une histoire de l'art au temps du Grand Siècle ou sur les manières de penser les liens entre art et esclavage dans cet ouvrage, les nombreux apports de ce livre pour étudier l'esclavage en Méditerranée et notamment l'asservissement des Maghrébins ou plus largement des sujets ottomans en Europe et, en l'occurrence, en France sont à souligner et à saluer. Alors que l'asservissement des Européens au Maghreb et dans l'Empire ottoman a été étudié en profondeur, *Le Roi-Soleil en mer* contribue avec d'autres ouvrages récents en anglais, en italien et en espagnol à approfondir notre connaissance du phénomène symétrique, de sa contrepartie : l'esclavage des Maghrébins et Ottomans en Europe, de la capture des hommes jusqu'à leur mort en exil.

Sur les origines de ces galériens esclaves, l'ouvrage montre que sous la même catégorie d'« esclaves turcs » et, surtout, « d'esclaves maures » l'on retrouvait des rameurs provenant d'Afrique de l'Ouest et d'Afrique du Nord à la fin du XVIIe siècle. Ce qui ne peut que nourrir une réflexion sur la catégorie très ambivalente et malléable de « Maures » et sur des processus de racialisation qui amalgamaient déjà, en France, des Africains subsahariens et des Maghrébins.

Sur le statut même d'esclave, à partir du cas des galériens esclaves dans le royaume de France, *Le Roi-Soleil en mer* vient rappeler à quel point était fictif le principe du « sol libre » : le « principe juridique établi au XVIe siècle » selon lequel « nul n'est esclave en France » ne s'appliquait pas aux « individus asservis dans les territoires d'outre-mer ni aux esclaves turcs qui servaient en général à vie sur les galères royales » (p. 24). Les agents du roi avaient conscience d'aller tous les jours à l'encontre de ce principe : ainsi de l'intendant de Toulon Louis Testard de La Guette qui écrit à Colbert en 1662 : « J'ai honte d'acheter (des esclaves turcs) tandis que le Roy a des vaisseaux et des galères en mer » (p. 74). Retrouver ces paroles, démontrer ces contradictions entre principes et pratiques, est fondamental pour continuer à déconstruire l'idée d'une Europe vierge de tout esclavage en son sein à l'époque moderne et notamment aux temps des Lumières.

Toute une série de scènes et d'éléments aide à mieux identifier la place et la vie quotidienne de ces esclaves dans la France du Grand Siècle : leur fréquentation des prostituées ; leur vie dans des baraques désordonnées autour de l'arsenal de Marseille ; leur formation à des métiers des arsenaux aux côtés d'artisans et de forçats ; leurs rôles d'écrivains dans les magasins et les ateliers de l'arsenal lorsqu'ils savaient lire et écrire ; l'exposition de leur corps comme modèle sous le regard des membres de l'Académie royale de peinture et de sculpture ; et, surtout, les relations ambivalentes que ces captifs musulmans entretenaient avec les forçats huguenots, entre entraide et antagonisme lorsque les captifs musulmans étaient amenés à bastonner ces autres captifs protestants à la demande de leurs geôliers.

L'ouvrage est un excellent point de départ pour pousser plus avant certaines pistes de recherche, en particulier sur la diffusion de cet art guerrier qui prit des esclaves comme principal motif. L'ouvrage se concentre sur Marseille, Paris et Versailles, et établit des comparaisons avec Livourne, par exemple, mais il invite aussi à étendre l'enquête à d'autres régions de France, et notamment à l'ensemble du sud-est méditerranéen. Autre question sur le genre de cet art : sculpteurs, peintres, armuriers ont avant tout représenté des esclaves galériens. Ces esclaves étaient de loin les plus nombreux parmi les populations captives issues du Maghreb et de l'Empire ottoman. Ils étaient des esclaves publics ou des esclaves des souverains dont pouvaient disposer des agents de l'administration. Les femmes maghrébines et ottomanes captives étaient moins nombreuses. Elles étaient davantage des esclaves privées astreintes à des fonctions domestiques. Il apparaît donc logique que la représentation iconographique se soit focalisée sur ces hommes. Mais cette obsession pour l'esclave masculin et la mise en retrait des captives mauresques pourront susciter d'autres recherches. Tout comme d'autres études pourront s'interroger sur les manières dont ces esclaves se sont eux-mêmes représentés de façon figurative ou dans des documents écrits.

Dans l'épilogue de leur livre, les deux historiennes réfléchissent aux legs de cette longue histoire en France et en d'autres parties de l'Europe sous la Restauration et la monarchie de Juillet. À la suite de Nabil Matar, G. Weiss et M. Martin interrogent l'oubli paradoxal de cette histoire : une histoire toujours présente dans les peintures et les sculptures, mais une histoire d'esclaves que personne aujourd'hui ne revendique ni ne défend.

M'HAMED OUALDI
mhamed.oualdi@sciencespo.fr
AHSS, 10.1017/ahss.2024.8

1. Gillian WEISS, *Captives and Corsairs: France and Slavery in the Early Modern Mediterranean*, Stanford, Stanford University Press, 2011.

Fabienne P. Guillén et Roser Salicrú i Lluch
Ser y vivir esclavo. Identidad, aculturación y agency (mundos mediterráneos y atlánticos, siglos XIII-XVIII)
Madrid, Casa de Velázquez, 2021, 290 p.

Comme à l'Antiquité et au Moyen Âge, les esclaves en Europe aux XVIe et XVIIe siècles sont majoritairement blancs, résultat des expéditions punitives que les États les plus importants de l'époque avaient décidé de lancer contre les populations rivales et voisines. Cependant, il se trouve aussi des esclaves noirs, bien que le grand moment de l'esclavage des Noirs soit les XVIIIe et XIXe siècles. La plupart des esclaves noirs présents dans l'Europe de la première modernité ont été capturés sur les côtes de l'Afrique de l'Ouest par les Portugais qui, de 1415 (prise de la ville de Ceuta) jusqu'au milieu du XVIIe siècle, font de ce continent leur principale navette pour les grandes opérations commerciales vers les Amériques et l'Asie grâce à un système efficace de fortifications et d'usines.

Les esclaves noirs des populations du sud de l'Europe sont principalement utilisés pour le service domestique, l'exploitation minière ainsi que la culture et le raffinage de la canne à sucre. Cette dernière culture, que les Européens ont apprise des musulmans lorsqu'ils les ont combattus lors des croisades (1095-1211), était importante à Chypre et en Sicile aux XVIe et XVe siècles, et a même bénéficié de l'attention de monarques tels qu'Alphonse V d'Aragon (1396-1458). L'introduction d'esclaves aux Açores, aux Canaries, à Madère et au Cap-Vert est un peu plus tardive et s'appuie sur la main-d'œuvre musulmane.

En Amérique, et plus particulièrement au Brésil, la culture de la canne à sucre est fondamentale depuis que João III (1502-1557) a légalisé l'importation de main-d'œuvre noire en 1549. L'expansion de l'industrie sucrière et l'enrichissement de certaines familles ayant misé sur cette culture, déjà incontestables à la fin du XVIe et au début du XVIIe siècle, s'accompagnent de l'arrivée d'un nombre croissant d'esclaves en provenance des côtes de l'Afrique de l'Ouest. Entre 40 000 et 50 000 esclaves africains, presque tous originaires de l'île de São Tomé, du Congo et de l'Angola, arrivent au Brésil entre 1576 et 1591 pour travailler dans les plantations de sucre brésiliennes. Philippe II (1527-1598), comme son père l'empereur Charles Quint (1500-1558) avant lui, signe une série de contrats au début des années 1580 pour assurer l'approvisionnement en esclaves de l'Amérique. Le travail dans les plantations et les mines est, par conséquent, plus ou moins garanti. Cet approvisionnement en main-d'œuvre servile s'est perfectionné lorsqu'en 1595 la couronne espagnole signe avec Pedro Gómez Reinel, un important marchand portugais d'Angola, l'engagement d'envoyer chaque année 4 250 « esclaves vivants » aux Indes. Plusieurs autres entrepreneurs succèdent à Reinel et le système perdure – avec une brève interruption entre 1609 et 1615 – jusqu'en 1640, date à laquelle la couronne portugaise se sépare de la monarchie espagnole après une longue guerre d'usure dans laquelle les colonies portugaises sont également impliquées.

Dès le début du XVIIIe siècle, la Hollande, la France et la Grande-Bretagne internationalisent la traite négrière, brisant le monopole ibérique et réduisant le taux de mortalité des esclaves grâce à une série d'améliorations en matière de transport, d'hygiène – les négriers ont pour obligation d'embarquer un chirurgien à bord des navires – et de nourriture. D'environ 30 % de décès lors de la traversée de l'Atlantique à la fin du XVIIe siècle, le taux tombe à 15 % au XVIIIe siècle. Contrairement à la période précédente, l'esclave du XVIIIe siècle est une marchandise beaucoup plus chère pour l'armateur et sa vente sur les marchés doit assurer à ce dernier un bénéfice substantiel. L'accélération de la traite entre 1740 et 1750 est spectaculaire. D'ailleurs, 60 % de la traite européenne se concentre au XVIIIe siècle, 33 % au XIXe siècle et seulement 7 % aux XVIe et XVIIe siècles.

Malgré les efforts d'historiens comme Olivier Grenouilleau, nous sommes encore loin de disposer d'une histoire complète de l'esclavage dans le sud de l'Europe entre la fin du XVIe siècle et le début du XIXe siècle. Le volume de ce trafic reste une question à élucider. Alessandro Stella et Bernard Vincent, qui sont deux des meilleurs spécialistes du sujet, avancent le chiffre raisonnable d'un peu plus d'un million de personnes. Or, nous ne disposons pas de chiffres sur les marchés aux esclaves, surtout pour celui de Lisbonne, le plus important de la péninsule Ibérique en termes de commerce d'esclaves. Des recherches et des propositions sur la base des sommes disponibles doivent se poursuivre. Des hypothèses ont été avancées à partir des pourcentages de la population servile dans certaines villes andalouses. À Séville, par exemple, entre la fin du XVIe et le début du XVIIe siècle, les esclaves représentaient entre 7 et 8 % de la population. Malaga, à la même époque, aurait compté entre 10 et 11 % d'esclaves, peut-être le même pourcentage que Lisbonne. Dans le sud de l'Italie et de la France, il y avait également des esclaves, mais en nombre probablement beaucoup moins important qu'en Espagne et au Portugal. Au nord d'une ligne reliant Lisbonne, Madrid, Valence et Florence, l'esclavage, quand il existe, est très ténu. Cela signifie que le travail effectué par les esclaves dans le sud de l'Europe est réalisé par d'autres dans le nord de l'Europe, mais dans des conditions de précarité presque similaires. Il faut donc penser le problème des personnes dépendantes dans son ensemble, globalement. En France, par exemple, d'importantes recherches récentes ont montré que les domestiques ont de nombreux points communs avec les esclaves. Certes, ils s'en distinguent par le fait qu'ils sont libres, ce qui est beaucoup, mais les conditions de travail ne sont souvent pas très différentes.

L'ensemble des études réunies par Fabienne P. Guillén et Roser Salicrú i Lluch sous le titre *Ser y vivir esclavo* part de certaines des lacunes et prémisses méthodologiques mentionnées ci-dessus, et les dépasse même toutes lorsque les chercheuses mentionnent dès les premières pages de leur livre que les études quantitatives sur l'esclavage, « tout en fournissant un soutien essentiel, sont particulièrement prudentes dans l'exploration des interactions entre les esclaves et l'environnement qui les entoure, laissant une grande partie de l'histoire sociale de l'esclavage non écrite » (p. 4-5). De plus, « la recherche quantitative ne peut faire autrement que d'être confrontée à un moment ou un autre à la question cruciale de savoir comment les esclaves s'adaptent à leur nouvel environnement social, comment ils s'identifient, ou comment un statut juridique qui les rend incapables d'agir pour ou en leur nom propre pèse sur leur marge de manœuvre » (p. 5).

Le sous-titre de ce volume, « identité, acculturation et *agency* », est présent dans toutes les contributions, explicitement ou implicitement, et les concepts qu'il met en avant ne sont pas absolus mais changeants, comme la réalité dans laquelle ils s'inscrivent. Que signifie être un esclave dans l'Europe des XVIe et XVIIe siècles ? De la réalité juridique à la pratique sociale, il existe un large éventail de nuances qui rendent impossible toute généralisation. Ainsi, avec les *Siete Partidas* d'Alphonse X le Sage, il existait en Castille une réglementation permettant de réduire un être humain en esclavage, mais aussi de s'offrir volontairement comme esclave dans le cadre d'un appel d'offres au plus offrant. L'esclavage n'est pas un statut fixe, car il est soumis à des changements constants, et l'esclavage des Noirs n'est certainement pas le même que celui des Blancs. L'esclave en général, dans la mesure où il fait partie d'un groupe social différent de celui d'origine, est soumis à un nouveau processus de socialisation, adoptant ainsi une nouvelle identité qui n'est pas nécessairement pire que celle d'origine. Comme le montre cet ouvrage, il y a eu des esclaves blancs, comme dans le cas des chrétiens capturés par les corsaires musulmans, qui ont été envoyés travailler dans les mines et les galères d'Alger et de Turquie dans des conditions très dures. D'autres esclaves, en revanche, ont accédé à des postes militaires et politiques de premier plan au sein des États de l'Islam parce qu'ils ont décidé de renoncer à leur foi et de faire valoir leurs compétences et leurs qualités. Dans le cas inverse, celui des esclaves noirs, il est plus difficile de trouver des exemples d'ascension sociale, mais certains parmi eux se sont mariés, ont eu des enfants et ont créé de petites entreprises prospères grâce aux économies qu'ils avaient réalisées par leur travail pendant leurs longues années de privation de liberté.

Il ne fait aucun doute que la question de l'identité est un sujet de réflexion récurrent dans ce volume. Pour les auteurs et autrices de cet ouvrage, être esclave implique une perte d'identité, mais aussi un gain, car tous ont fini par embrasser une nouvelle nature identitaire avec les processus d'acculturation et de subjectivation correspondants. Sur ce point précis, les chercheurs et chercheuses de cette étude ont recueilli un large éventail de documents notariaux qui montrent que les esclaves étaient considérés comme des êtres grossiers et immoraux, au même titre que les animaux avec lesquels ils partageaient souvent l'espace. Il incombait aux propriétaires de les corriger et de leur donner des ordres, par exemple sur la manière dont ils devaient s'habiller. Tous ces individus, privés de liberté pendant tous ces siècles, comme le reste des membres de la société européenne de l'Ancien Régime, avaient des identités multiples, qui n'étaient en aucun cas immuables, prises dans un processus constant de transformation et de reconfiguration. Pour l'histoire sérielle, l'opposition esclave/libre peut être pertinente afin d'expliquer certaines situations. Cependant, comme le rappelle ce livre, il est plus enrichissant de se tourner vers la dichotomie homme/femme, vieux/jeune, chrétien/musulman, instruit/analphabète. Cela permet sans doute d'expliquer les nombreux paradoxes qui se sont produits au cours de ces siècles.

Un autre succès de cette recherche est de proposer l'utilisation des concepts d'« acteur » et d'« agent » issus de l'anthropologie et de la sociologie pour les études futures sur l'esclavage. Comme nous le savons, les acteurs sont intégrés dans un cadre délimité par des règles de coexistence et, en conséquence, ils agissent ou n'agissent pas. Cependant, un acteur est aussi un acteur parce qu'il peut modifier et changer les structures dans lesquelles il agit en créant des espaces de résistance et de subversion. Pour un acteur, le contexte détermine son comportement, tandis que l'agent peut façonner quelque peu son contexte. Des exemples de ce dernier type se trouvent dans le livre, mais celui des esclaves de Barcelone à la fin du Moyen Âge qui, en violation des règlements municipaux, s'échappent, la nuit, des maisons de leurs maîtres pour rejoindre d'autres esclaves afin d'accomplir les rites et les coutumes de leurs populations d'origine est particulièrement frappant. Ces pratiques étaient plus ou moins récurrentes, et même les châtiments corporels ne parvenaient pas à les empêcher.

En résumé, il s'agit d'un livre solide qui démontre à quel point le dialogue entre l'histoire sérielle économiquement biaisée et la casuistique particulière qui résulte de l'examen minutieux des archives et de diverses bibliothèques est fructueux, enrichissant et nécessaire. Comme le font ici les auteurs et autrices, il est nécessaire de faire ressortir la dimension plus humaine de l'esclavage, et cela ne peut se faire qu'en combinant des micro-perspectives avec des stratégies d'étude multidisciplinaires.

José Antonio Martínez Torres
jmtorres@geo.uned.es
AHSS, 10.1017/ahss.2024.9

**Jean-Frédéric Schaub
et Silvia Sebastiani**
*Race et histoire dans les sociétés occidentales,
XVe-XVIIIe siècle*
Paris, Albin Michel, 2021, 504 p.

Au sein d'un champ historiographique traversé par de vives dissensions autour de la chronologie des processus de racialisation et de la pertinence même de l'usage de la notion de race pour analyser les sociétés modernes[1], l'ouvrage de Jean-Frédéric Schaub et Silvia Sebastiani s'impose comme une référence incontournable. Sa richesse tient largement à sa capacité à embrasser l'histoire de la formation des catégories raciales dans la longue durée, à cheval entre le Moyen Âge et l'époque moderne, tout en étant attentif aux réseaux d'influences croisées qui, d'une rive à l'autre de l'Atlantique, relient l'Europe et ses colonies.

La réflexion des auteurs se déploie en six chapitres finement ciselés qui proposent chacun une analyse de cinq processus historiques présentés comme autant de matrices dans l'élaboration de systèmes politiques raciaux au sein des sociétés occidentales : la naturalisation des privilèges qui permettent l'élection de la noblesse de sang ; le rejet et la persécution des *conversos* (Juifs convertis) dans la péninsule Ibérique ; les discriminations imposées aux métis lors de l'expansion coloniale intra-européenne et extra-européenne ; le système de la traite et de l'esclavage atlantique ; et enfin le mouvement des Lumières analysé à l'aune de ses contradictions, celles d'un siècle marqué par l'émergence d'un discours universaliste sur les droits de l'homme mais aussi par l'apogée de la traite et la naissance des classifications raciales de l'histoire naturelle.

Si la lecture de ces différents phénomènes au prisme de la race n'est pas neuve, la grande force du livre est d'en proposer un traitement conjoint et de restituer ainsi une cohérence à la fois chronologique et spatiale à une question cruciale abordée jusque-là par une historiographie cloisonnée, éclatée en diverses langues et ici copieusement mobilisée par les auteurs. Cette démarche est facilitée par la dimension collective de l'ouvrage qui se présente comme le résultat d'un dialogue entamé en 2008, dans le cadre d'un séminaire de recherche à l'EHESS, entre un spécialiste de l'histoire politique des monarchies ibériques d'Ancien Régime et une historienne de l'anthropologie des Lumières.

À la lecture de *Race et histoire*, l'histoire de la traite et de l'esclavage atlantiques n'apparaît pas comme le bon point d'entrée pour étudier la généalogie des catégories raciales. L'ouvrage propose ainsi de remonter au XVe siècle, au sein de la péninsule Ibérique, où la promulgation des statuts de pureté de sang, dont le premier est édicté à Tolède en 1449, ferme aux descendants de Juifs convertis au christianisme l'accès à certaines charges publiques en raison d'un « sang impur » véhiculé par une généalogie jugée infamante. Ce système d'exclusion, soutenu par l'Inquisition, est pour les auteurs la matrice d'une racialisation des rapports sociaux. La date canonique de 1492 n'apparaît plus dès lors comme une rupture, à vrai dire bien factice, mais comme un pont entre divers processus de racialisation.

C'est en effet une des thèses clefs de l'ouvrage que d'avancer que l'antisémitisme médiéval aurait « préparé le regard racial qui fut porté sur les Africains ou les Amérindiens » (p. 153). Ainsi se dessine la continuité par laquelle les conquistadors exportent aux Amériques l'appareil racial de la *« limpieza de sangre »* pour l'appliquer aux métis, nés d'unions pour la plupart illégitimes entre Européens et Amérindiens, et les exclure des carrières civiles et ecclésiastiques. Un tel renouvellement chronologique permet en outre de dépasser le débat lancé par Eric Williams en 1944 sur le racisme comme cause ou au contraire comme conséquence de l'esclavage africain aux Amériques : bien avant 1492, les sociétés ibériques sont en effet « aux avant-postes de l'expérience européenne de la traite atlantique » (p. 243) du fait d'une importante proportion de Noirs dans leurs populations. Et si la corrélation entre noirceur et esclavage n'est alors pas encore systématique, elle le devient aux siècles suivants, au gré de la consolidation de la traite et des sociétés coloniales esclavagistes qui vouent les Africains à un esclavage racial, c'est-à-dire justifié, entre autres, par leur prétendue infériorité naturelle.

On comprend dès lors que les Lumières constituent le point final de cette enquête historienne sur la race à l'âge moderne.

Les classifications racistes émergeant au cours du XVIIIe siècle sont en effet analysées comme l'aboutissement d'une histoire occidentale pluriséculaire marquée en particulier par la traite et l'esclavage, qui « fournissent des réservoirs d'objets, d'informations ou d'expériences à la science de l'homme des Lumières » (p. 456). Amplement développées au sein des deux derniers chapitres, les taxinomies qui hiérarchisent l'humanité en races ne peuvent ainsi être comprises sans une prise en compte du rôle joué par les marchands, anatomistes ou administrateurs qui ont opéré depuis les colonies esclavagistes.

La notion de race – entendue comme une catégorie imaginaire mais performative – est définie par les auteurs comme la conviction selon laquelle le fondement de l'altérité n'est pas seulement social mais est aussi naturel et transmis d'une génération à une autre à travers des processus où le corps intervient comme véhicule de la différence. La posture consistant à refuser d'employer le terme au motif que celui-ci serait exogène aux sociétés étudiées ne résiste pas à l'analyse des sources mobilisées dans l'ouvrage. Car le mot de « race » n'est pas qu'une catégorie étique mais appartient bel et bien au vocabulaire de l'époque. C'est ce dont le livre rend compte en exploitant la multiplicité des discours ayant participé à la construction de la race : par l'histoire naturelle, les récits de voyage et la littérature, les traités nobiliaires, médicaux et philosophiques, les textes d'agronomie, mais aussi par les sources d'histoire sociale telles que les registres paroissiaux ou les archives notariales qui usent des catégories raciales, ou enfin par la peinture qui tente d'en faire une représentation visuelle.

Lorsqu'il est utilisé, le terme de « race » renvoie alors surtout à la notion de « lignage » ou de « sang ». Il est employé pour distinguer les nobles des roturiers ou encore les vieux chrétiens des *conversos*. Comme les premiers chapitres s'attachent à le montrer, l'idée selon laquelle des caractères non seulement physiques mais aussi moraux se transmettent par le sang, le sperme ou le lait ne doit pas être considérée comme une simple métaphore mais bien comme la traduction d'une réelle croyance des hommes et femmes du passé dans le pouvoir joué par ces fluides dans le processus de gestation, d'où par exemple l'inquiétude vis-à-vis des nourrices d'origine africaine. La question raciale ne saurait donc être confondue avec celle de la couleur de peau.

L'ouvrage retrace toutefois une évolution qui voit s'affirmer au XVIIIe siècle une obsession pour la couleur de peau comme « démarcation des différences entre les 'races' humaines » (p. 321). Dès le XVIe siècle, des catégories raciales telles que « *negro* », « *mulato* », « *mestizo* », « *zambo* », « *morisco* » ou « quarteron » ont envahi le vocabulaire social des métropoles et des sociétés coloniales pour désigner les individus issus du métissage. Celles-ci ne peuvent toutefois être réduites à des adjectifs chromatiques décrivant un phénotype qui renverrait seulement à la « culture visuelle » et à la subjectivité de celui qui les utilise[2]. Elles ancrent de fait l'individu dans une généalogie considérée comme entachée par une goutte de « sang noir » ou de « sang indien », et l'usage parfois flou ou inadéquat de ces catégories par les acteurs n'en renvoie pas moins à un système racial rigide mis en place pour faire face à la hantise de la dégénérescence.

Cette attention accrue pour la couleur trouve son apogée dans le système de classification établi par Carl von Linné dès 1735 qui divise l'humanité en quatre « races », distinguées par leur couleur de peau. Au fil des chapitres de *Race et histoire*, les visions et définitions de la race apparaissent donc mouvantes mais aussi concurrentes, au XVIe comme au XVIIIe siècle où les catégories raciales se fixent pourtant avec une prétention scientifique. Une telle affirmation prend sa source dans une vision renouvelée des Lumières vues comme un espace de débats et non comme un corps de doctrines figées.

Nul besoin cependant d'une doctrine raciale cohérente pour que celle-ci ait des effets bien réels, comme le démontre le livre. La race y apparaît en effet d'abord non pas comme le fruit d'idéologies préétablies mais comme une ressource politique de domination. En voyant la race comme « un outil permettant de contrôler le changement dans les sociétés » (p. 8), les auteurs offrent une proposition stimulante pour penser les liens entre discours et pratiques de la race ainsi que sa malléabilité en fonction des contextes historiques. Classer et hiérarchiser, distinguer et privilégier, purifier, exclure ou animaliser sont ainsi autant de processus socio-politiques que la race permet d'opérer dans les sociétés de l'époque moderne.

Elle distingue d'abord, ce que peut constater le lecteur à travers la question de la noblesse mais aussi celle de la construction de la blanchité. Elle est en outre une façon de réagir à l'effacement de la différence ou à l'invisibilisation de l'altérité : les statuts de pureté de sang infligés aux *conversos* sont ainsi une manière de tenir à distance des individus que la conversion au christianisme a mêlés aux vieux chrétiens. C'est la même logique qui conduit les colons anglais à se désigner à partir de la fin du XVIIe siècle non plus comme « Christians » mais comme « Whites » dès lors que la conversion des esclaves africains et leur affranchissement ont effacé les distinctions religieuse ou statutaire entre Européens et Africains.

Dans chacune des situations étudiées, la tension fondamentale entre ouverture et fermeture est mise en avant, aussi bien dans les sociétés métropolitaines que coloniales. On appartient à la noblesse de par son sang, mais on peut aussi intégrer ses rangs au terme d'un processus d'anoblissement qui permet toutefois aux dominants de contrôler le rythme d'intégration des nouveaux venus. C'est cette même tension que les auteurs retrouvent dans le délai imposé aux *conversos* pour accéder à la « vraie religion », ainsi qu'aux métis et à tous ceux auxquels il faut plusieurs générations avant d'atteindre le statut de « Blanc ». Ce point permet d'aller à rebours de l'idée selon laquelle les sociétés coloniales étudiées – en particulier ibériques – se caractériseraient par une fluidité du fait du métissage, de la présence de libres de couleur ou de la possibilité pour un individu de « passer » d'une catégorie à une autre.

S'il n'y a certes jamais de stricte équivalence entre noirceur et esclavage, ou entre réduction en esclavage et racialisation, il y a bien construction d'un ordre racial dans lequel la noirceur demeure toujours un stigmate pour les affranchis et descendants d'affranchis. Ainsi, en Jamaïque, on accède au statut de Blanc si l'on naît libre et que l'on n'a plus d'ascendant africain sur quatre générations tandis qu'à Saint-Domingue, à la fin du XVIIIe siècle, le juriste Michel-René Hilliard d'Auberteuil propose de pousser jusqu'à six générations. Cette possibilité de « blanchiment » traduit-elle une souplesse du système ? Les auteurs voient au contraire dans cette obsession pour la généalogie la manifestation d'un régime politique fondé sur la race. Au même moment, d'ailleurs, dans les métropoles européennes, la crainte du métissage s'accentue et la peur d'une « contamination raciale » conduit par exemple en 1777 à interdire aux « noirs, mulâtres et autres gens de couleur » de pénétrer sur le territoire de la France métropolitaine.

La race contribue enfin à faire de la différence visible un marqueur d'identité naturel mais aussi un mode de classement et de hiérarchie. Les savants en viennent ainsi à disséquer le corps des Africains afin d'expliquer leur noirceur à l'aide de théories que certains utilisent pour justifier leur aptitude naturelle au travail. La découverte, dès les années 1630, des ressemblances anatomiques entre l'orang-outan et l'homme participe également, en atténuant la frontière entre humanité et animalité, à figer les frontières au sein même de l'humanité. En humanisant les grands singes, les savants animalisent les Africains et offrent ainsi, dans le contexte du débat abolitionniste, un argument majeur au camp des pro-esclavagistes.

La démarche à laquelle obéissent les auteurs n'est pas de faire de la race la seule grille de lecture des sociétés étudiées. Il n'est pas question non plus de nier ou minorer la capacité des groupes subalternes à s'approprier des catégories raciales ou à s'affranchir des normes, mais plutôt de proposer un mode d'emploi essentiel pour qui veut comprendre et interpréter les mécanismes de hiérarchisation et de discrimination qui ont informé aussi bien les sociétés d'Ancien Régime que leurs prolongements coloniaux. Un appel, en somme, à considérer combien le racisme constitue une des dimensions fondamentales de l'histoire des sociétés modernes qui ont forgé notre monde contemporain.

DOMITILLE DE GAVRILOFF
domitille.degavriloff@ehess.fr
AHSS, 10.1017/ahss.2024.10

1. Pour un panorama de ces différentes approches, voir Aurélia MICHEL, *Un monde en nègre et blanc. Enquête historique sur l'ordre racial*, Paris, Points, 2020 ; Claude-Olivier DORON et Élie HADDAD (dir.), n[o] spécial, « Race, sang et couleur à l'époque moderne : histoires plurielles » (1) et (2),

Revue d'histoire moderne et contemporaine, respectivement 68-2 et 68-3, 2021 ; Cécile Vidal, « L'ordre de la race dans les mondes atlantiques, xve-xviiie siècles », *in* P. Ismard (dir.), B. Rossi et C. Vidal (coord.), *Les mondes de l'esclavage. Une histoire comparée*, Paris, Éd. du Seuil, 2021, p. 881-895.

2. Voir Jean-Paul Zúñiga, « 'Muchos negros, mulatos y otros colores'. Culture visuelle et savoirs coloniaux au xviiie siècle », *Annales HSS*, 68-1, 2013, p. 45-76 ; *id.*, « Recensements et proto-démographie impériale en Amérique espagnole au xviiie siècle : racialisation précoce ou biais historiographiques ? », *Revue d'histoire moderne et contemporaine*, 68-3, 2021, p. 37-63.

Daniel Nemser
Infrastructures of Race: Concentration and Biopolitics in Colonial Mexico
Austin, University of Texas Press, 2017, 221 p.

Le présent ouvrage porte un projet généalogique, une archéologie de ce qui est contemporain à l'auteur – la ségrégation raciale – et le dévoilement d'un processus historique de rationalisation (en référence explicite à Michel Foucault) au service d'une société de domination et d'exploitation (en référence à Karl Marx). Une biopolitique hispanique appliquée au Mexique colonial aurait ainsi cherché à discriminer et concentrer une catégorie de la population – les « Indiens » – pour en tirer le maximum de profits en tribut et en corvée : c'est pour l'auteur « une politique de la race » (p. 2) permettant une forme d'accumulation primitive du capital. Le tout forme « une racialisation primitive » (p. 171). L'autre objectif d'emblée affiché du livre est d'établir une généalogie entre les premiers camps de concentration de la fin du xixe siècle – comme la politique espagnole de *reconcentración* mise en place à Cuba en 1896 (déplacement forcé, suivi de la mort de 100 000 insurgés cubains des campagnes) – et les *congregaciones* ou *reducciones* d'Indiens fondées au xvie siècle au Mexique et ailleurs en Amérique espagnole (déplacement forcé et regroupement des collectifs indigènes dans des villages créés de toutes pièces).

La thèse forte de l'absence de solution de continuité est déclinée à plusieurs reprises, à propos de la globalisation – « Dès la seconde moitié du xvie siècle, par exemple, un ensemble d'infrastructures coloniales [...] commençait déjà à intégrer les territoires américains de l'Espagne dans un monde globalisé » (p. 19) – ou encore des structures et pratiques en lien avec la ségrégation raciale – « [les infrastructures] nous rappellent avec force que certaines structures et pratiques matérielles traversent les vicissitudes de l'histoire et de la politique. Et si la race elle-même a une fonction d'infrastructure, elle peut également continuer à fonctionner de cette manière » (p. 20). Sans y faire explicitement référence, la thèse du livre rejoint partiellement celle du courant indigéniste en vogue dans plusieurs pays latino-américains au xxe siècle qui défendait l'idée d'une société coloniale fondée sur la ségrégation raciale et un « système de castes », reflet d'une « pensée raciste des conquistadores[1] » ; dès lors, la situation de servitude et d'infériorité des populations indigènes se serait poursuivie tout au long de l'époque coloniale et républicaine. Daniel Nemser établit pour sa part un parallèle entre les *reducciones* du xvie siècle et le projet, porté par le président mexicain Felipe Calderón, de « *ciudades rurales sustentables* » (villes rurales durables) qui visait, en 2009, à créer de nouvelles villes pour y installer des paysans vivant dans des habitats dispersés.

Le livre commence par une introduction théorique – sans contextualisation du Mexique à l'époque coloniale ou de l'organisation sociopolitique de la Monarchie hispanique – présentant un état de l'art, centré sur les études décoloniales, et une série de postulats tirés d'auteurs et autrices de philosophie politique, tels Foucault donc, Giorgio Agamben, le très controversé Carl Schmitt, Achille Mbembe, Silvia Federici, ou encore le géographe Henri Lefebvre et son classique *La production de l'espace*[2]. En substance, la ségrégation est un processus de différenciation qui s'opère grâce à des « infrastructures » définies comme « les conditions matérielles rendant possible la circulation des personnes, des choses et des connaissances » (p. 16). Autrement dit, ces infrastructures sont des éléments physiques, pensés et construits pour aboutir à une division des espaces pour y cantonner ou enfermer des groupes. L'auteur insiste sur le jeu d'allers-retours de la spatialisation de la race (les lieux de vie assignent chaque groupe à une catégorie raciale) à la racialisation de l'espace (le processus par lequel certains lieux se définissent par une exclusivité raciale): « [e]n clair, l'infrastructure peut servir non seulement de signal d'identité ou d'appartenance [...] mais aussi de condition de possibilité pour l'émergence d'un groupe en tant que tel [...] » (p. 17). D. Nemser ajoute un dernier ingrédient conceptuel en soulignant la violence des rapports de domination qui coexiste sans aucune contradiction avec une politique du *care* : le colonialisme hispanique, fondé sur la pastorale chrétienne et un « paternalisme du soin », s'appuie sur un discours d'amour (évangélisation et protection des Indiens vulnérables). Celui-ci est empreint d'une idéologie raciale et participe de la racialisation des Indiens. L'auteur insiste à plusieurs reprises sur la notion de « pouvoir pastoral » développée par M. Foucault et qui se définit comme un pouvoir « fondamentalement bienfaisant » et un « pouvoir de soin ». D. Nemser cherche dès lors à identifier le lien qui existe entre le pasteur (les colons) et ses brebis (les Indiens colonisés).

L'argumentation repose sur quatre vignettes ou études de cas qu'il convient de présenter rapidement. Premièrement, pour le XVIe siècle et le début du XVIIe siècle, l'analyse de la mise en place des *congregaciones* ou *reducciones* comme opération de construction de l'« Indien ». Ici, D. Nemser dévoile une politique pastorale mobilisant la violence et le *care* menée dans un même mouvement par l'Église et la Monarchie pour regrouper les Indiens en un même lieu et ainsi permettre leur exploitation. L'analyse des discours et des justifications produits par des membres éminents des ordres religieux (Motolinia, Vasco de Quiroga, Diego Valadés, Gerónimo de Mendieta) révèle un projet savamment pensé : la volonté de faire table rase de la vie sociale et spirituelle des populations autochtones ; la discipline et le contrôle des corps inscrits dans un nouvel espace urbain ordonné méthodiquement (la *traza*) et éloigné des anciens centres de peuplement (les *altepetl*) ; la mise en réseau des nouveaux foyers urbains pour permettre la circulation des biens et des idées. Ces « nouvelles formes de police » (p. 62) inscrivent matériellement dans l'espace et dans les corps une appartenance raciale, faisant émerger la figure de l'Indien. Deuxièmement, au XVIe siècle, D. Nemser s'arrête sur la création du Colegio de San Juan de Letran, institution d'enseignement religieux créée pour accueillir les Métis et les vagabonds et en faire des agents de la conversion des Indiens, éventuellement des curés. L'auteur y voit un lieu à la fois de racialisation du Métis – qui n'est donc pas le fruit de mélanges entre Indiens, Noirs et Espagnols, mais d'une politique volontariste des autorités pour forger cette figure de l'impureté et de la marginalité, suivant les critères hispaniques de la *limpieza de sangre* – et d'enfermement. Troisièmement, D. Nemser revient sur la révolte urbaine de Mexico de 1692, révélatrice de l'échec des politiques de ségrégation et des velléités de les réactiver. À partir des témoignages de Carlos de Sigüenza y Góngora et d'Agustín de Vetancurt, l'auteur descelle une « rhétorique de la paranoïa » (p. 115) focalisée sur les mélanges de population qualifiés péjorativement par les autorités de plèbe. Dès lors, la question socio-raciale apparaît comme un problème à résoudre. Les passionnants rapports produits par les curés de paroisse et les recensements opérés après la révolte sont interprétés « non seulement [comme] une technique de contre-insurrection, mais aussi [comme] une modalité biopolitique émergente dans le but de gérer une population racialisée qui n'était plus contrôlée par l'infrastructure de la ségrégation » (p. 123). Quatrièmement, l'auteur s'intéresse aux sciences naturelles de la fin du XVIIIe siècle, avec la construction de deux jardins botaniques à Madrid et à Mexico, et les travaux de Humboldt qui mathématisent et rationalisent encore plus une racialisation du Mexique colonial. Il s'appuie ici sur *Les mots et les choses* de M. Foucault et les recherches de Jorge Cañizares-Esguerra sur les discours scientifiques racistes apparus très tôt (début XVIIe siècle) dans le monde colonial.

Grâce au dossier « Race et histoire à l'époque moderne » récemment paru dans la *Revue d'histoire moderne et contemporaine*, il est assez facile de situer *Infrastructures of Race* dans un vaste champ historiographique. Le livre s'inscrit en effet pleinement dans le cadre d'une approche nord-américaine pour laquelle la race est une évidence et son usage dans les sciences sociales routinier : la race explique les rapports sociaux d'une domination fondée sur un processus d'essentialisation des différences. Comme chez plusieurs auteurs de ce courant, D. Nemser défend, d'une part, un usage très large du concept de « race » qui renvoie à la production de différentes formes d'humanité et de groupes différenciés. D'autre part, la biologisation est, pour lui, un facteur clef de la naturalisation des catégories raciales. Dans ces analyses, la race et le racisme vont de pair et décrivent des sociétés « comme système de hiérarchies et de dominations fondé sur l'essentialisation et l'absolutisation des différences[3] ». On retiendra donc de la thèse de l'auteur une ligne de force indépassable : la racialisation est le fruit d'une volonté politique des colonisateurs, un système pensé et mis en place dans cette perspective. Inspirée du courant de la *critical race theory* et de la théorie de la « racialisation du monde », cette thèse de l'auteur est ici martelée : « une description de la domination raciale qui est à la fois constructiviste et matérialiste, fondée sur les processus d'accumulation et de redistribution qui contribuent à la construction et au démantèlement des groupes raciaux » (p. 10) ; « la race est le résultat d'un système de domination qui, à la manière d'un vampire, retire la vie de certains pour que d'autres vivent mieux » (p. 11).

Au-delà de l'obsession de la race, l'ouvrage présente toutefois certaines limites. Je ne m'attarderai pas sur l'absence de prise en compte par l'auteur des catégories « émiques », celles auxquelles avaient recours les acteurs de l'époque. Le principal biais vient de l'absence de référence aux sources de la pratique (recensements, sauf ceux trop rapidement évoqués dans le chapitre 3, rapports d'inspection, archives notariales, etc.) permettant d'approcher finement les réalités sociales, les contingences et les contextes du Mexique colonial. Il s'agit sans doute d'un choix assumé, car D. Nemser s'écarte de l'historiographie qui s'attarde sur la fluidité des identités ou l'agentivité pour ne retenir que les rapports de domination – dont le fondement est la race – qui structurent toute la société. Il exclut ainsi tout un pan de l'histoire sociale du Mexique (notamment produite en dehors des États-Unis)[4]. Enfin, le faible recours à des sources autres que des écrits produits par l'élite coloniale limite, de mon point de vue, le projet d'appréhension de la matérialité physique et spatiale – donc des infrastructures comme les rues, les routes, les murs, les places, les boutiques, ou les *obrajes*, totalement absents de l'analyse – de la ségrégation ou de la racialisation, par exemple à l'échelle d'un quartier ou d'un hameau.

Le livre de D. Nemser constitue néanmoins un jalon historiographique étasunien supplémentaire pour décrire la société coloniale en Nouvelle-Espagne au prisme des groupes « ethno raciaux » (Noirs, Blancs, Indiens) et des mélanges (*racial mixture*) à la suite de Jonathan Israel ou de R. Douglas Cope. Il livre des interprétations intéressantes, tantôt nouvelles, tantôt nuancées, sur des discours coloniaux produits par des auteurs bien connus des historiens et des historiennes : de Mendieta à Humboldt, en passant par Sigüenza y Góngora.

GUILLAUME GAUDIN
ggaudin@univ-tlse2.fr
AHSS, 10.1017/ahss.2024.11

1. Gonzalo AGUIRRE BELTRÁN, *La población negra de México*, Mexico, FCE, 1946, p. 172.
2. Henri LEFEBVRE, *La production de l'espace*, Paris, Anthropos, 1974.
3. Claude-Olivier DORON et Élie HADDAD, « Race et histoire à l'époque moderne », in O. DORON et É HADDAD (dir.), n° spécial « Race, sang et couleur à l'époque moderne : histoires plurielles » (1), *Revue d'histoire moderne et contemporaine*, 68-2, 2021, p. 7-34, ici p. 12.
4. Par exemple, Alberro SOLANGE et Pilar GONZALBO AIZPURU, *La sociedad novohispana. Estereotipos y realidades*, Mexico, El Colegio de México, 2013.

Anne Lafont
L'art et la race. L'Africain (tout) contre l'œil des Lumières
Dijon, Les presses du réel, 2019, 476 p.

La représentation des Noirs dans les arts visuels reste un « chantier » peu investi par la recherche française, comme l'affirmait Anne Lafont en 2013[1]. L'étude de la culture visuelle, en particulier atlantique, est plutôt l'affaire de travaux nord-américains et britanniques. L'explication de cet état de fait est peut-être à trouver dans la documentation monumentale issue du projet « The Image of the Black in Western Art » (L'image du Noir dans l'art occidental)[2]. La documentation européenne (Archive Menil), suite au refus du musée du Louvre de l'accueillir, se trouve à l'Institut Warburg de l'université de Londres. Quant à la documentation américaine, c'est l'Institut W. E. B. Dubois du centre des études africaines et afro-américaines de l'université de Harvard qui la conserve. Ce sont d'ailleurs les presses de cette université qui rééditent les volumes présentant ces archives visuelles et en publient de nouveaux, conçus dans la première phase du projet.

Ce renouvellement des travaux portant sur les représentations des Noirs s'intensifie. À titre d'exemple, la culture visuelle, les *postcolonial* et *colonial studies* se sont emparées du sujet, suscitant de nouvelles approches et proposant des affinités inédites autour de ces images[3]. L'ouvrage d'A. Lafont constitue en ce sens une contribution majeure de l'histoire de l'art français dans ce domaine. L'autrice enrichit ce dernier en proposant l'analyse d'un corpus hétéroclite, peu visible dans la masse considérable d'images du Noir dans l'axe euro-atlantique. En choisissant de faire porter son analyse sur la culture visuelle française avant l'imaginaire abolitionniste du XIXe siècle, A. Lafont fait le lien entre un corpus densément travaillé, celui du XIXe siècle, et un autre moins investi. Le résultat est une étude minutieuse et convaincante qui offre des fondements solides pour toute recherche sur le sujet de la représentation du Noir dans la vaste et très diversifiée culture visuelle atlantique.

Cette étude constitue aussi un marqueur symbolique dans l'histoire de l'art français du XVIIIe siècle, qui aborde rarement les questions développées par A. Lafont dans son essai. Celle de la représentation du Noir dans les arts visuels dépasse l'étude du thème et les travaux traitant du sujet. Il en va ici de l'urgence de proposer de nouvelles méthodologies analytiques s'affranchissant des catégories essentialisantes et totalisantes d'Africain et de Noir, d'art, de race et d'Occident, dans une démarche qui questionne « l'*unicum* (l'artiste, le chef-d'œuvre, l'isolement muséal) […], c'est-à-dire [la] décontextualisation [des objets] ou leur recontextualisation neutralisante par le musée ou le catalogue raisonné, processus contribuant à nier leur inscription dans le champ social » (p. 39-40). Au contraire, dans l'étude d'A. Lafont, les œuvres s'y trouvent entièrement inscrites. Le pouvoir énonciatif des arts visuels est mis en avant à travers la capacité politique que possèdent les images d'intervenir et d'agir sur les imaginaires et sur les perceptions du réel.

Le titre de l'ouvrage réitère la volonté de reformuler cette démarche méthodologique. L'art et la race sont deux des catégories au cœur de celle-ci, auxquelles s'ajoutent trois autres : l'Africain, l'œil et les Lumières. La manière dont le livre met en avant la construction de l'identité raciale, fondée sur la couleur de peau et une nouvelle esthétique de la couleur, est remarquable. Un terme polysémique, la couleur, revêt des connotations sociales, politiques et artistiques. À ce titre, le modèle du page noir et de l'aristocrate blanche est particulièrement symbolique d'une telle convergence : il est le signe d'une réalité socio-politique dès 1700 comme d'un projet d'équilibre artistique entre les pigments clairs et obscurs. Par contraste, ce même modèle met aussi en évidence que la blancheur, dans la spécificité de l'œuvre d'art, est également une couleur. La blancheur sort ainsi de sa neutralité imaginaire, ressortant comme une construction sociale et raciale d'une identité européenne idéalisée.

L'Africain et les Lumières apparaissent tous les deux liés à travers le fil rouge de ce très long XVIIIe siècle. Le Code noir (1684) marque le début d'un processus où l'image de l'Africain est scrutée par la culture visuelle européenne. Les années 1830 clôturent cette phase en quelque sorte préparatoire de cette altérisation. La notion de race est alors soumise à une redéfinition ; c'est l'apogée des sciences racialistes, quand le XIXe siècle est le siècle de la « clarification visuelle ». Entre ces deux repères chronologiques, l'imagerie raciale des Lumières constitue un espace d'indéfinition foisonnant de positions idéologiques. Ce manque de clarté est également fondé par la complexité des genres, des médias et des savoirs du visuel. Si l'imagerie du Noir et de l'Africain au XVIIIe siècle est, dans l'axe euro-américain, une étape fondatrice d'un imaginaire visuel persistant, les incrustations sémantiques l'occultent souvent sous les strates de l'hypervisibilité de l'imagerie abolitionniste, coloniale (Afrique) et postcoloniale (Amériques) du XIXe siècle.

Cet ouvrage, très riche dans la mise en lumière des circulations atlantiques, confirme la place de l'interdisciplinarité dans l'approche de la représentation des Noirs dans les arts visuels. Le processus visuel d'élaboration de l'altérité africaine et noire accompagne, tout en la traversant, la construction des nouveaux savoirs dont, notamment l'histoire naturelle et l'anthropologie. Les travaux sur la représentation des Noirs envisagent également la persistance de cet imaginaire ainsi que la survivance de ces images, ce qui ajoute d'autres enjeux disciplinaires à l'analyse. A. Lafont construit, à travers une étude savante de l'imagerie raciale, de textes philosophiques et d'autres naturalistes, un modèle théorique pour toute étude de cette imagerie du Noir dans les premières étapes des colonialismes européens.

L'essai conclut que « [l']art des Lumières, à l'aune de la figure africaine, en est un de processus, de tentative, d'expérimentation, de crise féconde, nullement d'un échec mais bien le reflet d'une complexification tendue du rapport à un monde traversé de violences extrêmes, qui ne se résoudront d'ailleurs pas vraiment par la suite, même si Géricault ouvrit une voie artistique qui prépara peut-être l'événement politique majeur de la seconde abolition de 1848, mais n'empêcha pas la colonisation de l'Afrique entamée par la prise d'Alger en 1830 » (p. 413). Ce constat apparaît plutôt comme l'amorce d'un nouveau chantier, d'un appel à l'histoire de l'art français de s'emparer de l'étude de la représentation des Noirs dans les arts visuels. La démarche met en œuvre un détachement par rapport à une perspective trop élitiste et nationale au profit d'une autre plus connectée et renouvelée. Une approche motivée par une mise en lumière(s) des enjeux politiques de cette imagerie raciale dans le passé, encore opérante dans les imaginaires raciaux du présent.

Carla Francisco
carla.c.francisco@gmail.com
AHSS, 10.1017/ahss.2024.12

1. Anne Lafont, « La représentation des Noirs : quel chantier pour l'histoire de l'art ? », *Perspective*, 1, 2013, p. 67-73.

2. Dont les résultats ont été publiés : David Bindman et Henry Louis Gates Jr. (dir.), *The Image of the Black in Western Art*, Cambridge, Harvard University Press, 11 vol., 2010-2024.

3. Voir, par exemple, Alejandro de la Fuente, « Afro-Latin American Art », *in* A. de la Fuente et G. Reid Andrews (dir.), *Afro-Latin American Studies: An Introduction*, Cambridge, Cambridge University Press, 2018, p. 348-405 ; David Bindman, Alejandro de la Fuente et Henry Louis Gates Jr. (dir.), *The Image of the Black in Latin American and Caribbean Art*, Cambridge, Harvard University Press, 2 vol., à paraître en 2024.

Jennifer L. Palmer
Intimate Bonds: Family and Slavery in the French Atlantic
Philadelphie, University of Pennsylvania Press, 2016, 280 p.

À la suite de son travail de doctorat[1], Jennifer L. Palmer développe ici, dans ce qui est son premier ouvrage publié, un panorama de plus grande ampleur qui, au carrefour des *colonial* et des *gender studies*, brasse et croise les concepts de race, d'esclavage, de liberté, de colonialisme, de famille, de genre, de patriarcat et de statut social. L'autrice entend démontrer que c'est à l'échelle des liens intimes, qui donnent à l'ouvrage son titre, que se joue la réalité de « l'empire colonial français », les textes législatifs et réglementaires n'ayant en définitive qu'un poids tout relatif. À travers ces liens intimes, au sein de la famille et de la maisonnée comme de la société ou de l'économie, les différents concepts dont débat le livre opèrent, se vivent, évoluent, se négocient, se figent ou se transforment, se corrèlent ou s'éloignent, mais aussi résistent, contreviennent, se jouent des décisions officielles, et ce, en fin de compte, indépendamment, souvent, des questions de couleur de peau – en traversant donc « les lignes raciales » (p. 3). Présentant l'étude des pratiques et des choix intimes comme une « méthodologie » en soi, J. L. Palmer mène ses investigations, se glisse, dans les vies et « les micro-histoires des familles et des individus » (p. 15).

Le propos se concentre sur deux aires géographiques, La Rochelle et Saint-Domingue, et prend notamment en exemple plusieurs « familles transatlantiques », autrement dit des familles rochelaises qui ont lié leur sort, en particulier économique, à celui de l'île surnommée « la perle des Antilles » et se retrouvent dès lors implantées sur les deux rives de l'océan Atlantique : les Fleuriau, Regnaud de Beaumont ou encore Belin, pour ne citer que celles-ci.

L'autrice a fourni un volumineux travail pour nous procurer cette intéressante et méritoire synthèse et ce large panorama, qui allient des aspects déjà relativement bien connus à quelques angles d'étude et éclairages novateurs et originaux. L'étude est précise, voire minutieuse. On y relève en particulier le gros apport, mentionné par l'autrice, des connaissances et de l'expérience de Pierre H. Boulle.

Il faut toutefois rappeler qu'il est toujours périlleux de chercher à dégager une vision d'ensemble à partir de l'étude de quelques cas, dont la représentativité reste à établir. La démarche de l'autrice n'est rien moins que quantitative, à quelques exceptions près puisées chez d'autres auteurs. Il est vrai que le sujet et la documentation disponible contraignent quelque peu à demeurer sur un plan qualitatif. Outre la fragilité de la méthode consistant à mettre en avant un nombre limité de cas de familles et d'individus mieux documentés, le lecteur se retrouve parfois dans une « histoire par suppositions », où ce qui demeure malgré tout une hypothèse – notamment lorsqu'il s'agit de décrypter les ressorts psychologiques – se trouve souvent présenté comme une affirmation. Ce faisant, l'autrice, loin d'être dans la rupture, reprend parfois des discours convenus et traditionnels et n'apporte pas d'éléments nouveaux. Par ailleurs, la juxtaposition d'études de cas engendre un propos parfois décousu, partant dans différentes directions. Le texte délayé se fait répétitif, sans être exempt de quelques contradictions entre les chapitres.

Le lecteur peut également se montrer réticent face à une méthode d'analyse qui prête peut-être trop d'intentions, de réflexions et de calculs aux êtres. Émotions, sensibilité, spontanéité, attachement ou encore sentiments éprouvés par les individus considérés dans l'ouvrage manquent singulièrement à l'appel. L'historienne mène une réflexion rationnelle et cérébrale et ne voit dès lors, la plupart du temps, que stratégie, tactique et objectifs derrière les comportements humains.

Au fil des pages, on relèvera aussi certaines affirmations erronées, contestables ou manquant de nuances. Ainsi, il est inexact d'écrire que « la Couronne de France finit par abroger le principe de la liberté sur le sol du royaume et autorisa l'esclavage sur les rivages français » (p. 46). Ou encore que, faute d'enregistrement de la Déclaration royale de 1738 par le Parlement de Paris, « à La Rochelle, c'est l'Amirauté qui, à la place des tribunaux, eut à mettre en vigueur la Déclaration royale » (p. 57). On ne peut pas inférer l'existence à La Rochelle d'un « trafic informel d'esclaves » en s'appuyant sur le fait que certains personnages se chargent à diverses reprises, par subrogation (notamment d'un ou une propriétaire d'esclave), d'effectuer devant l'Amirauté la déclaration d'arrivée d'une personne de couleur (p. 55). En outre, lors du recensement de 1777 devant l'Amirauté de La Rochelle, le nombre de « gens de couleur » déclarés comme habitant dans la ville est de 58, et non de 80 (comme affirmé page 138), dès lors qu'on écarte notamment quelques noms liés à d'autres localités. Il convient par ailleurs de souligner que les individus arrivés directement d'Afrique comme esclaves, sans avoir vécu dans une colonie, sont majoritaires dans ce recensement, caractéristique de la population de couleur rochelaise que J. L. Palmer paraît parfois ignorer.

L'ouvrage s'appuie sur une abondante bibliographie, mais très largement anglo-saxonne. On relève des manques importants qui reflètent une mise à jour incomplète après le travail de doctorat, en particulier concernant les « gens de couleur » en France : le *Dictionnaire des gens de couleur dans la France moderne*[2] est ainsi ignoré. De même sont passées sous silence les diverses publications de l'auteur de la présente recension qui, à compter de 2010, ont porté sur les « noirs, mulâtres ou autres gens de couleur » à La Rochelle et, plus largement, en Aunis et Saintonge du XVIIe au début du XIXe siècle. L'ouvrage dirigé en 2012 par Mickaël Augeron et Olivier Caudron, *La Rochelle, l'Aunis et la Saintonge face à l'esclavage*[3], est juste mentionné dans deux notes, avec une référence incomplète qui laisse à croire que l'autrice ne l'a pas lu. Du reste, le personnage du « nègre » Augustin, qu'elle étudie aux pages 173-178, a fait l'objet d'un article dans cet ouvrage collectif, sans que J. L. Palmer semble en avoir connaissance.

L'une des principales sources archivistiques exploitées par J. L. Palmer – dès son travail de doctorat – est le fonds d'archives privées de Marie Madeleine Royer, épouse Regnaud de Beaumont, conservé aux Archives départementales de la Charente-Maritime, fonds effectivement intéressant et abondant, mais dépourvu d'un classement interne chronologique et thématique, ce qui rend malaisée sa compréhension si l'on n'y prête suffisamment attention. Une étude récente[4], qui a démêlé les fils du parcours de Jean Séverin Regnaud de Beaumont, époux de Marie Madeleine, à Saint-Domingue, fait ici ressortir quelques erreurs à son sujet : ce négociant rochelais pensait partir pour un court séjour à Saint-Domingue et ne s'est établi comme planteur (« habitant ») qu'au bout de vingt-cinq ans de présence dans cette île, il n'a jamais produit de sucre, etc.

De grossières erreurs de lecture archivistique et de compréhension apparaissent en note 17, page 208 : les esclaves qu'Allard Belin fait baptiser en 1719 et 1721, « Jean, nègre » et « Louis, maure », sont cités comme se dénommant « Jean Naicré » et « Louis Mauré ». De même, note 8 à la page 246, le patronyme d'André et Vincent Micheau, « du sexe mulastre », devient « Micheau du Sexe » ou, dans une autre note, « Micheau du Saxe » ; si l'expression « du sexe mulastre » apparaît effectivement curieuse, il faut la relier à la formulation maladroite de la déclaration apparemment autographe de ces deux orfèvres libres de sang-mêlé lors du recensement de 1763, lesquels signent bien « Micheau ».

Sur le plan formel, on relèvera l'aspect très mal commode du report des notes (nombreuses) en fin de volume et leur numérotation par chapitre. On regrettera également l'absence d'une bibliographie organisée, les références n'apparaissant qu'au fil des notes. La peinture reproduite en couverture n'a pas de rapport direct avec le sujet de l'ouvrage. Enfin, le texte souffre de coquilles relativement nombreuses, essentiellement sur les mots français et en particulier dans les notes. Ce manque de rigueur se traduit aussi par des incohérences : un même personnage s'appelle tantôt, note 15 page 208, « Bernard » ou « Berand » et, note 35 page 209, « Berard ». Si le patronyme donné à ses enfants illégitimes par Aimé-Benjamin Fleuriau est à juste titre lu « Mendroux » dans les documents d'archives, pourquoi l'autrice continue-t-elle de reprendre dans son texte la désignation « Mandron » qu'avait proposée Jacques de Cauna ?

Au-delà de ses aspects discutables et de ses imperfections, l'étude documentée procurée par J. L. Palmer a le mérite d'ouvrir des voies et de contribuer à défricher un champ de recherches stimulant et dans lequel beaucoup reste encore à investiguer, découvrir et comprendre.

Olivier Caudron
olivier.caudron@igesr.gouv.fr
AHSS, 10.1017/ahss.2024.13

1. Jennifer L. Palmer, « Atlantic Crossings: Race, Gender, and the Construction of Families in Eighteenth-Century La Rochelle », thèse de doctorat, University of Michigan, 2008.
2. Erick Noël (dir.), *Dictionnaire des gens de couleur dans la France moderne*, Paris, Droz, 3 vol., parus en 2011, 2013 et 2017.
3. Mickaël Augeron et Olivier Caudron (dir.), *La Rochelle, l'Aunis et la Saintonge face à l'esclavage*, Paris, Les Indes savantes, 2012.
4. Olivier Caudron, « Saint-Domingue comme un mirage ? Le parcours de vie transatlantique du négociant rochelais Jean Séverin Regnaud de Beaumont et de sa famille à travers leur correspondance (1743-1786) », V. Cousseau (dir.), dossier « Les correspondances des Antilles au XVIIIe siècle, entre affaires familiales et affaires économiques », *Tierce*, 6, 2022, https://tierce.edel.univ-poitiers.fr/index.php?id=686.

Jessica Marie Johnson
Wicked Flesh: Black Women, Intimacy, and Freedom in the Atlantic World
Philadelphie, University of Pennsylvania Press, 2020, 316 p.

L'ouvrage de Jessica Marie Johnson, professeure d'histoire à l'université Johns Hopkins, propose de suivre les trajectoires de femmes africaines ou afro-descendantes libres, affranchies ou esclaves, des comptoirs de Gorée et Saint-Louis du Sénégal jusqu'à la Nouvelle-Orléans entre les années 1680 et 1790. L'autrice y convoque des comparaisons avec Saint-Domingue et Cuba pour examiner les stratégies déployées par ces femmes pour tirer parti des régimes coloniaux français et espagnol aux Amériques et en déduire d'éventuelles idiosyncrasies de la capitale louisianaise au fur et à mesure de son évolution coloniale jusqu'à son intégration dans les États-Unis en 1803. Des parcours individuels servent de fil rouge à cette évolution, ouvrant et clôturant chacun des six chapitres, dans un effort délibéré pour camper des personnages de chair et de sang, réhabiliter la mémoire d'ancêtres résilientes et faire rêver leurs descendantes à leur sujet.

Le corpus d'archives est constitué pour l'essentiel de minutes de procès, la plupart des traces laissées par ces femmes relevant de questions de propriété (contestations de confiscations d'esclaves, promesses d'affranchissement, contestations de legs), mais l'autrice a également croisé ses sources avec la base de données slavevoyages.org et proposé de nouvelles lectures des archives dépouillés précédemment par Gwendolyn Midlo Hall, Jennifer Spear, Kimberly S. Hanger, Emily Clark et Virginia Meacham-Gould ou Shannon Lee Dawdy. Elle met notamment l'accent sur l'utilisation d'espaces privés comme espaces de liberté (pour organiser des dîners ou des bals entre Noirs) et sur la reconstruction de liens familiaux informels *via* l'institution catholique du baptême et les responsabilités confiées aux parrains et marraines – un thème qu'avait déjà approfondi Geneviève Piché dans son étude *Du baptême à la tombe. Afro-catholicisme et réseaux familiaux dans les communautés esclaves louisianaises*[1], même si cet ouvrage ne figure pas parmi les sources secondaires en français sur lesquelles s'appuie J. M. Johnson, sans doute en raison de la période étudiée, 1803-1845. Les études de Vincent Gourdon et de Vincent Cousseau sur le parrainage aux Antilles à l'époque moderne auraient toutefois pu alimenter cette réflexion. Comme la plupart des historiens étasuniens, l'autrice cite très majoritairement des sources secondaires anglophones, même si elle démontre une très bonne compréhension du français dans son analyse des archives et une familiarité avec Cécile Vidal. On pourra toutefois s'interroger sur la lecture qu'elle propose de deux échanges d'insultes entre gens de couleur libres et Blancs sans terre ou engagés (p. 170-172) : rien ne permet d'affirmer qu'en 1745-1747, le mot « coquine » avait la connotation sexuelle qu'il a de nos jours, ni que « putain » pouvait être employé au masculin, pas plus que « Jean-foutre » n'implique forcément que l'homme ainsi insulté soit représenté comme un homosexuel passif.

Sans ambiguïté, le livre s'adresse en priorité à des lectrices africaines-américaines contemporaines, dans un projet qui relève également de l'hommage poétique et convoque à l'occasion des références littéraires. Cela ne va pas sans recourir à des messages implicites sur le colorisme dans la communauté africaine-américaine, à des choix d'outils conceptuels propres aux études *queer* comme celui de « Black femme » ou à des spéculations parfois discutables sur les motivations d'actrices historiques dont les archives ne semblent pas laisser entendre qu'elles aient pu entretenir des liens amoureux entre elles. Autant l'autrice est convaincante lorsqu'elle retrace les faits de harcèlement sexuel ou de violences conjugales pour lesquelles des plaintes ont été déposées et des exécutions prononcées, autant les prises de position évoquées plus haut semblent exiger une plus grande prudence méthodologique ou, à tout le moins, des explications à destination de lectorats moins au fait des tensions induites par la pigmentocratie plantationnaire dans la culture noire du continent américain.

Les deux premiers des six chapitres se focalisent sur les précurseuses des signares dans les comptoirs français de Gorée et de Saint-Louis entre 1680 et 1728, donnant à voir les différents degrés de liberté et d'autonomie financière dont bénéficiaient les habitantes africaines libres des comptoirs dans leurs relations de commerce et de pouvoir avec les Européens participant à la traite négrière au sein de la Compagnie du Sénégal, puis de la Compagnie des Indes. Largement irriguées par les travaux d'historiens sénégalais, les explications sur les mariages « à la mode du pays » contractés avec ces Européens, fondés sur l'indispensable paiement de la dot par le prétendant et permettant une transmission de son patronyme et de ses titres de propriété à sa veuve et aux enfants de celle-ci, sont relativement claires. Toutefois, l'appréhension du système matrilinéaire aurait gagné à s'appuyer sur des travaux d'anthropologues africanistes, la transmission des biens se faisant souvent au bénéfice des neveux utérins dans les sociétés africaines et rarement au profit d'héritières, ce que ne précise pas le terme très général de « kin » employé par l'autrice.

Le troisième chapitre tente de redonner une place aux captives dans les archives relatives aux traversées de l'Atlantique par les navires négriers – tâche difficile puisque le genre des captifs n'était pas toujours précisé dans les journaux de bord, sauf en cas de décès. Relié aux précédents chapitres par la figure de Marie Baude, mulâtresse libre de Saint-Louis qui embarqua en 1728 sur *La Galathée* pour rejoindre à la Nouvelle-Orléans son époux, le canonnier Jean Pinet, condamné à l'exil pour le meurtre d'un mulâtre libre, ce chapitre parvient difficilement à maintenir le lien entre le récit d'une trajectoire individuelle et l'exploitation des archives. La démonstration est d'abord centrée sur le processus de déshumanisation des captives inscrit dans le concept de « pièce d'Inde » et sur leur exploitation sexuelle par les capitaines de navires, dont le caractère dépravé est souligné par les termes « *licentious misuse* » et « *lecherous abuse* » (« mauvais traitements licencieux » et « abus lubrique », p. 83); à ce titre, elle ne propose pas d'apports inédits sur l'histoire de la traite mais s'efforce de réintroduire dans la perspective le thème du désir pour les corps noirs. De même, le récit des mutineries, qui nous fait revenir en 1696 pour relever la mention d'une sorcière à bord d'un navire confisqué au large de Gorée, ne permet que des spéculations sur le rôle qu'ont pu y jouer les captives et les enfants; l'évocation de la divinité Maam Kumba Castel, qu'auraient invoquée les captifs au moment de se suicider, ne fait pas l'objet d'un approfondissement pourtant opportun. À mi-chapitre, la perspective se centre sur les répercussions de la révolte des Natchez et de leur prise du Fort Rosalie (28 novembre 1729), sur les Africains fraîchement débarqués et employés à la construction de la Nouvelle-Orléans et sur les plantations avoisinantes. L'objectif est ici de souligner l'instabilité de l'environnement dans lequel se trouvaient des femmes noires esclaves ou libres en quête de reconstruction psychologique et de sécurité, leur capture par les autochtones signifiant bien souvent une réduction au statut de monnaie d'échange avec des esclavagistes européens.

Les deux chapitres suivants couvrent la période 1721-1751 et s'appuient sur des recensements et des décisions de justice rendues par le Conseil supérieur de Louisiane pour décrire les stratégies employées par les couples (de « gens de couleur » ou interraciaux) pour contourner les clauses du Code noir de Louisiane (promulgué en 1724) visant à compliquer les procédures d'affranchissement et à priver les gens de couleur libres de leurs droits. J. M. Johnson s'y efforce avec brio de combler les lacunes des recensements en retrouvant la trace de femmes noires libres par le biais des cadastres et des registres de baptême, pointant les incohérences des différentes autorités (coloniales et ecclésiastiques en particulier) dans les désignations des statuts, l'influence que pouvaient avoir les marraines dans la constitution de réseaux familiaux élargis, et la ténacité des femmes affranchies à faire valoir leurs droits et ceux de leurs enfants face à des exécuteurs testamentaires peu scrupuleux.

Le régime colonial espagnol, évoqué à la page 163 dans le cadre de l'analyse des registres de baptême, fait l'objet du dernier chapitre, où l'autrice montre la rapidité d'adaptation des femmes esclaves à un système plus favorable à l'auto-émancipation et moins regardant face aux testaments laissés par les hommes blancs, puisqu'il ne requérait pas l'approbation du gouverneur de la colonie. Les jalons utiles permettant aux lecteurs de comprendre les modalités du transfert de la Louisiane à l'Espagne à l'issue de la guerre de Sept Ans et la mise en place tardive du Code O'Reilly viennent un peu tardivement en raison de la focalisation des premières pages sur une décision de justice datant de 1789. L'analyse de la bataille juridique qui opposa entre 1789 et 1792 la sœur et la concubine d'un riche mulâtre libre, Maurice Dauphine, est adossée à une recherche archivistique menée par l'autrice sur 52 testaments enregistrés par des « gens de couleur » libres entre 1771 et 1803. Elle y décrypte de manière convaincante la récupération du racisme scientifique par la sœur du défunt au détriment d'une veuve non protégée par le sacrement catholique du mariage, peu avant que l'acquisition du territoire de Louisiane par les États-Unis en pleine guerre d'indépendance haïtienne ne redéfinisse les castes en fonction de la proportion de sang africain présumé.

En définitive, l'ouvrage de J. M. Johnson, lauréat de nombreux prix de sociétés savantes outre-Atlantique dont l'American Historical Association, l'American Studies Association ou la Southern Historical Association, offre une perspective féministe bien assumée sur la question des droits des femmes africaines et afro-descendantes en Louisiane. Sa lecture ne pourra qu'enrichir l'historiographie de la Nouvelle-Orléans et de la diaspora africaine.

Cécile Coquet-Mokoko
cecile.coquet-mokoko@uvsq.fr
AHSS, 10.1017/ahss.2024.14

1. Geneviève Piché, *Du baptême à la tombe. Afro-catholicisme et réseaux familiaux dans les communautés esclaves louisianaises*, Rennes, PUR, 2018.

Christine Walker
Jamaica Ladies: Female Slaveholders and the Creation of Britain's Atlantic Empire
Williamsburg/Chapel Hill, Omohundro Institute of Early American History and Culture/University of North Carolina Press, 2020, 317 p.

C'est contre l'idée que la Jamaïque serait une colonie dominée par les hommes et aurait échoué à développer une « *settler society* » (une société de colons) que Christine Walker a écrit *Jamaica Ladies*. Analysant les rapports entre statuts – civil et marital –, genre, race et parenté, elle argue que les femmes libres propriétaires d'esclaves, qu'elles fussent européennes, africaines ou euro-africaines, jouèrent un rôle crucial dans la formation et la consolidation de cette société esclavagiste. En retour, la propriété d'esclaves permit à nombre d'entre elles d'acquérir une fortune, d'exercer une autorité sur des dépendants et donc d'améliorer leur condition sociale et de réduire leur subordination aux hommes ou au mariage. La centralité donnée au système esclavagiste conduisit à un affaiblissement de l'ordre patriarcal. Parce qu'elles résidaient plus souvent en ville que sur des plantations et possédaient en moyenne moins d'esclaves que les hommes, ces maîtresses développèrent un esclavage distinctif, se déroulant dans un cadre domestique et marqué par des relations interpersonnelles.

L'ouvrage fait preuve d'originalité de plusieurs façons : le choix de se concentrer sur les femmes libres d'ascendances diverses, alors que l'historiographie s'intéressant au genre dans les Antilles britanniques s'est surtout focalisée sur les femmes esclaves ; la périodisation qui débute dans les années 1670 et s'achève dans les années 1760, quand la plupart des travaux sur la Jamaïque font la part belle à la seconde moitié du XVIIIe siècle, moment de l'apogée économique de la colonie ; la prise en compte des cités portuaires, Port-Royal et Kingston, comme du monde des plantations, avec leurs variations d'une paroisse à l'autre de l'île. L'autrice pratique, en outre, une histoire sociale qui ne se contente pas de raconter un ou quelques parcours individuels. Si elle donne des exemples ou dresse le portrait de telle ou telle femme particulière, elle exploite aussi des données quantitatives grâce au dépouillement de centaines d'inventaires après décès et testaments, et de dizaines de registres paroissiaux, en plus des correspondances privées, récits de voyage et histoires de la colonie. Le plan, à la fois chronologique, géographique et thématique, reflète ces partis pris avec ses six chapitres sur Port-Royal, Kingston, les plantations, les legs, les rapports intimes hors mariage et les manumissions.

Tout au long du livre, C. Walker mobilise la notion de génération pour mettre en évidence le processus par lequel les femmes libres sont progressivement parvenues à accumuler et transmettre ces fortunes en esclaves. Elle souligne aussi que les modalités de ce processus furent propres à la Jamaïque, offrant une comparaison sous-jacente avec la métropole et d'autres colonies américaines. Présentes dès la conquête de la Jamaïque par les Anglais, les femmes libres se mirent immédiatement à investir dans l'esclavage. Elles accrurent ensuite leur propriété servile grâce aux héritages dont elles bénéficièrent. La surmortalité des colons hommes était telle que privilégier ces derniers dans la transmission des biens n'avait pas de sens : il valait mieux favoriser les femmes résidant dans l'île qu'un héritier de sexe masculin vivant outre-Atlantique. L'adaptation de la législation comme des coutumes locales en matière de transmission successorale permit ainsi de contourner le statut de *feme covert* des femmes mariées. Dans un troisième temps, la plupart des femmes choisirent soit de transmettre leurs biens, et notamment leurs esclaves, de manière équitable entre leurs filles et leurs fils, soit de privilégier leurs descendants de sexe féminin. L'autrice décrit ainsi le comportement sur trois générations de celles et ceux qu'elle nomme les « *islanders* » (îliens), soit les colons durablement établis sur place, mais elle n'évoque pas les familles absentéistes vivant en métropole ou circulant entre la Grande-Bretagne et la Jamaïque.

C. Walker montre encore que ce ne sont pas les seules femmes mariées qui réussirent à accumuler et à transmettre des esclaves. Son étude des registres paroissiaux dans six paroisses de l'île révèle que la Jamaïque avait un des taux les plus élevés d'enfants illégitimes (25 %), et que 43 % de ces enfants étaient nés de mères blanches qui n'appartenaient pas nécessairement aux couches sociales les plus basses. Par contraste avec l'Amérique du Nord ou la métropole, ces femmes ne furent pas l'objet de poursuites judiciaires, ni d'opprobre social. En Jamaïque, le système colonial et esclavagiste donna naissance à une culture sexuelle distinctive qui accordait une liberté sexuelle plus grande aux femmes libres (et blanches). Les raisons purement démographiques ayant été écartées, ce que l'on ne comprend pas est si leur choix du mariage ou du célibat ne correspondait qu'à une décision individuelle et pourquoi certaines refusaient de se marier, alors même que le droit et les coutumes successorales dans l'île leur permettaient de préserver leurs biens propres, sans compter que l'illégitimité était étroitement associée aux unions interraciales et au monde social des esclaves.

L'ouvrage se clôt par un chapitre sur les affranchissements. Plutôt que de se contenter de montrer, une fois encore, que les maîtres de sexe masculin avaient tendance à émanciper les femmes esclaves avec qui ils entretenaient des relations sexuelles, ainsi que leurs enfants, et que ces derniers pouvaient être intégrés, dans une position inférieure, au sein des familles officielles de planteurs, sa contribution, de façon originale, étudie les manumissions réalisées par les femmes (blanches). Celles-ci cherchèrent pareillement à adopter ou intégrer au sein de leurs familles d'anciens esclaves, et notamment des enfants. Motivées par le désir de renforcer la population libre de l'île, ces pratiques refléteraient une vision flexible et inclusive de la famille, ainsi qu'une conception de l'esclavage « comme un statut juridique conditionnel plutôt qu'une identité racialisée intrinsèquement biologique et héritable » (p. 263).

C'est à propos de la question raciale que ce riche et provocateur ouvrage paraît le moins convaincant. De manière répétitive, C. Walker désigne les femmes sur lesquelles elle se concentre par l'expression « *free and freed women* » (femmes libres et affranchies). Celle-ci se rapporte explicitement au statut, mais renvoie implicitement à l'identification raciale. Le dernier chapitre montre que l'autrice a parfaitement conscience que, si des femmes libres de couleur purent, comme celles d'ascendance européenne, accéder à la propriété d'esclaves, elles ne se trouvaient pas initialement dans la même situation ni ne partageaient la même expérience : la propriété d'esclaves pour les affranchies servait d'abord à affirmer et sécuriser leur liberté. Mais sa volonté de les traiter ensemble tout au long de l'ouvrage – ce qui la pousse à commencer l'introduction, la conclusion et plusieurs chapitres par des portraits de femmes de couleur – est source de confusion dans la mesure où une grande partie de sa démonstration concerne en fait essentiellement les femmes blanches : seules ces dernières se virent confier la gestion de plantations par des propriétaires absentéistes ; les transformations de la législation et des coutumes relatives aux pratiques successorales visaient les femmes mariées, donc blanches, puisque les femmes libres de couleur avaient très peu de chance de se marier du fait du tabou portant sur les mariages interraciaux et du faible nombre d'hommes libres de couleur ; les manumissions furent réalisées à 90 % par des veuves, donc des femmes blanches ; la question de la liberté sexuelle hors mariage n'avait de sens que pour les femmes blanches, car les esclaves étant faiblement évangélisés et le mariage servile n'étant pas reconnu dans les colonies britanniques, les femmes affranchies ne partageaient pas originellement la même culture maritale que les femmes blanches et il n'était pas attendu d'elles la même moralité.

Le titre de l'ouvrage, *Jamaica Ladies*, veut transmettre l'idée que, si en métropole l'avant-nom *Lady* était réservé aux femmes de l'aristocratie et signifiait rang et respectabilité, en Jamaïque, toutes les femmes libres et affranchies avaient droit à la même considération. Comme la couverture du livre est composée d'un tableau de Le Masurier représentant une femme libre de couleur (d'ailleurs en Martinique et non en Jamaïque), le titre semble indiquer que les femmes libres de couleur ne seraient pas victimes de la macule servile, ni d'aucun préjugé racial, alors que des discriminations raciales à l'encontre des libres de couleur furent formellement inscrites en droit dès le tout début du XVIIIe siècle. En fait, l'autrice défend l'idée que le statut de libre et la propriété d'esclaves seraient ensemble plus importants que l'identification raciale. Elle partage la conception commune que les rapports de race demeureraient fluides au XVIIe siècle et dans la première moitié du XVIIIe siècle, et qu'ils ne se durciraient qu'après la Révolte de Tacky en 1760-1761. Elle considère que, si les Blancs ne pouvaient pas être réduits en esclavage, on n'aurait pas affaire pour autant à un esclavage racial. La possibilité pour certaines femmes de couleur de connaître une mobilité socio-économique ascendante – voire de se faire passer pour blanches –, les unions interraciales même illégitimes, les quelques affranchissements ainsi que l'intégration, même dans la différence, d'une très petite minorité d'enfants issus d'unions mixtes au sein des familles de planteurs constitueraient autant de signes de l'inopérance de la race. Comme souvent, son modèle implicite de la société racialisée est celui des États-Unis de la période *Antebellum* et de la ségrégation : toute société non conforme à ce modèle est décrite comme aveugle à la couleur/race ou presque. Pourtant, si les dynamiques sociales qu'elle décrit relevaient d'un autre mode de racialisation, elles n'en participaient pas moins pareillement à la défense du suprémacisme blanc.

Cécile Vidal
cecile.vidal@ehess.fr
AHSS, 10.1017/ahss.2024.15

Manuel Covo
Entrepôt of Revolutions: Saint-Domingue, Commercial Sovereignty, and the French-American Alliance
New York, Oxford University Press, 2022, XI + 304 p.

L'histoire de Saint-Domingue suscite toujours autant l'attention des chercheurs, et il ne passe pas une année qui ne voit un ou plusieurs nouveaux livres, souvent majeurs, rarement mineurs, lui être consacré. Il est vrai que la question du passage de l'île de la colonisation à l'indépendance dans les affres et les douleurs d'une révolution qui donne naissance à un nouvel État libéré de l'emprise coloniale et du sceau de l'esclavage est particulièrement riche et complexe. Se distinguer dans ce vaste ensemble historiographique devient compliqué, sinon à trouver un angle pour aborder cette question et en renouveler l'approche. Dans son dernier ouvrage, Manuel Covo fait le choix de nous parler des relations franco-étasuniennes au prisme de Saint-Domingue entre 1784 et 1804 en mobilisant l'ample documentation disponible notamment dans les archives françaises et américaines (AN, ANOM, MHS-Baltimore, DPL-Detroit, pour ne citer que les principales), mais aussi les correspondances et les récits des principaux acteurs de l'époque.

Quelle place occupe le commerce dans les rapports entre les deux nations ? Comment et à quelles conditions les Américains échangent-ils avec Saint-Domingue ? Quoiqu'amis, la France et les États-Unis n'en sont pas moins rivaux. Si la France voit les États-Unis comme un acteur secondaire et plutôt régional, ces derniers – bien que jeune puissance ne bénéficiant pas de tous les attributs de pouvoir pour s'affirmer pleinement, notamment une flotte digne de ce nom – aspirent à avoir leur part du commerce des Antilles. Mais on voit aussi une forme de dépendance entre les uns qui ont besoin de s'appuyer sur les États-Unis pour soutenir leurs colonies quand elles sont en difficulté, et les autres qui veulent pouvoir compter sur l'aval français pour développer leur commerce. De nombreux débats animent les élites sur la nature de celui-ci, alimentés par les évolutions politiques et sociales considérables qui conduisent à des remises en cause profondes des politiques menées. M. Covo mobilise alors le concept de révolutions atlantiques développé par Robert Palmer et Jacques Godechot, car elles se produisent de part et d'autre de l'Atlantique, chacune ayant une influence sur l'autre et s'entretenant les unes les autres. Les changements d'échelles auxquels se prête M. Covo sont particulièrement riches d'enseignements. Que de divergences de vues entre les commissaires dans les îles,

les consuls aux États-Unis et le pouvoir central parisien ! On ne saisit pas les mêmes choses et on n'a pas les mêmes priorités. Les conditions du commerce sont donc particulièrement changeantes, non seulement en raison de l'éloignement de la métropole, mais encore des soubresauts révolutionnaires, de l'évolution de la situation à Saint-Domingue, en particulier après 1791 et la guerre.

M. Covo trace cette histoire de façon chronologique en neuf chapitres, dont certains dédoublés, constitués de séquences courtes de quelques années qu'il arrive à caractériser suffisamment pour en saisir les inflexions : 1776-1784, 1784-1788, 1789-1790, 1790-1793, 1793-1794 et 1794-1797. Les deux premiers chapitres plantent le décor de la relation franco-américaine fondée sur l'appui apporté en 1778 par Louis XVI aux *Insurgents*. La fondation d'un nouvel État, les États-Unis, rebat les cartes au niveau régional, avec de nouvelles implications économiques qui interrogent tout autant la liberté du commerce que les relations coloniales et la diplomatie. Si le mot d'ordre de la monarchie française est l'exclusif, comme cela a été proclamé au début du XVIIIe siècle, Saint-Domingue est une place largement dominée par le commerce interlope. Après 1763, elle devient la pièce centrale de l'empire colonial français d'Amérique. L'exclusif est mitigé et des ports francs institués. Saint-Domingue bénéficie du commerce avec les Nord-Américains et continue de prospérer en obtenant des produits qui lui font défaut de la part de la métropole (chap. 2).

L'époque révolutionnaire connaît de nombreux bouleversements, les régimes se succèdent, et la question du commerce est diversement appréciée et se complexifie avec le positionnement des principaux acteurs et la diversité des allégeances politiques. Les ambitions coloniales de la France s'affirment avec la proclamation de la république en 1792 – la maîtrise des flux commerciaux et le retour de la souveraineté française deviennent des priorités – (chap. 3 et 4), mais se voient bientôt contrariées par l'évolution de la situation à Saint-Domingue qui met à jour les contradictions entre les buts des marchands et l'intérêt de « l'empire ». Les Américains y voient une opportunité pour se débarrasser des Français (chap. 5). Il apparaît que le concept de commerce libre, qui est en vogue à la fin du XVIIIe siècle, est très diversement compris et pratiqué par les États-Unis et la France ; il n'est en fait jamais véritablement défini, et ce flou entretenu permet bien des compromis. Par ailleurs, c'est davantage la situation sur place qui décide, et non les imprécations des métropoles. Ces deux chapitres sont assurément parmi les plus réussis. Les chapitres 6 et 7 prolongent la réflexion pour les années suivantes en mettant en lumière les fractures qui existent sur cette question de la liberté du commerce, d'abord au sein du monde politique étasunien qui apparaît divisé, ensuite entre les États-Unis et les puissances européennes, dans leur ensemble plutôt attachées à une forme de contrôle. La France républicaine tente bien de s'organiser malgré la guerre contre l'Angleterre, mais elle ne peut empêcher l'effondrement du système colonial suite aux invasions étrangères et à la concurrence des pouvoirs à Saint-Domingue entre ses envoyés et les chefs de l'insurrection, et aussi entre ces derniers. Il existe alors une pluralité de situations entre les différents territoires qui composent l'île. Dans ce contexte, le commerce libre s'établit de fait. Le chapitre 8 se veut plus thématique en interrogeant l'identité des marchands. Nous y reviendrons. Le chapitre 9 suit la formation d'un quasi-État par Toussaint Louverture qui conduit à la fin de l'entente franco-américaine, à la guerre en 1798, et à l'indépendance d'Haïti.

Cette histoire du commerce de Saint-Domingue et des marchands américains est foisonnante. Certains chapitres sont assez attendus, notamment ceux qui ont trait au contexte de la fin du XVIIIe siècle (chap. 1 et 2) et ceux rebattant la question de la quasi-guerre (chap. 9), mais il en est d'autres plus originaux qui se distinguent par la qualité de la réflexion apportée ou le point de vue adopté. Ces derniers sont centrés sur la réflexion des marchands, véritables acteurs de cette entreprise commerciale entre les États-Unis et Saint-Domingue. Nous retiendrons à ce titre le chapitre 8, le plus singulier et le plus original de ce livre et qui fait la part belle aux prises de position des marchands et à la façon dont ils se pensent dans le commerce. M. Covo pose notamment la question de leur positionnement politique afin de savoir s'il a une incidence sur leur activité. L'alliance des révolutionnaires français et des Américains comme alliance idéologique ne va pas de soi. Qu'en pensent les marchands ? Quelques Américains manifestent leur soutien à la France par francophilie et proximité républicaine. Samuel Smith se fait le fervent défenseur de la France, ce même au moment de tensions, justifiant les saisies de navires faites par les Français à Saint-Domingue et à la Guadeloupe devant le Congrès. Les Américains accueillent les réfugiés français. Ils s'entendent aussi avec les autorités françaises pour consolider leurs affaires et obtenir des marchandises. Cela ne les empêche pas non plus de faire dans le même temps du commerce avec les Anglais, n'y voyant aucune contradiction avec leur engagement républicain. Il s'agit avant tout pour eux de continuer à faire des affaires et de défendre leurs intérêts dans la zone caraïbe.

La situation de ces marchands peut tout de même sembler menacée quand, en 1796 à Paris, l'Assemblée nationale légalise la prise des neutres venant des colonies anglaises ou de la partie occupée de Saint-Domingue. Le risque grandit et les taux d'assurance maritime augmentent fortement, de 5 à 6 % en 1796 à 10-15 % et même 25 % en 1798. Les circuits se réorganisent. Les ports occupés par les Britanniques tirent leur épingle du jeu. Les marchands américains diversifient les destinations, sans préférence. Leurs navires fréquentent tout autant les grands ports (Port-au-Prince) que les petites localités. Les marchands entendent surtout que les capitaines les mènent en toute sécurité à bon port, aussi leur laissent-ils une large marge de manœuvre qui les conduit parfois à rechercher la protection des convois anglais. Les Français, de leur côté, défendent leurs intérêts en favorisant la course. Il est difficile de définir la ligne de partage entre marchands et flibustiers, car les mêmes hommes et équipages peuvent changer d'activité selon les circonstances. Les navires corsaires sont souvent de petites embarcations dans le cas des Antilles, mais il existe aussi des bases françaises aux États-Unis favorisées par les consuls. On peut noter que certains colons français qui ont fui Saint-Domingue pour s'implanter aux États-Unis développent des partenariats avec les Américains malgré la dévastation de leurs anciennes plantations tandis que d'autres font le choix de fonder de nouvelles plantations aux États-Unis avec les esclaves qu'ils ont pu emmener. L'identité des marchands français est changeante, nous dit M. Covo, et suit les temps de la guerre. Sont-ils des réfugiés ou des exilés au sens de la loi française de 1793, qui définit ces derniers comme ayant fui la Révolution ? Quand la guerre est ouverte avec les États-Unis, seule une minorité de marchands établis aux États-Unis demeurent fidèles aux idéaux révolutionnaires. La guerre consolide les liens commerciaux entre Saint-Domingue et les États-Unis, et ces derniers s'émancipent de la France après le traité Jay (1795).

L'affirmation du pouvoir de Toussaint Louverture et la peur de perdre le contrôle de l'île et son commerce conduisent à l'expédition française de 1802 dont M. Covo, dans son épilogue, montre bien à quel point elle était attendue et espérée par les marchands qui aspirent plus que tous les autres à la paix. La paix d'Amiens (1802) signée avec les Anglais augure de temps plus apaisés. L'ordre doit logiquement, dans cette suite, être restauré à Saint-Domingue. Les marchands français, d'ailleurs, anticipent ce mouvement en fondant de nouvelles maisons de commerce. Farouchement opposés aux Américains, ils prennent aussi position en faveur du monopole. M. Covo y voit la tentative des puissances européennes de restaurer leur domination aux Amériques et l'ordre ancien, qui les coupent de l'amitié des Américains, avec lesquels les intérêts divergent. L'auteur pose alors la question assez moderne de la place des économies et des acteurs nationaux dans un système mondialisé et des moyens d'intervention de ces derniers. En 1804, les Haïtiens ne s'y trompent pas, et s'offrent finalement aux commerçants étasuniens. Cependant, pourrions-nous objecter, l'indépendance d'Haïti, proclamée en 1804 et enfin reconnue par la France en 1825 après la défaite militaire, ne conduit pas à une relation équilibrée, et bien des auteurs parlent d'une souveraineté incomplète tant la France impose par les dédommagements négociés et le service de la dette sa présence à Haïti. Avec ce livre qui se focalise sur la question du commerce américain à Saint-Domingue, M. Covo pose assurément un regard nouveau sur un épisode bien connu de l'histoire de l'île.

Éric Roulet
eric.roulet@univ-littoral.fr
AHSS, 10.1017/ahss.2024.16

Cécile Vidal
Caribbean New Orleans: Empire, Race, and the Making of a Slave Society
Williamsburg/Chapel Hill, Omohundro Institute of Early American History and Culture/University of North Carolina Press, 2019, 533 p.

Avec *Caribbean New Orleans*, Cécile Vidal offre un bel exemple d'« histoire totale », rare dans la production historiographique récente. Son ouvrage, appelé à devenir une référence incontournable, s'attache en effet à reconstituer dans toutes ses dimensions l'histoire des débuts de La Nouvelle-Orléans française. Ce livre avance par ailleurs une véritable proposition de méthode : en tissant des liens entre l'histoire de l'Amérique du Nord et celle des Caraïbes, il met en évidence la façon dont la notion de race et ses multiples déclinaisons ont configuré l'ensemble des expériences sociales dans le port au XVIIIe siècle, au point d'en constituer l'architecture ou le cadre – à l'image des digues qui donnent sa structure à la ville.

L'originalité de *Caribbean New Orleans* réside moins dans l'exhaustivité des recherches entreprises par C. Vidal que dans l'étude magistrale et fouillée de ce comptoir minuscule et économiquement marginal, envisagé ici comme un observatoire efficace pour étudier la question raciale au sein de plusieurs empires européens. Signalons d'emblée que le livre est une monographie de 500 pages, publiée par des presses universitaires étasuniennes, rédigée dans un anglais impeccable par une chercheuse française vivant en France et dont la langue maternelle est le français. En tant que tel, il est aussi un message adressé aux chercheurs de langue anglaise, en particulier nord-américains : les lecteurs étasuniens ne manqueront pas de noter le refus frondeur de C. Vidal (claironné dès le titre de l'ouvrage) de situer La Nouvelle-Orléans en Amérique du Nord. Cette entrée en matière, tout à fait inattendue, peut être lue comme une provocation à l'égard des historiennes et des historiens basés aux États-Unis qui se représentent le monde atlantique du XVIIIe siècle comme une sorte d'Amérique du Nord élargie, une vaste région maritime dont les treize colonies britanniques constitueraient le cœur vibrant.

À la lecture du titre et des premières pages du livre, on pourrait croire que C. Vidal propose de substituer à cette géographie un monde centré sur les Antilles, où la colonie française de Saint-Domingue occuperait le rôle prédominant tenu jusqu'à présent par l'Amérique du Nord britannique. Toutefois, l'autrice n'a pas choisi de réaliser une monographie sur Le Cap ou Port-au-Prince. Elle a plutôt pris le parti d'écrire l'histoire d'une ville, sise à la lisière de trois empires et née de l'échec des tentatives d'établissements coloniaux sur le Mississippi. L'un des apports majeurs de ce livre, parfois quelque peu occulté par le poids de l'érudition déployée par son autrice, réside dans son approche inventive et décentrée de l'histoire atlantique, impériale et française. *Carribean New Orleans* invite les lecteurs à abandonner les géographies conventionnelles du XVIIIe siècle en mettant au centre du récit une ville portuaire mal connue et liminaire.

C. Vidal propose ainsi une géographie alternative et non-représentationnelle de la présence française en Amérique du Nord, en soulignant le fait que la Louisiane « ne ressemblait à une colonie continentale homogène que sur les cartes » (p. 15). Il s'agissait d'un espace transformé au quotidien par l'expérience des colons. Les Français, qui se déplaçaient dans les différents comptoirs disséminés le long du Mississippi et de ses affluents, habitaient « un archipel » et non un empire continental. Cette conception de la Louisiane en tant qu'espace archipélagique et morcelé permet de réfléchir plus largement à la relation que La Nouvelle-Orléans entretenait avec les Caraïbes. Tout en demeurant physiquement reliée au continent, la ville s'en est progressivement détachée, dérivant peu à peu vers une autre constellation archipélagique, à savoir les Antilles. La couronne française et la Compagnie des Indes voulaient que Saint-Domingue servît de modèle à cette société.

La dimension spatialisée des pratiques sociales donne son unité aux neuf chapitres du livre, même si celle-ci apparaît plus nettement dans la première moitié de l'ouvrage. Dans le premier chapitre, « Une ville portuaire de l'Empire français », C. Vidal retrace la façon dont les connexions de La Nouvelle-Orléans avec la France et l'Afrique s'atténuent au cours des premières décennies du XVIIIe siècle, alors qu'elles se renforcent avec Saint-Domingue. L'affaiblissement des liens avec la France métropolitaine résulte de l'échec des programmes de colonisation de masse impliquant des migrants européens. L'étiolement des liens avec l'Afrique résulte, quant à lui, de la cession de la Louisiane à la Couronne par la Compagnie des Indes en 1731. À partir de cette date, les navires de traite de la Compagnie ne rallient plus La Nouvelle-Orléans. Saint-Domingue devient au même moment un partenaire commercial essentiel, qui lui fournit du tafia, de la mélasse, du café, des produits manufacturés européens et des esclaves en échange de matériaux de construction. Les Antilles façonnent également le régime juridique de la colonie. En 1724 commence à y être appliquée une version modifiée du Code noir (1685). La législation antillaise sur l'esclavage s'implante cependant en Louisiane bien plus tôt, car les fonctionnaires locaux n'avaient pas hésité à reprendre des dispositions du Code noir dans les décrets locaux.

Le deuxième chapitre, « La ville aux murs imaginaires », délimite la cité (non fortifiée) de La Nouvelle-Orléans et ses environs en explorant les modalités de déplacement des Blancs libres et des esclaves d'origine africaine, entre ville et campagne. C. Vidal analyse ici la façon dont les statuts juridiques conditionnent les formes de mobilité au moment où la ville connaît un relatif boom démographique. En effet, les colons blancs affluent pendant la révolte des Natchez (1729-1731), et la fin de la traite des esclaves conduit les planteurs européens à abandonner leurs terres. Les esclaves des années 1730, comme le montre C. Vidal, font l'expérience d'une « géographie rivale » de celle des Blancs (p. 125). Ils défient « l'ordre socio-spatial que les autorités et les planteurs cherchent à mettre en œuvre » (p. 129) par de petites évasions furtives et des réjouissances, un va-et-vient constant entre la campagne et la ville à la recherche de liberté, de camaraderie, d'alcool et de sexe – même si La Nouvelle-Orléans est encore trop petite pour offrir un véritable anonymat aux fugitifs en quête de liberté.

Le troisième chapitre, « L'effervescence de la vie urbaine », s'intéresse particulièrement à une ordonnance municipale de 1751 qui instaure la ségrégation dans les tavernes, les marchés et les messes catholiques, et qui réglemente le comportement urbain des populations noires, qu'elles soient esclaves ou libres. Si C. Vidal revient sur cette ordonnance dans les chapitres suivants, elle se concentre ici sur le contrôle des rassemblements urbains et de l'espace public, en particulier l'église et la place. Ici, comme dans tout le reste du livre, elle s'intéresse à l'application de ces règles et à la façon dont les habitants, blancs et noirs, esclaves ou libres, les enfreignent. Les registres de police des années 1750 et 1760 décrivent la rue comme un espace cinétique de hors-la-loi, aussi bien caractérisé par la violence raciste des Blancs à l'encontre des Noirs que par la circulation illicite d'esclaves en quête de divertissements.

Le quatrième chapitre, « Le maître dans la maison », est consacré à la façon dont les espaces domestiques sont divisés selon des critères raciaux entre les années 1720 et 1760. Les recensements de la ville indiquent l'existence d'un faible nombre de chefs de famille d'origine africaine – les seules attestations existantes évoquent un tout petit groupe de blanchisseuses libres. Dans ce chapitre, C. Vidal examine le rôle de la race dans les soins prodigués aux personnes ou les violences exercées sur les corps dans les maisons, à l'hôpital militaire, dans les casernes, à l'hospice et au couvent des Ursulines. Parallèlement aux expériences constamment renouvelées de ségrégation et d'exclusion fondées sur la race, le franchissement des frontières persiste pourtant, généralement sous la forme d'une complicité secrète entre Afro-descendants et citadins blancs. La camaraderie entre soldats et esclaves offre ici un exemple. Il ne s'agit pas d'affirmer que les habitants de La Nouvelle-Orléans parviennent à défier la rigidité du régime racial instauré dans la ville, mais plutôt que ce régime racial structure les activités humaines en reléguant dans la clandestinité les irrégularités et les formes de solidarité interraciale.

Alors que les chapitres 1 à 4 insistent tout particulièrement sur l'évolution des espaces urbains concrets – publics, privés et « secrets » –, les cinq chapitres suivants retracent les structures d'affiliation et d'exclusion qui charpentent la vie quotidienne et définissent le sentiment d'appartenance des habitants. Le cinquième chapitre, « Un scandaleux commerce », poursuit le thème de la sociabilité interraciale clandestine du précédent chapitre en mettant l'accent sur les relations extraconjugales et les enfants bâtards. C. Vidal observe plusieurs évolutions remarquables à La Nouvelle-Orléans, qui évoquent la culture des Antilles françaises tout en s'en distinguant. Les deux décennies entre la guerre de succession d'Autriche et la fin de la guerre de Sept Ans voient une augmentation remarquable du nombre d'enfants nés de femmes d'origine africaine, libres ou esclaves, et d'hommes blancs. En effet, au moment où la France cède la Louisiane aux Espagnols, la fréquence des naissances interraciales à La Nouvelle-Orléans surpasse manifestement celle de toutes les colonies françaises des Antilles. Tandis que les enfants métis représentaient 4 % des naissances en 1744, les registres paroissiaux indiquent que 31 % des enfants nés en 1762 sont « de couleur » (la majorité de ces enfants mixtes est dite d'origine indienne, davantage qu'africaine). Les pères de ces enfants ne les reconnaissent presque jamais. Les registres paroissiaux notent en effet que ces enfants sont nés de « père inconnu ». L'ampleur du concubinage, les liens affectifs non sanctifiés par le mariage et des lignées métisses non enregistrées à La Nouvelle-Orléans poussent à l'extrême des tendances qu'on peut observer dans les autres colonies françaises des Caraïbes.

Dans le sixième chapitre, « Politique américaine : esclavage, travail et race », C. Vidal décrit la montée en puissance d'une nouvelle élite blanche. La race – et non l'ascendance noble – devient le principal critère de hiérarchisation sociale dans la ville. En l'espace d'une génération, les Blancs de La Nouvelle-Orléans, arrivés dans les années 1720 en tant qu'engagés, acquièrent des terrains dans la ville, renoncent au travail manuel, et deviennent des planteurs propriétaires « de dizaines d'esclaves » (p. 299). Le gouvernement permet l'ascension des Blancs et protège cette nouvelle élite en fermant les yeux sur sa brutalité. Dans une ville qui compte encore peu de personnes libres d'origine africaine, les esclaves deviennent les cibles quasi exclusives des sanctions et des châtiments policiers.

Dans le septième chapitre, « Tout le monde veut devenir marchand », C. Vidal décrit l'essor d'une nouvelle culture commerciale à La Nouvelle-Orléans, qui se développe chez les nobles et les roturiers au cours des dernières décennies de la domination française. Les officiers militaires continuent certes d'exprimer publiquement leur mépris à l'égard du commerce ; toutefois, il s'agit bien souvent de cadets de famille, poussés par leurs difficultés financières à s'engager dans le service colonial, puis à renoncer, de façon discrète, à leur honneur. Les nobles finissent ainsi par vendre en cachette toutes sortes de choses, comme des fourrures, aux esclaves. Durant les mêmes années, il devient également normal pour les esclaves de vendre des marchandises pour leur propre compte. Les libres de couleur mettent en péril leur statut d'une tout autre manière que les nobles français, en participant au commerce local. Les femmes de couleur qui travaillent comme vendeuses ambulantes à La Nouvelle-Orléans risquent d'être réduites en esclavage en cas de dettes. En fin de compte, cette nouvelle mentalité commerciale, qui crée des liens de solidarité entre habitants blancs, ouvre la voie à la célèbre insurrection de 1768, durant laquelle les colons de Louisiane réclament tous la « liberté du commerce » (p. 366) lorsque la colonie passe de la France à l'Espagne.

Le chapitre huit, « Coups de mots, coups de fouet », explore la consolidation d'une identité civique blanche reflétée – et renforcée – par deux régimes coloniaux de violence. Le premier d'entre eux, l'ordre juridique, cible les fugitifs asservis à partir des années 1730, tandis que les Blancs sont exemptés de torture et de tous les châtiments corporels prescrits par le Code criminel français : mutilation, fouet, marquage au fer rouge. Simultanément, les polices locales érodent la distinction entre libres et esclaves en menaçant les Noirs indociles d'être de nouveau asservis. Ainsi, au milieu du siècle, la « blanchité » est devenue le fondement des droits, de la citoyenneté et de l'intégrité corporelle, tandis que la « noirceur » – plutôt que le statut juridique – est associée au non-citoyen et à l'étranger. Cette évolution dans le domaine du droit et du maintien de l'ordre structure également le second régime de violence que C. Vidal retrace dans ce chapitre : celui de la milice coloniale. La Louisiane du XVIIIe siècle est le théâtre de plusieurs conflits armés, de la révolte des Natchez à la guerre de Sept Ans (1756-1763), qui militarisent la colonie. Le service dans la milice renforce la cohésion et l'identité civique des Blancs. La création tardive d'une milice noire pour la communauté ségréguée d'English Turn (aujourd'hui le site d'un terrain de golf conçu par le golfeur Jack Nicklaus) ne fait que renforcer la logique raciale d'exclusion civique.

Le neuvième et dernier chapitre, « Des Louisiens aux Louisianais », restitue finement la fabrique des identités raciales pour les personnes d'origines européenne, africaine et métisse. La plupart des esclaves arrivés à La Nouvelle-Orléans avant 1731, date de la fin du commerce de traite avec l'Afrique, sont originaires de Sénégambie. Néanmoins, en raison de l'interruption anticipée du commerce avec l'Afrique, les documents coloniaux identifient rarement les esclaves d'après leurs ethnonymes africains. Il convient ici de souligner les divergences considérables entre la Louisiane et les Antilles françaises, en particulier Saint-Domingue, qui fait pourtant figure de modèle. Les villes portuaires des Antilles françaises et britanniques voient en effet l'acheminement de dizaines de milliers de captifs africains, arrivés durant la période examinée par l'ouvrage de C. Vidal. L'ampleur de la traite des esclaves et l'impressionnant taux de mortalité des captifs une fois débarqués aux Antilles font que des ports comme Le Cap et Port-au-Prince (ou encore Kingston) se développent au rythme des navires négriers et des influences linguistiques et religieuses de la diaspora africaine. Par contraste, la Louisiane est un lieu de créolisation précoce.

Naître à La Nouvelle-Orléans n'est pas une garantie d'inclusion pour les Afro-descendants. Le dernier chapitre présente une ethnogenèse subtile de la blanchité, devenue la clef de voûte de la culture civique de La Nouvelle-Orléans au milieu du XVIIIe siècle. Les patriotes locaux commencent à s'appeler « Louisianais » lors de la révolte de 1768 contre la domination espagnole. Comme le démontre C. Vidal, la solidarité raciale et les intérêts marchands sont le ciment de la communauté louisianaise, malgré les rivalités persistantes entre Acadiens et Créoles, ou entre nobles et roturiers. Ces éléments sont devenus des composantes essentielles de « l'identité louisianaise », que C. Vidal décrit comme une nouvelle forme de francité qui concorde avec « l'indépendance de la métropole ».

Tout au long de *Caribbean New Orleans*, C. Vidal offre une analyse nuancée de la fabrique des identités raciales, qu'elle refuse d'envisager comme un processus linéaire qui mènerait inéluctablement à leur cristallisation ou à leur fixité. Bien au contraire, elle souligne la manière « dynamique », « protéiforme », « contingente et flexible » dont la race est devenue une caractéristique intrinsèque de la vie portuaire à La Nouvelle-Orléans, sans pour autant exclure d'autres catégories de l'antagonisme ou de la solidarité. C. Vidal adopte une approche fondamentalement anti-téléologique pour traiter de ce sujet sensible. Parmi les nombreuses réussites de son magnifique ouvrage, il faut également souligner sa façon subtile d'associer fabrique de la race et fabrique de la ville. Ces processus enchevêtrés à La Nouvelle-Orléans se sont mutuellement renforcés, au point de constituer une seule et même histoire.

Miranda Spieler
mirandspieler@gmail.com
AHSS, 10.1017/ahss.2024.17

Traduction de Guillaume Calafat

Marine Cellier, Amina Damerdji et Sylvain Lloret (dir.)
La fabrique de la race dans la Caraïbe de l'époque moderne à nos jours
Paris, Classiques Garnier, 2021, 258 p.

Objets de controverses universitaire et politique, les recherches sur la race connaissent depuis deux décennies un développement croissant en France. En témoigne la parution de cet ouvrage collectif dont l'approche pluridisciplinaire se révèle particulièrement précieuse. En effet, c'est au croisement de la philosophie, des sciences sociales, de la littérature, de l'esthétique et des sciences dites dures qu'il se propose d'étudier la race sur le temps long. Comme le note Audrey Célestine dès la préface, l'ancrage dans la Caraïbe est également à saluer, d'autant que sont réunies des contributions sur les espaces francophones, hispanophones et anglophones de la région, déjouant ainsi les limites fixées par des découpages impériaux et nationaux encore tenaces. Le titre du livre (« La fabrique ») renvoie quant à lui à un débat opposant bon nombre de travaux sur la race, à savoir quelle serait l'origine, la genèse ou la généalogie de celle-ci.

Les contributions d'Elsa Dorlin et d'Éric Roulet sont celles qui abordent le plus directement cette question. La philosophe montre le rôle prépondérant, dès la fin du XVIIe siècle, de la médecine esclavagiste dans la construction du concept moderne de race. Véritable « police sanitaire » (p. 31), les chirurgiens furent l'un des instruments de légitimation de la mise en esclavage des Africains. Les passages de l'autrice sur la pathologisation des actes de résistance esclave valent que l'on s'y arrête. E. Dorlin avance en effet l'idée selon laquelle les discours médicaux sur ce corps noir réputé naturellement pathogène contribuèrent à dénier aux esclaves toute forme de rationalité politique. Ces réflexions font écho aux travaux, notamment en histoire, sur les esclaves comme acteurs sociaux et politiques[1]. Cependant, malgré la prolifération de ces discours médicaux, nous dit l'autrice, « la race [n'avait] pas encore de fondement idéologique stable » (p. 37) avant le XIXe siècle, qui a vu l'essor d'une approche polygéniste.

É. Roulet identifie, en revanche, un basculement dans la perception racialisée de la société coloniale dans les années 1650, quand le nombre d'esclaves africains dépassa celui des Français. Selon l'auteur, durant les premières décennies de la colonisation, une classification économique et religieuse dominait aux Antilles françaises, malgré des références fréquentes à l'origine et à la couleur. La question que pose alors l'historien – « les remarques à caractère 'racial' signifient-elles pour autant une société racialisée ? » (p. 92) – est particulièrement édifiante. Les différences de conclusions entre contributeurs et contributrices sur la naissance de la race et, pour d'autres, sur les modes d'opération de celle-ci renvoient sans doute moins à des différences de sources ou d'approches disciplinaires qu'à une question de définition : qu'entend-on par « race », « racial », « société racialisée », voire « racisme » ?

L'article de Matthieu Renault, seul à ne pas directement aborder la Caraïbe, offre des pistes de problématisation quant à la distinction entre race et racisme. L'auteur note un déplacement de l'objet des sciences dures (sociobiologie, génétique, neurosciences) après la Seconde Guerre mondiale, passant d'un intérêt pour la race comme phénomène naturel à décortiquer, à un intérêt pour l'élucidation des causes, sociales et biologiques, du racisme. Il analyse alors ces processus de reformulation des catégories de race et racisme depuis les années 1970. Malgré un consensus constructiviste encore hégémonique, de nouvelles sciences procèdent à la mise au jour d'un certain déterminisme biologique, ce dans des domaines variés allant des tests ADN jusqu'à des courants de recherche en médecine œuvrant à l'élaboration d'une « médecine préventive différentielle » (p. 212) censée corriger les inégalités dans le traitement de maladies dont la prévalence peut être plus élevée dans des groupes sociaux subalternes.

Fait notable relevé par M. Renault, le recours des Afro-descendants (entre autres groupes) à des tests ADN comme manière d'investir de préoccupations biologiques le souci bien ancien de « reconnexion » avec les ancêtres africains. Ces usages de la race dans le monde universitaire et le grand public, avec des orientations parfois antagoniques vis-à-vis de leurs effets sur la réalité du racisme, appellent à questionner, en ayant conscience de la dimension polémique et possiblement dangereuse, l'évidence d'un passage inévitable de la race, dès que mobilisée, au racisme. Comment par exemple penser la médecine préventive différentielle au regard d'une éthique universaliste ? Tous ces questionnements sont, selon M. Renault, autant de raisons pour les chercheurs et les chercheuses en sciences sociales de ne pas ignorer le développement de ces nouvelles sciences au nom d'un constructivisme rigide.

Les contributions de Jean-Luc Bonniol et de Justin Daniel témoignent néanmoins du souci de se défaire des acceptions non constructivistes de la race, pour la saisir comme mode d'organisation des hiérarchies sociales en France et aux Antilles jusqu'à ce jour. J. Daniel interroge, en particulier, les structures racialisées du pouvoir, véritable « angle mort » des réflexions sur la société martiniquaise, avance-t-il. En effet, s'il est courant dans les mondes universitaires et militants de mentionner les hiérarchies économiques à l'avantage des Békés (descendants de propriétaires d'esclaves) sur l'île, le politiste met en lumière la nécessité d'appréhender la race comme marqueur de pouvoir et de différence influençant l'ordre politique martiniquais, quand bien même les Békés auraient déserté les arènes électorales. Les deux contributions interrogent aussi le réinvestissement de la race par les groupes subissant le racisme.

J.-L. Bonniol discute la fracture entre un antiracisme universaliste et un antiracisme différentialiste ; fracture qui gagnerait à être problématisée. En s'inspirant de Pierre Bourdieu, il distingue la race comme *catégorie d'analyse*, indispensable pour penser les discriminations du présent, et comme *catégorie de la pratique*, bien plus ambivalente en fonction des mobilisations dont elle peut faire l'objet. J. Daniel, quant à lui, pense la manière dont les hiérarchies liées à l'esclavage deviennent la langue des conflits économiques et écologiques dans la Martinique contemporaine, et invite à réfléchir aux différences entre la mobilisation de référents racialisés ou nationalistes, selon qu'il s'agisse d'Antillais vivant aux Antilles ou d'Antillais vivant en France hexagonale. Une nuance en ce qui concerne la moindre mobilisation des Antillais comme « Noirs » en France peut être toutefois apportée au regard de l'engagement de certains d'entre eux dans les mouvements afrocentriques, incluant des figures devenues majeures et s'étant formées en France avant d'aller/retourner en Caraïbe ou à l'étranger.

Cette tension entre un nationalisme racial (noir) et un nationalisme que l'on nommera imparfaitement « territorial » (guadeloupéen, martiniquais) fait écho aux questions discutées par Sébastien Nicolas et Amina Damerdji. La contribution du premier montre, en s'appuyant sur des articles de presse et des entretiens semi-directifs auprès de responsables politiques, associatifs et administratifs, comment a été fabriqué, entre 2004 et 2005, un « problème haïtien » (p. 70) en Jamaïque. C'est ainsi que le nationalisme noir, présenté comme constitutif d'une identité jamaïcaine post-indépendance en lutte contre une hégémonie blanche et occidentale et mobilisant la figure de « l'Haïtien frère noir », s'est peu à peu transformé en nationalisme territorial et étatique, opposé cette fois à la figure de « l'Haïtien étranger » menaçant le peuple jamaïcain. S. Nicolas montre la permanence des préjugés raciaux hérités de la période esclavagiste, combattus lorsqu'il s'agit de faire face au « pouvoir blanc », mais réinvestis contre les Haïtiens.

Le caractère labile et dangereux des usages de la race comme identité est ici particulièrement bien illustré. D'autres mobilisations de ces différents registres nationalistes sont problématisées par A. Damerdji. L'autrice montre comment, à Cuba, le nationalisme révolutionnaire s'est en partie construit à partir d'une double dynamique : la valorisation du métissage comme caractéristique de « la cubanité » et l'étouffement de la question noire, malgré quelques déclarations de principes contre le racisme visant les Afro-descendants. À travers une analyse du champ littéraire cubain, cet article livre un regard bienvenu sur la fiction d'un dépassement possible de la race par l'éloge du métissage. Proscrit ou célébré, le « métissage » est au *cœur* d'une pensée de la race en tant que notion signifiant la rencontre entre des entités supposées « pures ». Le cas étudié par A. Damerdji propose ainsi un exemple d'instrumentalisation politique du métissage.

C'est contre cette obsession de la pureté et des assignations impliquées par un tel idéal que s'est élevée Maryse Condé à travers l'écriture. Dans son article, Tina Harpin offre une fine analyse des tentatives de l'écrivaine antillaise d'échapper à la race. Se rejoue la tension entre l'identité noire, finalement contestée par l'autrice après l'avoir investie, et un positionnement guadeloupéen trouble, compliqué et en conflit avec la France. À rebours d'une critique littéraire opérant des rapprochements entre auteurs et autrices sur des bases racialisées (et genrées) – qui ne manquent pas nécessairement de pertinence, mais dont on peut questionner le caractère quasi automatique tendant à les rendre « naturels » –, T. Harpin invite à faire dialoguer l'œuvre de Maryse Condé avec celle de John Maxwell Coetzee. Cet auteur sud-africain issu d'une famille afrikaner anti-apartheid rejoint M. Condé dans le rejet ferme d'exister comme sujet racialisé à travers l'écriture. Néanmoins, rappelle T. Harpin, la race est en fin de compte « difficilement dépassée » dans ces écrits.

Le parallèle entre le parti pris de M. Condé et les poètes cubains des éditions El Puente étudiés par A. Damerdji se révèle fécond, ces derniers ayant entrepris une démarche inverse à celle de l'autrice guadeloupéenne, à savoir affirmer un positionnement noir contre le « matérialisme abstrait » (p. 152). Ainsi le champ littéraire donne-t-il à voir une pluralité de stratégies contre le racisme entrant parfois en conflit. La littérature comme lieu d'expression de discours raciaux, énoncés cette fois par ceux en position de domination, est abordée par la contribution d'Arturo Morgado-García. L'historien s'appuie pour cela sur un large et riche corpus de sources issues des cercles intellectuels espagnols de la fin du XVIIIe siècle. Différentes figures d'altérité noires furent produites dans ces écrits, du Noir comique au saint noir, en passant par le noir comme élément décoratif ou outil économique. L'auteur met aussi en exergue les contradictions des références à la figure de l'Africain en parallèle de l'émergence de positions abolitionnistes.

Les textes étudiés par A. Morgado-García dévoilent des critiques ambivalentes du colonialisme ou de l'esclavage, reflets pour partie des rivalités impériales ou de perceptions changeantes sur la légitimité de certains mauvais traitements dans le cadre de l'institution esclavagiste, sans qu'elle-même ne soit toujours remise en question en tant que telle. Aux textes s'ajoutaient des images pour défendre ces différents points de vue, pro- ou anti-esclavage. La question des représentations visuelles tient aussi une place importante dans l'article de Carlo Célius, qui prend pour objet l'art, l'esthétique et leurs liens avec la race. L'historien étudie la façon dont les préoccupations intellectuelles et artistiques sur le beau et sur le goût à partir de la seconde moitié du XVIIIe siècle ont contribué à affirmer la supériorité européenne et l'infériorité africaine. Au XIXe siècle, ces considérations esthétiques furent particulièrement vives et firent l'objet de critiques de penseurs haïtiens, vent debout contre les théories faisant de la beauté et la laideur le couple symbolisant une inégalité naturelle entre Blancs et Noirs.

Ces théorisations de la laideur nègre se sont notamment cristallisées au travers de portraits de chefs d'État haïtiens réalisés par des Européens – Toussaint Louverture et Faustin Soulouque en furent des cibles privilégiées –, véritables « tentatives d'incarnation visuelle du positionnement des Nègres au bas de l'échelle des groupes humains » (p. 57). Ces portraits, démontre C. Célius, ne relevaient pas de la seule caricature des traits et formes des visages, mais renvoyaient plutôt à la typologie héritée des tables de physiognomonie, à l'instar de celle de Petrus Camper datée de 1791. Les portraits ultérieurs des chefs d'État haïtiens illustrent cette volonté de rapprocher les figures du Nègre et du singe, dans une tentative de délégitimation politique complète d'une Haïti indépendante, dans un espace atlantique encore colonial.

L'article de C. Célius rappelle l'importance du corps comme modalité de la race, tel que le soulignent aussi E. Dorlin et A. Damerdji en s'appuyant sur d'autres matériaux. D'une tout autre manière, cette préoccupation fait aussi songer à la conclusion de M. Renault avançant que l'antiracisme (matérialiste) ne saurait ignorer « la matière dont nous sommes faits », lui qui doit « […] se définir positivement, affirmativement comme un acte de reconnaissance de notre propre nature » (p. 220-221). La « nature » est aussi présente chez J.-L. Bonniol, pour qui « le phénomène racial s'articule à un donné naturel qu'il serait illusoire d'exclure de l'analyse » (p. 180). Ledit « donné naturel » peut néanmoins faire l'objet d'une problématisation plus poussée, la considération de *tels aspects physiques en particulier* et la perception de ces aspects physiques en *différences* n'étant ni neutre ni en dehors du social. Dit autrement, l'idée selon laquelle la race (ou le racisme ?) serait une manière *sociale* de lire une différence *naturelle* mérite d'être questionnée.

En définitive, le présent ouvrage met à disposition des analyses d'une qualité et d'une importance indiscutables, même s'il nous semble traversé par des définitions différentes, divergentes et non nécessairement explicitées des notions de « race » et de « racisme ». Ces définitions posées *a priori* expliquent que, selon les contributions, la race soit appréhendée à partir du corps, de l'origine, de la couleur ou des nationalismes. Or, il n'est pas sûr que les opérations qui lient ces éléments à des processus d'altérisation et de hiérarchisation sociale soient anodines (pourquoi faire parfois le choix de la couleur, d'autres fois de l'origine et d'autres fois encore de la religion, par exemple ?). De plus, sont-elles nécessairement imputables à une *idée de race* dont on pourrait chercher les traces et les formes simplement changeantes à travers le temps et les lieux, mais se rapportant à une même unité[2] ? Outre ces interrogations, ce livre contribue, à n'en pas douter, à enrichir les savoirs et à renouveler les questionnements sur un objet de recherche qui n'est pas des plus aisés à manier.

Joao Gabriel
jgabriel1@jhu.edu
AHSS, 10.1017/ahss.2024.18

1. Voir Silyane Larcher, *L'autre citoyen. L'idéal républicain et les Antilles après l'esclavage*, Paris, Armand Colin, 2014.
2. Claude-Olivier Doron, « Histoire épistémologique et histoire politique de la race », *Archives de philosophie*, 81-3, 2018, p. 477-499.

Silvia Hunold Lara et Phablo Roberto Marchis Fachim
Guerra contra Palmares. O manuscrito de 1678
São Paulo, Chão Editora, 2021, 232 p.

Avec *Guerra contra Palmares. O manuscrito de 1678*, Silvia Hunold Lara et Phablo Roberto Marchis Fachim publient un maître ouvrage qui parvient à associer la transcription de sources primaires à de véritables propositions historiographiques. Leur livre offre en effet des contributions importantes à différents niveaux, en combinant la transcription d'archives, l'analyse critique et les réflexions méthodologiques, et renouvelle par là l'historiographie des communautés marrons – connues sous le nom de *mocambos* ou *quilombos* en portugais, ou *palenques* en espagnol.

Au cœur de cet ouvrage se trouve Palmares, un célèbre ensemble d'établissements fondés par des hommes et des femmes ayant fui leur condition d'esclaves pour s'établir dans la région du Pernambouc, au Brésil, au cours des XVIIe et XVIIIe siècles. Les auteurs se consacrent principalement à une source primaire, sur laquelle la plupart des historiens de Palmares se sont appuyés depuis le XIXe siècle : le soi-disant « manuscrit de 1678 ». Contrairement à ce que le titre pourrait laisser penser, ce document anonyme n'est pas un manuscrit, pas plus qu'il ne date de 1678. Comme le montrent S. H. Lara et P. R. M. Fachim, les historiens de Palmares ont en réalité travaillé à partir d'une version imprimée de ce texte, publiée au Brésil en 1859. Le manuscrit original du XVIIe siècle, quant à lui, était resté caché, jusqu'à ce que S. H. Lara le redécouvre en 2009, à Lisbonne, aux Archives nationales de la Torre do Tombo, où il n'avait pas encore été catalogué.

La première contribution majeure de ce travail consiste à rendre largement accessibles, dans leur langue originale, les sources primaires portugaises. Le livre présente une transcription annotée du manuscrit complet des archives de la Torre do Tombo, intitulé par les auteurs *Relação da ruína dos Palmares*. Il fournit également la transcription d'une autre version manuscrite de ce même texte, que les auteurs ont repérée à la Biblioteca Pública de Évora. Enfin, l'ouvrage propose six annexes comprenant des relations de campagnes militaires contre Palmares, des correspondances et des documents administratifs rédigés par des officiers militaires, les gouverneurs du Pernambouc ainsi que le *Conselho Ultramarino* (Conseil d'Outre-mer) de Lisbonne.

Le deuxième apport de cet ouvrage consiste en une longue postface qui restitue les « vies multiples » (p. 51) de ces manuscrits, depuis leur lieu et contexte de production au Brésil, en passant par leurs itinéraires possibles vers différents centres d'archives au Portugal, jusqu'à leur réémergence dans l'historiographie. Dans la première partie de la postface sont présentés des résultats inédits sur la paternité des manuscrits, que les auteurs attribuent à un prêtre du nom d'Antônio da Silva. Ils en concluent par ailleurs que la version de la Torre do Tombo est le résultat d'un processus de réécriture complexe du manuscrit d'Évora.

Enfin, le livre soulève des points de méthode importants, en montrant combien une lecture attentive des deux versions contemporaines du même récit de 1678 permet d'ébranler les connaissances établies depuis des décennies par l'historiographie consacrée à Palmares. En examinant les différences entre le manuscrit soigné de la Torre do Tombo et ce qui semble constituer son brouillon, le manuscrit d'Évora, S. H. Lara et P. R. M. Fachim ouvrent de nouvelles pistes d'analyse pour étudier Palmares et, plus largement, comprendre les relations entre l'écriture, la révision des manuscrits et les interventions du pouvoir politique. Ils expliquent notamment le processus par lequel Antônio da Silva a recomposé le récit des campagnes militaires de 1677-1678 contre Palmares, en transformant un simple premier récit en une véritable épopée de la victoire portugaise sur un ennemi présenté comme redoutable, augmentant de la sorte les enjeux du triomphe et glorifiant par la même occasion le gouverneur de Pernambouc.

S. H. Lara et P. R. M. Fachim mettent ainsi en avant le caractère politique de la *Relação*. En révisant le manuscrit, Silva n'a pas hésité à faire de Palmares et de ses habitants une « république » dotée de dirigeants résolus et habiles. Dans la version finale, il dépeint Palmares comme un puissant adversaire guidé par un roi presque invincible, ce qui rend sa chute d'autant plus impressionnante. Le récit visait donc à glorifier le gouverneur de Pernambouc, en en faisant le seul homme apte à l'emporter face à un ennemi aussi puissant. « Le récit a servi d'outil politique, non seulement en documentant la défaite de Palmares et la restauration des capitaineries de Pernambouc, mais aussi en immortalisant pour la postérité ces événements » (p. 71). Ainsi, selon S. H. Lara et P. R. M. Fachim, le texte de Silva n'est pas une simple histoire linéaire de Palmares. Plutôt qu'une description exacte du *quilombo*, le récit présente « un ennemi mené à sa ruine par un gouverneur qui cherchait à immortaliser son nom » (p. 102).

Dans la seconde partie de leur postface, S. H. Lara et P. R. M. Fachim ouvrent un nouveau chapitre de l'histoire de ce que l'on appelle le « manuscrit de 1678 », en posant la question suivante : comment ces manuscrits du XVIIe siècle ont-ils pu réapparaître sous forme de copies au XIXe siècle ? Cette section présente une recherche originale sur la trajectoire du texte de 1678 jusqu'à la publication, au XIXe siècle, d'une version de ce document au Brésil. Les auteurs la replacent dans le contexte d'une époque où hommes politiques et intellectuels brésiliens cherchaient à élaborer un récit historique sur mesure pour la nation qui venait d'accéder à l'indépendance. L'Instituto Histórico e Geográfico Brasileiro, créé en 1838, joua à cet égard un rôle central. En 1859, il fit publier une transcription du récit de 1678 dans sa *Revista*, le bulletin de l'Institut, appelée à faire autorité. Toutefois, les détails concernant cette publication restent obscurs, les archives de l'institution n'ayant conservé que peu de documents sur la composition des premiers numéros.

Grâce à une recherche minutieuse, les auteurs mettent en lumière le rôle de deux diplomates, Antônio de Menezes Vasconcellos de Drummond et Francisco Adolfo de Varnhagen, qui ont pris part avec enthousiasme à l'aventure de l'Institut, profitant de leurs voyages et de leurs relations au Portugal pour repérer, acquérir et copier des documents liés à l'histoire du Brésil. Parmi ces documents, dont ils ont ensuite fait don à l'Institut, se trouvaient des copies manuscrites du récit de 1678. Bien que les circonstances dans lesquelles Drummond et Varnhagen ont découvert ces manuscrits dans les archives portugaises demeurent inconnues, S. H. Lara et P. R. M. Fachim formulent à ce sujet plusieurs hypothèses.

Les auteurs montrent en outre que la publication des manuscrits dans la *Revista* a suffi à transformer cette version imprimée en source de première importance, alors même que l'on ignorait l'auteur du manuscrit original. Le contexte de production du document s'avérait pourtant crucial pour comprendre la motivation politique qui se nichait dans le récit d'Antônio da Silva, et parce que la version publiée présentait des différences significatives – dont certaines sont examinées par S. H. Lara et P. R. M. Fachim plus loin dans la postface – avec le manuscrit original conservé à la Torre do Tombo.

Enfin, dans la partie de la postface intitulée « Saga Negra da Liberdade », S. H. Lara et P. R. M. Fachim présentent l'historiographie de Palmares, dressant d'abord un état des principaux travaux sur la question. Par un travail à la fois novateur et solide sur le plan méthodologique, ils analysent la façon dont la version publiée de la *Relação* est devenue la principale source primaire utilisée par les chercheurs brésiliens et étrangers pour interpréter et écrire l'histoire des *mocambos* du Pernambouc. Les auteurs expliquent comment les historiens de

Palmares, en s'appuyant sur la transcription de 1859, ont contribué à consolider l'autorité de cette version et à l'ériger en récit indiscutable des événements de 1678.

S. H. Lara et P. R. M. Fachim étudient ensuite les nombreux documents sur Palmares édités par les instituts historiques à la fin du XIXe siècle et au début du XXe siècle. Ils montrent comment ces publications dédiées à des événements marquants de la région ont joué un rôle important dans la construction d'un récit national au Brésil. Si certains de ces documents célébraient la lutte contre l'esclavage, la plupart d'entre eux étaient consacrés à la destruction de Palmares. Les auteurs s'intéressent également à un article de Raimundo Nina Rodrigues, paru pour la première fois en 1904, devenu une référence fondamentale dans l'historiographie en défendant la thèse des origines bantoues de Palmares. Ce faisant, l'article est lui-même devenu une source incontournable d'informations sur Palmares et la culture africaine au Brésil.

S. H. Lara et P. R. M. Fachim décrivent ainsi la façon dont Edison Carneiro, écrivain et ethnologue de Bahia, a publié en 1947 une nouvelle version de l'édition de 1859 en annexe de sa monographie, la première entièrement consacrée à l'histoire de Palmares et à sa documentation. Si le travail de Carneiro adhère à la thèse de R. Nina Rodrigues sur les racines bantoues de Palmares, il s'inscrit dans un contexte résolument différent, puisqu'il cherche à faire de Palmares un exemple inégalé de résistance dans l'histoire du Brésil. Le récit de Carneiro érige ainsi Zumbi, l'un des plus fameux chefs de Palmares, en héros de la résistance refusant d'accepter la paix négociée de 1678 et poursuivant la lutte jusqu'à sa mort en 1695. Cette tonalité épique est devenue un trait constitutif des ouvrages consacrés à Palmares, contribuant à la fabrique d'un récit univoque malgré la diversité des sources, parmi lesquelles la fameuse transcription de 1859.

Les versions imprimées de la *Relação* sont ainsi devenues un objet historique quasi autonome et intrinsèquement lié à la fabrique historiographique de Palmares. Le travail novateur offert ici par S. H. Lara et P. R. M. Fachim marquera profondément les études futures sur Palmares et, plus largement, sur les communautés constituées par des hommes et des femmes ayant choisi de fuir la société esclavagiste dans laquelle ils étaient asservis. « Les relations de campagnes militaires, les demandes de faveurs et le texte produit par le père Antônio da Silva ne sont pas des récits concurrents, mais des récits parallèles. Chacun, à sa façon, met en scène un personnage dans le but d'atteindre un objectif précis et chacun est destiné à un public différent » (p. 108). Et les auteurs de conclure : « Nous, lecteurs du XXIe siècle, pouvons emprunter d'autres voies, qui toutes peuvent mener à de nouvelles interprétations et significations du récit du père Silva et de l'histoire de Palmares. Que changerait désormais l'adoption d'une approche similaire sur d'autres textes et documents portant sur les *mocambos* ? » (p. 109).

Ana María Silva Campo
anasilva@unc.edu
AHSS, 10.1017/ahss.2024.19

Traduction de Guillaume Calafat

Silvia Hunold Lara
Palmares & Cucaú. O Aprendizado da Dominação
São Paulo, Edusp, 2022, 456 p.

Le livre de Silvia Hunold Lara est la version augmentée d'une thèse de titularisation soutenue à l'Universidade de Campinas à São Paulo en 2009. L'autrice se confronte à un volume de manuscrits jusque-là méconnus, conservé aux archives de l'Universidade de Coimbra au Portugal, qui contient notamment des lettres et un document officiel produits par la capitainerie de Pernambouc. L'utilisation de cette documentation permet de sortir de l'oubli un épisode des guerres contre Palmares. En 1678, Gana Zumba, chef de cette région du nord-est du Brésil peuplée d'esclaves fugitifs, négocie la paix avec le gouverneur Pedro de Almeida. L'historienne rapproche ainsi deux champs de recherche, ceux de l'esclavage et de la domination coloniale portugaise. Elle contextualise cette négociation entre des esclaves marrons et l'administration coloniale dans le cadre de l'Atlantique-Sud, entre rives brésilienne et angolaise.

S. Hunold Lara s'appuie ici sur la « matrice coloniale » de l'Atlantique portugais, décrite ailleurs par Luiz Felipe de Alencastro[1]. Au

XVIIᵉ siècle, les esclaves présents au Pernambouc et dans les Palmares viennent de la région Congo-Angola. En outre, de nombreux administrateurs ont occupé des postes de part et d'autre de l'Atlantique-Sud. Gana Zumba semble agir comme les *sobas* – chefs de lignages – d'Afrique centrale, et les autorités coloniales à Pernambouc voient en lui un roi ou *ngola*, à la manière des souverains Ndongo (Angola). Aussi conçoivent-elles la hiérarchie des pouvoirs dans les Palmares au regard de la position de chaque individu dans les lignages. Cette configuration permet d'expliquer les actions des uns et des autres, en particulier la peur portugaise de voir les Palmares s'allier avec les princes du Ndongo exilés au Brésil.

Cette enquête projetée à l'échelle impériale repose sur une lecture serrée des sources. La *Relação de 1678* du père Antônio da Silva, source incontournable des travaux consacrés aux guerres contre Palmares, fait l'objet d'une relecture : destinée à un lectorat métropolitain, elle est vue comme un moyen de célébrer le bilan de l'ancien gouverneur, Pedro de Almeida. La spécificité de l'étude de S. Hunold Lara réside dans l'attention portée aux écrits administratifs conservés à l'Arquivo Histórico Ultramarino. Produits par le gouvernement de Pernambouc et le Conseil d'Outre-mer installé à Lisbonne, ils ont longtemps été laissés de côté par les différentes historiographies. Cet ouvrage contribue ainsi à la compréhension de l'administration impériale portugaise et des ressorts de sa domination, montrant comment des outils forgés dans le contexte africain peuvent être employés dans l'*Estado do Brasil*.

Cet apport passe par l'analyse du lexique de la documentation en tenant compte de l'évolution de son usage. Sont mises en évidence les « syntaxes politiques » (p. 242) africaines et européennes qui structurent les négociations de paix de 1678 dans la capitainerie de Pernambouc. S'arrêtant sur le « papier » (p. 73) signé par le nouveau gouverneur Aires de Sousa de Castro, l'historienne insiste sur l'ambiguïté du texte et la diversité de ses interprétations possibles. Ni traité de paix ni accord, cet écrit officiel vassalise Gana Zumba, dont la liberté est « remise » (p. 76), et non rendue ou concédée. En même temps que l'autorité du roi des Palmares sur ses habitants est reconnue, celui-ci se voit inscrit dans la hiérarchie des pouvoirs de la monarchie d'Ancien Régime. Par conséquent, l'étude du déroulement des négociations conduit l'enquête du côté des rapports entre Couronne portugaise et souverains angolais.

Dans la *Relação de 1678*, les Palmares apparaissent comme un État bien organisé, placé sous l'autorité d'un roi, composé de juges et de magistrats, doté d'une force militaire et capable d'envoyer une ambassade. En outre, l'évocation des rituels entourant la venue des représentants de Gana Zumba à Recife auprès du gouverneur donne à voir deux États. S. Hunold Lara dépasse le biais ethnocentrique de la source pour restituer ce qui se joue alors pour le pouvoir colonial, à savoir la « restauration » de la capitainerie de Pernambouc (p. 88). Ce terme avait déjà été employé au XVIIᵉ siècle pour désigner la guerre contre l'Espagne en 1640 et l'expulsion des Hollandais d'Angola en 1648. Si les Palmares sont reconnus comme une entité politique à part entière – le vocabulaire usité y contribue puissamment –, ils n'en sont pas moins considérés comme un refuge pour esclaves en fuite.

Le problème central auquel se confronte le livre apparaît dès lors : l'Estado do Brasil peut-il reconnaître les *mocambos*, ces communautés d'esclaves fugitifs ? « Palmares » est-il un cas exceptionnel ou non ? Mobilisant les travaux de Richard Price et d'Alvin O. Thompson, l'historienne mentionne différents exemples de négociations entre autorités coloniales et *mocambos*, parmi lesquels Panamá (1580), Carthagène (1619) et La Martinique (1665). Les clauses de la paix de 1678 font bien écho à d'autres expériences similaires. Y a-t-il eu convergence des politiques liées à l'esclavage durant la période de l'Union dynastique ? Si S. Hunold Lara ouvre ici une piste de réflexion plus large, elle ne perd pas de vue son terrain d'enquête : guerres et paix au Pernambouc ont partie liée à la question de la remise en esclavage des habitants des *mocambos*.

La paix de 1678 qui garantit la liberté aux natifs des Palmares fournit l'occasion de souligner les hésitations et divisions des acteurs. Si à Lisbonne la politique du Conseil d'Outre-Mer penche en faveur de la liberté accordée aux Indiens, regroupés dans des *aldeias* (territoires à la juridiction spécifique gouvernés par les religieux), les hésitations sont plus vives au sujet des populations des *mocambos*. Concéder la liberté aux descendants d'esclaves nés dans les Palmares revient en effet à affaiblir un élément structurant de l'esclavage moderne. Les maîtres des moulins à sucre ne laissent pas de s'opposer aux gouverneurs successifs : si les premiers identifient la population des Palmares à des « esclaves fugitifs » (p. 79), les seconds les considèrent, au moins dans un premier temps, comme des « noirs soulevés » (p. 79). Les débats portant sur le recours ou non aux *sertanistas* de São Paulo, chasseurs d'Indiens et de Noirs marrons, indiquent assez l'inscription brésilienne des Palmares.

La rencontre des différentes « grammaires politiques » (p. 152) au regard de la question de l'esclavage se cristallise dans le sort réservé à Cucaú. Alors que Gana Zumba rejoint ce site, concédé par le gouverneur en 1678 et inspiré de la politique indigéniste coloniale, une partie de la population soutient Zumbi et ses guerriers qui refusent de s'y installer. Zumba assassiné et après le siège de Cucaú par les Portugais durant trois mois, la fin de la localité et de son autonomie politique pose aux autorités la question du sort réservé aux habitants. Une nouvelle fois, l'historienne rend compte des hésitations au Pernambouc comme à Lisbonne. Finalement, la décision royale de 1682 réaffirme les termes de 1678 en ce qui concerne la liberté des *Palmaristas* et de leurs enfants. Sur place, la guerre reprend : si Gana Zumba était considéré comme un roi angolais, Zumbi est lui désigné par l'autorité coloniale comme un « capitaine » (p. 360) placé à la tête d'esclaves en fuite.

Le livre montre ainsi comment les glissements sémantiques opérés par le pouvoir accompagnent le regard porté sur les Palmares dans les décennies 1680 et 1690. La lecture des sources administratives des deux côtés de l'Atlantique-Sud permet de retracer l'histoire des usages des termes *mocambo* et *quilombo*. Celui de *mocambo* vient de la langue quimbundo en Angola. Toutefois, c'est à São Tomé qu'il sert à désigner un groupe de fugitifs qui lancent des attaques contre les plantations. Au Brésil, *mocambo* nomme spécifiquement les communautés des Noirs fugitifs dans la région des Palmares. Face à la résistance de ses habitants, le terme de *quilombo* est substitué à celui de *mocambo*. En Angola, *kilombo* renvoie à des sociétés rituelles rassemblant des guerriers. Au XVIIIe siècle, le vocable, américanisé, entre dans la langue juridique : le *quilombo* des Palmares perd alors ses contours pour devenir une catégorie du droit.

S'il est impossible de savoir comment les *Palmaristas* se sont désignés, le livre réussit à rendre Palmares à son historicité entre Afrique, Europe et Nouveau Monde. En suivant à la trace les inflexions lexicales, l'historienne surmonte la difficulté de dresser une cartographie exacte des Palmares, un temps appelés *Angola* par certains acteurs. Le site de Cucaú a constitué, pendant un bref moment, un « chemin alternatif pour de nombreux habitants des Palmares » (p. 378) : cette voie vers la liberté a été aussi américaine qu'africaine. Qu'il ait été considéré comme une *aldeia* sur le modèle des villages réservés aux Indiens ou bien comme un territoire dirigé par un *soba*, sa destruction n'a pas mis fin aux guerres, ni à la multiplication des *mocambos* ou *quilombos* par ceux qui refusèrent la paix de 1678. La Serra da Barriga, dernier grand repère des révoltés, n'est détruit qu'en 1694 après plusieurs échecs.

Finalement, cette histoire politique des Palmares bâtie autour des acquis récents de l'historiographie discute de manière filée les interprétations proposées depuis le XIXe siècle en les rapportant systématiquement aux sources. Le lecteur peut facilement consulter en annexe une sélection de ces dernières, partie intégrante d'une démonstration centrée sur les mots du pouvoir.

GAUTIER GARNIER
gautier.garnier@casadevelazquez.org
AHSS, 10.1017/ahss.2024.20

1. Luiz Felipe DE ALENCASTRO, « Le versant brésilien de l'Atlantique-Sud : 1550-1850 », *Annales HSS*, 61-2, 2006, p. 339-382.

Hebe Mattos
Les couleurs du silence. Esclavage et liberté dans le Brésil du XIXe siècle
trad. par A. Fléchet, Paris/Aubervilliers, Khartala/CIRESC, [1995] 2019, 359 p.

Ce classique de l'historiographie au Brésil, publié il y a trente ans, a très heureusement été traduit en français en 2019. Issu de la thèse de doctorat de l'autrice, il avait contribué à un tournant historiographique initié par les travaux comparatistes de Rebecca J. Scott, ainsi que le rappelle Jean Hébrard dans sa présentation. L'approche adoptée, qui met l'accent sur le long processus de transition plutôt que sur les abolitions formelles de l'esclavage, suppose de porter une attention particulière aux acteurs de conditions esclave, affranchie ou subalterne, par un usage renouvelé des sources juridiques ou encore de grilles conceptuelles ne les réduisant pas à ces conditions. Loin de se limiter à cet apport aux études de l'*agency*, *Les couleurs du silence* continue à nourrir des interprétations de l'histoire de l'esclavage.

Signalons d'abord que le travail de Hebe Mattos s'appuie sur un dépouillement considérable de sources judiciaires, qu'elle mobilise à différentes échelles. D'abord, dans une méso-histoire, la consultation de centaines de procès de trois régions différentes autour de Rio de Janeiro au cours du XIXᵉ siècle lui permet de rendre compte de l'épaisseur des relations sociales dans un monde rural dominé par la plantation. Tandis que l'esclavage reste absolument structurant pour définir les positions des uns et des autres (comme résumé dans l'opposition de deux qualités, « servir » ou « vivre de »), ces dernières varient selon les opportunités de construire de l'autonomie de part et d'autre des limites poreuses de la plantation. La société esclavagiste que dépeint H. Mattos est mue par les possibilités d'alliance, de mobilité et d'émancipation. Elle ressemble, au début du XIXᵉ siècle, à une société seigneuriale régie par la coutume et encadrée par l'Église, et dont les dynamiques sont impulsées d'un côté par la traite, de l'autre par l'affranchissement. Entre ces deux seuils, une multitude de stratégies, de récessions ou de consolidations sont mises à jour dans les relations que l'autrice retrace entre les quelques milliers de témoins, accusés ou défenseurs. Cette enquête conduit H. Mattos à une sorte d'anthropologie de l'esclavage par inversion qui éclaire le « sens de la liberté » pour les acteurs, c'est-à-dire tout ce qui permet de contourner, dépasser ou faire oublier la condition esclave. La mobilité, attribut des libres, apparaît comme essentielle, notamment pour constituer des liens horizontaux qui garantissent une certaine autonomie économique (l'accès à la terre) et sociale (la famille et les réseaux élargis d'entraide), deux ressources que la condition esclave interdit *a priori*. La traite est le moteur de ce système qui fait des planteurs les maîtres du jeu. Par l'achat de nouveaux esclaves et la promesse de l'affranchissement, ils disposent de deux leviers : la désocialisation des travailleurs par le déplacement forcé et la coercition, la resocialisation par l'accès à la terre et les liens familiaux. Presque sans concurrence sur ces dispositifs, le seigneur en fait, en patriarche, l'essentiel de sa gestion, c'est-à-dire le contrôle de la mobilité de la main-d'œuvre.

Or, cette fois grâce à une analyse microhistorique, les procès en liberté intentés jusqu'à 1850 puis les procès pour crimes commis sur des maîtres dans la période suivante (1850-1888) enregistrent la manière dont ce rapport de force portant sur les conditions de l'ancrage évolue au fur et à mesure que l'État s'empare d'une partie des prérogatives du seigneur : l'instauration d'un droit civil ; la progression de la conception absolue de la propriété ; l'élargissement juridique, à partir de 1871, de la possibilité d'affranchissement pour les esclaves.

Les procès montrent que les esclaves, les affranchis ou nés libres ont une conscience collective très nette de ces rapports de force et y ont établi une « économie morale » qui encadre le pouvoir du seigneur, que ce soit dans son usage de la violence ou dans celui des privilèges qu'il est susceptible d'accorder. Si le maître n'est plus en mesure de faire jouer ces éléments de régulation et de négociation, il s'expose à la violence et à la rébellion collective. Et c'est bien cet effritement progressif du « pouvoir moral » des maîtres qui explique le conflit social des années 1880 précédant l'abolition. Celui-ci se traduit par les fuites collectives et les affranchissements en masse (que l'on constate avant tout dans les nouvelles régions du café), et porte classiquement sur la question foncière, c'est-à-dire l'accès à la terre pour les esclaves comme pour les libres de couleur.

De cette manière – et c'est une deuxième entrée possible dans ce travail –, la transition esclavagiste met en scène les grandes étapes qui réarticulent ancrage et mobilité d'une part, fixation et déplacement forcé de l'autre. Les principes constitutionnels de l'État indépendant brésilien à partir de 1826 viennent perturber les pouvoirs des seigneurs. C'est encore plus flagrant à partir de 1835, lorsque l'État devient le principal acteur de l'économie esclavagiste, dans le contexte d'un « second esclavage » atlantique. H. Mattos montre en effet que les distinctions antérieures (« vivre de » ou « servir ») sont écrasées dès lors que la liberté ne constitue plus un attribut qui détermine une place sociale (traduite jusque-là par le terme de « blanc »). De même, le renforcement de la propriété, au détriment des enchâssements de droits qui correspondaient à autant d'arrangements dans les relations seigneuriales, prive le planteur d'un important outil de gestion.

C'est au mitan du siècle que le système esclavagiste est attaqué à sa base, avec la fin de la traite atlantique en 1850. H. Mattos montre comment jusque-là l'arrivée de nouveaux captifs africains était un moyen de pression essentiel au pouvoir des maîtres, en produisant des hiérarchies internes à la société de plantation. Le dernier arrivé étant toujours le plus vulnérable, il donnait, par conséquent, leurs places aux autres qui pouvaient faire valoir un ancrage relatif dans cette même économie morale.

Le recours à une traite interne à partir de 1850 vient modifier ce dispositif aux dépens des maîtres : en effet, les procès criminels permettent d'établir que, bien que rendus vulnérables par la perte de leur éventuel ancrage d'origine, les esclaves brésiliens qui arrivent dans le Sudeste ont déjà acquis cette économie morale, même légèrement différente. Ils ne jouent donc plus, comme le faisaient les captifs africains, leur rôle de dernier arrivé, mais, au contraire, à travers leurs revendications ou révoltes, même sévèrement réprimées, rognent le pouvoir de négociation des maîtres.

En outre, dès lors que l'État, par le droit, dispose de la possibilité du pécule et de l'affranchissement, l'autre des deux leviers essentiels du pouvoir seigneurial est irrémédiablement vidé de sa substance, quand bien même les affranchissements par cette voie juridique seraient restés limités. Déliée de ces menaces, la capacité des esclaves à faire jouer leurs ancrages (c'est-à-dire un certain accès à la terre et à des institutions sociales horizontales) progresse et conduit à la « crise » abolitionniste des années 1880.

Enfin, la loi sur les terres (1850), en mettant progressivement un terme aux droits d'usages coutumiers, confisque également aux planteurs leur pouvoir de fixation de la main-d'œuvre. Ces derniers se retrouvent ainsi dépendants de la mobilité de travailleurs qui se sont saisis des conditions de l'abolition progressive (loi du ventre libre en 1871, loi sur la location du travail en 1879, loi des sexagénaires en 1885). La presse locale répercute leur diagnostic désespéré, qui conduit les planteurs à réclamer l'externalisation rapide de leurs deux leviers : l'intervention étatique pour acheminer de nouveaux travailleurs, cette fois par la migration subventionnée – solution qui fonctionne pour le front pionnier du café à São Paulo –, et l'exercice de la force pour contraindre la mobilité (police, répression du vagabondage légal ou informel). Il s'agit toujours, par la menace et l'incitation, d'éviter la circulation des affranchis et de fixer les familles sur les plantations en les attachant par la terre et leurs liens familiaux. L'examen des registres civils des années 1890 disponibles dans ces régions permet à l'autrice d'évaluer l'efficacité, mitigée, de ces stratégies répressives/incitatives après l'abolition.

Cette manière de lire la transition brésilienne comporte au moins trois avantages. D'abord, elle s'articule au scénario plus global d'une longue transition atlantique qui consiste, au long du XIXe siècle, à passer du modèle esclavagiste colonial négrier vers une économie de plantation, à la fois plus ample dans ses échelles et plus républicaine dans ses institutions. Les mêmes étapes y produisent les mêmes effets : l'affirmation de l'État-nation et ses principes contradictoires de liberté et de propriété au début du XIXe siècle ; les conséquences d'une réorganisation complète des mobilités à l'échelle mondiale (fin de la traite atlantique, nouvelles filières de main-d'œuvre et colonisations) ; enfin, l'ère de la néo-plantation, cette fois portée par une concentration de capitaux internationalisés et reposant sur la contribution active de l'État – en premier lieu au Brésil par des politiques migratoires.

Deuxième intérêt, la dynamique esclavagiste de Rio de Janeiro peut ainsi être envisagée comme celle d'une société de migration, et donc avec les outils lui correspondant, notamment l'analyse des fronts pionniers, du rôle de la chaîne migratoire dans les statuts et les dynamiques familiales et de la mobilité comme ressource, y compris patrimonialisée. Elle apparaît ainsi comme le jeu constant du renouvellement des places, dont l'arrivée des migrants européens à la fin du siècle constituerait l'ultime étape.

Enfin, si les travailleurs des plantations sont bien des migrants comme les autres, cette approche fait ressortir avec plus d'acuité la particularité et les effets de l'institution de l'esclavage, dont la longévité caractérise le Brésil. Le jeu des mobilités imposées semble ainsi exacerbé par la violence autorisée par l'esclavage, d'autant plus que celle-ci est institutionnalisée dans des pratiques juridiques ou policières. Loin d'atténuer cette violence, la loi incite à définir à l'extrême la désocialisation, d'ordre anthropologique, qui est constitutive de l'esclavage, ainsi qu'on l'entend dans la voix d'un avocat défendant la cause d'un planteur en 1874 : « L'esclave est un être privé de droits civils : il ne jouit ni du droit de propriété ni de la liberté individuelle ni de l'honneur ou de la réputation. En tant que créature humaine, tous ses droits se réduisent à la préservation de sa vie et de son intégrité corporelle » (p. 173).

C'est l'expérience de cette violence spécifique qui est au cœur des significations de la couleur issues du processus d'abolition. En effet, les registres civils de 1890 montrent que les catégories raciales (*preto* [Noir], *crioulo* [Noir brésilien], *pardo* [libre de couleur]), qui avaient plus ou moins disparu dans les sources, notamment du fait des stratégies des Afro-descendants libres et non libres, reviennent en force : les « Noirs » (synonymes d'affranchis), les « 13-mai » (en référence à la date du décret d'abolition en 1888) ou les « vagabonds » (marque de l'anxiété principale des planteurs) réintègrent les pages des rubriques policières de la presse ou de l'administration, signe manifeste que la race prend le relais des modalités de contrôle social défaites par l'abolition. On comprend ainsi la difficulté à s'y identifier collectivement à l'époque. Les récents mouvements militants comme académiques revendiquent au contraire le terme de « *negro* » pour mettre en évidence les dynamiques raciales de la société brésilienne, tant il s'agit d'entendre et de voir ce à quoi le mot même d'esclavage fait écran. De ce point de vue, les couleurs de H. Mattos sont celles d'un silence qui dit tout le poids des préjugés, mais qui rend aussi leur complexité à celles et ceux qui en furent victimes.

Aurélia Michel
aurelia.michel@u-paris.fr
AHSS, 10.1017/ahss.2024.21

Tyler Stovall
White Freedom: The Racial History of an Idea
Princeton, Princeton University Press, 2021, 436 p.

Écrire une recension pour un ouvrage dont l'auteur vient de disparaître est quelque peu déstabilisant. Le décès brutal de Tyler Stovall date en effet de la fin de l'année 2021, alors que paraissait son ouvrage consacré à la « liberté blanche ». Historien éminent (il a été président en 2017 de l'American Historical Association) et spécialiste de la France, il a d'abord consacré sa thèse à la « ceinture rouge » parisienne avant de s'orienter vers la thématique de la France impériale à l'heure républicaine, dévoilant par là le paradoxe de l'existence d'une question raciale au sein d'une nation se voulant universaliste, entre invisibilité et prégnance… Citons, au sein d'une production abondante qui n'a malheureusement pas été traduite en français : *Paris noir: African Americans in the City of Light* et *Transnational France: The Modern History of a Universal Nation*, ainsi que les ouvrages collectifs qu'il a eu l'occasion de diriger, tels *French Civilization and Its Discontents: Nationalism, Colonialism, Race*, avec Georges Van Den Abbeele ; *Black France/France noire: The History and Politics of Blackness*, avec Trica Danielle Keaton et T. Denean Sharpley-Whiting ; *The Color of Liberty: Histories of Race in France*, avec Sue Peabody. Un dernier ouvrage collectif dirigé avec Emmanuelle Sibeud et Sylvain Pattieu est paru en 2022 : *The Black Populations of France: Histories from Metropole to Colony*[1].

Le présent ouvrage se veut une réflexion sur deux notions parmi les plus centrales du monde moderne : la liberté et la race ; la liberté se situant habituellement plutôt du côté d'un imaginaire lumineux, quand la race incarnerait un côté plus obscur. Toutes deux peuvent cependant être sujettes à des connotations qui ne vont pas dans ce sens : ainsi, la liberté, si elle est excessive, peut déboucher sur l'anarchie et le désordre, et la race peut inspirer un sentiment de fierté, instrument puissant de lutte contre l'oppression. Aussi T. Stovall, loin de concevoir ces notions comme antagoniques, les approche-t-il comme intrinsèquement liées. Partant de la scène de l'esclavage colonial, dont la dimension raciale a été souvent soulignée, la liberté, tout comme sa privation, porte, pour lui, l'empreinte de cette racialisation : la liberté est donc blanche, au contraire de la servitude. En s'appuyant sur une bibliographie impressionnante, l'auteur entend mener une entreprise d'histoire comparée et d'histoire mondiale, centrée sur les cas des États-Unis et de la France. On peut toutefois regretter le nombre limité de références françaises… Alors même qu'est évoqué le cas de l'ancienne Saint-Domingue, l'ouvrage cardinal de l'historien du droit Yvon Debbasch[2], qui porte justement sur les rapports entre liberté et race, n'est pas utilisé. Ne sont pas non plus exploités les travaux des historiens et des anthropologues français qui, depuis les années 1990, s'essaient à démêler, essentiellement à partir du cas des vieilles colonies des Antilles et de l'océan Indien, les liens entre, d'un côté, l'esclavage puis le post-esclavage et, de l'autre, la mise en place puis la persistance du préjugé de couleur, ce qui aurait ici permis des ouvertures théoriques relativement éloignées des représentations américaines en la matière. Dans cette volonté d'une histoire croisée des États-Unis et de la France, on ne peut certes qu'adhérer à son affirmation selon laquelle les deux pays ont chacun connu une histoire de la race, mais selon des voies différentes : pour les États-Unis, l'histoire de la race s'inscrit dans une évolution interne, celle d'une société esclavagiste puis post-esclavagiste marquée durablement par la ségrégation (et aussi par l'élimination des autochtones) ; pour la France, cette histoire ne peut qu'être dévoilée dès lors que considérée comme une entité impériale, englobant métropole et colonies.

Mais on perçoit aussi l'ancrage de cette histoire dans une réalité proprement américaine, marquée par la centralité de la race dans les catégorisations sociales. Ainsi T. Stovall inscrit-il son ouvrage dans le courant relativement récent des *whiteness studies* : il conçoit dès lors la liberté comme une composante première du « privilège blanc » (p. 10 et 11) : seuls les « Blancs » peuvent être libres, alors même qu'ils peuvent concevoir la liberté comme universelle, sans se rendre compte qu'elle est racialement encadrée. Or, le concept de « blanchité » (traduction la plus fréquente du terme *whiteness*), s'il doit être utilisé dans la reconnaissance des inégalités raciales (même s'il peut désigner au premier chef un état de conscience identitaire lié au suprémacisme blanc), ne peut l'être que s'il est historiquement situé, au risque de le considérer comme dépendant d'une essence intangible : les réalités auxquelles il peut renvoyer sont en effet extrêmement variables et dépendent des contextes. Malgré la volonté de T. Stovall d'associer ce concept à d'autres variables, notamment de classe et de genre, la lecture de l'ouvrage donne parfois cette impression de tomber dans l'écueil essentialiste, avec des raccourcis interprétatifs parfois systématiques. On aurait aimé poursuivre l'étude du côté de la non-liberté blanche, tout autant que de celui de la liberté non blanche, tout en ayant des aperçus sur les progrès de l'idée de liberté universelle, débarrassée de toute connotation raciale, sur lesquels l'auteur se montre relativement peu disert.

On ne peut toutefois qu'admirer l'ampleur d'un travail dont la profusion généreuse emporte l'adhésion. Le chapitre consacré à la statue de la Liberté, symbole depuis 1886 de la liberté et de l'identité américaine à l'entrée du port de New York, est particulièrement convaincant. À travers l'étude du cas de cette statue, don de la France aux États-Unis sur l'initiative du juriste Édouard de Laboulaye et œuvre du sculpteur Auguste Bartholdi, on saisit les relations entre les deux républiques en ces années 1870-1880, l'offre française s'adaptant à l'attente américaine : pas question de célébrer l'émancipation des esclaves à un moment où, aux États-Unis, la différence raciale revient sur le devant de la scène. Bartholdi remplace ainsi les chaînes par un livre de droit, quand les traits du visage de la statue sont manifestement européens. Du côté de la France, c'est aussi l'essor de l'impérialisme qui se fait clairement jour : triomphe d'une république modérée proposant une vision « bourgeoise » de la liberté (pas de bonnet phrygien pour la statue, comme on aurait pu s'y attendre). Certes, le monument, durant les décennies suivantes, devient un symbole éminent face à l'arrivée des migrants européens, mais il est avant tout porteur de l'idéal d'une liberté blanche leur offrant la promesse de devenir « Blancs » dans leur pays d'accueil (*the Great Awhitening*, soit « le grand blanchiment », p. 90). Il est donc, selon T. Stovall, une représentation puissante de la liberté blanche.

Suit une série de chapitres sur la permanence de la domination blanche, du XVIIIᵉ siècle jusqu'à la chute du mur de Berlin. Le premier porte sur la relation esclavage/liberté, en lien avec le projet des Lumières. Comment de ne pas pointer la contradiction entre la guerre d'Indépendance américaine, une guerre *pour* la liberté, et le maintien de l'esclavage, qui a fait que de nombreux esclaves ont alors rallié les troupes britanniques ? Comment ne pas souligner, dans le cas de la France, que s'ouvre, avec la Révolution, une même discordance, entre proclamation de la liberté et maintien des chaînes pour les esclaves des colonies ? Malgré les résistances du lobby des planteurs, la Convention finit par décréter l'abolition de l'esclavage en 1794, à la suite du soulèvement des esclaves de Saint-Domingue. Liberté de courte durée, puisque Bonaparte y met fin en 1802 : la révolte guadeloupéenne face à ce rétablissement se voit alors écrasée dans le sang, mais le conflit se poursuit à Saint-Domingue ; la victoire finale des insurgés débouche sur l'indépendance d'Haïti en janvier 1804 et sur un épisode d'épuration raciale, avec le grand massacre des quelques milliers de Blancs qui avaient choisi de rester à Saint-Domingue, ordonné par le nouveau maître du pays, Jean-Jacques Dessalines.

Dans les chapitres suivants, le thème de l'association entre liberté et *whiteness* est quelque peu perdu de vue au profit d'une chronique de la persistance de la domination blanche. Dans la seconde moitié du XIXᵉ siècle, la France, qui est alors à la fois République et Empire, maintient les colonisés dans un statut subalterne en les excluant du droit de vote. T. Stovall donne pour preuve de l'imprégnation des esprits par l'idée de la supériorité blanche l'exemple des communards, exilés en Nouvelle-Calédonie et qui ont participé au système d'oppression coloniale (mais pas tous : il ne mentionne pas Louise Michel, qui durant tout son séjour sur l'île s'est montrée au contraire solidaire des Canaques). En outre, la solidarité que les premières féministes voulaient installer avec les femmes colonisées relève pour l'auteur d'un « maternalisme impérial » (p. 154), nouvel indice que la liberté appartient à ceux qui ont la peau blanche. Aux États-Unis, c'est, à la même époque, l'affirmation d'une démocratie blanche, fondée sur le principe implicite du « *white to vote* » (p. 160 et 164). Après la guerre civile (dont la fin ne fut, selon lui, pas tant l'Abolition mais bien la réaction face à la sécession des États du Sud), la période de la « Reconstruction » n'a qu'un temps ; le Ku Klux Klan reprend vite du service et les mesures de vexation raciale connues sous le nom de Jim Crow deviennent la règle, accompagnées de violences extrêmes, alors même que la Cour suprême adopte le principe « égaux mais séparés », donnant ainsi une base légale à la ségrégation. Pour les immigrants européens, même originaires des pays d'Europe du Sud et de l'Est, se profile une vision racialisée de la citoyenneté, faisant d'eux des « Blancs » ; ce qui fait dire à W. E. B. Du Bois que la ligne de partage des couleurs est amenée à être le problème central du XXᵉ siècle.

Intitulé « Liberté et race à l'heure de la guerre totale », un chapitre est consacré aux deux conflits mondiaux et à l'entre-deux-guerres. La conférence de paix de Paris, en 1919, ne concerne que les États européens, installant un monde réputé sûr pour la « blanchité ». La *color bar* (ou la « barrière de couleur ») demeure par ailleurs aux États-Unis, où bon nombre d'esprits sont anxieux devant le retour d'Europe des soldats noirs, présumés « gâtés » (p. 209) par la magnanimité française à leur égard, ce qui provoque un regain de violence pour maintenir le pouvoir racial, alors que de nouvelles mesures sont prises contre certains courants d'immigration en provenance d'Europe du Sud. En Europe, la montée du fascisme installe un « empire de la race » (p. 220), qui correspond selon l'auteur au principe de la liberté blanche porté à son paroxysme. Pas d'opposition absolue, donc, entre démocraties libérales et régimes fascistes, qui mettent au contraire en pratique certains principes fondateurs du libéralisme occidental depuis le XVIIIᵉ siècle : les nazis s'inspirent d'ailleurs explicitement des lois de ségrégation raciale et du sort réservé aux autochtones amérindiens aux États-Unis pour mettre en place leurs propres lois raciales. Le fascisme n'apparaît dans ces conditions que comme une variante de la domination blanche, selon une idée qu'Aimé Césaire avait développée dans son *Discours sur le colonialisme* : « […] il vaudrait la peine […] de révéler au très distingué, très humaniste, très chrétien bourgeois du xxe siècle qu'il porte en lui un Hitler qui s'ignore, que Hitler *l'habite* […], et qu'au fond, ce qu'il ne pardonne pas à Hitler, ce n'est pas le *crime* en soi, *le crime contre l'homme*, ce n'est pas *l'humiliation de l'homme en soi*, c'est le crime contre l'homme blanc […] et d'avoir appliqué à l'Europe des procédés colonialistes […][3]. »

Le dernier chapitre porte sur l'après-guerre et sur le destin de la liberté blanche durant la guerre froide, au nom du « monde libre ». Le principe de la liberté individuelle est alors mis en regard avec les luttes de libération des nations colonisées, souvent liées, comme en Indochine, au communisme, lui-même porteur de restrictions des libertés, comme en témoignent les pays de l'Europe de l'Est passés dans l'orbite soviétique. En 1989, l'émancipation des nations colonisées, où est censé s'exprimer un « triomphe de la liberté », se produit en fait dans la partie la plus blanche du monde, aboutissant à une réaffirmation, selon T. Stovall, de la relation entre liberté et « blanchité » (nouvel exemple de sa tendance au systématisme…). Moins attentif en général aux résistances antiracistes, il reconnaît toutefois qu'on assiste désormais à une contestation grandissante de la liberté blanche ; mais combien difficile lui apparaît la mise en pratique de la liberté universelle ! Le racisme semble ne jamais disparaître ; de nouvelles croisades raciales sont lancées après 2001 alors que montent le populisme et une hostilité grandissante envers les migrants. Après avoir souligné les origines raciales de l'universalisme occidental, nécessairement limité, l'auteur assimile la persistance de la liberté blanche à l'échec de l'idéal démocratique. Pour autant, il ne rejette pas, bien au contraire, cet universalisme hérité des Lumières : afin de le conserver comme un idéal régulateur, l'idéal démocratique doit être en fait universalisé[4]. Dernier enseignement que T. Stovall aura été en mesure de nous transmettre.

Jean-Luc Bonniol
jldbonniol@gmail.com
AHSS, 10.1017/ahss.2024.22

1. Tyler Stovall, *The Rise of the Paris Red Belt*, Berkeley, University of California Press, 1990 ; id., *Paris noir: African Americans in the City of Light*, Boston, Houghton Mifflin, [1996] 2012 ; id., *Transnational France: The Modern History of a Universal Nation*, Boulder, Westview Press, 2015 ; Tyler Stovall et Georges Van Den Abbeele (dir.), *French Civilization and its Discontents: Nationalism, Colonialism, Race*, Lanham, Lexington Books, 2003 ; Tyler Stovall, Trica Danielle Keaton et T. Denean Sharpley-Whiting (dir.), *Black France/France noire: The History and Politics of Blackness*, Durham, Duke University Press, 2012 ; Tyler Stovall et Sue Peabody (dir.), *The Color of Liberty: Histories of Race in France*, Durham, Duke University Press, 2003 ; Emmanuelle Sibeud, Sylvain Pattieu et Tyler Stovall (dir.), *The Black Populations of France: Histories from Metropole to Colony*, Lincoln, University of Nebraska Press, 2022.

2. Yvon Debbasch, *Couleur et liberté. Le jeu du critère ethnique dans un ordre juridique esclavagiste*, Paris, Dalloz, 1967.

3. Aimé Césaire, *Discours sur le colonialisme*, Paris, Présence africaine, [1950] 1955, p. 77-78.

4. Nicolas Martin-Breteau, « Une liberté racialisée ? », *La vie des idées*, 26 mai 2022, https://laviedesidees.fr/Tyler-Stovall-White-Freedom.

Sinclair Bell et Teresa Ramsby (dir.), *Free at Last! The Impact of Freed Slaves on the Roman Empire* (Marianne Beraud) — p. 799-801

Craig Perry *et al.* (dir.), *The Cambridge World History of Slavery*, vol. 2, *ad 500-ad 1420* (Jean-Claude Hocquet) — p. 801-803

Hannah Barker, *That Most Precious Merchandise: The Mediterranean Trade in Black Sea Slaves, 1260-1500* (Jean-Claude Hocquet) — p. 803-805

Meredith Martin et Gillian Weiss, *Le Roi-Soleil en mer. Art maritime et galériens dans la France de Louis XIV* (M'hamed Oualdi) — p. 806-808

Fabienne P. Guillén et Roser Salicrú i Lluch (dir.), *Ser y vivir esclavo. Identidad, aculturación y agency (mundos mediterráneos y atlánticos, siglos XIII-XVIII)* (José Antonio Martínez Torres) — p. 808-810

Jean-Frédéric Schaub et Silvia Sebastiani, *Race et histoire dans les sociétés occidentales, XVe-XVIIIe siècle* (Domitille de Gavriloff) — p. 811-814

Daniel Nemser, *Infrastructures of Race: Concentration and Biopolitics in Colonial Mexico* (Guillaume Gaudin) — p. 814-816

Anne Lafont, *L'art et la race. L'Africain (tout) contre l'œil des Lumières* (Carla Francisco) — p. 816-818

Jennifer L. Palmer, *Intimate Bonds: Family and Slavery in the French Atlantic* (Olivier Caudron) — p. 818-820

Jessica Marie Johnson, *Wicked Flesh: Black Women, Intimacy, and Freedom in the Atlantic World* (Cécile Coquet-Mokoko) — p. 820-823

Christine Walker, *Jamaica Ladies: Female Slaveholders and the Creation of Britain's Atlantic Empire* (Cécile Vidal) — p. 823-825

Manuel Covo, *Entrepôt of Revolutions: Saint-Domingue, Commercial Sovereignty, and the French-American Alliance* (Éric Roulet) — p. 825-828

Cécile Vidal, *Carribean New Orleans: Empire, Race, and the Making of a Slave Society* (Miranda Spieler)   p. 828-831

Marine Cellier, Amina Damerdji et Sylvain Lloret (dir.), *La fabrique de la race dans la Caraïbe de l'époque moderne à nos jours* (Joao Gabriel)   p. 831-835

Silvia Hunold Lara et Phablo Roberto Marchis Fachim, *Guerra contra palmares. O manuscrito de 1678* (Ana María Silva Campo)   p. 835-837

Silvia Hunold Lara, *Palmares & Cucaú. O Aprendizado da Dominação* (Gautier Garnier)   p. 837-839

Hebe Mattos, *Les couleurs du silence. Esclavage et liberté dans le Brésil du XIXe siècle* (Aurélia Michel)   p. 839-842

Tyler Stovall, *White Freedom: The Racial History of an Idea* (Jean-Luc Bonniol)   p. 842-845

Karine Le Bail et Julien Randon-Furling
L'épuration professionnelle du monde du spectacle à la Libération
Histoire et sciences mathématiques

Rédigé par une historienne et un spécialiste de modélisation mathématique, cet article explore les enjeux épistémologiques de la collaboration interdisciplinaire à travers une étude de cas : l'épuration professionnelle du monde du spectacle à la Libération. Dans tout processus de justice, la question de l'équité, ou celle, équivalente, d'éventuelles discriminations, est difficile à instruire. *A fortiori* pour une épuration à caractère disciplinaire, où des artistes ont jugé leurs pairs. L'article montre que le formalisme mathématique, loin de se substituer à l'expertise historique, prolonge celle-ci par les moyens d'un autre langage, abstrait, enrichissant ainsi les modes d'accès au réel en faisant converger plusieurs dispositifs d'enquête. Progressant pas à pas dans la modélisation du problème et dans l'analyse des données, les deux chercheurs prennent soin d'expliciter les approches statistiques et mathématiques de plus en plus complexes qu'ils doivent mobiliser pour détecter des formes jurisprudentielles impossibles à capturer avec des outils classiques – jusqu'à l'idée originale de traiter un processus impliquant des décisions humaines comme un processus algorithmique complexe. Grâce au détournement d'une méthode d'inférence causale conçue pour étudier l'équité de certains processus algorithmiques de type « boîte noire », des résultats inédits, restés jusqu'alors totalement « cachés » dans les données, sont révélés et viennent, en retour, guider l'analyse historique.

The Purge of France's Performing Arts after the Second World War:
History and Mathematical Sciences

Written by a historian and a mathematical scientist, this article explores the epistemological stakes of interdisciplinary collaboration by focusing on a specific case study: the purge of performing artists after the liberation of France. While the artists most compromised during the occupation were brought before purge tribunals, less serious cases were referred to specialized commissions comprised of their peers. In any legal proceeding, it can be hard to reach a verdict when it comes to questions of fairness or potential discrimination, and this was especially true for these purge commissions. The authors show how mathematical formalism, while obviously not replacing historical inquiry, can extend its reach, offering multiple ways to apprehend an elusive reality thanks to the versatility of an abstract language. Progressing step by step through the modelling of the question and the analysis of the data, they explain the increasingly complex statistical and mathematical approaches mobilized to observe forms of jurisprudence that escape more traditional analysis—arriving at the innovative proposal to treat a trial involving human decisions as a complex algorithmic process. Adapting a causal inference approach designed to evaluate the fairness of "black box" type algorithmic processes brings to light unprecedented results, hitherto hidden in the data. These findings, in turn, lead to new insights for the historian.

Paul Pasquali
Quand Bourdieu découvrait Panofsky
La fabrique éditoriale d'*Architecture gothique et pensée scolastique*
(Paris-Princeton, 1966-1967)

Fondé sur des archives inédites et la relecture de divers textes publiés, cet article retrace la fabrique éditoriale d'*Architecture gothique et pensée scolastique*, célèbre ouvrage d'Erwin Panofsky paru en français en 1967 aux éditions de Minuit, dans la collection de Pierre Bourdieu, qui l'a traduit, édité et postfacé. En examinant les conditions de possibilité de cette rencontre transatlantique et transdisciplinaire *a priori* improbable, survenue en 1966-1967, entre un jeune sociologue alors en début de carrière, établi à Paris, et un vieil historien mondialement connu résidant à Princeton, il vise à historiciser cette œuvre classique et à la relire de façon réflexive. Au carrefour de la sociologie historique des sciences sociales, de l'histoire de l'édition et de l'histoire des circulations intellectuelles transnationales, il invite plus largement à dénaturaliser nos pratiques de lecture en prenant pour objet nos héritages scientifiques. Pour ce faire, sont analysés successivement la formation du jeune Bourdieu et les premières réceptions de Panofsky en France dans les années 1950-1960, le contexte intellectuel et éditorial de cette importation dont les multiples enjeux sont explicités, les modalités concrètes de l'édition et de la traduction du livre, puis la genèse de la postface, où le concept bourdieusien d'habitus a été systématisé pour la première fois, au prix de malentendus que les archives permettent de documenter et de dissiper.

When Bourdieu Discovered Panofsky: The Editorial Making of *Architecture gothique et pensée scolastique* (Paris-Princeton, 1966-1967)

Based on unpublished archival material and a new reading of various published texts, this article traces the editorial process behind Erwin Panofsky's famous *Architecture gothique et pensée scolastique*. Published in French in 1967 by Éditions de Minuit, the volume appeared in the collection directed by Pierre Bourdieu, who translated, edited, and postfaced it. By examining the conditions of possibility of this seemingly improbable transatlantic and transdisciplinary encounter, in 1966-1967, between a young Paris-based sociologist at the beginning of his career and an elderly, world-famous historian residing in Princeton, the article seeks to historicize this classic work and to read it in a new, reflexive way. At the intersection of the historical sociology of the social sciences, the history of publishing, and the history of transnational intellectual circulations, it invites us to denaturalize our reading practices by taking our scholarly heritage as an object. The article analyzes in turn the young Bourdieu's training and the first receptions of Panofsky in France in the 1950s and 1960s, the intellectual and editorial context of this importation and its multiple implications, and the concrete modalities of the book's translation and publication. The final section focuses on the genesis of the afterword, in which the Bourdieusian concept of habitus was systematized for the first time—though not without certain misunderstandings (it was wrongly attributed by Bourdieu to Panofsky) that the archives make it possible to document and dispel.

Guillaume Calafat
Enfermement et graffiti
Des palimpsestes de prison aux archives murales (note critique)

Entrepris au début des années 2000, les travaux de restauration du bâtiment qui abritait les prisons de l'Inquisition de Palerme à l'époque moderne ont permis la redécouverte et l'étude historienne d'une impressionnante série de graffiti. Avec son livre, *Del Santo Uffizio in Sicilia e delle sue carceri*, Giovanna Fiume propose une riche synthèse de travaux individuels et collectifs qu'elle a consacrés à ces archives murales du tribunal palermitain. En faisant dialoguer l'histoire des procédures et l'histoire matérielle de la réclusion, elle parvient à identifier les auteurs possibles des inscriptions et des dessins exposés sur les parois des cellules. Elle met ainsi en lumière des trajectoires de prisonniers et des expériences de l'enfermement que les actes judiciaires taisent souvent. Ces graffiti offrent en effet une nouvelle strate documentaire pour mieux comprendre le système judiciaire, pénal et carcéral de l'Inquisition. Plus largement, cet ouvrage s'inscrit dans le sillage d'une efflorescence de recherches récentes, à la confluence des études littéraires, de l'anthropologie et de l'histoire de l'art, dédiées aux prisons et aux graffiti, qui s'intéressent tout à la fois à la dimension patrimoniale et scientifique, esthétique et ethnographique de ces empreintes graphiques. Cette note critique en propose une lecture et un état des lieux, comme autant de pistes méthodologiques et historiographiques pour documenter la vie sociale et intellectuelle à l'intérieur des prisons.

Incarceration and Graffiti: From Prison Palimpsests to Mural Archives
(Review Article)

In the early 2000s, restoration work on the building that housed Palermo's Inquisition prisons during the early modern period revealed an impressive series of graffiti and prompted their historical study. In *Del Santo Uffizio in Sicilia e delle sue carceri*, Giovanna Fiume offers a rich synthesis of the individual and collaborative work she has devoted to these "mural archives" of the Palermo court. Bringing together the procedural and material history of incarceration, she succeeds in identifying the possible authors of the inscriptions and drawings that line the cell walls. In so doing, she sheds light on the trajectories of prisoners and their experiences of imprisonment, often passed over in silence by legal sources. These graffiti thus offer a new layer of documentation that broadens our understanding of the Inquisition's judicial, penal, and carceral systems. More broadly, Fiume's work is part of a flourishing strand of recent research dedicated to prisons and graffiti, at the confluence of literary studies, anthropology, and art history, which is interested in both the patrimonial and scholarly dimensions of these graphic marks and their aesthetic and ethnographic aspects. In offering a brief overview of the field, this review article aims to suggest some methodological and historiographical avenues for documenting social and intellectual life inside prisons.

Thomas Glesener et Daniel Hershenzon
« Dans les rues, on ne voit que des musulmans ! »
Esclavage délié et appartenance urbaine en Méditerranée espagnole aux XVIIe et XVIIIe siècles

En 1717, une plainte anonyme adressée au roi d'Espagne s'alarmait du nombre excessif de musulmans vivant à Carthagène (Murcie). Cette supplique déclencha une enquête du Conseil de Castille destinée à recenser les musulmans et à clarifier leur statut. Outre les esclaves des galères royales, l'enquête pointa tout particulièrement les *libertinos*, une catégorie méconnue d'esclaves privés résidant et travaillant librement dans la ville tout en étant lourdement endettés vis-à-vis de leurs maîtres en raison des sommes dues pour leur propre rachat. Cet article reconstitue la condition de ces esclaves déliés de leurs maisonnées et met au jour les tensions qu'elle suscita entre des normativités concurrentes. D'une part, le droit des esclaves à travailler pour financer leur affranchissement, tout comme celui des maîtres à vivre des rentes placées sur ces personnes étaient profondément ancrés dans les coutumes locales. D'autre part, en raison de l'augmentation de l'insécurité le long des côtes, les autorités locales et la couronne œuvrèrent à restreindre cet enchevêtrement de droits en obligeant les maîtres à garder leurs esclaves chez eux. Ce conflit entre des régimes d'esclavage différents, l'un inscrit dans les droits locaux, l'autre adossé à la juridiction royale, eut pour enjeu l'accès des esclaves au marché du travail, à la libre résidence ou encore aux protections dispensées par le droit des contrats. En faisant de l'enquête elle-même le nœud problématique de la recherche, cet article interroge le sens d'une procédure qui, en recensant les esclaves, procédait moins à un dénombrement démographique, qu'à une redistribution des droits de cité entre des habitants musulmans.

"In the Streets, You See Nothing but Muslims!": Unbound Slavery and Urban Belonging in the Spanish Mediterranean (Seventeenth and Eighteenth Centuries)

In 1717, an anonymous petition to the King of Spain expressed concern about the excessive number of Muslims living in Cartagena (Murcia). This complaint prompted the Council of Castile to launch a survey of the Muslim population with the aim of clarifying their status. In addition to galley slaves, the inquiry focused in particular on *libertinos*, a little-known category of slaves who lived and worked freely in the city but were heavily indebted to their masters because of the sums owed for their ransom. This article reconstructs the condition of these unbound slaves, who lived apart from their masters' households, and the tensions this provoked between competing systems of norms. On the one hand, the right of slaves to work to finance their own redemption, and that of their masters to live off the rents imposed on them, were deeply rooted in local custom. On the other, rising insecurity along the coast prompted local authorities and the Crown to restrict these overlapping rights by forcing masters to keep their slaves at home. At stake in this conflict between different slavery regimes, the one based on local law and the other on royal jurisdiction, were slaves' access to the labor market and their right to free residency and the protections afforded by contract law. Finally, by placing the inquiry itself at the heart of the study, the article investigates the meaning of a procedure that was less a demographic enumeration of slaves than a redistribution of rights to the city among its Muslim inhabitants.

Année 2023

Tables annuelles

Index des auteurs

Bouchard Jack
« Terra Nova. Cartes mentales de l'Atlantique du Nord-Ouest au XVIe siècle »
78-2, p. 297-331

Bramoullé David
« Archives et État dans l'Orient islamique (note critique) »
78-3, p. 483-502

Calafat Guillaume
« Enfermement et graffiti. Des palimpsestes de prison aux archives murales (note critique) »
78-4, p. 735-759

Dedieu Jean-Pierre
« La cause de foi dans l'Inquisition espagnole. Entre droit et repentance »
Voir Knutsen Gunnar W.
78-1, p. 5-33

Glesener Thomas
« 'Dans les rues, on ne voit que des musulmans !' Esclavage délié et appartenance urbaine en Méditerranée espagnole aux XVIIe et XVIIIe siècles »
Voir Hershenzon Daniel
78-4, p. 761-795

Grancher Romain
« Histoire et historiographie des mondes de la pêche à l'heure du 'tournant océanique' (introduction) »
78-2, p. 215-229

Grancher Romain
« Les savoirs de l'expérience. Une enquête sur la fabrique de la police des pêches (France, années 1680-1860) »
78-2, p. 231-269

Heé Nadin
« Régimes de pêche et nouvel ordre mondial dans le bassin Indo-Pacifique au XXe siècle ; Souveraineté, migration et décolonisation »
78-2, p. 271-296

Hershenzon Daniel
« 'Dans les rues, on ne voit que des musulmans !' Esclavage délié et appartenance urbaine en Méditerranée espagnole aux XVIIe et XVIIIe siècles »
Voir Glesener Thomas
78-4, p. 761-795

Knutsen Gunnar W.
« La cause de foi dans l'Inquisition espagnole. Entre droit et repentance »
Voir Dedieu Jean-Pierre
78-1, p. 5-33

Le Bail Karine
« L'épuration professionnelle du monde du spectacle à la Libération. Histoire et sciences mathématiques »
Voir Randon-Furling Julien
78-4, p. 657-698

Lycas Alexis
« Production et circulation des savoirs locaux dans les documents géographiques de Dunhuang à l'époque médiévale »
78-3, p. 441-481

INDEX DES AUTEURS

Morieux Renaud
« Lettres perdues. Communautés épistolaires, guerres et liens familiaux dans le monde maritime atlantique du XVIIIe siècle »
78-2, p. 333-373

Nicoud Marilyn
« À l'épreuve de la peste. Médecins et savoirs médicaux face à la pandémie
(XIVe-XVe siècles) »
78-3, p. 505-541

Pasquali Paul
« Quand Bourdieu découvrait Panofsky. La fabrique éditoriale d'*Architecture gothique et pensée scolastique* (Paris-Princeton, 1966-1967) »
78-4, p. 699-732

Rabinovitch Oded
« Hommes de lettres et révolution scientifique. Genèse d'un récit au temps de Louis XIV »
78-3, p. 543-581

Randon-Furling Julien
« L'épuration professionnelle du monde du spectacle à la Libération. Histoire et sciences mathématiques »
Voir Le Bail Karine
78-4, p. 657-698

Thireau Isabelle
« Deux assemblées protestantes à Tianjin. En quête de repères de la certitude »
78-1, p. 109-141

Trento Margherita
« Martyre, témoignage et lignées sociales en pays tamoul (XVIIe-XVIIIe siècles) »
78-1, p. 35-71

Isabel Yaya McKenzie
« Le temps d'un rituel. Anthropologie historique d'une 'danse de la conquête' de la Sierra centrale péruvienne (XVIIe-XXIe siècle) »
78-1, p. 73-108

Index des livres recensés

Ackermann Delphine, Lafond Yves et Vincent Alexandre (dir.)
Pratiques religieuses, mémoire et identités dans le monde grécoromain. Actes du colloque tenu à Poitiers du 9 au 11 mai 2019
78-1, p. 146-149

Al-Musawi Muhsin J.
The Medieval Islamic Republic of Letters: Arabic Knowledge Construction
78-1, p. 168-170

Arch Jakobina K.
Bringing Whales Ashore: Oceans and the Environment of Early Modern Japan
78-2, p. 381-383

Backouche Isabelle
Paris transformé. Le Marais 1900-1980
78-3, p. 625-627

Barker Hannah
That Most Precious Merchandise: The Mediterranean Trade in Black Sea Slaves, 1260-1500
78-4, p. 803-805

Baslez Marie-Françoise
L'Église à la maison. Histoire des premières communautés chrétiennes, Ier-IIIe siècle
78-1, p. 149-152

Baslez Marie-Françoise
Les premiers bâtisseurs de l'Église. Correspondances épiscopales (IIe-IIIe siècles)
78-1, p. 152-155

Beaulande-Barraud Véronique
Les péchés les plus grands. Hiérarchie de l'Église et for de la pénitence (France, Angleterre, XIIIe-XVe siècle)
78-1, p. 157-159

Bell Sinclair et Ramsby Teresa (dir.)
Free at Last! The Impact of Freed Slaves on the Roman Empire
78-4, p. 799-801

Ben-Yehoyada Naor
The Mediterranean Incarnate: Region Formation between Sicily and Tunisia since World War II
78-2, p. 406-408

Bernand Carmen
La religion des Incas
78-1, p. 177-180

Billard Cyrille et Bernard Vincent (dir.)
Pêcheries de Normandie. Archéologie et histoire des pêcheries littorales du département de la Manche
78-2, p. 397-399

Bolster W. Jeffrey
The Mortal Sea: Fishing the Atlantic in the Age of Sail
78-2, p. 379-381

Bouquet Olivier
Vie et mort d'un grand vizir. Halil Hamid Pacha (1736-1785). Biographie de l'Empire ottoman
78-3, p. 620-622

INDEX DES LIVRES RECENSÉS

**Braverman Irus
et Johnson Elizabeth R. (dir.)**
Blue Legalities: The Life and Laws of the Sea
78-2, p. 429-432

**Cellier Marine, Damerdji Amina
et Lloret Sylvain (dir.)**
*La fabrique de la race dans la Caraïbe
de l'époque moderne à nos jours*
78-4, p. 831-835

Covo Manuel
*Entrepôt of Revolutions: Saint-Domingue,
Commercial Sovereignty, and the French-
American Alliance*
78-4, p. 825-828

Crouzet Denis
*Les enfants bourreaux au temps des guerres
de Religion*
78-1, p. 173-175

Cuchet Guillaume
*Une histoire du sentiment religieux au XIXe siècle.
Religion, culture et société en France 1830-1880*
78-1, p. 197-199

Dahou Tarik
*Gouverner la mer en Algérie. Politique en eaux
troubles*
78-2, p. 408-410

**De la Croix Kévin
et Mitroi Veronica (dir.)**
*Écologie politique de la pêche. Temporalités, crises,
résistances et résiliences dans le monde de la pêche*
78-2, p. 432-435

De Vinci Léonard
Leonardo da Vinci. Codex Madrid I
Éd. par D. Lohrmann et T. Kreft
78-3, p. 616-618

Drach Alexis
*Liberté surveillée. Supervision bancaire
et globalisation financière au Comité de Bâle,
1974-1988*
78-3, p. 633-635

Ducci Annamaria
Henri Focillon en son temps. La liberté des formes
78-3, p. 638-640

Dullin Sabine
*La frontière épaisse. Aux origines des politiques
soviétiques, 1920-1940*
78-3, p. 630-633

Duyck Clément
Poétique de l'extase. France, 1601-1675
78-1, p. 192-194

Faget Daniel
*L'écaille et le banc. Ressources de la mer dans la
Méditerranée moderne (XVIe-XVIIIe siècle)*
78-2, p. 386-389

Finley Carmel
*All the Fish in the Sea: Maximum Sustainable
Yield and the Failure of Fisheries Management*
78-2, p. 424-426

Foltz Richard
*Les religions de la Route de la soie. Les chemins
d'une mondialisation prémoderne*
78-1, p. 175-177

Fossier Arnaud
*Le bureau des âmes. Écritures et pratiques
administratives de la Pénitencerie apostolique
(XIIIe-XIVe siècle)*
78-1, p. 159-161

**García-Arenal Mercedes
et Glazer-Eytan Yonatan (dir.)**
*Forced Conversion in Christianity, Judaism and
Islam: Coercion and Faith in Premodern Iberia
and Beyond*
78-1, p. 163-166

**Gasperoni Michaël
et Gourdon Vincent (dir.)**
*Le sacrement oublié. Histoire de la confirmation,
XVIe-XXe siècle*
78-1, p 199-202

Gilbert Claire M.
*In Good Faith: Arabic Translation
and Translators in Early Modern Spain*
78-1, p. 166-168

INDEX DES LIVRES RECENSÉS

Gleyze Emmanuel
L'aventure Guédelon. L'édification d'un château médiéval au XXIe siècle
78-3, p. 612-614

Gluzman Renard
Venetian Shipping from the Days of Glory to Decline, 1453-1571
78-2, p. 389-391

Grisel Florian
The Limits of Private Governance: Norms and Rules in a Mediterranean Fishery
78-2, p. 413-415

Guillén Fabienne P. et Salicrú i Lluch Roser (dir.)
Ser y vivir esclavo. Identidad, aculturación y agency (mundos mediterráneos y atlánticos, siglos XIII-XVIII)
78-4, p. 808-810

Hanes Samuel P.
The Aquatic Frontier: Oysters and Aquaculture in the Progressive Era
78-2, p. 402-404

Hollinger David A.
Christianity's American Fate: How Religion Became More Conservative and Society More Secular
78-1, p. 205-207

Jean-Léon l'Africain
De quelques hommes illustres chez les Arabes et les Hébreux
Éd. et trad. par H. Touati et J.-L. Déclais
78-3, p. 618-620

Jeffries Martin John
A Beautiful Ending: The Apocalyptic Imagination and the Making of the Modern World
78-3, p. 585-587

Johnson Jessica Marie
Wicked Flesh: Black Women, Intimacy, and Freedom in the Atlantic World
78-4, p. 820-823

Jordan William Chester
La prunelle de ses yeux. Convertis de l'islam sous le règne de Louis IX
78-1, p. 161-163

Karsenti Bruno et Lemieux Cyril
Socialisme et sociologie
78-3, p. 645-647

Lacroix Annick
Un service pour quel public ? Postes et télécommunications dans l'Algérie colonisée (1830-1939)
78-3, p. 622-625

Lafont Anne
L'art et la race. L'Africain (tout) contre l'œil des Lumières
78-4, p. 816-818

Lara Silvia Hunold
Palmares & Cucaú. O Aprendizado da Dominação
78-4, p. 837-837

Lara Silvia Hunold et Fachim Phablo Roberto Marchis
Guerra contra palmares. O manuscrito de 1678
78-4, p. 835-837

Le Floc'h Pascal (avec la contribution de Wilson James)
Les pêches maritimes françaises, 1983-2013
78-2, p. 415-417

Lerner Robert E.
Ernst Kantorowicz, une vie d'historien
78-3, p. 640-642

Lett Didier
Viols d'enfants au Moyen Âge. Genre et pédocriminalité à Bologne, XIVe-XVe siècle
78-3, p. 609-611

Loriga Sabina et Revel Jacques
Une histoire inquiète. Les historiens et le tournant linguistique
78-3, p. 647-651

Louvier Patrick (dir.)
Le Languedoc et la mer (XIVe-XXIe siècle)
78-2, p. 393-396

Mahmood Saba
Religious Difference in a Secular Age: A Minority Report
78-1, p. 207-209

Maire Catherine
L'Église dans l'État. Politique et religion dans la France des Lumières
78-1, p. 194-197

Martin Meredith et Weiss Gillian
Le Roi-Soleil en mer. Art maritime et galériens dans la France de Louis XIV
Trad. par É. Trogrlic
78-4, p. 806-808

Mattos Hebe
Les couleurs du silence. Esclavage et liberté dans le Brésil du XIXᵉ siècle
78-4, p. 839-842

Mayeur-Jaouen Catherine
Voyage en Haute-Égypte. Prêtres, coptes et catholiques
78-1, p. 202-204

McCall Howard Penny
Environment, Labour and Capitalism at Sea: "Working the Ground" in Scotland
78-2, p. 420-422

McCormack Fiona
Private Oceans: The Enclosure and Marketisation of the Seas
78-2, p. 423-424

McShea Bronwen
Apostles of Empire: The Jesuits and New France
78-1, p. 180-183

Mercier Franck
Piero della Francesca. Une conversion du regard
78-3, p. 614-616

Moatti Claudia
Res publica. Histoire romaine de la chose publique
78-3, p. 607-609

Mulsow Martin
Savoirs précaires. Pour une autre histoire des idées à l'époque moderne
Trad. par L. Cantagrel et L. Windels
78-3, p. 592-594

Mulsow Martin
Überreichweiten. Perspektiven einer globalen Ideengeschichte
78-3, p. 594-597

Nemser Daniel
Infrastructures of Race: Concentration and Biopolitics in Colonial Mexico
78-4, p. 814-816

Nogueira Ramos Martin
La foi des ancêtres. Chrétiens cachés et catholiques dans la société villageoise japonaise, XVIIᵉ-XIXᵉ siècles
78-1, p. 187-189

Omata Rappo Hitomi
Des Indes lointaines aux scènes des collèges. Les reflets des martyrs de la mission japonaise en Europe
78-1, p. 184-187

Palmer Jennifer L.
Intimate Bonds: Family and Slavery in the French Atlantic
78-4, p. 818-820

Pavé Marc
La pêche côtière en France, 1715-1850. Approche sociale et environnementale
78-2, p. 400-402

Perry Craig et al. (dir.)
The Cambrige World History of Slavery, vol. 2, *AD 500-AD 1420*
78-4, p. 801-803

Pons Philippe
Corée du Nord. Un État-guérilla en mutation
78-3, p. 635-638

Poulsen Bo
Dutch Herring: An Environmental History, c. 1600-1860
78-2, p. 384-386

INDEX DES LIVRES RECENSÉS

Probyn Elspeth
Eating the Ocean
78-2, p. 427-429

Rabinovitch Oded
The Perraults: A Family of Letters in Early Modern France
78-3, p. 587-591

Niel Kenny
Born to Write: Literary Families and Social Hierarchy in Early Modern France
78-3, p. 587-591

Rauch Delphine
Les prud'homies de pêche en Méditerranée française à l'époque contemporaine. Entre justice professionnelle, communauté de métier et préservation du milieu maritime
78-2, p. 411-412

Revest Clémence
Romam veni. Humanisme et papauté à la fin du Grand Schisme
78-1, p. 170-173

Rivoal Solène
Les marchés de la mer. Une histoire sociale et environnementale de Venise au XVIIIe siècle
78-2, p. 391-393

Santus Cesare
Il « turco » a Livorno. Incontri con l'Islam nella Toscana del Seicento
78-1, p. 189-192

Schaub Jean-Frédéric et Sebastiani Silvia
Race et histoire dans les sociétés occidentales, XVe-XVIIIe siècle
78-4, p. 811-814

Scheid John
Rites et religion à Rome
78-1, p. 145-146

Schmitt Jean-Claude
Le cloître des ombres
78-1, p. 155-156

Schwerdtner Máñez Kathleen et Poulsen Bo (dir.)
Perspectives on Oceans Past: A Handbook of Marine Environmental History
78-2, p. 377-379

Stovall Tyler
White Freedom: The Racial History of an Idea
78-4, p. 842-845

Thomas Nicholas
Océaniens. Histoire du Pacifique à l'âge des empires
78-3, p. 628-630

Traversier Mélanie
L'harmonica de verre et miss Davies. Essai sur la mécanique du succès au siècle des Lumières
78-3, p. 599-601

Van Ginkel Rob
Braving Troubled Waters: Sea Change in a Dutch Fishing Community
78-2, p. 417-420

Van Damme Stéphane
Les voyageurs du doute. L'invention d'un altermondialisme libertin (1620-1820)
78-3, p. 597-599

Vermeren Hugo
Les Italiens à Bône (1865-1940). Migrations méditerranéennes et colonisation de peuplement en Algérie
78-2, p. 404-406

Vidal Cécile
Carribean New Orleans: Empire, Race, and the Making of a Slave Society
78-4, p. 828-831

Walker Christine
Jamaica Ladies: Female Slaveholders and the Creation of Britain's Atlantic Empire
78-4, p. 823-825

Zia-Ebrahimi Reza
Antisémitisme et islamophobie. Une histoire croisée
78-3, p. 642-645

Index des recenseurs

Bechini Thibault
78-2, p. 404-406

Beltrán José
78-3, p. 592-594

Beraud Marianne
78-4, p. 799-801

Bonniol Jean-Luc
78-4, p. 842-845

Bonzon Anne
78-1, p 199-202

Bories Raphaël
78-3, p. 614-616 ; 638-640

Bosc Yannick
78-2, p. 413-415

Braunstein Philippe
78-3, p. 616-618

Burgel Élias
78-2, p. 386-389 ; 393-396 ; 397-399

Caby Cécile
78-1, p. 170-173

Carré Guillaume
78-2, p. 381-383

Caudron Olivier
78-4, p. 818-820

Cazé Cosma et Mazé Camille
78-2, p. 427-429

Chandelier Joël et Montel Aurélien
78-3, p. 618-620

Chevandier Christian
78-3, p. 622-625

Clouette Fabien
78-2, p. 420-422

Coquet-Mokoko Cécile
78-4, p. 820-823

Coste Florent
78-3, p. 640-642

Couliou Jean-René
78-2, p. 415-417

Dahou Tarik
78-2, p. 406-408 ; 423-424

Dejoux Marie
78-1, p. 161-163

Druais Maud
78-3, p. 628-630

Dubourg Ninon
78-1, p. 159-161

Erbil Arif
78-3, p. 585-587

Fabiani Jean-Louis
78-3, p. 645-647 ; 647-651

Fauchon-Claudon Claire
78-1, p. 149-152

INDEX DES RECENSEURS

Fossier Arnaud
78-3, p. 609-611

Francisco Carla
78-4, p. 816-818

G. R.
78-2, p. 408-410

Gabriel Joao
78-4, p. 831-835

Garcia Franck
78-1, p. 177-180

Garnier Gautier
78-4, p. 837-839

Gaudin Guillaume
78-4, p. 814-816

Gavriloff Domitille de
78-4, p. 811-814

Giavarini Laurence
78-3, p. 587-591

Grancher Romain
78-2, p. 379-381; 402-404

Grisel Florian
78-2, p. 411-412

Heyberger Bernard
78-3, p. 620-622

Hocquet Jean-Claude
78-2, p. 389-391
78-4, p. 801-803
78-4, p. 803-805

Hours Bernard
78-1, p. 194-197

Kriegel Maurice
78-1, p. 163-166

Le Maux Laurent
78-3, p. 633-635

Locher Fabien
78-2, p. 424-426

Long Baudouin
78-1, p. 202-204

Mariat-Roy Émilie
78-2, p. 417-420

Martínez Torres José Antonio
78-4, p. 808-810

Marzouki Nadia
78-1, p. 207-209

Michel Aurélia
78-4, p. 839-842

Montlahuc Pascal
78-3, p. 607-609

Morimoto Norihiro
78-1, p. 192-194

Muller Caroline
78-1, p. 197-199

Omata Rappo Hitomi
78-1, p. 187-189

Oualdi M'hamed
78-4, p. 806-808

Pignot Manon
78-1, p. 173-175

Pomara Saverino Bruno
78-1, p. 189-192

Pottier Bruno
78-1, p. 152-155

Preston Andrew
78-1, p. 205-207

Quantin François
78-1, p. 146-149

Quillien Robin
78-2, p. 391-393

INDEX DES RECENSEURS

Radeva Zornitsa
78-3, p. 594-597

Ricard Pascale
78-2, p. 429-432

Rivoal Solène
78-2, p. 432-435

Romano Antonella
78-1, p. 180-183

Roulet Éric
78-4, p. 825-828

Sarzeaud Nicolas
78-3, p. 612-614

Sauzeau Thierry
78-2, p. 377-379; 400-402

Schaub Jean-Frédéric
78-1, p. 184-187

Schick Sébastien
78-3, p. 599-601

Schnapp Joel
78-3, p. 642-645

Seguin Maria Susana
78-3, p. 597-599

Serruys Michael-W.
78-2, p. 384-386

Silva Campo Ana María
78-4, p. 835-837

Soler Renaud
78-1, p. 168-170

Souyri Pierre-François
78-3, p. 635-638

Spieler Miranda
78-4, p. 828-831

Struillou Ana
78-1, p. 166-168

Tanase Thomas
78-1, p. 175-177

Topalov Christian
78-3, p. 625-627

Vidal Cécile
78-4, p. 823-825

Vincent Catherine
78-1, p. 157-159

Wallerich François
78-1, p. 155-156

Wyler Stéphanie
78-1, p. 145-146

Zakharova Larissa
78-3, p. 630-633

Instructions aux auteurs

Les *Annales* n'acceptent que les travaux originaux et inédits, rédigés en français, en anglais, en italien, en allemand ou en espagnol. Tout manuscrit proposé est soumis au comité de rédaction dans un délai de six mois et fait l'objet d'une évaluation par deux experts extérieurs. Le comité peut ensuite décider d'accepter le manuscrit en l'état ou de l'accepter sous réserve de modifications, ou encore demander une deuxième version qui sera de nouveau évaluée ou, enfin, refuser directement l'article.

Les manuscrits doivent être envoyés à l'adresse annales@ehess.fr dans un format de type Word ou Open Office (et non en format PDF). Ils sont accompagnés d'un résumé en français et en anglais (précédé de son titre traduit) d'environ 1 500 signes. Les documents iconographiques sont remis dans des fichiers séparés, en haute définition et dans une dimension suffisante par rapport au format de la revue (170 mm x 240 mm). Ils sont accompagnés de titres, de légendes et de la mention des sources. La nationalité des auteurs ainsi que leur appartenance institutionnelle doivent être précisées.

Le texte doit être présenté en double interligne et suivre nos recommandations disponibles à l'adresse http://annales.ehess.fr/index.php?497. Il ne doit pas dépasser les 90 000 signes (notes et espaces compris), les notes en bas de page sont limitées à 100. Les citations en langue étrangère sont traduites, l'original est donné éventuellement en note.

Nous attirons l'attention des auteurs sur le fait que leur article, une fois accepté pour publication, sera traduit en anglais pour une diffusion en ligne. Les auteurs sont mis en contact direct avec les traducteurs, ce dialogue favorisant la réalisation d'une traduction scientifique de qualité.

Les auteurs sont informés qu'il leur revient de trouver, au préalable, les versions originales anglaises des citations qu'ils fournissent en français dans leur article, lorsqu'il en existe une édition canonique. Ils s'engagent à fournir un fichier de ces versions anglaises, contenant aussi les nouvelles références éditoriales, les versions anglophones des noms propres cités, ainsi que celles des concepts employés ; ce fichier sera transmis au traducteur le moment venu.

Abonnement 2024 / Subscription 2024

AHS / XAN

Annales. Histoire, Sciences Sociales

Tarifs H. T. / *Prices before tax*	Particuliers / *Individuals*	Institutions / *Institutions* FRANCE	Institutions / *Institutions* INTERNATIONAL
Édition française (numérique) / *French edition (online)*	–	☐ 163 €	☐ 218 € / £187 / $235
Édition française (imprimée et numérique) / *French edition (print and online)*	☐ 58 €	☐ 173 €	☐ 289 € / £248 / $312
Édition bilingue (numérique) / *Bilingual edition (online)*	–	☐ 205 €	☐ 342 € / £293 / $369
Édition bilingue (imprimée et numérique) / *Bilingual edition (print and online)*	☐ 92 €	☐ 252 €	☐ 420 € / £360 / $453

Nom / *Surname*: .... Prénom / *First Name*: ....

Adresse / *Address*: ....

Code postal / *Postcode*: .... Ville / *Town*: ....

Pays / *Country*: ....

Courriel / *E-mail*: ....

Tél. / *Tel.*: ....

Choisissez votre mode de paiement / *Please select how you wish to pay*
Devise / *Currency*: ☐ EUR ☐ GBP ☐ USD

☐ par carte de débit/crédit / *by debit/credit card*

Type de carte / *Card type* (Visa / Mastercard / AmEx, etc.): ....

N° de carte / *Card number*: ....

Date d'expiration / *Expiry date*: ....

Signature / *Signature*: ....

☐ m'envoyer une facture / *send me an invoice*

Les abonnés résidant dans l'Union européenne sont tenus de payer la TVA au taux applicable dans leur pays. Le cas échéant, merci de préciser votre numéro de TVA intracommunautaire / *Subscribers based in the European Union are required to pay VAT at the rate applicable in their country. If necessary, please specify your VAT number.*

Adressez votre commande et votre paiement à / *Send your order and payment to*
Cambridge University Press Journals, University Printing House, Shaftesbury Road, Cambridge, CB2 8BS, UK

Si vous avez des questions ou si vous souhaitez passer commande pour les *Annales* / *If you have any questions or want to order the* Annales:

- journals@cambridge.org / +44 (0)1223 60 9610 pour le service francophone / *for a French-language service*
- subscriptions_newyork@cambridge.org / +1 800-872-7423 pour les Amériques / *for the Americas*
- journals@cambridge.org / +44 (0)1223 32 6070 pour le reste du monde / *for the rest of the world*

Pour obtenir plus d'informations et connaître les conditions générales de vente / *For further information and terms and conditions of sale*
www.cambridge.org/annales/subscribe-fr

Éditions de l'EHESS, 2024
Directeur de la publication: Romain HURET

Tous droits de traduction, d'adaptation et de reproduction par tous procédés, réservés pour tous pays.
Le Code de la propriété intellectuelle (CPI) n'autorisant, aux termes de l'article L. 122-5, 2º et 3ºa, d'une part, que les « copies ou reproductions strictement réservées à l'usage privé du copiste et non destinées à une utilisation collective » et, d'autre part, que les analyses et les courtes citations dans un but d'exemple et d'illustration, « toute représentation ou reproduction intégrale ou partielle faite sans le consentement de l'auteur ou de ses ayants droit ou ayants cause est illicite » (art. L. 122-4 du CPI). Cette représentation ou reproduction, par quelque procédé que ce soit, constituerait donc une contrefaçon sanctionnée par les articles L. 335-2 et suivants du CPI.

Diffusion Cambridge University Press (Cambridge/New York)
Dépôt légal : 2024 — nº 4, octobre-décembre 2023

Imprimé au Royaume-Uni par Henry Ling Limited,
The Dorset Press, Dorchester, DT1 1HD.
ISSN (édition française) : 0395-2649 (version imprimée)
et 1953-8146 (version numérique)

Nº commission paritaire : 1119 T 07521